KB145093

서버

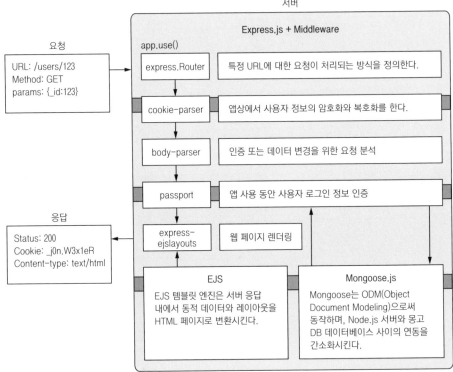

Express.js + Middleware

app.use()

express.Router	특정 URL에 대한 요청이 처리되는 방식을 정의한다.
cookie-parser	앱상에서 사용자 정보의 암호화와 복호화를 한다.
body-parser	인증 또는 데이터 변경을 위한 요청 분석
passport	앱 사용 동안 사용자 로그인 정보 인증
express-ejslayouts	웹 페이지 렌더링

요청

URL: /users/123
Method: GET
params: {_id:123}

응답

Status: 200
Cookie: _j0n.W3x1eR
Content-type: text/html

EJS

EJS 템블릿 엔진은 서버 응답 내에서 동적 데이터와 레이아웃을 HTML 페이지로 변환시킨다.

Mongoose.js

Mongoose는 ODM(Object Document Modeling)으로써 동작하며, Node.js 서버와 몽고 DB 데이터베이스 사이의 연동을 간소화시킨다.

GET PROGRAMMING WITH NODE.JS

GET PROGRAMMING WITH NODE.JS

NODE.JS로 프로그래밍 시작하기

조나단 웩슬러 지음 김성준 옮김

i!i
에이콘

에이콘출판의 기틀을 마련하신 故 정완재 선생님 (1935-2004)

내게 프로그래밍을 하게 해 준 사람들과
(내 책은 절대로 읽지 않으시는) 부모님께 사랑을 담아…

추천의 글

나는 운 좋게도 2009년 말 독일 베를린에서 열린 첫 번째 JSConf.EU에 참가했다. 250명이 넘는 사람들이 모인 곳에서 잘 모르는 연사가 갑자기 일어나 자신을 라이언 달^{Ryan Dahl}이라고 소개했다. 한 시간 동안 그는 유머와 전달력이 없는 말투로 핵심만 간단하게 이야기했는데, 청중의 반응을 이끌어 낼 만한 종류의 이야기는 아닌 듯했다.

그러나 잠시 후 우리는 모두 일어서서 수 분 동안 그에게 기립 박수를 보냈다. 왜? 그 연설이 JavaScript 개발자들의 판을 바꿔버렸기 때문이다. 라이언 달은 그 자리에서 공식적으로 Node.js를 론칭했다. JS의 세계는 더 이상 예전의 세계가 아니었다.

그로부터 8년이 지난 지금, Node.js는 JavaScript뿐만 아니라 다양한 영역에서 폭넓게 사용되고 있다.

오늘날 Node.js는 글로벌 스케일 웹 애플리케이션을 위한 강력하고 훌륭한 엔터프라이즈 서버 사이드 플랫폼으로 알려져 있다. 로봇과 텔레비전, 전구에 이르기까지 실제로 컴퓨팅이나 전자 장치에 JS를 포함시키는 것에 관한 관심이 폭발적으로 증가했다.

Node.js의 에코시스템은 수천 개의 모듈 패키지를 제공하는 npm을 통해 구축돼 있다. 이는 가장 큰 코드 리포지터리이며 타 랭귀지에 비해 6배나 크다. 이는 수백만 라인의 JavaScript로 돼 있는 수많은 프라이빗 패키지 인스톨은 포함하지 않는 수치다.

이런 흐름과 관심은 자칫 Node.js 생태계를 배우려고 시작하는 이들에게 엄청난 부담으로 다가올 수 있다.

하지만 이 책을 통해 부담을 덜 수 있다. 이 책은 첫 페이지부터 Node.js를 따라가는 방법을 실용적이고 명확하게 보여준다. 역사적, 철학적인 내용은 다루지 않는다. Node.js를 설치하고 구성하는 방법을 보여줌으로써 가능한 한 코드에 빨리 접근할 수 있도록 한다.

이 책은 짧고 이해하기 쉬운 레슨^{Lesson} 단원으로 구성돼 있다. 각 단원을 명확하게 구성하고 있어 큰 그림을 놓치지 않도록 진행한다. 이 책으로 Node.js에 파고드는 동안 저자인 조나단이 당신 옆에 앉아 있는 것 같을 것이다. 그리고 다음 단원으로 진행하게끔 도전 의식을 불러일으켜 줄 것이다.

30페이지 정도 읽으면 여러분은 웹 요청을 처리할 수 있는 웹 서버를 만들 수 있을 것 같은 느낌이 든다. 제약 없이 자신의 애플리케이션을 컨트롤한다는 느낌이 충만해지면 기립 박수라도 치고 싶은 충동이 들 것이다.

약 40개의 레슨을 진행하면서 Node.js 프로그래밍 기능의 범위를 API 처리, 데이터베이스, 인증 등으로 확장한다. Node.js를 프로그래밍 핵심 도구로 사용하고자 배워야 할 사항의 체크리스트도 제공한다.

내가 라이언 달의 이야기를 처음 듣는 순간부터 지금까지 Node.js는 항상 내 곁에 있어 왔다. Node.js는 내게 JavaScript 개발자라는 경력과 내 모든 애플리케이션에 가능성을 제공한 강력한 도구다. 이 책이 Node.js의 시작부터 좋아하는 웹 애플리케이션 도구로써 효과적으로 활용할 수 있는 방법까지 당신이 찾고 있던 가이드가 될 것이라 확신한다.

조나단이 당신을 0장에서 기다리고 있다. 뭘 기다리는가. 바로 Node.js 프로그래밍을 시작하자!

카일리 심슨(Kyle Simpson)
/Getify, 오픈 웹 에반젤리스트

지은이 소개

조나단 웩슬러 Jonathan Wexler

브랜다이스대학교에서 컴퓨터 공학과 신경 과학을 전공했다. 필라델피아에 사는 소프트웨어 엔지니어로, 웹 개발 및 강의를 통해 많은 고객과 학생의 기술적 잠재력을 깨워 왔다. 필라델피아와 뉴욕에 있는 단체들과 파트너를 맺고 세계의 사회적, 경제적 격차를 메우기 위한 활동을 하고 있다. 인도에 컴퓨터 게임 학교 설립부터 New York Code+ Design Academy와 Bloomberg LP의 소프트웨어 엔지니어링의 개발 팀 리딩까지, 프로그램 설계에서 베스트 프랙티스를 적용하고 개발 성공으로부터 얻은 영감을 공유하고자 한다.

지은이의 말

인터넷이 대중과 소통하는 도구가 된 지 거의 4반세기가 지난 지금, 기술 직업 시장은 그 어느 때보다도 커졌다. 신생 기업부터 대기업에 이르기까지 거의 모든 기업이 자신의 브랜드, 제품을 홍보하기 위한 온라인 인지도, 나아가 좀 더 똑똑한 도구를 찾고 있다. 다행히 요즘에는 시장의 요구를 충족시키는 데 컴퓨터 과학 학위 또는 데이터 과학 석사 학위까지는 필요로 하지 않는다. 또한 이러한 툴 구축에 필요한 기술 대부분은 오픈소스 기술을 통해 웬만하면 비용을 들이지 않고 얻을 수 있다.

New York Code+Design Academy[1]에서 웹 개발의 집중 교육 과정을 가르치고 새로운 커리큘럼을 구축하면서, 풀 스택 교육의 강점을 깨달았다. 개발 경험이 없는 학생들에게 3개월만에 프로그래밍 비전을 실현하도록 가르칠 수 있었다. 당신이라고 해서 못할 것은 없지 않겠는가?

나는 Node.js에서 웹 개발 학습 단계를 정립하고자 이 책을 썼다. 각 단원은 웹 개발의 핵심 콘셉트를 담았으며 사용자들의 웹 애플리케이션에 코드를 어떻게 적용할지도 알아볼 것이다. 웹 서버로 블록을 만들고, 이를 사용자의 웹 애플리케이션에 적용시키는지도 설명한다.

아울러 동일한 부트 캠프 학습 전략을 사용해 동적 웹 페이지, 사용자 계정, 데이터베이스, 라이브 채팅의 세계로 안내할 것이다. 이 책이 끝나면 모든 기능을 갖춘 인터넷상의 애플리케이션을 볼 수 있다.

이 책의 예제들은 새로운 애플리케이션에 대한 아이디어를 떠올리게 할 수도 있으며, 새로운 비즈니스나 개인 포트폴리오로 쓸 수도 있을 것이다.

---

1   https://nycda.com – 옮긴이

여러분이 어떤 용도로 이 책을 선택했든 간에, Node.js 프로그래밍을 시작하기 위한 모든 내용을 여기서 찾을 수 있다.

이 책은 학습 프로세스의 접근 장벽을 낮추고 내용을 더 흥미롭게 만드는 것이 목표다. 대다수의 신입 엔지니어가 느끼는 좌절감은 다음 두 가지다. 참조 소스가 여기저기 흩어져 있고, 이 소스들이 매번 완전하게 맞춰지지 않는다는 것이다. 그리고 Node.js는 개발자에게 비교적 새로운 플랫폼이다. 온라인 커뮤니티에서 질문에 답을 줄 수도 있지만 신입 웹 개발자는 모든 재료 목록을 찾고 맨땅에서부터 최종 애플리케이션을 만드는 데까지 레시피를 찾으려면 오랜 시간이 걸릴 것이다. 이 책은 표면적인 부분과 약간의 추가적인 내용을 다루고 있다.

이 책의 예제를 따라 하는 것을 두려워하지 말고 핵심 콘셉트를 이해할 때는 인내심을 갖기 바란다. 어려움이 있다면 질문하고 이 책의 포럼에서 다른 독자와 소통하기 바란다(그들도 아마 당신과 똑같은 어려움에 부딪혀 있을 것이다). 연습과 결정을 통해 여러분의 Node.js에 대한 재능을 개발자가 필요한 조직의 바다에서 펼칠 수 있을 것이다.

감사의 글

내가 이 책을 만들 때 받았던 모든 도움들에 감사하게 생각한다. 먼저 『Get Programming book』 시리즈로 Node.js를 만드는 데 선택을 해준 Manning 출판사에 감사드린다. 특히 책을 만드는 과정에서의 많은 어려움을 훌륭히 이겨내게 해준 개발 편집자들에게 감사한다. Dan Maharry, 이번 작업을 준비하는 데 든든한 버팀목이 돼 주어 고맙다. Toni Arritola, 책의 차이를 채우도록 독려했으며 덕분에 언제나 기한을 맞출 수 있었다. 모든 코드 예제를 정확히 기술하고 정상적으로 실행되는지 확인해준 기술 교정 담당자에게도 감사를 보낸다. 또한 내 책을 기꺼이 리뷰해 궁극적으로 내 결과물의 품질 향상에 큰 기여를 한 자원봉사자에게도 감사를 보내며, 그분들이 보내준 코멘트와 여기에 쏟은 시간에 찬사를 보낸다. Ahmed Chicktay, Aindriu Mac Giolla Eoin, Alberto Manuel Brandão Simões, Alper Silistre, Barnaby Norman, Bryce Darling, Dan Posey, Daniela Zapata, David Pardo, Dermot Doran, Edwin Boatswain, Filipe Freire, Foster Haines, Jeremy Lange, Joseph White, Madhanmohan Savadamuthu, Michael Giambalvo, Michal Paszkiewicz, Patrick Regan, Rafael Aiquel, Roger Sperberg, Ron Lease, Ronald Muwonge, Srihari Sridharan, Vincent Zhu, Vinicius Miana Bezerra, and Vipul Gupta.

개발과 교육 커리어에 큰 힘을 보태 준 모두에게 감사드린다. 비전에 집중하고 이 일에 사명을 갖고 가르침의 전략과 수년 동안 발전시킨 개발 기술을 반영한 결과물을 내놓을 수 있도록 자신감을 심어줬다.

New York Code+Design Academy(NYCDA)와 이 책의 홍보와 책 개발을 지원해준 학생들에게도 감사드린다. 나는 여러분이 이뤄낸 결과가 자랑스럽다. 여러분의 성공을 보면서 확신하는 바, 이 책은 다른 이들의 커리어를 바꾸고 새로운 프로젝트 목표에 도달하는 데 도움을 줄 것이다.

Zach Feldman, 나를 채용해 코딩 부트 캠프 세계에 소개하고 훌륭한 친구이자 공동 작업자가 돼 줘 고맙다. 나의 지도력을 신뢰하며 재미있고 신뢰할 수 있는 직장 환경을 제공하는 NYCDA 개발 팀 여러분께도 감사드린다. Bloomberg LP에서의 첫날부터 시작한 무조건적인 우정과 포용력에도 감사드린다.

직업 선택에 대한 지지와 크고 작은 도전에 대한 야망을 고무시켜 준 나의 가족에게 감사하고 싶다. 아버지와 Eema, 창의적인 표현을 지원하고 나를 행복하게 만들어주는 격려에 감사드린다. Kimmy와 Matt, 이 사업의 법적 측면을 이해할 수 있도록 도와준 것에 감사하며, Noa와 Emmanuelle은 나의 막내 평론가이자 미래의 학생이다. Jessie, 내 스키 폴 잃어버리지 않아줘서 고맙다.

동료 개발자와 필라델피아 및 뉴욕 기술 커뮤니티에 감사드린다. 고마운 KeginSkogland. 당신의 교수법은 내 기술적 답변 방식에 영향을 줬다. 이전 수업에서 보여준 우정과 참여에 관해서도 감사하게 생각한다. JavaScript 교육과 이해에 대한 독자적인 관점과 초안을 검토해준 Kyle Simpson에게도 감사드린다.

이 발행물의 초안을 검토한 사람들에게 감사드리고, 기술적으로 검토해준 친구 Michael "Sybles" Sklaroff에게 감사드린다. 코드 제안을 해준 Gurbakshish Singh, 처음으로 컴퓨터 과학 학위를 받도록 설득한 Violeta Soued에게도 감사드린다.

마지막으로 이 책을 구입한 모든 사람에게 감사드린다. Node.js로 프로그래밍하는 방법을 배우기 위해 온라인 자료와 인쇄물을 많이 찾을 수 있다는 것을 알고 있으며, 내 교수 스타일을 통해 학습에 관심을 보여주신 것에 감사드린다. 칭찬과 비판을 통해 많은 분들의 의견을 듣고 이 책이 새로운 프로그래밍의 세계와 경력에 어떻게 도움이 되는지 알게 되기를 바라면서 읽는 동안에는 이 감정을 유지하기 바란다. 우리는 남에게 우리가 했던 것을 말하기 위함이 아닌, 미래의 자신에게 우리가 할 수 있는 것을 했다는 것을 상기시키기 위해 도전하는 것이다.

옮긴이 소개

김성준(cheuora@gmail.com)

삼성SDS 그룹 통합 추진 팀에서 SINGLE(현 KNOX) 시스템 중 워크플로 시스템 제작으로 IT 업무를 시작했다. 이후 FujiXerox Korea, NHN Japan(현 LINE) 등을 거쳐 소프트웨어 개발 품질과 테스팅 자동화를 컨설팅했다. 삼성 청년 SW 아카데미(SSAFY)에서 프로젝트형 수업을 맡아 진행하고 있다.

옮긴이의 말

처음 JavaScript라는 언어를 접한 건 1997년이었다. 당시 JavaScript는 오늘날처럼 class 라는 개념도 없었고 단순히 웹 클라이언트 레벨에서 로직을 처리하는 언어로 사용됐다. 하지만 빠른 개발 속도로 인해 어떤 벽을 하나만 넘으면 상당히 널리 쓰일 것만 같았다.

저자가 서문에서 밝혔듯이 2009년은 JavaScript에 혁신적인 한 해였다. 웹 브라우저에서 만 구동되는 것으로 인식됐던 JavaScript가 드디어 브라우저가 아닌 일반 인터프리터 언어처럼 사용할 수 있게 됐기 때문이다. 내가 생각했던 벽이 이때 없어지면서 JavaScript 는 비약적인 발전을 했고, 이를 토대로 Vue.js, React.js 등 어마어마한 프레임워크도 만들어졌다. 이 변혁으로 얻은 큰 장점은 프론트엔드와 서버 사이드의 언어를 일치시킬 수 있다는 것이다.

이 책은 Node.js의 기초와 Express.js 패키지 사용법을 프로젝트를 통해 설명하고 있다. 이 책으로 어느 정도 Node.js의 인식을 다졌다면 Vue.js나 React.js를 통해 프론트엔드로 진로를 설정할 수도 있고 Express.js를 좀 더 활용해 백엔드로 가져갈 수도 있다. 결국 이 책은 백엔드와 프론트엔드 모두 기초가 되는 책이라는 점에는 틀림이 없다. 이 책으로 Node.js를 시작하는 모든 이에게 건투를 빈다.

차례

Unit 0

시작하기 35

Unit 1

Node.js의 시작 67

Unit 2

Express.js를 통한 웹 개발 131

Unit 3

데이터베이스 연결   187

Unit 5

사용자 계정 인증   321

Unit 8

프로덕션에서의 코드 배포와 관리　481

들어가며

시작하기 전에 Node.js와 이 책에서 무엇을 배울지 설명한다.

Node.js란?

Node.js 웹사이트(https://nodejs.org/en/about/)에 의하면 Node.js란 "비동기 이벤트 구동 JavaScript 런타임"이라고 돼 있다. 이 말을 좀 더 구체적으로 살펴보자.

Node.js는 여러분이 작성한 JavaScript 코드를 읽고 해석한다. 코드를 JavaScript로 작성하면 여러분의 Node.js를 코드 수행을 위해 사용한다는 의미다. 어떤 과정으로 진행될까?

Node.js 런타임은 JavaScript 엔진을 사용하며, 엔진은 JavaScript 코드를 실시간으로 읽고 해석하고 실행한다. 구체적으로는 Node.js는 구글 크롬 V8 엔진을 쓰며, 이는 JavaScript를 머신 코드(실제로 컴퓨터가 실행하는 코드)로 바꿔주는 오픈소스 해석기다. 이 사양은 상당히 유용하다. 구글이 JavaScript 엔진이 수행되는 자사의 크롬 웹 브라우저를 위해 항상 엔진을 업데이트하고 모니터링하기 때문이다. Node.js는 JavaScript 코드 실행 환경에 웹 브라우저가 필요 없는 이 엔진을 채용하고 있다. 이제 웹 페이지에서 JavaScript를 실행시킬 필요 없이 애플리케이션 전체를 서버에서 실행시킬 수 있는 것이다(1부 참조).

비동기와 이벤트 구동의 의미를 생각해보자. 이들은 JavaScript에서 최근에 사용하는 기본 특징이다. 하지만 먼저 이런 용어가 Node.js에 준 임팩트를 먼저 이해해야 한다.

JavaScript 애플리케이션이 실행되면 애플리케이션의 모든 코드는 메모리로 올라간다. 모든 변수, 함수, 코드 블록들이 애플리케이션이 실행 여부에 상관없이 사용 가능한 상태로 된다. 왜 바로 실행되지 않는 코드들이 생기는 것일까? 애플리케이션이 실행될 때 변수에 값을 전달하는 전역 변수를 정의하고 할당을 하더라도 모든 함수가 이유 없이 실행되지는 않는다. 어떤 함수들은 이벤트 리스너(이름과 일치하는 이벤트가 발생할 때, 콜백 함수와 같이 실행되는 함수 객체)의 형태를 띠고 있다. 이 함수들(이벤트 이름으로 구동되는 객체들이며 관련 콜백 함수를 구동시키는 이벤트 리스너를 깨운다)은 이벤트가 발생할 때까지 메모리에 저장된다. 이런 방식으로 Node.js는 애플리케이션을 효율적이고 빠르게 실행시킨다.

다른 플랫폼이 매번 만들어진 명령에 대한 실행 요청을 받을 때마다 재컴파일이나 모든 코드의 실행이 필요한 반면, Node.js는 JavaScript 코드를 한 번만 읽어들이며 이벤트에 의해 트리거링^{triggering}될 때만 함수들과 관련 콜백 함수를 실행한다. JavaScript는 이벤트 구동 개발을 지원하는 언어지만, 필요 사항은 아니다. 하지만 Node.js는 이벤트 루프를 통해 대부분 애플리케이션을 실행하는 서버로서 이벤트 사용을 촉진하는 이 구조에 대한 장점을 갖고 있다(1부 참조).

마지막으로 비동기가 왜 중요한 개념일까? JavaScript는 본래 비동기이며, 이는 태스크들이 반드시 순차적으로 실행되지 않음을 의미한다. 만일 함수 하나를 호출하고 로그를 남기고 웹 페이지의 배경색을 바꾸기를 원한다면 모든 이 명령들은 아마 즉시 실행될 것이다. 하지만 이 명령들이 순서대로 처리될 필요는 없을 것이다. 사실 여러분이 내리는 명령은 다른 일이 일어나기 전에 로깅부터 될 것이다.

Listing A.1에 있는 코드는 이 현상을 잘 보여준다. callMe 함수를 먼저 호출하고 웹 페이지의 배경색을 초록으로 바꾸고 코멘트를 마지막으로 로깅했지만 웹 브라우저 콘솔에서 실행 시에는 이 순서가 거꾸로 진행된다.

Listing A.1 비동기 흐름의 예제

```
callMe();  //           ← callMe() 함수 호출        ← 웹 페이지 배경색 초록으로
                                                      변경
document.body.style.background = "green";  ←
console.log("my comment");              ← 콘솔에 코멘트 출력

function callMe(){ (4)              ← callMe 함수의 정의
  setTimeOut(function(){
    console.log("function called");
```

```
  }, 1000);
}
```

비동기 실행 환경은 웹 애플리케이션에 적합하다. 웹사이트를 방문할 때마다 요청한 페이지를 읽어들이는 평균 시간을 생각해보라. Amazon.com에서 주문을 넣고 주문이 진행되는 동안(이름, 신용카드 정보, 배송 주소, 다른 보안적인 요소 입력), 다른 방문자들은 주문 페이지에 접속할 수 없다고 가정해보자. 이 시스템의 웹사이트는 단일 애플리케이션 프로세스 또는 스레드(일련의 명령을 수행하는 데 특화된 운영체제의 리소스로 각각 싱글 태스크를 수행하고 수행 완료 시까지 다른 태스크들을 차단한다)로 구성돼 있을 것이다. 다른 웹 애플리케이션은 이런 시나리오를 새로운 프로세스나 스레드를 생성으로 대응할 것이며, 이런 유입된 태스크들의 처리를 위해 더 크고 고사양의 하드웨어가 사용될 수밖에 없다.

Node.js는 하나의 실행 스레드만 사용하며(이벤트 루프에 사용됨), 이는 더 큰 태스크 처리시에 다른 스레드를 사용할 수 있다. 결과적으로 Node.js 애플리케이션은 컴퓨터 리소스가 요청받은 태스크별로 할당될 필요가 없기 때문에 태스크의 생성과 수행 완료에 상대적으로 적은 프로세싱이 요구된다. Amazon.com 예시에서 Node.js는 여러분의 주문 요청 처리 뒤 다른 사용자들의 웹 페이지 요청 처리를 위해 메인 스레드를 이용할 것이다. 여러분의 주문 요청이 진행되면 이벤트가 발생하고 메인 스레드를 깨워 주문이 성공적으로 접수됐음을 알려줄 것이다. 다시 말하면 Node.js는 태스크 수행에 비동기를 채택하고 있어 첫 번째 태스크가 종료되기 전에 다른 태스크의 작업을 이어 갈 것이다. 시작과 종료 동작 사이에 대기하는 대신 Node.js는 전달된 작업이 완료될 때 호출되는 이벤트 리스너를 등록한다

궁극적으로 Node.js는 여러분이 웹 브라우저 없이 JavaScript 코드를 작성하도록 하며, 이 환경을 통해 모든 유형의 애플리케이션을 설계한다. 대부분 Node.js 애플리케이션은 웹 콘텐츠의 빠른 속도 및 반응형 웹을 위한 비동기 특성 및 이벤트 구동을 사용하는 웹 애플리케이션이다.

이 책에서는 기본 JavaScript 웹 서버의 구현을 통해 Node.js 웹 애플리케이션의 구조를 살펴본다. Node.js의 내장 도구와 Node.js 패키지라고 부르는 외부 오픈소스 코드 라이브러리를 활용해 동적 웹 애플리케이션을 만든다(1부 참조).

이 책의 목적

Node.js는 애플리케이션을 빌드할 수 있는 많은 플랫폼 중 하나다. 설계 특성 때문에 Node.js는 특히 웹 애플리케이션(인터넷에서 들어오는 요청의 접수와 데이터 처리 그리고 그 결과를 보여주는 애플리케이션)의 빌드에 강하다.

많은 사람들에게는 순수 JavaScript로 애플리케이션을 구현하는 개념은 새롭고 궁극적인 목표다. 웹 애플리케이션의 내부 동작을 구축하거나 완전히 이해한 적이 없다면 이 책을 통해 모든 것이 어떻게 잘 맞아 돌아가는지 배우기를 바란다.

이 책의 초점이 Node.js를 통해 웹 개발을 가르치는 것이기 때문에 초기 설정을 포함한 웹 애플리케이션 구성 방법, 동적 웹 페이지 생성 방법, 데이터베이스 연결 방법, 애플리케이션에서 사용자 활동 보전 방법 등에 중점을 둔다. 이 책은 이런 콘셉트를 여러분이 사용할 수 있는 코드와 예제를 통해 명확히 설명하고자 한다.

이 책의 대상 독자

웹 애플리케이션을 빌드하고자 Node.js와 관련 도구를 배우는 데 관심이 있는 독자를 위한 책이다. 이미 JavaScript에 친숙하지만 웹 개발 경험이 없다면 더욱 유용할 것이다.

프로젝트 기반으로 구성돼 있어 각자 컴퓨터에서의 작업에 익숙해야 한다. 백엔드나 서비스 기술 관련 배경지식은 이 책을 이해하는 데 큰 도움이 될 것이다. 신입 개발자라면 다음 기술에 익숙해져야 한다.

- JavaScript
- HTML
- CSS
- 터미널/CLI

JavaScript ES6 엔진에 관한 지식은 도움은 되지만 필수는 아니다.

이 책의 구성

이 책은 총 9개의 부로 구성돼 있다.[1] 각 단원은 관련 콘셉트를 설명하며 앞선 단원을 기본으로 좀 더 모습을 갖춘 애플리케이션을 구축해 나간다. 0부에서는 Node.js와 기타 필요한 도구 설치와 설정 과정으로 안내한다. Node.js 코어 설치에 사용되는 Node.js 기본 설치 패키지에 대부분 포함돼 있는 기본 도구도 설명한다. 1장에서는 첫 번째 JavaScript 코딩을 시작하며, 터미널 환경에서 JavaScript 코드를 실행할 수 있는 Node.js의 read-eval-print-loop(REPL) 환경에서 진행한다. 그리고 REPL 환경에서 몇 가지 예제를 실행하며 Node.js 모듈을 알아보고 이 단원을 끝낼 것이다.

1부에서는 웹 서버 제작을 설명한다. 웹 서버는 여러분의 애플리케이션의 백본이 되며, 유입되는 데이터 처리에 대한 요청과 결과 출력을 다룬다. 여기서 어떻게 Node.js 애플리케이션을 적절히 초기화하며 첫 번째 웹 페이지를 읽어들이는지 배울 것이다. 5장과 6장은 서버로부터 이미지 및 다른 파일의 로딩을 위해 어떻게 웹 서버를 사용하는지 보여준다. 5장에서 6장은 웹의 동작 원리의 기본 개념을 다룬다. 이 단원은 이제까지 배운 개념들을 한 번에 묶어 웹 애플리케이션로 만들어 볼 수 있는 첫 번째 캡스톤 프로젝트로 마무리된다.

1부의 캡스톤 예제는 2부까지 이어진다. Express.js라는 웹 프레임워크를 쓸 것이다. 2부에서는 1부에서 만든 코드의 실행을 통해 어떻게 웹 프레임워크가 개발 프로세스의 개발 속도를 올리는지 배울 것이다. 9장과 10장은 어떻게 표준 웹 애플리케이션을 구축하기 위해 Express.js를 사용하는지 다루며, 11장에서는 서버에서 발생하는 에러 처리를 설명한다. 2부는 두 번째 캡스톤 프로젝트로 마무리한다. 여기서는 웹 애플리케이션을 Express.js 프레임워크를 통해 재작성할 것이다.

3부에서는 데이터베이스를 연결하고 애플리케이션의 데이터를 지속하기 위해 필요한 최소한의 데이터베이스 이론을 통해 애플리케이션이 데이터를 저장하는 방법을 보여준다. Node.js 애플리케이션에서 주로 사용되는 데이터베이스인 몽고DB를 알아본다. 먼저 몽고DB의 환경과 데이터베이스 컬렉션 그리고 문서에 익숙해져야 한다. 그런 다음

---

1   번역서에서는 'UNIT'을 '부'로, 'LESSON'을 '장'으로 소개한다. – 옮긴이

Mongoose라는 Node.js 패키지를 사용해 데이터베이스를 애플리케이션에 연결한다. 14장과 15장은 Mongoose 모델에서 데이터를 구성하는 방법을 배우며 이 책에서 다루는 모델은 MVC^Model-View-Controller 모델 중 하나다. 이 단원은 캡스톤 프로젝트에 데이터베이스와 그 모델을 추가하기 위한 작업으로 마무리된다.

4부에서는 모델에서 필요한 표준 기능에 관한 토의를 통해 모델의 개념을 정립한다. CRUD(Create, Read, Update, Delete) 기능을 알아보고 이것이 왜 애플리케이션의 주요 모델에 유용한지 살펴본다. 이때 웹 브라우저에서 애플리케이션의 데이터를 만들고 수정할 수 있는 기능을 개발한다. 또한 애플리케이션 컨트롤러에 필요한 일부 코드를 완성하고 웹 양식을 애플리케이션의 서버 및 모델에 연결하는 방법을 보여준다. 마지막으로 사용자 모델에 대한 CRUD 기능을 구현하는 캡스톤 프로젝트로 마무리한다.

5부에서는 고유 사용자가 시스템에 등록하고 로그인할 수 있게 하는 데 필요한 사용자 인증과 코드를 소개한다. 22장에서는 세션과 쿠키를 애플리케이션에 추가해 애플리케이션 서버와 사용자 컴퓨터 간에 정보를 공유할 수 있도록 한다. 이 기술은 사용자가 애플리케이션을 이용하는 동안 사용자의 상태를 유지하는 데 필요하다. 다음으로 사용자 암호를 암호화하는 방법을 학습한다. 아울러 애플리케이션 데이터를 보호하는 데 필요한 표준 보안 관행을 알려준다. 마지막으로 인증 시스템을 설정해 사용자 데이터를 분석하고 승인한 다음 이 기술을 캡스톤 프로젝트에 적용한다. 이 단원이 끝나면 로그인한 사용자에게 선택적으로 콘텐츠를 표시할 수 있는 애플리케이션이 만들어진다.

6부에서는 자주 개발되는 애플리케이션 개발 요소인 애플리케이션 프로그래밍 인터페이스^API에 초점을 맞춘다. 26장에서는 웹 페이지 이외의 다른 방법으로 데이터를 제공하도록 애플리케이션을 확장하는 몇 가지 방법을 소개한다. 대체 데이터 경로를 사용하면 애플리케이션이 데이터를 사용할 수 있는 외부 서비스에 연결할 수 있게 된다. 그리고 이 기술을 통해 나중에 애플리케이션의 데이터를 사용해야 하지만 일반 웹 페이지의 내용은 읽을 수 없는 모바일 앱 또는 Amazon Alexa에서 사용되는 기술을 만들 수 있다. 유용한 API는 여러 형식으로 데이터를 제공할 수 있다. 27장과 28장에서는 API의 엔드포인트를 통해 액세스할 수 있는 데이터 목록이 있는 팝업 윈도우를 만들어 애플리케이션의 API를 빌드하고 애플리케이션에서 사용한다. 이 단원의 종반부에서는 API 토큰 시스템을 만들고 캡스톤 프로젝트에 동일한 기술을 적용해 API를 보호하게 한다.

애플리케이션의 핵심이 완료되면 7부로 넘어가 애플리케이션에서 라이브 채팅 기능 제작법을 배운다. Node.js에서는 애플리케이션에서 웹 서버로 연결하는 라이브러리 Socket.io를 사용해, 사용자 간의 공개 통신 스트림을 허용하도록 개선한다. 이 단원에서는 Socket.io를 설정해 (나중에) 사용자와 메시지를 연결하고 데이터베이스의 연결을 저장하기 위해 거쳐야 할 단계를 설명한다. 이 단원이 끝나면 여러분은 캡스톤 프로젝트에서 실행되는 완벽한 기능의 채팅 시스템을 구현할 수 있을 것이다.

8부에서는 온라인으로 배포되도록 애플리케이션을 설정한다. 지금까지는 외부 사용자가 애플리케이션에 직접 사용자 등록을 하고 사용할 수 없는 환경이었지만 34장에서는 애플리케이션 코드를 Git에 저장하고 첫 번째 라이브 버전을 Heroku에 업로드한다. 그리고 가족, 친구 및 동료와 애플리케이션을 공유할 수 있는 URL이 제공된다. 35장과 36장에서는 인터넷으로 환경 전환 시 애플리케이션 코드를 지우고 애플리케이션을 모니터링하는 방법 몇 가지를 소개한다. 마지막 장에서는 코드를 테스트할 수 있는 방법을 소개한다. 테스트는 개발 프로세스에서 중요한 요소다. 코드를 변경하고 기능을 추가할 때 코드가 예상대로 계속 동작하는지 확인할 수 있기 때문이다.

소스 코드

이 책에는 많은 예제와 소스 코드가 있으며 모두 번호가 매겨진 목록과 일반 텍스트와 함께 쓰여 있다. 소스 코드와 일반 텍스트와 분리하기 위해 이와 같이 고정 너비 글꼴로 서식이 지정된다. 코드를 굵게 표시해 새 기능이 기존 코드 행에 추가되는 경우와 같이 이전 단계에서 변경된 코드를 강조 표시할 수도 있다.

대부분 원본 소스 코드는 재구성됐다. 책에서 사용할 수 있는 페이지 공간을 수용하기 위해 줄바꿈과 수정된 들여쓰기를 추가했다. 드문 경우지만 재구성만으로도 충분하지 않았기 때문에 일부 목록에서는 줄연속 표시가 돼 있다. 또한 코드가 텍스트에 기술돼 있는 경우, 소스 코드의 각주가 목록에서 제거됐다. 코드 각주는 중요 개념을 강조하는 목록과 함께 제공된다.

이 책의 모든 코드 예제는 단원과 장으로 구성된 https://github.com/JonathanWexler/
get-programming-with-nodejs에서 제공된다. 각 장의 폴더 안에는 해당 장 시작부터
사용과 빌드할 수 있는 코드가 들어 있는 시작 폴더와 해당 장의 마지막 작업 코드가 들
어 있는 마무리 폴더가 있다. 이 책의 코드에 관한 향후 업데이트는 해당 장 관련 폴더에
updated라는 제목으로 추가된다.

에이콘출판사의 도서정보 페이지 http://www.acornpub.co.kr/book/get-nodejs에서
도 동일한 코드 파일을 내려받을 수 있다.

소프트웨어 요구 사항

적어도 500MB의 RAM과 500MB의 메모리가 있는 컴퓨터가 필요하다. 대부분의 최신 컴
퓨터들은 Node.js 애플리케이션을 실행하기에 충분한 양의 공간과 사양을 갖고 있다

Node.js는 32비트 및 64비트 윈도우와 리눅스 설치를 지원하며, 표준 64비트 맥 OS 설
치도 지원한다. https://nodejs.org/en/download/에 명시돼 있다.

또한 코드 작성을 위한 텍스트 에디터도 필요하다. 텍스트 에디터로는 Atom을 추천한다.
https://atom.io에서 다운로드할 수 있다.

웹 애플리케이션 테스트를 위해 웹 브라우저도 필요하다. 구글 크롬 브라우저를 추천한
다. https://www.google.com/chrome에서 다운로드할 수 있다.

또한 Heroku의 CLI^command-line interface 버전 및 Git도 필요하다(0부에서 명령이 정리돼 있다).

문의 방법

이 책을 구입한 독자에게는 Manning 출판사에서 운영하는 웹 포럼 접근 권한을 무료로
제공한다. 여기서 이 책에 관한 코멘트를 달 수도 있고 기술적인 질문도 하거나 다른 저
자나 사용자로부터 도움도 받을 수 있다. 포럼에 접근하려면 https://forums.manning.
com/forums/get-programming-with-node-js로 들어가라. Manning에서 운영하는

포럼과 수행 규칙에 관해서는 https://forums.manning.com/forums/about에서 확인 가능하다.

Manning 출판사의 독자들에 제공하는 것은 개인 독자 간, 독자와 저자 간에서 발생할 수 있는 의미 있는 대화의 장이며 저자의 자발적인 참여까지 약속하지는 않는다. 저자가 열정을 잃지 않도록 몇 가지 어려운 질문을 해보기를 권한다. 포럼과 이전 토론의 아카이브는 게시자의 웹사이트에서 볼 수 있다.

한국어판의 정오표는 에이콘출판사 도서정보 페이지 http://www.acornpub.co.kr/book/get-nodejs에서 찾아볼 수 있다.

한국어판에 대해 문의할 점이 있다면 옮긴이의 이메일이나 에이콘출판사 편집 팀(edit@acornpub.co.kr)으로 연락 주길 바란다.

시작하기

Node.js를 웹 개발 플랫폼으로 사용하기 전에 환경(개발할 컴퓨터)을 준비해야 한다. 여기서는 Node.js를 시작하는 데 필요한 모든 도구를 설치한다. 이 도구는 애플리케이션을 작동시키고 인터넷에서 실행하는 데 필요한 코드를 작성하는 데 도움을 준다. 0부를 마치면 Node.js 애플리케이션을 코딩하고 실행하기 위해 필요한 모든 프로그램을 설치하게 될 것이다. 0부에서는 다음과 같은 주제를 다룬다.

- 0장에서는 이 책에서 배우려고 하는 바와 내용이 중요한 이유를 설명한다. Node.js를 소개하며 약간의 배경지식과 웹 개발을 위한 좋은 플랫폼이 무엇인지 설명할 것이다. 이 책에서 벗어나지만 필요한 사항도 다룬다. 아울러 강력한 웹 애플리케이션을 개발할 때 염두에 두어야 할 몇 가지 전제 조건도 언급한다.

- 1장에서는 다음 부를 위해 사용할 각 도구와 코드 라이브러리 설치 과정을 설명한다. Node.js를 설치하는 것이 1장의 핵심이지만, 컴퓨터를 개발 환경으로 설정하기 위한 몇 가지 단계도 설명한다.

- 2장에서는 첫 번째 Node.js 애플리케이션과 몇 가지 관련 테스트를 소개하고 이를 통해 호환되는 Node.js 버전이 컴퓨터에 설치돼 있는지 확인한다.

자 이제 Node.js 이야기를 시작하겠다.

LESSON

Node.js 설정과 JavaScript 엔진 설치

0장에서는 이 책에서 배우게 될 내용과 그 중요성을 간략히 설명한다. 웹 개발에 익숙하지 않은 개발자이든 더 나은 애플리케이션을 개발하려는 숙련된 개발자이든 0장은 Node.js의 세계에 들어가기 위한 가이드 역할을 한다.

0장에서 다룰 내용은 다음과 같다.

- 무엇을 배울까?
- Node.js의 이해
- 우리는 왜 Node.js로 개발하는가?
- 우리가 준비해야 할 것들

 ## 0.1 앞으로 배울 내용

이 책의 목적은 웹 애플리케이션을 JavaScript 언어를 사용하는 Node.js를 통해 구축하는 방법을 가르쳐 주는 것이다. 0장부터 시작해 각 부에서 마지막 장까지 망라되는 개념과 개발 기술을 위한 목표를 설정한다. 각 부에서는 최신 개발 기술 및 콘셉트의 빌드를 목표로 삼는다.

강의를 진행하면서 웹 애플리케이션을 만드는 데 도움이 되는 새로운 웹 개발의 개념이나 전문 용어, 코딩 기술을 습득한다. 여기서는 Node.js를 사용해 설명하지만 앞으로 나올 개념 중 많은 부분이 다른 주요 플랫폼과 프로그래밍 언어에도 적용된다.

> **노트** 웹 개발은 다른 소프트웨어 공학에서 다루는 개발과는 조금 다르다. 코딩 콘셉트와 아울러 여러분의 프로젝트가 동작하는 인터넷 백본이 어떻게 동작하는지 가능한 한 쉽게 설명하려고 한다.

다음은 각 부에서 배울 내용이다.

- 0부에서는 시작에 필요한 배경지식과 함께 Node.js와 개발 도구 설치 과정을 안내한다.

- 1부에서는 기본적인 웹 개발 개념을 다루고 기초부터 시작해 Node.js에서 첫 번째 웹 애플리케이션을 작성할 수 있는 지침을 제공한다.

- 2부에서는 대부분의 Node.js 개발자가 애플리케이션을 작성하는 데 사용하는 웹 프레임워크 Express.js를 소개한다. Express.js가 제공하는 것, 작동 방식 및 사용자 정의 기능 등에 관해 배운다. MVC^Model-View-Controller 애플리케이션 아키텍처 패턴도 학습한다.

- 3부에서는 애플리케이션을 데이터베이스에 연결하는 과정을 소개한다. 덧붙여 몇 가지 새로운 도구를 설치하고 몽고DB로 데이터베이스를 구조화하는 방법을 설명한다.

- 4부에서는 데이터 모델을 작성하는 방법을 설명한다. 여기에서 데이터베이스의 데이터 생성, 읽기, 수정, 삭제를 하는 CRUD 작업이 다뤄질 것이다.

- 5부에서는 객체지향 구조에서 사용자 계정을 나타내는 코드 작성을 설명한다. 이 새로운 사용자를 위해 데이터 보안과 로그인 양식 작성 방법도 설명한다.

- 6부에서는 API 제작을 설명한다. API의 구성 요소, API의 보호 방법 및 REST 아키텍처를 사용해 API를 디자인하는 방법을 배울 것이다.

- 7부에서는 애플리케이션에 실시간 채팅 시스템 구축 방법을 추가한다. 사용자에게 좀 더 빠르고 효율적으로 데이터를 가져올 수 있는 라이브러리인 Socket.io를 사용해 폴링, 웹 소켓과 데이터 브로드캐스팅 기능을 제공할 것이다.

- 8부에서는 배포 프로세스를 설명한다. 배포를 위해 필요한 도구와 계정을 배울 것이다.

시작을 위해 Node.js란 무엇인지 조금 얘기해보려 한다.

0.2 Node.js의 이해

Node.js는 JavaScript 코드를 해석하고 애플리케이션을 실행하기 위한 플랫폼이다. JavaScript는 수십 년 동안 사용됐고, 대대적인 개선을 통해 클라이언트 측 스크립팅 언어에서 데이터 관리를 위한 본격적인 서버 측 프로그래밍 언어로 전환됐다. Node.js는 구글 크롬의 JavaScript 엔진(JavaScript를 의미 있는 컴퓨터 명령으로 해석하는 데 사용하는 도구)으로 제작됐기 때문에 강력하며 JavaScript를 서버 측 언어로 지원할 수 있다. JavaScript는 (클라이언트 측) 웹 페이지 상호작용을 돕고, 들어오는 애플리케이션 데이터와 데이터베이스 통신을 처리하는 데 사용될 수 있다(후자의 작업은 종종 C, Java, Python 및 Ruby와 같은 언어용으로 예약돼 있다). 개발자들은 이제 웹 애플리케이션을 빌드할 때 동일한 작업을 위한 다른 마스터 랭귀지 대신 JavaScript를 마스터로 커밋이 가능하다.

클라이언트 사이드 대 서버 사이드

일반적으로 웹 개발은 크게 두 가지로 나뉜다.

- 클라이언트 사이드(프론트엔드): 사용자가 자신의 웹 브라우저에서 볼 수 있는 결과를 작성하는 코드를 실행해 보여준다. 클라이언트 사이드 코드는 일반적으로 웹 페이지가 로드될 때 사용자 경험을 애니메이션화하는 데 사용되는 JavaScript를 포함한다.

- 서버 사이드(백엔드): 애플리케이션 로직(데이터가 구조화되고 데이터베이스에 저장되는 방식)에 사용되는 코드를 실행한다. 서버 측 코드는 로그인 페이지에서 사용자를 인증하고, 클라이언트 사이드 코드가 사용자까지의 도달을 보장하는 역할도 한다.

다음 그림에서 클라이언트는 사용자가 애플리케이션을 볼 수 있는 브라우저로 표현된다. 서버는 애플리케이션이 실행되고 사용자가 제출한 모든 데이터를 처리한다. 또한 서버는 종종 클라이언트의 필요에 의해 사용자 인터페이스를 렌더링하기도 한다.

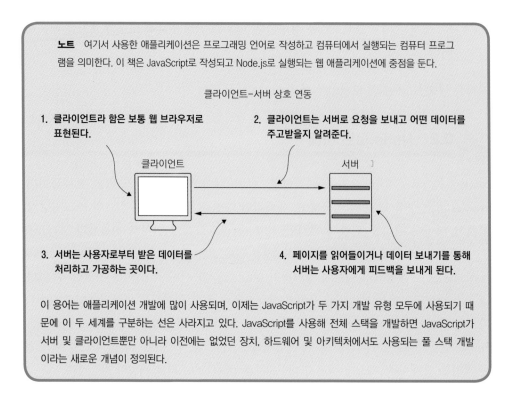

노트 여기서 사용한 애플리케이션은 프로그래밍 언어로 작성하고 컴퓨터에서 실행되는 컴퓨터 프로그램을 의미한다. 이 책은 JavaScript로 작성되고 Node.js로 실행되는 웹 애플리케이션에 중점을 둔다.

클라이언트-서버 상호 연동

1. 클라이언트라 함은 보통 웹 브라우저로 표현된다.

2. 클라이언트는 서버로 요청을 보내고 어떤 데이터를 주고받을지 알려준다.

클라이언트

서버

3. 서버는 사용자로부터 받은 데이터를 처리하고 가공하는 곳이다.

4. 페이지를 읽어들이거나 데이터 보내기를 통해 서버는 사용자에게 피드백을 보내게 된다.

이 용어는 애플리케이션 개발에 많이 사용되며, 이제는 JavaScript가 두 가지 개발 유형 모두에 사용되기 때문에 이 두 세계를 구분하는 선은 사라지고 있다. JavaScript를 사용해 전체 스택을 개발하면 JavaScript가 서버 및 클라이언트뿐만 아니라 이전에는 없었던 장치, 하드웨어 및 아키텍처에서도 사용되는 풀 스택 개발이라는 새로운 개념이 정의된다.

Node.js는 단일 스레드를 사용해 이벤트 루프에서 작동된다. 스레드는 프로그래밍된 작업을 실행하는 데 필요한 컴퓨팅 성능과 리소스의 묶음이다. 일반적으로 스레드는 작업 시작과 완료를 담당한다. 동시에 실행해야 하는 작업이 많을수록 더 많은 스레드가 필요하다. 다른 소프트웨어에서 하는 여러 작업은 대부분 컴퓨터가 동시에 제공할 수 있는 스레드 풀에 의해 처리된다. 그러나 Node.js는 한 번에 하나의 작업만 처리하고 주 스레드에서 처리할 수 없는 작업에 관해서만 스레드를 더 만들어 사용하게 된다.

이 처리 방식은 일반적인 컴퓨팅 방법에 반할 수 있지만 대부분의 애플리케이션에서 계산 집약적인 작업(컴퓨터에서 많은 처리 능력이 필요한 작업)이 필요하지 않다면 오히려 단일 스레드가 모든 작업을 신속하게 관리하고 실행할 수 있다.

그림 0.1의 개략도에서 간단한 처리 과정의 이벤트 루프를 볼 수 있다. 태스크가 준비되면 이벤트 루프의 특정 처리 단계에 의해 처리 큐로 들어가게 된다.

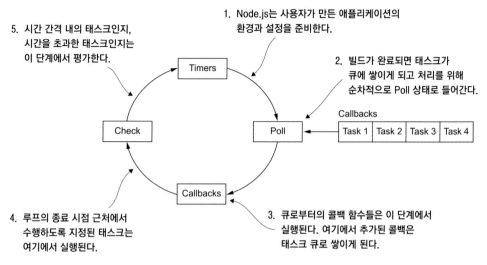

그림 0.1 Node.js 이벤트 루프의 개략도

Node.js 이벤트 루프는 새로운 작업이나 다른 작업의 완료를 알리기 위해 서버가 트리거한 JavaScript 이벤트를 수신해 루프를 반복한다. 작업 수가 증가함에 따라 작업은 대기열에 정렬돼 이벤트 루프에 의해 점진적으로 처리된다. 그러나 코드를 만들 때에는 이런 점을 염두에 두지는 않을 것이다. 비동기식 규칙을 사용해 코드를 작성하고 Node.js 아키텍처는 배후에서 작업 처리를 예약한다. 따라서 Node.js는 데이터 처리를 지속적으로 수행하는 실시간 애플리케이션을 만드는 데 널리 사용된다.

이벤트 루프는 사무실 관리자로 생각할 수 있다. 사무실 관리자의 역할은 들어오는 메시지, 작업 할당 및 사무실 관련 작업을 처리하는 것이다. 사무실 관리자는 재무 보고서 작성 완료를 위임하는 것부터 전화 응답과 사무실 장식 꾸미기에 이르기까지 긴 작업 목록을 가질 것이다. 일부 작업은 다른 작업보다 시간이 오래 걸리기 때문에 사무실 관리자는 새로운 작업을 처리하기 전에 개별 작업을 완료해야 할 필요는 없다. 예를 들어 파티를 준비 중인데 전화벨이 울리면 전화를 받기 위해 잠시 하던 일을 멈출 수 있다. 더 좋은 방법은 관리자가 일단 전화를 받아 다른 직원에게 응대하도록 돌려주고 다시 준비 작업으로 돌아가는 것이다.

마찬가지로 이벤트 루프는 일련의 태스크들을 처리하며, 한 번에 하나의 태스크를 처리하고 컴퓨터의 처리 능력을 사용해 이벤트 루프가 작업 목록을 단축하는 동안 더 큰 작업은 홀딩된다. 대부분의 다른 플랫폼에서 들어오는 작업은 새 프로세스에 할당돼 각 작업에 대한 새 이벤트 루프를 만든다. 그러나 작업 수를 늘리는 것은 한정된 공간에서 직원수를 늘리는 것과 같다. 따라서 비용, 컴퓨팅 성능, 공유 리소스 같은 새로운 문제가 발생하기 시작한다(두 명의 직원이 같은 시간에 전화를 사용해야 하는 경우를 생각해보라).

프로세스와 스레드

Node.js 이벤트 루프는 모든 스레드를 관리하기 위해 단일 스레드를 사용하지만 각 스레드를 완료할 때만 해당 스레드를 사용해야 하는 것은 아니다. 실제로 Node.js는 좀 더 큰 작업을 호스트 컴퓨터에 전달하도록 설계됐으며 컴퓨터는 이러한 작업을 수행하기 위해 새로운 스레드와 프로세스를 만들 수 있다.

스레드는 작업에서 일련의 명령을 실행하는 데 사용되는 할당된 컴퓨터 리소스 묶음이다. 일반적으로 스레드가 처리하는 작업은 간단하고 빠르다. 이러한 이유 때문에 Node.js 이벤트 루프는 다른 모든 작업의 관리자로 작동하는 하나의 스레드만 있으면 된다. 스레드는 컴퓨터 프로세스를 통해 사용할 수 있으며 일부 집중적인 작업은 자체 프로세스를 실행해야 한다.

프로세스는 일반적으로 스레드에 의해 처리되는 것보다 큰 작업을 위해 작업의 실행에 사용되는 컴퓨팅 성능과 리소스의 묶음이다. 각 Node.js 애플리케이션이 자체 프로세스에서 실행됨을 의미하는 스레드를 생성하는 프로세스가 있어야 한다.

Node.js가 단일 스레드일지라도 프로세스의 여러 인스턴스를 병렬로 실행해 들어오는 요청 및 작업을 처리할 수 있다. 이러한 이유로 Node.js는 확장성이 좋다. 모든 작업에 관해 새 프로세스를 생성하는 대신 필요한 경우에만 추가 스레드와 프로세스를 사용해 작업을 비동기적으로 예약한다. 작업 목록을 처리하는 데 더 많은 프로세스가 필요하므로 컴퓨터에 대한 요청 사항이 증가한다. Node.js는 동시 프로세스의 수를 최소화하며 수행하는 데 최적화돼 있다.

스레드와 프로세스라는 용어가 혼재될 수 있다. 이 책에서는 Node.js가 주어진 시간에 단일 태스크 핸들러에 의존한다는 것을 알아야 한다. Node.js의 스레드 및 프로세스에 관한 자세한 내용은 https://medium. freecodecamp.org/node-js-child-processes-everything-you-need-to-know-e69498fe970a에서 Node.js 확장성 관련 기사를 참조하기 바란다.

이 책에서는 웹 애플리케이션 구축에서의 Node.js의 역할을 더 자세히 살펴보겠다. 그러나 그 전에 Node.js의 장점을 알아보자.

> 퀵 체크 0.1　참 또는 거짓! Node.js 이벤트 루프는 각 태스크를 다음 태스크를 처리하기 전에 모두 완료 처리한다.

 ## 0.3　왜 Node.js로 개발하는가?

이 책을 고른 이유는 아마도 더 나은 프로그래머가 되고 웹 애플리케이션을 만들고자 함일 것이다. 바로 이 점이 Node.js를 사용하고 JavaScript로 코딩하는 주된 이유이기도 하다.

Ruby와 PHP 같이 수많은 언어의 선택지들로 여러분의 Node.js 애플리케이션과 거의 차이가 없는 애플리케이션을 만들 수 있다. 하지만 Node.js를 배워야 하는 이유를 다음 항목에서 확인해보자. 그래도 Node.js를 배우는 까닭은 다음과 같다.

- 애플리케이션 유지를 위해 여러 언어를 배우는 대신 JavaScript 하나로 개발의 핵심 언어로 사용할 수 있다.
- 데이터를 연속적으로 스트리밍하거나 채팅 기능의 구현 시, Node.js가 다른 플랫폼보다 더 나은 성능을 보였다.
- Node.js는 구글의 V8 JavaScript 인터프리터에 의해 지원된다. 즉, 성능이나 기능 면에서 널리 지원되고 성장할 것으로 예상되며, 바로 없어지는 일은 없을 것이다. Node.js의 각 버전에서 지원되는 기능을 보려면 http://node.green/을 참조하기 바란다.

퀵 체크 0.1 정답　　거짓이다. Node.js 이벤트 루프는 큐에서 태스크를 순차적으로 제거하지만 애플리케이션이 실행 중인 시스템에서 처리할 태스크를 중지시키거나 새 태스크를 처리하는 동안 특정 태스크가 완료될 때까지 대기 상태로 둘 수 있다.

- Node.js는 웹 개발 커뮤니티에서 많이 사용되는 언어다. 적어도 앞으로 5년 동안 Node.js로 개발한 다른 개발자를 만나고 지원을 받을 수 있다. 또한 Node.js에 대한 지원이 더 많은 오픈소스 도구가 현재 구축 중이다.
- JavaScript 기술 경험이 있는 개발자는 훨씬 유리하게 작업할 수 있다. Node.js를 알면 프론트엔드 또는 백엔드 어디에나 적용할 수 있다.

새로운 프로그래머로서 웹 개발 영역에 진입하려 하거나 이전에 소프트웨어를 개발한 경험이 있고, 모든 사람들이 말하는 새로운 것을 찾고 있다면 Node.js가 바로 그 플랫폼이며, 이 책이 여러분이 찾던 책일 것이다.

 ## 0.4 준비 사항

0부에서는 Node.js에 기본 웹 서버를 구축하는 프로세스를 통해 웹 개발을 소개한다. 내용이 진행되면서 애플리케이션에 코드를 추가하며 강력한 웹 애플리케이션을 완성할 것이다.

이 새로운 주제를 익히려면 각 장을 신중하게 읽어보고 모든 코드 예제를 직접 작성해야 한다. 대신 코드 복사 및 붙여넣기 습관에 빠지면 오류가 발생할 가능성이 높다. 더 중요한 것은 주요 콘셉트의 습득이 어려울 것이다.

JavaScript는 이 책의 중요한 전제 조건이므로 작업을 수행하는 데 어려움이 있으면 온라인에서 문제에 대한 모범 사례 및 기타 일반적인 솔루션을 조사하라. 이 책 전체에서 연습 문제와 "퀵 체크"를 통해 지식을 테스트할 수 있다. (0.2의 첫 번째 "퀵 체크"를 이미 완료했다.) 3장부터 각 부 끝에 '해보세요'라는 절이 있다. 이를 통해 해당 장의 앞부분에서 설명한 코딩 개념을 연습할 수 있다.

각 부 끝의 연습 및 캡스톤Capstone 프로젝트는 웹 애플리케이션을 완성도 있게 만드는 데 있어서 중요한 단계다.

각 부를 강의 주제처럼 생각해보라. 어떤 장은 다른 장보다 이해하거나 코드를 적용하는 데 더 오래 걸릴 수 있다. 시간을 투자하고 반복과 연습을 통해 개발 기술을 꾸준히 구축하길 바란다.

이 책의 목적은 캡스톤 프로젝트를 통해 만드는 개발처럼 웹 애플리케이션을 어려움 없이 만드는 것이다. 이 캡스톤에서는 Confetti Cuisine이라는 회사의 웹 애플리케이션을 만든다. Confetti Cuisine은 사용자에게 요리 수업을 제공하고 회원 가입을 하고 요리법을 채팅할 수 있게 한다. 캡스톤 가이드라인을 따르고 여러분이 처음으로 완료한 일부나 전체 작업을 반복해보기 바란다.

> **팁** 연습 문제는 세 번 정도 반복해보는 것이 좋다. 처음에는 가이드를 따르라. 두 번째로는 가이드에서 일부를 참조해 작업하라. 세 번째에서는 도움 없이 혼자서 하라. 이 세 번째 연습으로 관련 개념을 구체적으로 이해하게 될 것이다.

대부분의 연습 문제는 컴퓨터의 터미널(커맨드라인)을 사용하도록 한다. Node.js는 윈도우, 맥 그리고 리눅스 컴퓨터에서 실행할 수 있는 멀티 플랫폼을 지원한다. 하지만 이 책에서는 유닉스(UNIX) 관점에서 가르친다. 윈도우 사용자는 기본 제공 명령을 사용해 Node.js를 실행할 수 있지만 일부 터미널 명령이 다를 수 있다. 결과적으로 윈도우 사용자는 UNIX 명령을 사용하고 이 책의 모든 내용을 따라 할 수 있는 터미널 윈도우인 Git Bash를 설치하는 것이 좋다. 이를 통해 Node.js 설치와 함께 제공되는 Node.js 명령 환경을 사용하는 게 더 많은 작업들을 가능하게 할 것이다. Git Bash 설치에 대한 정보는 https://git-scm.com/downloads를 방문하라.

각 부 끝에 있는 캡스톤 프로젝트 수행 후 해당 부를 회고해보기 바란다. 7부가 끝나면 Node.js로 완벽한 웹 애플리케이션을 구축할 수 있을 것이다.

진행 중 다음 항목들을 상기시키겠지만, 책을 읽으면서 다음 내용을 명심해야 한다.

- 소스 파일은 JavaScript로 작성됐으며 *.js 파일로 저장된다.

- 이 책 모든 예제에서 사용되는 메인 애플리케이션 파일은 다른 정의가 없는 한 main.js로 부르겠다.

- 이 책의 예제 중에 웹 브라우저가 필요한 경우가 있다. 크롬 브라우저는 항상 최신 버전을 유지하길 바란다. 크롬 브라우저는 https://www.google.com/chrome/ 에서 다운로드할 수 있다.

각 장마다 Node.js 학습 경험에 접목된 새로운 용어와 개념을 설명한다. 그러나 책에 언급된 주제에 관해 더 자세한 정보가 필요하다면 다음 자료를 참조하라.

- 『HTML5 in Action』(Manning, 2014)(https://www.manning.com/books/html5-in-action)
- 『CSS in Depth』(Manning, 2018)(https://www.manning.com/books/css-in-depth)
- 『You Don't Know JS: Up & Going』(O'Reilly 2015)(https://github.com/getify/You-Dont-Know-JS)
- ES6 in Motion by Wes Higbee(https://www.manning.com/livevideo/es6-in-motion)

 0.5 요약

0장에서의 목표는 책의 구조와 Node.js가 무엇인지, 왜 중요한지 전달하는 것이다. 그리고 이 책에 어떻게 접근해야 하는지도 이야기했다. 이 책을 강의가 있는 강좌로 생각하고 따라간다면 유능한 웹 개발자가 될 때까지 점진적으로 지식과 기술을 습득하게 될 것이다. 1장에서는 코딩에 필요한 도구를 설치한다.

환경설정

1장에서는 Node.js로 응용프로그램을 빌드하는 데 필요한 도구를 설치한다. 최신 Java Script ES6 업데이트와 호환되는 Node.js 버전을 설치하고, 코딩을 위한 텍스트 에디터를 설치한다. 마지막으로 REPL이라는 Node.js 샌드박스 환경을 사용해 Node.js에 컴퓨터의 명령줄 터미널에서 테스트 드라이브를 제공한다.

1장에서 다루는 내용은 다음과 같다.

- Node.js 설치
- 텍스트 에디터 설치
- SCM 세팅과 도구 설치
- 터미널에서의 Node.js REPL 작업

 ## 1.1 Node.js 설치

Node.js는 성장하고 있는 플랫폼이다. 따라서 다운로드할 새 버전이 자주 배포되고 있으며 최신 버전 유지를 통해 구축 중인 응용프로그램에 어떤 이점이 있는지, 또는 다른 방식으로 영향을 미치는지 확인하는 것이 중요하다.

이 글을 쓰고 있는 시점에 Node.js의 버전은 9.3.0 이상이다.[1]

> **노트** Node.js 8.8.1은 ES6 구문을 지원한다. ES6(ECMAScript 2015)는 JavaScript에 대한 최근 업데이트로 변수, 함수 및 OOP 코드를 정의하는 구문이 향상됐다. JavaScript에 대한 최신 정보를 얻으려면 개발이 진행됨에 따라 가장 안정적인 Node.js 버전을 다운로드하기 바란다.

Node.js를 다운로드하고 설치하는 방법은 여러 가지가 있으며, 모두 Node.js 기본 사이트(https://nodejs.org)에 나와 있다.

Node.js는 플랫폼에 독립적이므로 맥, 윈도우 또는 리눅스 컴퓨터에 다운로드해 설치할 수 있다. 가장 간단한 방법은 https://nodejs.org/en/download/의 다운로드 링크로 이동해 지침과 지시에 따라 최신 버전의 Node.js용 설치 프로그램을 실행하는 것이다(그림 1.1).

그림 1.1 Node.js 설치 페이지

---

1 이 책을 번역할 당시의 최신 버전은 10.15.3이다. - 옮긴이

노트 NVM은 윈도우를 지원하지 않는다. 윈도우를 위한 두 가지 선택적 도구가 있다. 바로 nvm-windows와 nodist가 그것이며, https://github.com/coreybutler/nvm-windows와 https://github.com/marcelklehr/nodist를 통해 설치할 수 있다.[2]

Node.js를 설치하면 npm이 같이 설치되며, 이는 여러분의 프로그램이 가져다 쓸 수 있는 Node.js의 외부 라이브러리(다른 사람들이 만들어 놓은 여러 개의 코드들) 생태계다. npm은 Python의 pip와 Ruby의 gem과 유사하다. 1부에서 npm를 더 자세히 배울 것이다.

설치 관리자 파일이 다운로드되면 브라우저의 다운로드 패널이나 컴퓨터의 다운로드 폴더에서 파일을 실행하라. 설치 프로그램은 그림 1.2와 같은 새 창을 열고 필요한 모든 파일과 핵심 Node.js 라이브러리를 시스템에 복사한다. 사용권 계약에 동의하거나 설치 프로그램에 컴퓨터에 Node.js 설치 권한을 부여하라는 메시지가 표시될 수 있다. 프롬프트에 따라 설치를 클릭해 완료한다.

---

2 번역 당시 npm은 윈도우를 지원했다. 설치 파일을 실행시키면 npm도 같이 설치되므로 이 과정은 필요 없다. - 옮긴이

그림 1.2 Node.js의 설치 화면

터미널과 사용자 Path

대부분 컴퓨터의 터미널에서 작업하게 될 것이다. 이 터미널은 그래픽 인터페이스 없이 컴퓨터에서 명령을 탐색하고 실행하는 데 사용되는 기본 제공 소프트웨어다. 이 책은 UNIX 터미널 (Bash) 명령 사용법을 가르친다. 윈도우 사용자는 윈도우의 CMD 터미널 창을 사용해 수행할 수 있다(명령이 조금씩 다를 수는 있다).

https://access.redhat.com/documentation/en-US/Red_Hat_Enterprise_Linux/4/html/Step_by_Step_Guide/ap-doslinux.html에 있는 레퍼런스 테이블을 참조할 수 있는데, 여기에는 윈도우와 유닉스 명령어를 비교 정리해놓고 있다. 윈도우 환경에서 더 쉽게 작업하려면 http://git-scm.com/downloads에서 GitBash를 다운로드해 Bash 터미널을 추가하는 방법도 있다.

컴퓨터에 Node.js 및 npm 버전이 설치돼 있는 위치를 기록해놓기 바란다. 이 정보는 설치 프로그램의 마지막 창에 나타난다. 설치 프로그램은 이 디렉터리 위치를 시스템의 PATH 변수에 추가하려고 시도한다.

PATH는 환경변수로, 컴퓨터의 조작 작동에 영향을 줄 수 있는 변수다. 컴퓨터의 PATH 변수는 시스템에서 작업을 수행하는 데 필요한 디렉터리와 실행 파일을 찾을 위치를 지정한다.

이 변수의 값은 터미널이 개발에 사용된 리소스를 찾을 첫 번째 장소다. PATH 변수를 컴퓨터 색인처럼 생각해 필요한 도구를 빨리 찾을 수 있다. 이러한 도구의 원래 파일 경로 또는 디렉터리 위치를 PATH 변수에 추가하면 바로 터미널에서 찾을 수 있다.

다음 그림은 터미널이 PATH 변수를 참조해 특정 프로그램 및 실행 파일의 디렉터리를 식별하는 모습을 보여준다. 이 디렉터리는 서로 다른 컴퓨터의 다른 위치에 있을 수 있다. 터미널에서 Node.js를 시작하는 데 문제가 있으면 https://www.tutorialspoint.com/nodejs/nodejs_environment_setup.htm의 설치 단계를 체크해보라.

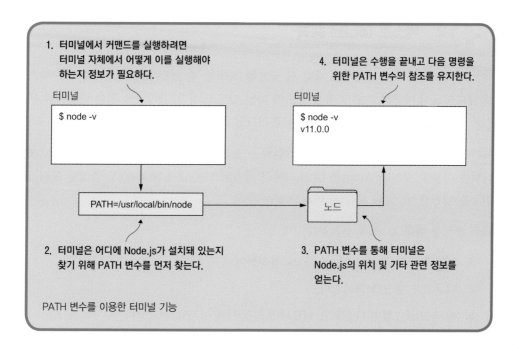

1. 터미널에서 커맨드를 실행하려면 터미널 자체에서 어떻게 이를 실행해야 하는지 정보가 필요하다.

터미널

```
$ node -v
```

2. 터미널은 어디에 Node.js가 설치돼 있는지 찾기 위해 PATH 변수를 먼저 찾는다.

PATH=/usr/local/bin/node

3. PATH 변수를 통해 터미널은 Node.js의 위치 및 기타 관련 정보를 얻는다.

노드

4. 터미널은 수행을 끝내고 다음 명령을 위한 PATH 변수의 참조를 유지한다.

터미널

```
$ node -v
v11.0.0
```

PATH 변수를 이용한 터미널 기능

자, 이제 Node.js를 설치했으면 터미널을 통해 제대로 설치했는지 확인해보자. 터미널을 열고 (또는 GitBash를 열고) 프롬프트에서 다음과 같이 명령을 입력한다.

node -v

이 명령의 출력은 설치된 Node.js의 버전을 보여준다. 비슷하게 설치된 npm 버전도 npm -v 명령으로 확인할 수 있다.

> **노트** 만일 터미널이 반응이 없거나 에러 메시지를 출력한다면 Node.js가 정상적으로 설치가 안 됐을 가능성이 있다. 에러 메시지가 출력된다면 에러 메시지를 복사해 검색엔진으로 어떤 솔루션이 있는지 찾아보라. 솔루션을 찾지 못하겠다면 이 절을 다시 반복한다.

Node.js가 설치되고 터미널이 실행되면 이제 코드를 작성할 준비를 해야 한다.

> **팁** Node.js와 npm의 설치 위치를 잊어버렸다면 커맨드 창을 열고 which node나 which npm을 입력하면 된다. 윈도우에서는 which 대신 where를 입력한다.

1.2 텍스트 에디터 설치

텍스트 에디터는 애플리케이션 개발 시 코드를 작성할 때 쓰는 애플리케이션이다. 텍스트 에디터들이 다양하고 코드 작성 용도가 아닌 것도 많지만, 개발자를 위해 만들어진 텍스트 에디터들은 도움이 될 만한 도구나 플러그인을 지원하는 것들이 있다.

여기서는 많은 프로그래밍 랭귀지를 지원하는 오픈소스 소프트웨어인 Atom 텍스트 에디터를 사용할 것이다. Atom은 GitHub에서 개발됐으며, 많은 Node.js로 작성된 플러그인들을 제공해 Node.js 개발 시 편리한 점이 많다.

다음 순서를 따라 Atom을 설치한다.

1. 브라우저에서 https://atom.io로 접속한다.
2. 다운로드 링크를 클릭한다.
3. 설치 프로그램이 다운로드 완료되면 구동시켜 설치를 완료한다.

설치가 완료되면 설치된 위치의 폴더를 열고 Atom 에디터를 실행시킨다.

> **노트** 여러분은 통합 개발 환경(IDE)에서의 개발을 생각할지도 모르겠다. Visual Studio Code
> (https://code.visualstudio.com/)와 같은 통합 개발 환경은 코드 자동 완성, 디버거 등 많은 지원
> 도구가 제공된다.

에디터에서 Node.js 터미널 커맨드가 동작하는지 테스트해보라.

 ## 1.3 SCM과 배포 도구 설치

이번 절에서는 Git과 Heroku CLI^{Command-line-interface}를 설치하고, 이를 이용해 이 책의 마지막 부분에서 여러분의 애플리케이션을 온라인으로 배포할 것이다. 배포^{deployment}는 애플리케이션을 컴퓨터에서 공개적으로 접근 가능한 온라인상으로 이관하는 것을 의미한다. SCM^{Software Configure Management}란 애플리케이션이 환경에 따라 기능이 새롭게 추가되거나 바뀌는 것을 코드상으로 관리하는 프로세스다. Git과 Heroku CLI의 조합으로 여러분의 코드를 개발 환경에서 프로덕션 환경으로 배포하고 코드 관리도 할 수 있다.

Git은 여러분의 애플리케이션의 코드 전개 단계를 분리를 위해 사용되는 버전 관리 도구다. Git은 각기 다른 개발 단계마다의 코드를 저장하고, 스냅숏을 만들고, 여러분이 만든 최근 코드가 애플리케이션에 오류를 발생시킨다면 바로 이전 단계로 돌아가 작업을 할 수 있게 한다. 이 책에서 더 중요한 것은 Heroku로 코드를 전송하기 위해 Git이 필요하며, 이를 통해 대중은 여러분의 애플리케이션을 온라인상에서 쓸 수 있는 것이다.

맥 사용자라면 Git은 이미 설치돼 있다. 만일 윈도우를 사용하고 Git Bash를 설치한 사용자라면 Git 역시 패키지 안에 포함돼 설치가 됐을 것이다. Git이 설치돼 있는지 잘 모르겠으면 터미널 창에 `git --version` 명령을 쳐 보라. Git 버전이 출력되지 않으면 설치되지 않은 것으로 바로 https://git-scm.com/downloads에 접속하라. 그림 1.3 화면에서 운영체제를 선택하고 설치 파일을 실행하면 Git이 설치된다.

그림 1.3 Git 설치 파일 다운로드 페이지

Git이 설치됐으면 터미널에서 `git init` 명령으로 프로젝트를 초기화시킨다. 그 후 개인 프로젝트 파일을 상대경로를 이용한 `git add` 명령으로 새 버전으로 추가시킨다. 마찬가지로 프로젝트에 있는 모든 파일들을 `git add .`로 추가시킬 수 있다(마침표가 명령에 포함됨을 주의한다). 추가시킨 파일들을 승인하려면 `git commit -m "message"` 명령을 사용하며 `"message"` 부분은 변경에 대한 코멘트를 기술한다. Git에 친숙한 경우라면 Git을 사용해 코드를 돌려보기를 권장한다. 하지만 8부 이전까지는 Git을 사용하지는 않을 것이다. Git을 좀 더 배우기를 원한다면 https://git-scm.com/doc에 있는 동영상과 문서를 참조하기 바란다.

팁 쓸 만한 Git 명령어의 치트 시트는 https://education.github.com/git-cheat-sheet-education.pdf를 참조하라.

Heroku는 여러분이 애플리케이션을 온라인상에서 호스팅해주는 서비스다. Heroku를 사용하기 위해 https://signup.heroku.com에서 새로운 계정이 필요하다. 이름과 기타 요청 정보들을 입력하고, 이메일 주소로 인증을 한다. 계정이 만들어지면 Heroku는 애플리케이션 3개까지 무료로 호스팅을 지원해준다. 관련 작업은 터미널에서 직접 수행하는 것을 추천한다.

다음으로 Heroku CLI를 설치한다. 맥을 사용한다면 Homebrew를 통해 설치 가능하다. Homebrew를 설치하려면 Listing 1.1의 커맨드라인을 터미널에서 실행한다. 이 설치 과정은 http://brew.sh/에 기술돼 있다.

Listing 1.1 Unix 터미널에서의 Homebrew 설치

```
/usr/bin/ruby -e "$(curl -fsSL
  https://raw.githubusercontent.com/Homebrew/install/master/
  install)"
```
← 터미널 창에서
설치 명령 실행

설치 뒤 brew install heroku/brew/heroku를 수행하거나 https://devcenter.heroku.com/articles/heroku-climacos에서 설치 파일을 다운로드해 설치 파일을 실행시킨다. 윈도우 사용자라면 https://devcenter.heroku.com/articles/heroku-cliwindows에서 윈도우용 설치 파일을 찾을 수 있을 것이다. 리눅스 사용자는 터미널에서 `sudo wget -qO-https://cli-assets.heroku.com/install-ubuntu.sh | sh` 명령을 통해 설치할 수 있다.

Heroku CLI 설치가 끝나면 터미널에서 Heroku 명령어를 사용할 수 있다. 설치 과정에서의 마지막 부분에서 Heroku 계정으로 로깅logging을 할 것이다. `heroku login` 명령으로 로그인해 Heroku 계정에 설정된 이메일 주소와 패스워드를 입력한다. 이제 Heroku에 배포할 준비가 됐다.

1.4   터미널에서 Node.js REPL로 작업하기

이번 절에서는 터미널에서 Node.js REPL 환경을 통해 Node.js 사용을 시작한다. 대화식 Node.js 셸은 Node.js의 Read-Evaluate-Print-Loop(REPL) 버전이다. 이 셸은 여러분이 순수 JavaScript를 작성하고 실시간으로 터미널 창에서 돌려 볼 수 있는 공간이다. 윈도우에서 작성한 코드는 Node.js가 읽어들이고 실행하며 결과를 출력해 콘솔에 피드백한다. 이 절에서는 REPL에서 할 수 있는 몇 가지를 살펴본다.

이미 Node.js가 정상적으로 설치됐는지 확인하기 위해 터미널을 사용했다. 설치 확인을 위한 다른 방법은 node라고 입력하고 엔터키를 치는 것이다. 이 작업은 대화형 Node.js를 띄우게 된다. 셸이 뜨면 프롬프트는 >로 바뀌며 셸로의 진입을 알린다. 셸에서 나오려면 .exit를 입력하거나, Ctrl+C를 2번 누른다.

Node.js에 특화된 몇 가지 키워드들은 여러분의 Node.js 커맨드를 실행시킬 때 터미널과 REPL 환경을 이해하는 데 도움을 줄 것이다. 부록 A에서 Node.js에서의 이 키워드들이 어떻게 애플리케이션 개발에 적용되는지 적어놨다.

> **노트**   터미널 명령에 대한 연습이 필요하다면 스티븐 오바디아(Steven Ovadia)가 쓴 『Learn Linux in a Month of Lunches』(Manning, 2016)(https://www.manning.com/books/learn-linux-in-a-month-of-lunches)의 2부를 참조하기 바란다.

터미널 창에 node를 입력해 REPL 환경을 시작할 수 있다. 프롬프트가 >로 바뀌면 JavaScript 명령을 입력한다. 이 환경이 테스팅과 코드의 샌드박스이기는 하지만 node 셸은 개발상에 많은 이점이 있다. 예를 들어 간단한 수학 표현식 같은 것은 바로 실행시키거나 전체 JavaScript 구문을 실행시킬 수도 있다. 또한 변수에 값을 할당할 수 있고, 사용자 클래스로부터의 객체 초기화하는 기능도 있다. Listing 1.2는 REPL 동작의 예시다.

이 코드 예제는 이 책 전체에 나올 JavaScript ES6 문법의 일부를 보여준다. REPL 셸에서 수행한 기본 산술식과 더불어 let 키워드를 사용해 변수를 설정했다. 이 키워드는 코드 블록 내에서 사용될 변수를 정의하게 한다. 블록은 함수 블록을 포함하며, var-로 정의된 변수들의 범위를 조건 및 반복 블록과 함께 한정시킨다.

Listing 1.2 REPL Command 예제

```
$ node          ◀───── node 터미널 시작
>
> 3 + 3        ◀─────
6                       일반 산술 연산
> 3/0
Infinity
> console.log("hello universe!");   ◀─────
hello universe!                            로그 메시지 출력
> let name="Jon Wexler";
> console.log(name);
Jon Wexler              ES6 클래스 생성과
> class Goat {       ◀──  인스턴스 초기화
  eat(footType) {
    console.log(`I love eating ${foodType}`);
  }
}

> let billy = new Goat();
> billy.eat("tin cans");
I love eating tin cans
```

REPL 환경에서 Node.js의 모든 코어 모듈에 접근할 수 있다. 코어 모듈은 Node.js 설치 시에 설치되는 JavaScript 파일들이다. 모듈은 1부에서 자세히 다룬다.

사용자 정의 애플리케이션에서 REPL을 쓰기 위한 모듈을 가져와야 한다. 간략한 REPL의 명령어 목록이 표 1.1에 정리돼 있다.

표 1.1 주요 REPL 명령어

REPL 명령어	설명
.break(or .clear)	REPL 세션 내 블록에서 빠져나온다 코드 블록에서 빠져나올 때 유용하다.
.editor	사용자가 멀티라인의 코드를 입력하기 위한 내부 에디터를 연다. Ctrl+d로 저장하고 빠져나올 수 있다.
.exit	REPL 세션을 종료한다.
.help	사용자가 대화형 셸 환경을 잘 이용할 수 있도록 명령어들의 리스트 및 유용한 팁을 보여준다.
.load	로컬 파일명과 같이 사용되며, REPL이 코드 파일로 액세스하도록 한다.
.save	새로 저장될 파일명과 같이 사용되며, REPL 세션의 코드를 새로운 파일로 저장한다.

알고 있는 JavaScript 명령어를 한번 REPL 환경에서 실행시켜보라. 2장에서는 작성된 코드를 REPL 환경으로 어떻게 읽어들이는지 살펴볼 것이다.

 1.5   요약

1장에서는 Atom 텍스트 에디터를 설치했고, REPL 커맨드 환경에서 JavaScript 코드를 구동하기 위한 Node.js 환경을 확인했다. 2장에서는 애플리케이션의 빌드와 배포를 위해 어떻게 Node.js와 터미널을 사용하는지 알아본다.

2

Node.js 애플리케이션 실행

2장에서는 첫 번째 JavaScript 파일을 Node.js를 이용해 작성하고 실행해볼 것이다. 마지막에는 REPL로 미리 작성된 JavaScript 파일을 가져오는 것을 보여줄 것이다.

2장에서 다루는 내용은 다음과 같다.

- JavaScript 파일 생성과 저장
- Node.js에서 JavaScript 파일 실행
- REPL에서 파일 읽어들이기

고려 사항

여러분이 만든 JavaScript를 지금 테스트하고 있다. 이 코드가 다음과 같은 배열의 수를 받아 이를 출력하는 스니펫을 따른다고 가정하자.

노트 이 코드 예제에서 printNumbers 변수를 기존 function 키워드 대신 단일 arr 파라미터와 화살표를 사용한 함수에 할당하기 위해 ES6 문법을 사용했다. 그리고 forEach 호출 안에서의 콜백 함수로서 또 다른 화살표 함수를 사용했다.

```
let printNumbers = arr => {          ◀──  배열 요소들의 출력
  arr.forEach(num => console.log(num));
}
```

⫸

이 코드가 동작하는지 테스트하려면 먼저 .js 파일로 저장을 해야 한다. 이를 html 웹 페이지로 링크를 걸고, 브라우저에서 파일을 열고 실행을 시켜본다. Node.js를 사용하면 터미널에서 바로 JavaScript를 실행시켜 결과를 확인할 수 있다.

2.1 JavaScript 파일의 생성

첫 번째 Node.js 애플리케이션으로 콘솔에 메시지를 출력하는 JavaScript 파일을 생성하자. 이를 위해 다음 단계를 수행한다.

1. 텍스트 에디터를 연다.

2. 빈 파일에 다음과 같이 입력한다.

   ```
   console.log("Hello, Universe!");
   ```

3. 바탕화면에 hello.js라는 이름으로 저장한다.

이제 Node.js가 실행시킬 수 있는 파일을 만들었다. 다음 절에서 이 파일을 실행할 것이다.

엄격 모드

JavaScript에서 엄격 모드(Strict Mode)로 코드 작성 옵션을 줄 수 있다. 이 모드에서는 Node.js나 웹 브라우저는 그냥 넘어갈 만한 JavaScript의 오류들을 캐치한다. 이 엄격 모드를 쓰려면 "use strict";를 JavaScript 파일 내의 가장 위쪽에 추가한다. 엄격 모드가 제대로 동작하려면 관련 파일 모두 엄격 모드 처리를 해줘야 한다.

엄격 모드에 관한 자세한 내용은 https://developer.mozilla.org/en-US/docs/Web/JavaScript/Reference/Strict_mode를 참조하기 바란다.

노트 엄격 모드는 이전에는 그냥 넘어간 이슈를 오류로 변경해 발견하고 즉시 수정하게 한다.

엄격 모드로 발견할 수 있는 오류들은 다음과 같다.

- 생성자 없이 만든 전역 변수들 – var, let, const 같은 생성자 없이는 전역 변수는 만들어지지 않는다.
- 할당될 수 없는 변수에 변수 할당 – 예를 들어 변수명에 undefined를 사용할 수 없다.

- 객체 리터럴에서 고유하지 않은 함수 매개변수 이름 또는 속성 이름 사용 – 값을 할당할 때 동일 범위 내에서 반복하지 않는 이름을 선택해야 한다.

노트 JavaScript는 `"use strict";`를 이전 버전과의 호환을 위해 문자열로 남겨 놓았다. 이전의 JavaScript 엔진에서는 문자열로 인식하고 이를 무시했다.

JavaScript 수행에는 문제없어도, 학습을 목적으로도 그리고 대부분의 개발자가 수행하는 실수를 미리 예측한다는 차원에서 가급적 엄격 모드를 사용하는 것이 좋다. 여기에서 작성되는 코드에 `"use strict";`가 안 보일 수도 있지만, 책의 모든 코드 예제에는 이 구문이 가장 위쪽에 들어가 있다고 보면 된다.

 ## 2.2 Node.js로 JavaScript 파일 실행하기

Node.js JavaScript 엔진은 JavaScript 코드를 터미널에서 해당 JavaScript 파일 위치를 찾아가 파일명 앞에 node를 붙여 실행하면 파일을 해석해 실행하게 된다.

다음 순서로 JavaScript 파일을 실행해보자.

1. 터미널 창을 연다.

2. 터미널의 위치를 .js 파일이 있는 곳으로 이동한다. 여기서는 바탕화면^{Desktop}으로 이동한다.

   ```
   cd ~/Desktop
   ```

3. node 키워드를 써서 JavaScript 파일을 실행시킨다. 파일 확장자를 적지 않아도 실행은 된다. 예를 들어 프롬프트에서 hello.js 파일을 실행시키기 위해 node hello라고 입력해보라(그림 2.1).

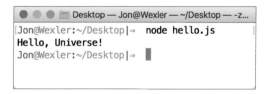

그림 2.1 Node.js에서 JavaScript 파일 실행시키기

파일이 정상적으로 실행됐다면 Hello, universe!라고 출력될 것이다. 만일 이런 출력이 되지 않는다면 hello.js 파일의 내용을 살펴보고, 마지막 변경 사항이 저장됐는지 확인하라. 또, 파일이 위치한 디렉터리 위치에서 실행했는지도 확인하라.

정확히 어떤 일이 발생했는가? Node.js `console.log` 함수는 여러분이 어떤 JavaScript 커맨드의 결과를 콘솔 창(또는 터미널 표준 출력 창)으로 출력하도록 해준다. 독자 중에 이전에 JavaScript를 브라우저에서 디버깅해본 적이 있다면 Node.js 콘솔 창에서 `console.log`를 사용하는 것과 디버깅 도구의 콘솔 창으로 출력하는 것과 같은 결과를 얻음을 알 수 있을 것이다.

> **팁**   console.log에 관해 더 알고 싶으면 부록 B를 참고하기 바란다.

퀵 체크 2.1 hello.js 파일을 갖고 있을 때, 터미널에서 node hello를 입력하면 어떤 일이 일어날까?

 ## 2.3   개별 JavaScript 명령 실행하기

애플리케이션에서 메시지를 사용자들에게 보내는 작업을 하고 있다고 가정하자. 애플리케이션에 메시지를 모두 보내기 전에, Node.js REPL로 먼저 테스트를 하려 한다. Listing 2.1의 코드를 사용해 messages.js라는 JavaScript 파일을 만들어 배열 형태로 메시지를 포함한 .js 파일을 만든다.

Listing 2.1   **messages.js에서의 JavaScript 변수 선언**

```
let messages = [
  "A change of environment can be a good thing!",
  "You will make it!",
```

퀵 체크 2.1 정답   Node.js에서 JavaScript 파일을 수행할 때 .js 확장자가 필요 없다. 다시 말해 node hello.js와 node hello는 같은 결과를 출력한다.

```
  "Just run with the code!"
];
```
메시지 배열 리스트

이 파일을 Node.js(아직 어떤 것도 실행하지 않음)에서 실행하는 대신, Listing 2.2와 같이 node 키워드로 REPL 환경을 초기화하고 이 파일을 `.load messages.js` 명령을 사용해 파일을 가져온다. 이를 통해 REPL이 파일에 접근할 권한을 주는 것이다. 파일을 가져오면 터미널 창에서는 파일 내용이 출력된다. 또한 여러분은 REPL 환경에서 `message` 변수에의 접근 권한도 갖게 된다.

> **노트** REPL 세션이 messages.js 파일이 위치한 디렉터리에서 시작했는지 확인하라. 만일 같은 위치에서 시작하지 않았다면 message.js를 상대경로 대신 절대경로를 입력해 불러야 한다. 절대경로는 컴퓨터 내의 파일 위치를 의미하며, 컴퓨터 루트 디렉터리부터 시작한다. 내 컴퓨터를 예로 들면 /usr/local/bin/node가 Node.js가 설치된 절대경로다. 로컬로부터의 상대경로는 /bin/node가 될 것이다.

Listing 2.2 REPL로의 JavaScript 파일 읽어들이기

```
>.load message.js
"use strict";
let messages = [
  "A change of environment can be a good thing!",
  "You will make it!",
  "Just run with the code!"
];
```
3개의 strings 요소 배열 로딩

각 메시지를 Node.js 애플리케이션을 통해 사용자들에게 목록을 보여주려 한다. 이 목록을 테스트하기 위해, 배열을 한 번 루프를 돌려 각 메시지를 Listing 2.3의 코드를 통해 바로 REPL 창에 출력한다.

Listing 2.3 REPL에서의 파일 읽기

```
> messages.forEach(message => console.log(message));
```
화살표 함수를 이용해
각 메시지를 출력한다.

Listing 2.4 console.log 루프의 결과

```
A change of environment can be a good thing!
You will make it!
Just run with the code!
undefined
```

메시지를 프린트하며, 리턴 값은 없기 때문에
undefined로 보여준다.

만일 여러분이 REPL 창에서 작성하는 코드 작업이 더 편하다면 .save positiveMessage.js 명령을 이용해 코드를 positiveMessages.js라는 이름으로 저장할 수 있다.

퀵 체크 2.2
1. RERL 환경 종료를 하는 3가지 방법은 무엇인가?
2. 프로젝트 폴더에 없는 파일들을 어떻게 REPL로 읽어들일까?
3. 이미 존재하는 파일명으로 한 번 더 .save 명령을 하면 어떤 일이 일어날까?

Node.js REPL 환경을 쉽게 배우려면 연습이 필요하다. 규모가 큰 애플리케이션의 수정을 위한 빠른 체크와 코드 테스트를 하려면 node로의 액세스를 기억하라. 다음에는 웹 애플리케이션을 작성하고 환경을 처음부터 올바르게 설정하는 방법을 배울 것이다.

 ## 2.4 요약

2장에서는 JavaScript 파일이 터미널 환경의 Node.js를 통해 실행될 수 있음을 배웠다. Node.js를 처음 사용해 여러분의 첫 애플리케이션을 생성하고 실행해봤다. 그 후 JavaScript 파일 로딩과 여러분이 만든 REPL 샌드박스 코드의 저장을 통해 REPL 환경을 살펴봤다. 3장에서는 Node.js 모듈을 생성하고 npm으로 이를 설치해본다.

퀵 체크 2.2 정답
1. Node.js REPL 환경 종료를 하는 방법은 .exit를 입력하거나 Ctrl+C를 2번 입력하거나, Ctrl+D를 2번 입력한다.
2. 현재 터미널에서 바라보고 있는 디렉터리에 없는 파일을 읽어들이려면 원하는 파일의 절대경로를 이용해 읽어들인다.
3. 기존에 존재하는 파일명으로 .save 명령을 내리면 같은 이름의 파일을 덮어쓴다.

> **노트** 문자열 보간(String interpolation)이란 변수로 표현된 부분에 다른 텍스트로 대치해 삽입하는 것을 의미한다.

다음 항목들을 콘솔에 출력해보자.

- string으로의 보간 메시지: console.log("hello %s", "universe");
- integer로의 보간 메시지: console.log("Score: %d", 10);

Listing 2.5의 코드를 갖고 printer.js 파일을 만들어보라.

Listing 2.5 string 대치 삽입 예제

```
let x = "universe";
console.log(`Hello, ${x}`);     ← 보간 메시지 로깅
```

node printer.js를 터미널에서 실행시키면 어떤 일이 일어나는가?

Node.js의 시작

0부를 막 통과하고 Node.js를 설치해 실행해봤다. 이제 본격적인 작업을 해볼 차례다. 1부는 시작점에서부터 건물을 올리는 일에 대한 내용이다. 먼저 Node.js로 작은 웹 애플리케이션을 만드는 것을 시작으로, 점차적으로 보이지 않는 곳에서 동작하는 컴포넌트들을 맞춰 갈 것이다. 1부에서는 Node.js에서 간단한 정적 콘텐츠를 보여주는 웹 서버를 실행하는 데 필요한 것을 얻는 방법을 배운다. 필요한 것들로는 HTML 페이지, 이미지, 스타일시트가 있다. 이 목표를 위해 다음 주제를 따라가 보자.

- 3장은 npm을 소개하고 어떻게 새로운 Node.js 애플리케이션을 설정하는지 논의한다. 3장에서 Node.js 모듈을 빌드하고, 어떻게 패키지와 모듈이 도구를 제공하고 애플리케이션을 지원하는지 알아볼 것이다.

- 4장은 간단한 웹사이트를 만들기 위해 Node.js에서 실행되는 웹 서버에 대한 아이디어를 소개한다. 어떻게 서버를 설정하고 웹사이트 콘텐츠를 보이게 하는 코드를 작성하는지 배운다.

- 5장은 앱에 다양한 요청에 따라 웹 콘텐츠를 읽어들이는 데 필요한 충분한 정보를 제공하며, 2장을 바탕으로 진행된다. 애플리케이션의 URL에 내용을 연결하는 시스템인 첫 번째 애플리케이션 라우트를 작성한다

- 6장은 간단한 응답보다는 웹 서버에서 다른 HTML 파일을 제공하는 방법을 설명한다. 이 강의에서는 CSS, 사용자 기기에서 실행되는 JavaScript 및 이미지 로드와 같은 애플리케이션 에셋Asset에 대한 내용을 추가한다. 이러한 개념을 함께 사용하면 애플리케이션 구성을 구조화해 코드 혼란을 줄이면서 더 많은 웹사이트 요청을 처리할 수 있다.

- 마지막으로 7장에서는 완전한 멀티페이지 애플리케이션을 작성해 모든 것을 하나로 배치하는 방법을 보여준다. 애플리케이션을 바닥부터 만들기 시작한다. 그런 다음 세 가지 뷰, 에셋과 뷰를 위한 라우트 그리고 public client 폴더를 추가한다.

LESSON

Node.js 모듈 생성

3장에서는 Node.js 모듈(JavaScript file)의 생성으로 Node.js 애플리케이션의 개발을 시작한다. 그 후 개발 워크플로우를 위해 npm을 소개하고, 자주 쓰이는 npm 명령 및 새 애플리케이션을 세팅하기 위한 툴을 배울 것이다.

3장에서 다룰 내용은 다음과 같다.

- 새로운 Node.js 모듈 생성
- npm으로 Node.js 애플리케이션 구축
- npm으로 Node.js 패키지 설치

Node.js 애플리케이션은 많은 JavaScript 파일로 구성된다. 애플리케이션을 체계적이고 효율적으로 유지하려면 이러한 파일이 필요할 때 서로 접근할 수 있어야 한다. 코드 라이브러리가 들어 있는 각 JavaScript 파일 또는 폴더를 모듈이라고 한다.

이 레시피 애플리케이션에서 제0부에서처럼 여러분이 메시지를 보내는 작업을 하고 있다고 가정하자. messages.js 파일을 다음 코드로 생성할 수 있다.

```
let messages = ["You are great!", "You can accomplish anything!", "Success is in your future!"];
```

이 메시지들을 코드에서 분리시켜 좀 더 코드를 구조화할 수 있다. 다른 파일에 있는 이 메시지를 사용하려면 let 대신 exports 객체로 바꿔 사용한다. 그러면 이와 같이 바뀐다.

```
exports.messages = ["You are great!", "You can accomplish anything!", "Success is in your future!"];
```

여기서 다른 JavaScript 객체와 같이, messages 속성을 Node.js exports 속성에 추가하고 있고, 이 속성은 다른 모듈과 같이 공유될 수 있다.

> **노트** Exports 객체는 module 객체의 속성이다. module은 Node.js의 코드 파일의 이름이면서 글로벌 객체들 중 하나다. exports는 module.exports의 단축형 표기다.

이제 다른 JavaScript 파일에서 모듈을 가져올 준비가 됐다. 여러분은 printMessages.js라는 파일을 생성해 이 모듈을 테스트할 수 있을 것이다. 이 파일의 기능은 메시지를 반복해 나열한 코드 형태로 콘솔에 출력하는 것이다. 먼저 **require** 객체와 (.js 확장자의 유무에 관계없이) 모듈의 파일명을 사용하는 로컬 모듈이 필요하다. 그런 다음 printMessages.js에 설정된 변수를 사용해 모듈의 배열을 참조한다(Listing 3.1 참조).

Listing 3.1 printmessages.js가 콘솔에 출력하는 로그 메시지

```
const messageModule = require("./messages");
messageModule.messages.forEach(m => console.log(m));
```

로컬에서
messages.js 요청

messageModule.messages를
통한 모듈 배열 참조

require는 다른 모듈의 메소드와 객체들을 로컬에서 사용하게 하는 또 다른 Node.js 전역 객체다. Node.js는 require("./messages")를 통해 프로젝트 디렉터리에서 messages.js라는 모듈을 찾고 printMessages.js 내의 코드가 messages.js의 객체인 exports의 모든 기능을 사용할 수 있게 한다.

---

require의 사용

Node.js에서 코드나 모듈 내의 라이브러리를 불러오기 위해서는 require()를 사용한다. 이 require() 함수는 exports와 마찬가지로 module.require에서 파생된 것이며 이는 이 함수는 전역 객체에 포함된다는 의미다.

Node.js는 CommonJs를 사용하는데, 이는 JavaScript가 브라우저가 아니라도 실행될 수 있게 해주는 역할을 한다. 모듈을 읽어들이기 위해 CommonJS는 require 함수를 특정한다. 모듈을 내보내기 위해 CommonJS는 각 모듈별로 exports 객체를 제공한다. 책에서 제공하는 대부분의 구문과 구조는 CommonJS 모듈 설계의 결과물이다.

require 모듈은 모듈에 코드를 읽어들이는 역할을 하며, 읽어들인 모듈을 우리가 만든 모듈의 export 객체에 붙이는 방식으로 수행한다. 그 결과, 가져온 코드가 어떤 방식으로 재사용될 필요가 생겨도 이를 다시 읽어들일 필요가 없어진다.

모듈 객체는 필요한 라이브러리를 캐싱하고 적절히 관리하기 위한 몇 가지 추가 단계를 수행하지만 결국 모듈이 필요해지면 그 모듈의 동일한 인스턴스가 애플리케이션 전체에서 사용되게 된다.

다음 절에서 npm과 프로젝트에 모듈 추가를 위한 도구를 알아본다.

3.1 npm 실행

Node.js 설치 시 Node.js의 패키지 관리자인 npm도 같이 설치된다. npm은 외부 패키지의 관리(온라인상으로 다른 모듈을 설치하고 공개하는 일) 역할을 한다.

애플리케이션 개발 과정에서 npm을 통해 패키지들의 설치, 제거, 수정을 할 것이다. 터미널상에서 npm -1 명령으로 npm 명령에 대한 간략한 설명을 볼 수 있다.

표 3.1 자주 쓰이는 npm 명령어

npm 명령어	설명
npm init	Node.js 애플리케이션을 초기화하고 package.json 파일을 생성
npm install	Node.js 패키지 설치
npm publish	사용자가 만든 패키지를 npm 패키지 커뮤니티에 저장 및 업로드
npm start	Node.js 애플리케이션의 실행(이 명령을 사용하려면 package.json 파일이 설정돼 있어야 함)
npm stop	실행 중인 애플리케이션 중지
npm docs <package>	지정된 패키지에 대한 가능한 문서 페이지(웹 페이지) 열기

npm install <package>를 사용할 때 --save 옵션을 붙이면 애플리케이션에 종속 모듈로 해당 패키지가 설치된다. --global 옵션을 붙이면 패키지를 컴퓨터상의 전역 패키지로 설치하며, 터미널상에서 어디서든 해당 패키지를 불러올 수 있다. 이런 확장 명령어를 플래그라고 하며, 약어로 -S 나 -g로 표기한다.

npm uninstall <package>는 설치와 반대다. 2부에서 Express.js 프레임워크 설치를 위해 npm install express -S를 사용할 것이며, 커맨드라인에서 사용하기 위한 Express.js 제너레이터를 npm install express-generator -g를 사용해 설치할 것이다.

> **노트** 기본적으로 패키지 설치는 프로덕션이 가능한 패키지로 종속 모듈로 표시된다. 즉, 애플리케이션이 온라인상에서 활성화될 때 이 패키지들이 사용된다는 의미다. 설치 시 프로덕션을 위한 패키지로 명시하려면 --save-prod 플래그를 사용한다. 패키지가 개발 목적으로만 사용된다면 --save-dev 플래그를 사용한다.

나중에 여러분이 애플리케이션의 프로덕션을 준비할 때 세계적으로 이 애플리케이션을 프로덕션 버전으로 배포하려면 패키지에 --production 플래그를 이용해 구분할 수 있다.

모듈, 패키지, 종속 모듈

여러분이 Node.js 개발 시 모듈, 패키지, 종속 모듈이라는 용어를 자주 접할 것이다. 용어의 정의는 다음과 같다.

- 모듈은 단일 콘셉트, 기능 또는 라이브러리와 관련된 코드를 포함하는 개인 JavaScript 파일이다.
- 패키지는 여러 개의 모듈을 포함할 수 있다. 연관 도구들을 제공하는 파일을 묶는 데 사용된다.
- 종속 모듈은 애플리케이션 또는 다른 모듈에 의해 사용되는 Node.js 모듈이다. 만약 어떤 패키지가 어떤 애플리케이션에 종속 관계를 갖고 있다면 이는 애플리케이션이 동작하기 위해 (애플리케이션에서 특정된 시점의 버전으로) 반드시 설치돼야 할 것이다.

애플리케이션에 일부 기능을 통합하려면 https://www.npmjs.com에서 이를 지원하는 패키지를 찾을 수 있다. 레시피 애플리케이션에 자신의 우편번호를 기반으로 사용자 위치를 찾는 기능을 추가한다고 해보자. 이 정보가 있으면 사용자가 같이 요리할 수 있는 사람이 가까이 있는지 확인할 수 있을 것이다.

이 기능을 추가하려면 cities 패키지(https://www.npmjs.com/package/cities)를 설치해야 한다. 이 패키지는 텍스트 주소를 위치 좌표로 변환한다. 그러나 패키지를 성공적으로 설치하려면 이 프로젝트에 아직 한 가지 더 필요하다. 바로 package.json 파일이다. 다음 절에서 Node.js 프로젝트를 올바르게 초기화하고 npm이 cities 설치하는 데 사용할 package.json 파일을 만들 것이다.

3.2 Node.js 애플리케이션의 초기화

모든 Node.js 애플리케이션이나 모듈은 프로젝트 특성을 기술하고 있는 package.json 파일을 포함하고 있으며 프로젝트의 루트 레벨에 존재한다. 일반적으로 이 파일에는 현재 릴리스 버전과 애플리케이션 이름, 메인 애플리케이션 파일 등이 기술된다. 이 파일은 node 온라인 커뮤니티에 패키지를 저장하기 위한 npm에 중요한 정보를 제공한다.

시작하려면 recipe_connection이라는 폴더를 만들고, 터미널에서 프로젝트를 위해 이 폴더로 이동한다. 그리고 애플리케이션의 초기화를 위해 npm init 명령을 사용한다. 먼저 프로젝트 이름, 애플리케이션 버전, 간단한 설명, 앱(시작 지점)을 시작하기 위한 파일명, 테스트 파일, Git 리포지터리, 작성자명, 라이선스 코드를 넣는 프롬프트가 차례로 뜰 것이다.

여러분의 이름을 넣고, main.js를 시작 포인트로 정하고, 엔터키를 눌러 모든 나머지 옵션들을 디폴트로 설정하도록 한다. 이 과정이 끝나면 여러분의 프로젝트 디렉터리에 package.json 파일이 생성된다. 이 파일은 Listing 3.2와 비슷하게 돼 있을 것이다.

Listing 3.2 터미널에서 recipe_connection 프로젝트에서의 package.json 결과 파일

```json
{
  "name": "recipe_connection",
  "version": "1.0.0",
  "description": "An app to share cooking recipes",
  "main": "main.js",
  "scripts": {
    "test": "echo \"Error: no test specified\" && exit 1"
  },
    "author": "Jon Wexler",
    "license": "ISC"
}
```

이름, 버전, 설명, 시작 파일,
사용자 스크립트, 저자, 라이선스를
보여주는 package.json

이제 여러분의 애플리케이션에 애플리케이션 설정과 패키지 관리, 저장을 위한 시작 포인트가 생겼다. 터미널에서 프로젝트 폴더로 이동하고 `npm install cities --save` 명령을 실행해 cities 패키지를 설치할 수 있다(그림 3.1).

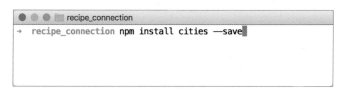

그림 3.1 터미널에서의 패키지 인스톨

이 명령을 실행하면 여러분의 package.json에 `cities` 패키지 설치 및 버전 정보를 포함하는 새로운 종속 모듈 섹션이 생긴다(Listing 3.3).

Listing 3.3 터미널에서 패키지 설치 후 package.json의 결과

```json
{
  "name": "recipe_connection",
  "version": "1.0.0",
  "description": "An app to share cooking recipes",
  "main": "main.js",
```

```
  "scripts": {
    "test": "echo \"Error: no test specified\" && exit 1"
  },
  "author": "Jon Wexler",
  "license": "ISC",
  "dependencies": {          ◄─────  package.json에서
    "cities": "^1.1.2"                종속 모듈 부분
  }
}
```

또한 이 설치에서 프로젝트 폴더에 새로운 node_modules라는 폴더가 생겼다. 이 폴더
에는 우리가 설치한 cities라는 패키지 코드가 있다(그림 3.2).

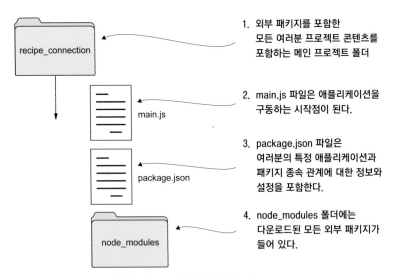

그림 3.2 node_modules가 있는 Node.js 애플리케이션의 구조

> **노트** 아마 프로젝트 디렉터리의 루트 레벨에 package-lock.json 파일도 같이 생성될 것이다. 이
> 파일은 자동으로 생성되며 npm이 패키지 설치 기록 관리와 프로젝트의 종속 관계의 히스토리 및 상
> 태 관리에도 사용된다. 이 파일은 수정해서는 안 된다.

--save 플래그는 이 프로젝트의 종속 모듈로 cities 패키지를 저장한다. 어떻게 패키지가
dependencies 아래에 리스트됐는지 package.json 파일을 체크해보라. node_modules 폴

더는 점점 사이즈가 커지기 때문에 코드를 온라인에 공유할 때 이 폴더는 포함하지 말 것을 권장한다. 이 프로젝트를 다운로드하는 사람들은 npm install 명령만으로 종속 관계에 있는 모든 파일을 같이 다운로드하게 된다.

main.js에 Listing 3.4를 추가해 새로운 패키지를 테스트해보라. Listing 3.4는 로컬에 설치된 cities 패키지를 호출해 이를 main.js에서 사용할 수 있도록 한다. 그 후 우편번호로 도시를 찾기 위한 cities 패키지의 zip_lookup 메소드를 사용되고, 그 결과는 myCity라는 변수에 저장된다.

> **노트** 가능하면 var 키워드를 변수 정의를 위해 계속 사용할 것이다. myCity가 값이 변할 수 있는 변수이기 때문에 여기서는 var를 사용했다. cities는 모듈을 나타내는 상수이며, 이는 const로 정의해 사용한다. 변수 적용 범위를 한정하는 것이 더 이익이 될 때에는 let 변수를 사용한다.

Listing 3.4 main.js에서의 cities 패키지 구현

```
                                    cities 패키지 요청
const cities = require("cities");  ◄
var myCity = cities.zip_lookup("10016");  ◄
console.log(myCity);  ◄            zip_lookup 메소드의
                                   결과를 myCity에 할당
              결과를 콘솔에 출력
```

우편번호 조회 결과는 Listing 3.5에서와 같이 콘솔에 출력된다. zip_lookup 메소드는 좌표와 함께 JavaScript 객체를 돌려준다.

Listing 3.5 터미널에서의 샘플 main.js 실행 결과

```
{
  zipcode: "10016",
  state_abbr: "NY",
  latitude: "40.746180",
  longitude: "-73.97759",
  city: "New York",
  state: "New York"
}  ◄       zip_lookup 메소드의
           결과를 보여준다.
```

3.3 요약

3장에서는 npm과 새로운 Node.js 애플리케이션을 생성하고 외부 패키지들의 설치를 위한 npm을 어떻게 쓰는지 배웠다. 또 자신만의 Node.js 모듈을 만들었고 메인 애플리케이션 파일에서 이를 호출했다. 마지막으로 외부 패키지를 설치했고 샘플 앱에서 이를 동작시켜봤다. 다음 단계는 웹 애플리케이션에 이 도구들을 통합하는 것이다. 4장에서는 웹 서버 제작을 위한 첫 번째 단계를 논하겠다.

해보세요

새로운 몇 개의 모듈을 만들고 간단한 JavaScript 객체와 함수들을 exports 객체에 붙여보자.

다음 Listing 3.6에서와 같이 함수를 추가할 수 있다.

Listing 3.6 함수의 엑스포팅

```
exports.addNum = ( x, y ) => {
  return x + y;
};
```

함수의 익스포트

프로젝트 폴더에서 다른 디렉터리에 있는 모듈을 호출했을 때 어떤 일이 발생하는지 확인해보라.

Node.js에서 웹 서버 만들기

4장에서는 http 모듈의 기초를 다룬다. http 모듈은 인터넷상의 요청을 처리하는 Node.js 코드 라이브러리다. 기술 커뮤니티에서는 Node.js 및 서버 사이드 랭귀지server-side language 로서 JavaScript의 활용에 대한 논의가 뜨겁다. 4장에서는 여러분의 첫 웹 서버를 만들 것이다. 몇 가지 단계를 거쳐 JavaScript 코드들을 웹 서버상에서 커뮤니케이션을 할 수 있는 애플리케이션으로 바꿀 수 있다.

4장에서 다룰 내용은 다음과 같다.

- Node.js와 npm을 사용한 기본 웹 서버 생성
- 브라우저에서의 요청 처리 및 결과 보내기 코드 작성
- 브라우저에서의 웹 서버 실행

고려 사항

우리는 첫 번째 웹 애플리케이션을 구축하는 중이다. 완전한 애플리케이션을 제공하기 전에 요리 커뮤니티는 기능을 개선하고 유연성을 갖춘 사이트를 우선 간단하게 보기를 원한다. 프로토타입을 만드는 데 얼마나 걸릴 것이라고 생각하는가?

Node.js를 사용하면 http 모듈로 몇 시간 내에 충분한 기능을 갖춘 웹 서버 구축이 가능하다.

4.1 웹 서버의 이해

웹 서버는 대부분 Node.js 웹 애플리케이션의 기본이 되며, 이미지나 HTML 웹 페이지를 앱에서 읽어들여 사용자들에게 보여주게 된다. 시작하기 전에 웹 서버의 주요 개념에 대해 짚고 넘어가보자. 기대 결과가 명확하다면 최종 제품의 모양은 훨씬 좋아질 것이다.

웹 서버와 HTTP

웹 서버란 데이터 읽기 및 처리를 통해 인터넷상의 요청에 대한 응답을 위해 설계된 소프트웨어를 말한다. 웹 서버를 은행원으로 가정해보자. 이 은행원은 입금, 출금, 조회를 담당한다. 고객의 요청을 정확히 처리했는지 확인하기 위해 은행원이 프로토콜을 따르는 것처럼, 웹 서버도 Hypertext Transfer Protocol(HTTP)이라는, 인터넷상에서 웹 페이지 열람 및 데이터 전송을 위해 세계적으로 표준화된 시스템을 따른다.

서버와 클라이언트(즉, 우리의 컴퓨터)가 통신하는 방법 중 하나는 HTTP 요청을 사용하는 것이다. 만들어진 요청이 어떤 요청인지, 예를 들어 사용자가 새로운 웹 페이지를 읽어들이는지, 또는 지금 보고 있는 페이지의 업데이트인지 나타낸다. 애플리케이션에서의 사용자 인터랙션 정황은 요청–응답 사이클에서 중요한 부분이다.

자주 접하고 가장 많이 사용하는 2개의 HTTP 메소드는 다음과 같다.

- GET: 서버로부터 정보를 요청한다. 보통 서버는 브라우저에서 볼 수 있는 콘텐츠(예를 들어 링크를 클릭했을 때 보이는 웹 페이지)로 응답한다.
- POST: 서버로 정보를 전송한다. 서버는 데이터 처리(예를 들어 등록 양식에 내용을 채워 제출) 후 HTML 페이지로 응답하거나 애플리케이션 내 다른 페이지로 이동시킨다.

이 밖에 다른 메소드는 18장에서 다룬다.

최근 대부분의 웹 애플리케이션은 HTTP Secure(HTTPS)로 변환되고 있는데, HTTPS에서 전달되는 모든 데이터들은 암호화된다. 여러분의 애플리케이션이 인터넷상에서 온라인화될 때, 디지털 인증서의 신뢰할 수 있는 발급자가 서명한 공개 키 인증서를 만들고자할 것이다. 이 키는 서버에 위치하며, 서버와 사용자와 통신 시 암호화를 지원한다. https://letsencrypt.org와 같은 단체들이 무료로 90일짜리 인증서를 만들어주고 있다. HTTP에 대한 더 많은 정보를 원하면 https://developers.google.com/web/fundamentals/security/encrypt-in-transit/why-https를 방문해보자.

예를 들어 https://www.google.com을 방문할 때, 보이지는 않지만 브라우저는 구글 서버로 요청을 보내고 구글 서버는 순차적으로 응답을 보내고, 구글 검색 랜딩 페이지를 렌더링한다. 이러한 요청–응답 관계는 사용자와 애플리케이션 간의 통신 채널을 가능하게 한다. 그림 4.1에서 데이터 묶음은 요청의 형태로 애플리케이션 서버로 전송되며, 서버가 요청을 처리 후 응답 형태로 데이터 묶음을 다시 만들어 보낸다. 이 과정은 인터넷상의 대부분의 상호작용에서 일어난다.

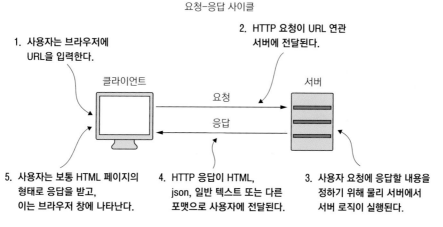

그림 4.1 웹 서버는 브라우저에 웹 페이지, 이미지 그리고 요청에 따른 다른 리소스들을 전송한다.

퀵 체크 4.1 웹 서버가 클라이언트로부터 받는 것은 무엇인가? 또 무엇을 돌려주는가?

퀵 체크 4.1 정답 웹 서버는 클라이언트로부터 요청(request)을 받고 응답(response)을 돌려준다.

4.2 npm으로 애플리케이션 초기화

Node.js 웹 애플리케이션을 시작하기 전에, 터미널에서 프로젝트 폴더 초기화 작업을 해야 한다. 터미널 창을 열고 mkdir 명령어로 simple_server라는 이름의 디렉터리를 만들자. 이 폴더에서 npm init 명령을 사용해 프로젝트 초기화를 한다.

> **노트** npm은 Node.js의 패키지 관리자다. Node.js 프로젝트는 이 도구를 통해 애플리케이션의 설치와 빌드를 수행한다. 더 많은 정보는 https://docs.npmjs.com을 참조하라.

npm init을 실행하면 package.json 파일을 생성하기 위한 프롬프트를 순차적으로 띄운다. 프롬프트에 나오는 설명처럼 package.json 파일에서 Node.js 애플리케이션의 대부분의 기본 세팅 작업을 할 것이다. 이제 main.js를 간단한 설명과 작성자 이름과 함께 시작 포인트로 추가하고 프롬프트의 끝 부분에 도달할 때까지 엔터키를 눌러 디폴트 값을 사용하도록 선택할 수 있다.

다음 단계로 package.json 파일 설정을 확인하라는 메시지가 나타난다. 엔터키를 눌러 확인하고 터미널 프롬프트로 돌아간다.

4.3 애플리케이션 코딩

Node.js를 설치할 때 핵심 라이브러리도 같이 설치됐다. 해당 라이브러리에는 http라는 모듈이 있으며 이 모듈을 사용해 웹 서버를 구축할 수 있다. 이번 절에서는 http-status-codes라는 패키지를 사용해 애플리케이션의 응답에 HTTP 상태 코드가 필요한 곳에 사용할 상수를 제공한다.

> **노트** Node.js의 모듈은 애플리케이션에 특정 기능을 제공할 코드 라이브러리다. 여기서 http 모듈은 HTTP를 사용해 웹과 커뮤니케이션하도록 도와준다.

텍스트 에디터에서 새 파일을 main.js라는 이름으로 만들고 이를 앞에서 만들어진 package.json 파일이 들어 있는 simple_server 프로젝트 폴더에 저장한다. 이 파일은 코어 애플리케이션 파일로서의 역할을 하며, 사용자에게 웹 페이지를 보여준다. 터미널에서의 프로젝트 폴더에서 애플리케이션의 종속 모듈로 http-status-codes 패키지를 저장하기 위해 npm i http-status-http-status-codes -S를 수행한다.

만들려고 하는 부분을 분석하기 전에 Listing 4.1의 코드를 살펴보도록 하자. 코드의 첫 번째 줄은 이 애플리케이션에서 사용할 포트 번호인 3000을 지정한다.

> **노트** 3000번 포트는 보통 웹 서버 개발 시 자주 사용된다. 숫자에 큰 의미는 없으며, 다른 예외 상황 발생 시 변경 가능하다. 80포트와 443포트는 HTTP와 HTTPS 용도로 사용된다.

그런 다음 require를 사용해 http라는 특정 Node.js 모듈을 가져와 상수로 저장한다. 상수로 저장하는 이유는 변수를 재할당할 계획이 없기 때문이다. http 상태 코드를 나타내는 상수를 제공하려면 http-status-codes 패키지가 필요하다.

그런 다음 http 변수를 HTTP 모듈에 대한 참조로 사용하고 해당 모듈의 createServer 함수를 사용해 서버를 만들고 결과 서버를 app이라는 변수에 저장한다.

> **노트** ES6 문법을 사용해 function 키워드 대신에 괄호에 =>가 붙어 있는 콜백 함수를 구성한다.

createServer 함수는 새로운 http.Server 인스턴스를 생성한다. 이는 HTTP 통신을 수행하기 위한 도구들이 포함돼 있는 Node.js의 내장 클래스다. 새로 만들어진 서버 인스턴스로 앱은 HTTP 요청을 받을 준비를 하고 HTTP 응답을 전송한다.

> **주의** 메소드 이름은 대, 소문자를 구분한다. 예를 들어 createserver와 같이 코딩을 하면 에러가 발생할 것이다.

createServer의 매개변수는 서버에서 어떤 이벤트가 발생할 때마다 동작하는 콜백 함수다. 서버가 실행 중이고 누군가가 루트 URL(홈페이지)에 접속하면 HTTP 요청 이벤트가 이 콜백 함수를 깨우고 사용자 코드를 수행한다. 이번 케이스에서 서버는 간단한 HTML 응답을 돌려준다.

시스템은 클라이언트로부터 요청을 받았음을 기록하고 콜백 함수의 response 매개변수를 사용해 처음 요청을 받은 사용자에게 다시 내용을 보낸다. 첫 번째 줄에서는 writeHead 메소드를 사용해 응답의 HTTP 헤더의 기본 속성을 정의한다. HTTP 헤더는 요청이나 응답에서 전송되는 내용을 설명하는 정보 필드를 포함한다. 헤더 필드에는 날짜, 토큰, 요청 및 응답의 출처에 대한 정보와 연결 유형을 설명하는 데이터가 포함될 수 있다.

이 경우 시스템은 httpStatus.OK를 돌려준다. 이는 응답 코드 200으로 표현되며, 서버가 요청을 성공적으로 받았고 HTML형태의 콘텐츠로 응답을 할 것임을 의미한다. 이 코드 블록에 의해 시스템은 로컬 변수인 responseMessage를 HTML의 메시지 응답에 할당한다.

> **노트** 200은 HTTP 상태 코드로 OK를 의미하며, HTML 응답 헤더에서의 콘텐츠 응답에 문제가 없음을 나타낸다. HTTP의 응답 코드 목록을 보려면 Node.js REPL 셸에서 http.STATUS_CODES를 입력하라. 명시적인 숫자보다 httpStatus.OK를 사용하는 게 좋다.

바로 다음 줄에 write를 써서 HTML 형식의 출력문으로 응답을 시작하고 end를 써서 응답을 종료시킨다. 응답이 종료될 때에는 반드시 end를 사용해 더 이상 응답 출력은 없다고 서버에 확인시켜 줘야 하며, 그렇지 않을 경우 서버는 커넥션을 끊지 않고 계속 연결하고 있어 요청을 받을 수 없는 상태로 남게 된다. 이 시점에서 응답 로그를 남기게 되면 여러분은 어떤 서버에서 어떤 응답을 보냈는지 확인이 가능하다.

마지막 라인은 서버 인스턴스인 app을 갖고 3000번 포트로부터 요청을 받을 준비가 됐다고 가리키기 위한 listen 메소드를 실행한다.

Listing 4.1 main.js에서의 간단한 웹 서버 구현

http 및 http-status-code 모듈

요청과 응답을 매개변수로 갖는
웹 서버 생성

```
const port = 3000,
  http = require("http"),
  httpStatus = require("http-status-codes"),
  app = http.createServer((request, response) => {
    console.log("Received an incoming request!");
    response.writeHead(httpStatus.OK, {
      "Content-Type": "text/html"
```

```
        });    ◄────── 클라이언트에 전달할 응답 작성

        let responseMessage = "<h1>Hello, Universe!</h1>";
        response.write(responseMessage);
        response.end();
        console.log(`Sent a response: ${responseMessage}`);
    });

app.listen(port);
console.log(`The server has started and is listening on port number: ${port}`);
```

애플리케이션 서버에 3000번
포트를 수신하도록 한다.

> **노트** Node.js에서 사용하는 response 객체는 애플리케이션 전반에서 함수와 함수 사이에 정보 전달을 수행한다. response 객체 내 writeHead와 wtite 함수는 객체에서 데이터를 추가하거나 제거하는 기능을 한다.

단 몇 줄로 웹 서버를 구축하다니 애플리케이션이 정말 축복받지 않았는가! 끔찍한 일이 아니다. 향후 여러분은 이런 방식으로 웹 서버를 만들 것이다.

> **노트** 만일 포트 넘버를 지정하지 않는다면 운영체제는 임의로 포트를 지정해줄 것이다. 이 포트 넘버는 웹 브라우저를 통해 웹 서버가 실행되고 있는지 확인하는 데 사용된다.

Node.js에서의 콜백

Node.js의 높은 효율성과 속도 뒤에는 콜백이 있다. 콜백은 JavaScript에서는 새로운 개념은 아니며, Node.js에서는 너무나 많이 쓰이고 있어 여기에 언급하려 한다.

콜백은 익명 함수이며 다른 함수가 종료될 때 실행되도록 설정돼 있다. 콜백 사용 장점은 다른 코드를 실행하기 전에 원 함수의 실행 종료를 기다릴 필요가 없다는 것이다.

가상으로 모바일 은행 앱을 통해 수표 사진을 찍어 입금한다고 생각해보자. 이때 콜백의 개념은 입금을 위한 수표 체크 및 입금 결과를 2, 3일 뒤에 받는 것과 동일하다. 결과를 기다리는 동안에 다른 일상적인 업무를 볼 수 있다.

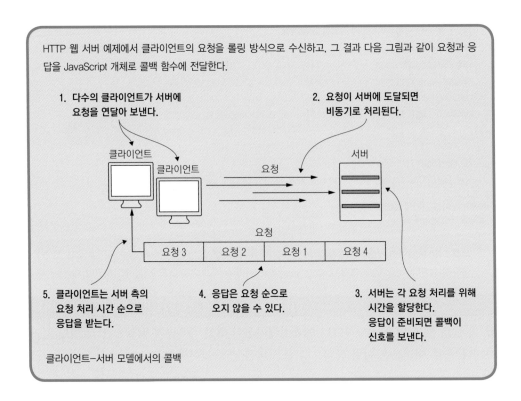

HTTP 웹 서버 예제에서 클라이언트의 요청을 롤링 방식으로 수신하고, 그 결과 다음 그림과 같이 요청과 응답을 JavaScript 개체로 콜백 함수에 전달한다.

1. 다수의 클라이언트가 서버에 요청을 연달아 보낸다.

2. 요청이 서버에 도달되면 비동기로 처리된다.

클라이언트

클라이언트

서버

요청

요청

요청 3   요청 2   요청 1   요청 4

5. 클라이언트는 서버 측의 요청 처리 시간 순으로 응답을 받는다.

4. 응답은 요청 순으로 오지 않을 수 있다.

3. 서버는 각 요청 처리를 위해 시간을 할당한다. 응답이 준비되면 콜백이 신호를 보낸다.

클라이언트-서버 모델에서의 콜백

이 코드가 실행에 성공한다면 여러분은 터미널에서 Node.js 애플리케이션을 시작할 준비가 된 것이다.

퀵 체크 4.2 왜 애플리케이션에서 HTTP 서버를 저장하기 위해 var 대신 const를 써야 할까?

퀵 체크 4.2 정답 서버는 계속 클라이언트로부터의 수신 대기 상태이기 때문에 서버를 나타내는 이 변수는 재할당을 하면 안 된다. ES6에서는 이런 객체들은 재할당 가능한 var가 아닌 const로 사용하도록 규칙을 정하고 있다.

4.4 애플리케이션의 실행

마지막 단계는 어렵지 않다. 터미널에서 프로젝트 디렉터리로 이동해 `node main` 명령을 입력하기만 하면 된다. 그 후 브라우저를 열어 URL 입력란에 `localhost:3000`을 입력한다. 성공했다면 서버가 시작됐음을 보여주는 메시지를 확인할 수 있다. 터미널 창은 그림 4.2와 비슷할 것이다.

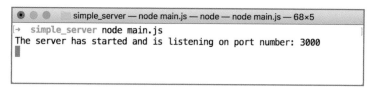

그림 4.2 기본 Node.js 서버의 실행

브라우저 창은 다음과 같이 "Hello Universe!"라는 메시지로 (그림 4.3과 같이) 여러분을 맞이해야 한다. 성공했다면 축하한다! 첫 번째 Node.js 웹 애플리케이션이 완성됐다. 향후 이 프로그램은 점점 자라면서 개선될 것이다.

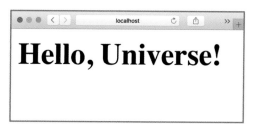

그림 4.3 첫 웹 페이지 화면

애플리케이션을 종료하기 위해서는 Ctrl+C를 터미널에서 입력한다. 터미널 창 자체를 바로 종료시켜도 되지만, 이 방법은 애플리케이션이 비정상적으로 종료될 위험이 있으며 이는 프로세스가 죽지 않고 백그라운드에서 계속 수행되는 현상을 초래한다(이때는 프로세스를 강제로 죽이는 명령이 필요하다).

퀵 체크 4.3 서버가 구동되고 http://localhost:3000/으로 접속했다. 어떤 타입의 HTTP 요청으로 접속한 것일까?

 ## 4.5 요약

4장에서 Node.js는 http 모듈을 통해 웹 서버를 생성하는 기능을 갖고 있다는 것을 알았다. 여러분은 package.json 파일을 통해 새로운 Node.js 애플리케이션을 설정해봤다. http 모듈 및 createServer 메소드를 사용해, 터미널 작업을 통해 웹 서버를 생성했으며, 이는 향후 더 구조적인 Node.js 애플리케이션을 위한 출발점이 된다. 터미널을 통해 여러분은 웹 서버 애플리케이션을 구동할 수 있었다.

다음 '해보세요'를 통해 이해도를 체크해보자.

해보세요

npm init은 package.json 파일을 대화형으로 생성하지만 사용자가 이 파일을 직접 만들 수도 있다. npm init을 쓰지 말고 처음부터 package.json 파일을 만들어보라. JSON 구조와 비슷한 파일을 만들어보도록 하자.

퀵 체크 4.3 정답 현재 애플리케이션 개발 단계에서의 모든 요청은 HTTP GET 요청이다.

수신 데이터 다루기

4장에서 웹 서버와 Node.js에서 이를 생성하는 방법을 알아봤다. 매번 사용자가 URL로 애플리케이션에 접근할 때마다 요청이 생성되고 각 요청은 코드에 의해 처리된다. 5장에서는 이런 요청으로부터 어떻게 정보를 모으고 처리하는지 설명한다. 또한 적절한 응답과 요청을 매칭시키기 위한 애플리케이션 라우트와 코드 로직의 빌드도 설명할 것이다.

5장에서 다룰 내용은 다음과 같다.

- 요청 데이터의 수집과 처리
- curl 명령을 통한 POST 요청 제출
- 기본 라우트를 가지는 애플리케이션 제작

고려 사항

여러분은 레시피 애플리케이션을 위한 웹 페이지를 계획하고 있으며, 기본 웹 서버는 HTML의 한 줄만 사용해 응답하는 정도까지 지원한다. 웹 페이지를 완료하고 다른 콘텐츠 페이지인 연락처 페이지를 표시하려 한다면 어떻게 해야 하는가?

모든 웹 애플리케이션은 웹 서버와 함께 라우트를 사용해 사용자가 구체적으로 무엇을 요청했는지 확인할 수 있도록 한다. Node.js를 사용하면 조건부 블록처럼 몇 단계만 거치면 이 라우트를 정의할 수 있다.

5.1 서버 코드의 수정

5장을 시작하기 위해 4장 코드를 수정 작업할 것이다. 먼저 새로운 프로젝트를 second_sever라는 이름으로 프로젝트 디렉터리에 만든다. 그리고 새로운 main.js 파일을 추가한다.

> **노트** 5장과 6장에서는 npm init 명령으로 프로젝트 초기화 및 4장의 가이드대로 package.json 파일을 생성하기 바란다.

코드에는 콜백 함수 `(req, res) =>{}` 가 있는 `server` 객체를 갖고 있으며 콜백 함수는 요청이 서버로 들어올 때마다 실행된다. 서버가 실행될 때 `localhost:3000`으로 접속하고 페이지를 리프레시하면 콜백 함수는 리프레시될 때에도 호출되므로 모두 2번 호출된다.

> **노트** req와 res는 HTTP의 요청(request)과 응답(response)을 의미한다. 여기에 다른 변수명으로 써도 무방하지만 순서는 기억하기 바란다. 요청이 항성 먼저 오며 응답은 그 뒤에 온다.

다시 말하면 요청을 받을 때 서버는 요청 및 응답 객체를 실행할 함수가 들어 있는 코드에 전달한다. 이 서버를 위한 코드 작성의 또 다른 방법은 Listing 5.1에 나와 있다. 서버는 요청 이벤트가 트리거될 때 콜백 함수의 코드를 시작한다. 사용자가 응용프로그램의 웹 페이지를 접속하면 중괄호 안에 있는 코드가 실행된다. 그 후 서버는 응답 코드 200을 할당해 응답을 준비하고 응답의 내용 유형을 HTML로 정의한다. 마지막으로 서버는 괄호 안에 HTML 콘텐츠를 보내고 동시에 클라이언트와의 연결을 닫는다.

Listing 5.1 이벤트 리스너를 추가한 간단한 웹 서버를 구현하는 main.js

```
const port = 3000,
  http = require("http"),
  httpStatus = require("http-status-codes"),
  app = http.createServer();

app.on("request", (req, res) => {          ← 요청 수신
  res.writeHead(httpStatus.OK, {
    "Content-Type": "text/html"
```

```
  });                    응답 준비

  let responseMessage = "<h1>This will show on the screen.</h1>";
  res.end(responseMessage);        HTML로 응답
});

app.listen(port);
console.log(`The server has started and is listening on port number: ${port}`);
```

터미널에서 node main 명령으로 화면상에 HTML 한 줄이 출력되는 것을 확인해보자.

화면상에 콘텐츠를 출력한다는 것은 놀라운 일이지만, 여러분은 수신하는 요청의 종류에 따라 콘텐츠를 변경시키는 것을 원할 것이다. 예를 들면 사용자가 계약이나 등록을 위한 폼 페이지를 방문할 때 상황에 따라 서로 다른 콘텐츠를 보여주는 기능이 필요할 수 있다. 이를 위한 첫 번째 단계는 요청 헤더에서 어떤 HTTP 메소드와 어떤 URL을 사용할지 정하는 것이다. 다음 절에서 이 요청 속성을 살펴본다.

퀵 체크 5.1 요청이 들어올 때마다 서버에서 호출하는 함수 이름은 무엇인가?

5.2 요청 데이터의 분석

라우팅Routing은 애플리케이션이 요청하는 클라이언트에 어떻게 반응하는지 정하는 방식이다. 어떤 라우트route는 요청 객체에 있는 URL에 연결돼 있는데 이 라우트를 5장에서 만들어본다.

각 요청 객체는 url 속성을 갖고 있으며 req.url 속성을 통해 클라이언트가 어떤 URL 요청을 하고 있는지 파악할 수 있다. 콘솔의 로깅을 통해 이 속성과 다른 두 가지 속성들을 확인해보라. app.on("request") 코드 블록에 다음 Listing 5.2를 추가한다.

퀵 체크 5.1 정답   콜백 함수라고 한다. 이 함수는 이름을 정의하지 않기 때문에 익명 함수로 간주된다.

Listing 5.2 main.js에서의 요청 로깅

```
console.log(req.method);    ◄──── 사용된 HTTP 메소드의 로그
console.log(req.url);       ◄──── 요청된 URL의 로그
console.log(req.headers);   ◄──── 요청 헤더
```

요청의 일부 개체는 다른 중첩 개체를 포함할 수 있으므로, Listing 5.3과 같이 JSON. stringify를 사용해 개체를 더 읽기 쉬운 문자열로 변환할 수 있다. 이 함수는 JavaScript 객체를 인수로 사용해 문자열을 반환한다. 이제 이 함수를 사용하기 위해 로깅 코드를 변경할 수 있다. 예를 들어 console.log (`Method: ${getJSONString(req.method)}`)를 사용해 request 메소드를 출력할 수 있다.

Listing 5.3 main.js에서의 요청 데이터 로깅

```
const getJSONString = (obj) => {           ┌─ JavaScript 객체의 스트링 변환
  return JSON.stringify(obj, null, 2);  ◄──┘
};
```

main.js를 종료 후 다시 구동시켜 http://localhost:3000을 브라우저로 열면 터미널 창에 GET 요청은 요청 헤더 데이터에 의해 / URL(루트 홈페이지) 정보를 보여준다. http://localhost:3000/testing이나 http://localhost:3000/contact와 같이 다른 URL을 한번 입력해보라. 웹 브라우저에서는 동일한 HTML 텍스트를 보여줄 것이다. 하지만 콘솔에서는 입력한 URL을 출력할 것이다.

우리가 다룰 대부분의 요청 종류는 GET 요청이다. 만일 사용자가 작성해야 할 폼을 가진 애플리케이션을 만든다면 서버는 해당 폼을 처리하고 사용자에게 응답해 데이터가 수신됐음을 알려야 한다.

요청 객체는 Node.js의 대부분의 객체와 마찬가지로 서버와 유사하게 이벤트를 수신할 수 있다. 누군가가 서버에 POST 요청을 하는 경우(서버에 데이터를 보내려고 시도), 그 POST의 내용은 요청한 본문에 저장된다. 서버가 전송되는 데이터의 양을 알지 못하기 때문에 게시된 데이터는 데이터 청크chunk를 통해 http 서버로 들어온다.

노트 데이터 청크를 통해 정보를 서버 안팎으로 스트리밍할 수 있다. 서버에 대량의 정보가 모두 도착하기를 기다리는 대신, Node.js는 ReadableStream 라이브러리를 통해 정보가 도착할 때 해당 정보의 일부를 갖고 작업할 수 있게 한다.

게시된 모든 데이터를 서버로 수집하려면 수신된 각 데이터의 내용을 직접 수신하고 정리해야 한다. 다행히도 요청은 특정 data 이벤트를 수신한다. req.on("data") 는 특정 요청에 대한 데이터를 수신할 때 활성화된다. 이 이벤트 핸들러 외부에서 새로운 배열, body를 정의하고 서버에 도착할 때 순차적으로 데이터 청크를 추가해야 한다. 그림 5.1에서 게시된 데이터의 교환에 주목하라. 모든 데이터 청크가 모아지면 단일 데이터 항목으로 다룰 수 있다.

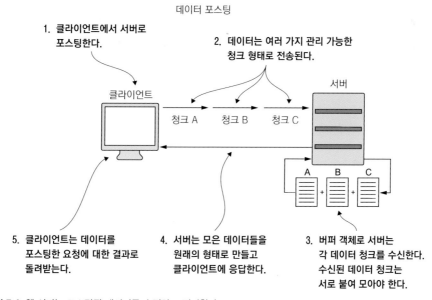

그림 5.1 웹 서버는 포스팅된 데이터를 수집하고 정리한다.

app.on("request") 코드 블록 내에 Listing 5.4의 새로운 요청 이벤트 핸들러를 추가해 들어오는 데이터를 읽는다. 이 코드 예제에서는 서버에 대한 요청이 있을 때마다 콜백 함수에서 코드를 실행한다. 배열은 body로 만들어지고 참조되며, 요청 데이터가 수신될 때마다 또 다른 콜백 함수에서 처리한다. 수신된 데이터는 body 배열에 추가된다. 데이터 전송

이 완료되면 세 번째 콜백 함수에서 코드를 실행한다. body 배열은 텍스트 문자열로 바뀌고 요청 내용은 콘솔에 기록된다.

요청 수신

청크 콘텐츠를
위한 배열 선언

또 다른 콜백
함수에서 처리

body 배열에
수신 데이터 추가

데이터 전송 종료 시
코드 수행

body 배열의
String 텍스트 변환

콘솔에 요청
콘텐츠 로깅

```js
app.on("request", (req, res) => {
  var body = [];
  req.on("data", (bodyData) => {
    body.push(bodyData);
  });
  req.on("end", () => {
    body = Buffer.concat(body).toString();
    console.log(`Request Body Contents: ${body}`);
  });

  console.log(`Method: ${getJSONString(req.method)}`);
  console.log(`URL: ${getJSONString(req.url)}`);
  console.log(`Headers: ${getJSONString(req.headers)}`);
  res.writeHead( httpStatus.OK, {
    "Content-Type": "text/html"
  });

  let responseMessage = "<h1>This will show on the screen.</h1>";
  res.end(responseMessage);
});
app.listen(port);
console.log(`The server has started and is listening on port number: ${port}`);
```

이렇게 추가된 코드로 애플리케이션에서 배열로 수집된 포스팅 데이터를 수신하고 문자열 형식으로 다시 변환할 수 있다. 일부 데이터 청크가 서버에 도달했음을 나타내는 이벤트가 트리거되면 배열에 청크(Buffer 객체로 표시됨)를 추가해 해당 데이터를 처리한다. 요청 커넥션을 보여주는 이벤트가 끝나면 모든 배열 내용을 가져와 읽을 수 있는 텍스트로 변환한다. 이 프로세스를 테스트하려면 터미널에서 서버로 POST 요청을 보내보라.

아직 데이터 제출을 위한 폼을 만들지 않았기 때문에 curl 명령을 사용해 확인해야 한다.

1. 먼저 터미널 윈도우 하나에 서버를 띄우고 또 다른 터미널 윈도우를 띄운다.

2. 다음으로 새로운 윈도우에 다음과 같이 명령을 입력한다.

```
curl --data "username=Jon&password=secret" http://localhost:3000
```

팁 curl은 서버에 브라우저를 대신해서 요청을 보낼 수 있는 간단한 방법이다. curl 키워드 사용 시 다양한 플래그 옵션을 활용할 수 있다. 일례로 --data는 POST 방식으로 요청을 서버로 보내는 플래그다.

노트 만일 윈도우 사용자라면 curl을 사용하기 전에 Chocolatey(https://chocolatey.org/install)를 다운로드해 설치한다. 그 후 choco install curl을 커맨드라인에서 실행하라.

첫 번째 터미널 창에서 다음과 같은 로그가 출력되는 것을 볼 수 있을 것이다. 요청이 정상적으로 수신됐으며, 서버에 의해 처리됐음을 알 수 있다(그림 5.2).

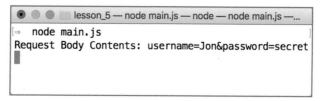

그림 5.2 curl 명령의 결과 화면

노트 curl이 사용하기 불편하다면 Insomnia(https://insomnia.rest/download/)라는 도구도 있다.

8장에서 요청 콘텐츠를 좀 더 간단히 다룰 수 있는 방법을 살펴본다. 일단 지금은 URL과 요청 메소드에 따라 어떤 유형의 응답을 해야 하는지만 컨트롤하도록 한다.

퀵 체크 5.2 참 또는 거짓! 제출된 폼의 모든 콘텐츠는 단일 청크(덩어리) 데이터로 전달된다.

퀵 체크 5.2 정답 거짓이다. 데이터는 여러 개의 덩어리로 나눠서 스트리밍된다. 이를 통해 서버는 수집된 데이터의 크기나 수신된 데이터 부분에 기초해 응답할 수 있다.

5.3 웹 애플리케이션에 라우트 붙이기

라우트는 특정 URL을 위한 요청에 어떻게 애플리케이션이 응답해야 하는지 정의하는 방식이다. 애플리케이션에서 홈페이지에 대한 요청 라우트는 로그인 정보 제출을 위한 그것과는 달라야 할 것이다.

웹 서버로 사용자들이 요청을 생성한다는 것을 이미 배웠다. 생성된 요청으로부터 요청의 유형을 확인할 수도 있고, 적절한 응답을 띄울 수도 있다. 직접 만든 간단 버전의 웹 서버를 생각해보라. 지금까지 이 웹 서버는 들어오는 요청에 대해 Listing 5.5와 같이 하나의 응답만 내보냈다. 이 예제는 서버(localhost)의 3000번 포트로 생성되는 모든 요청들을 받아들이고, HTML로 이루어진 행을 응답해 화면에 나타나게 한다.

Listing 5.5 main.js의 간단 웹 서버 예제

```
const port = 3000,
  http = require("http"),
  httpStatus = require("http-status-codes"),
  app = http.
    createServer((req, res) => {
      res.writeHead(httpStatus.OK, {
        "Content-Type": "text/html"
      });
      let responseMessage = "<h1>Welcome!</h1>";
      res.end(responseMessage);    ←── 모든 요청을
    })                                  HTML로 응답
    .listen(port);
```

첫 번째 웹 애플리케이션으로서는 매우 훌륭하나, 기능적으로 좀 보강할 필요가 있다. 애플리케이션을 인터넷상에서 정식으로 서비스를 하고 사용자들이 찾는 것을 근거로 콘텐츠를 보여주는 서비스를 제공한다고 가정해보자. 사용자가 안내 페이지를 보길 원한다면 사용자들이 /info URL(http://localhost:3000/info)에서 정보 페이지를 보도록 할 것이다. 지금은 사용자가 위 URL로 접속한다면 아까와 동일한 환영 문구 페이지가 뜰 것이다.

다음 단계는 클라이언트 요청을 체크하고 요청 콘텐츠에 따른 응답 본문을 구성하는 일이다. 이 구조는 애플리케이션 라우팅application routing으로도 알려져 있다. 라우트는 특정 URL 패스를 식별하는데 이 라우트는 애플리케이션 로직에서 타깃이 될 수 있으며, 클라이언트로 보내는 정보를 특정 지을 수 있게 된다. 이렇게 라우트를 만드는 것은 통합 애플리케이션 환경 구축에 꼭 필요하다.

simple_server 프로젝트 폴더를 복사하고 폴더명은 새로운 이름인 simple_route로 변경한다. 그다음에 main.js 파일에 Listing 5.6과 같이 몇 가지 라우트를 추가할 것이다.

우선 routeResponseMap이라고 하는 응답을 위한 라우트를 생성한다. 요청이 http://localhost:3000/info로 들어오면 요청 URL이 routeResponseMap에 있는 내용들과 일치하는 게 있는지 체크하고, info 페이지에 해당하는 헤더를 응답으로 보낸다. 요청이 http://localhost:3000/contact로 들어오면 contact 페이지에 해당하는 헤더를 응답으로 보낸다. 다른 요청들은 인사 문구를 보여주는 페이지를 응답으로 보낸다.

Listing 5.6 main.js에서의 간단한 라우팅

```
const routeResponseMap = {                          ← 요청에 따른 라우트의
  "/info": "<h1>Info Page</h1>",                        매핑 정의
  "/contact": "<h1>Contact Us</h1>",
  "/about": "<h1>Learn More About Us.</h1>",
  "/hello": "<h1>Say hello by emailing us here</h1>",
  "/error": "<h1>Sorry the page you are looking for is not here.</h1>"
};

const port = 3000,
  http = require("http"),
  httpStatus = require("http-status-codes"),
  app = http.createServer((req, res) => {
    res.writeHead(200, {
      "Content-Type": "text/html"
    });
                                          요청 라우트가 정의된
                                          맵에 있는지 체크
    if (routeResponseMap[req.url]) {    ←
      res.end(routeResponseMap[req.url]);
```

```
    } else {
      setTimeout(() => {
      res.end("<h1>Welcome!</h1>");
      }, 2000 );
    }
} );
```

기본 HTML 문구 출력

```
app.listen(port);
console.log(`The server has started and is listening on port number: ${port}`);
```

이 추가 코드로 각기 다른 URL에 따라 다른 콘텐츠로 응답을 줄 수 있다. 아직 요청에 따른 HTTP 메소드 방식을 고려하지 않았다. 하지만 사용자가 /info를 원하는지 아니면 /contact를 원하는지는 체크할 수 있게 됐다.

코드를 한번 실행해보라. Listing 5.6의 코드를 프로젝트 파일에 main.js라는 이름으로 저장하고 터미널에서 실행하면 된다. 그 후 http://localhost:3000/info 또는 http://localhost:3000/contact로 접속한다. map에 등록된 라우트 이외의 다른 URL은 기본 인사 문구만 출력되는 페이지가 뜰 것이다.

서버에 의한 대량 트래픽 처리나 외부 호출을 비슷하게 흉내내려면 응답 지연을 걸 수 있다.

Listing 5.7   main.js에서 타이머를 건 라우트

```
setTimeout(() => res.end(routeResponseMap[req.url]), 2000);
```

수동으로 응답에 지연을
걸기 위한 코드 감싸기

이 파일을 다시 실행시켜보면 페이지 로딩에 걸리는 시간이 거의 2초 정도 길어졌음을 알 수 있다. 이를 통해 어떤 코드가 실행되고 어떤 콘텐츠가 사용자에게 제공되는지 제어가 가능해졌다. 명심할 점은 애플리케이션이 커질수록 웹 페이지의 응답 시간은 자연적으로 느려진다는 것이다. 그림 5.3의 /contact URL을 위한 브라우저 스크린샷을 참조하기 바란다.

그림 5.3 /contact URL의 브라우저 뷰

퀵 체크 5.3 홈페이지의 요청을 위해 어떤 라우트가 필요한가?

 5.4   요약

5장에서는 어떻게 요청 콘텐츠를 다루는지와 HTML로의 결과 응답 그리고 서버의 라우트 구성을 배웠다. 요청 콘텐츠에 따라 포스팅된 데이터를 처리할 수 있으며, 타깃 URL을 베이스로 요청 콘텐츠를 분리할 수도 있다.

라우트를 작성하면 애플리케이션의 처리 로직이 구성된다. 웹 애플리케이션이 확장됨에 따라 라우트가 확장되고 전달할 수 있는 유형의 콘텐츠도 확장된다.

6장에서는 개별 HTML 파일, 이미지와 웹 페이지 스타일을 제공하는 방법을 설명하겠다.

퀵 체크 5.3 정답   라우트 "/"는 애플리케이션의 홈페이지를 의미한다.

해보세요

예제 애플리케이션에서는 /info와 /contact라는 라우트를 생성해 2개의 경로를 처리하고 있다. 하지만 일반 애플리케이션은 더 많은 경로와 페이지를 갖고 있다. 다음 경로를 위한 라우트를 애플리케이션에 추가해보자.

- /about: 사용자가 http://localhost:3000/about에 액세스할 때 HTML 라인으로 "Learn More About Us."를 출력하도록 한다.

- /hello: 사용자가 http://localhost:3000/hello에 액세스할 때 HTML 라인으로 "Say hello by emailing us here."를 출력하도록 한다. 이때 여러분의 이메일 주소를 앵커로 걸도록 한다.

- /error: 사용자가 http://localhost:3000/about/error에 액세스할 때 상태 코드 404(페이지 없음) 및 일반 텍스트 줄 "Sorry, the page you are looking for is not here."를 출력한다.

노트 사파리, 크롬, 파이어폭스 등 여러 웹 브라우저를 동시에 열고 다른 URL을 이 브라우저들로 접속해보라. 어떻게 헤더가 바뀌는지 관찰하라. 호스트는 동일하지만 사용자 에이전트(user-agent) 부분이 다르다는 것을 알 수 있다.

라우트와 외부 파일

5장에서는 요청 URL과 사용자 정의 응답을 일치시키는 라우트 시스템으로 URL 트래픽을 직접 지정했다. 6장에서는 클라이언트 측 JavaScript, CSS와 이미지 같은 전체 HTML 파일 및 연관 파일을 제공하는 방법을 알아본다. 이제 더 이상 일반 텍스트만으로의 응답은 하지 않는다. 6장이 끝나면 라우트 코드를 개선하고 로직을 자체 모듈에 배치해 좀 더 구조적으로 만들 수 있다.

6장에서 다룰 내용은 다음과 같다.

- fs 모듈을 이용한 전체 HTML 파일의 저장
- 정적 에셋 저장
- 라우트 모듈 생성

고려 사항

이제 레시피 웹사이트의 기본을 만들 시간이다. 이 사이트는 이미지와 스타일링으로 구성된 3개의 정적 페이지를 갖고 있다. 지금까지 작업한 애플리케이션은 개개의 HTML 라인으로만 응답했다. 그럼 어떻게 여러분의 메인 애플리케이션을 복잡하게 만들지 않으면서 리치(Rich) 콘텐츠 페이지로 응답을 보낼까?

▐▐▐▶

Node.js 설치 시 같이 설치되는 도구로, 프로젝트 디렉터리에 있는 HTML 파일들을 응답으로 보내줄 수 있다. 순수 HTML로 3개의 페이지를 만들 것이며, 더 이상 main.js 파일에 여러분의 HTML 코드를 넣지 않아도 된다.

6.1 fs 모듈을 이용한 정적 파일 제공

3개 화면으로 구성된 정적 사이트를 만드는 것을 목표로 5장과 같이 HTML의 일부분을 사용해 페이지를 구성한다면 귀찮을뿐더러 main.js 파일이 복잡해진다. 대신 나중에 응답할 HTML 파일을 따로 작성한다. 이 파일은 서버와 동일한 프로젝트 디렉터리 내에 위치한다. 그림 6.1은 프로젝트 파일 구조를 나타낸다. 이 애플리케이션 구조에서는 사용자에게 표시할 모든 내용이 views 폴더에 저장되며 표시할 내용을 결정하는 모든 코드는 main.js 파일에 저장된다.

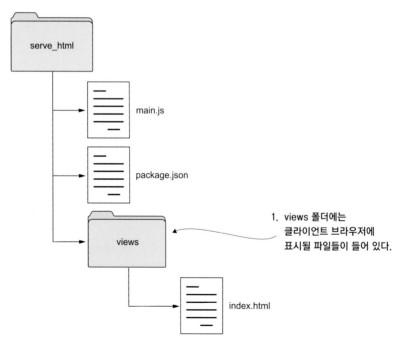

그림 6.1 views가 있는 애플리케이션 구조

views 폴더에 HTML 파일들을 분류해 놓는 이유는 두 가지다. 일단 모든 HTML 페이지들은 한곳에서 관리될 것이다. 이 규칙은 2부의 웹 프레임워크 부분에서 사용된다.

다음 단계를 따른다.

1. serve_html이라는 프로젝트 폴더를 만든다.
2. 폴더 안에 빈 main.js 파일을 생성한다.
3. serve_html 안에 views라는 폴더를 만든다.
4. views 안에 index.html이라는 파일을 생성한다.

Listing 6.1 기본 코드를 index.html 코드에 추가하기

```
<!DOCTYPE html>
<html>
  <head>
    <meta charset="utf-8">
    <title>Home Page</title>
  </head>
  <body>
    <h1>Welcome!</h1>
  </body>
</html>
```

views에 기본
HTML 구조 만들기

> **노트** 이 책은 HTML이나 CSS를 다루진 않는다. 이 예제에서는 기본 HTML 코드를 사용하기 위해 다뤘으나, 앞으로의 예제에서는 좀 더 중요한 내용을 빨리 진행하기 위해 HTML 코드를 다루지는 않을 것이다.

클라이언트는 애플리케이션을 대신해 파일시스템과 상호작용하는 다른 Node.js 코어 모듈인 fs의 도움으로 브라우저에서 이 페이지를 볼 수 있다. fs 모듈을 통해 서버는 index.html에 액세스한다. 여러분 프로젝트의 main.js 파일에서 Listing 6.2와 같이 fs.readFile을 호출해보자.

먼저 fs 모듈을 http와 같은 상수로 요청한다. 이 fs 상수를 통해 관련 디렉터리에 있는 일부 파일들을 특정할 수 있다(이 경우에는 views 폴더의 index.html 파일). 그런 다음 서버에 파일과 라우트 쌍인 routeMap을 생성한다.

다음으로 라우트와 매핑된 파일을 위치시키고 내용을 읽어들인다. fs.readFile은 error 및 data라고 하는 두 개의 분리된 매개변수를 통해 발생할 수 있는 잠재 에러와 데이터를 돌려준다. 마지막으로 클라이언트에 돌려줄 응답 본문으로 데이터를 사용하게 된다.

Listing 6.2 main.js에서 fs 모듈을 사용한 서버 응답

```javascript
const port = 3000,
  http = require("http"),
  httpStatus = require("http-status-codes"),
  fs = require("fs");                          // fs 모듈의 요청

const routeMap = {
  "/": "views/index.html"                      // HTML 파일에 매핑되는
};                                             //    라우트 설정
http.createServer((req, res) => {
  res.writeHead(httpStatus.OK, {
    "Content-Type": "text/html"
  });
  if (routeMap[req.url]) {
    fs.readFile(routeMap[req.url], (error, data) => {   // 매핑된 파일들의
      res.write(data);                                  //    콘텐츠 읽기
      res.end();                                        // 파일 콘텐츠로 응답
    });
  } else {
    res.end("<h1>Sorry, not found.</h1>");
  }
})
.listen(port);
console.log(`The server has started and is listening on port number: ${port}`);
```

> **노트** 컴퓨터에서 파일을 읽을 때 파일을 읽다가 중단되거나 혹은 읽을 수 없게 되거나 삭제될 수 있다. 이 코드에서는 그런 것을 생각할 필요는 없다. 파일에 이상이 발견되면 콜백 함수의 첫 번째 매개변수 값으로 에러를 받을 것이다.

커맨드라인상에서 프로젝트 디렉터리로 이동해 `node main.js` 명령을 실행해보자. 서버가 구동되고 http://localhost:3000으로 접속하면 index.html 페이지가 브라우저에 보일 것이다. 간단한 라우트는 로직은 다른 URL에 대해 Sorry, not found 메시지를 보여줄 것이다.

> **팁** index.html 파일이 보이지 않는다면 이 파일이 폴더에 정확히 들어 있는지 확인해보라. 파일명 철자 체크도 잊지 말기 바란다.

다음 예제에서는 특정 요청의 URL에 대해서만 파일을 보여준다. 누군가가 http://localhost:3000/sample.html로 접속했다면 코드는 /sample.html을 취하고, views를 추가해 views/sample.html이라는 문자열을 만든다. 이렇게 구성된 라우트는 사용자가 요청하는 파일을 동적으로 찾을 수 있게 된다. Listing 6.3처럼 서버 코드를 수정해보자.

Listing 6.3 main.js에서 동적인 읽기와 파일 제공을 위한 'fs'와 라우팅 사용

```js
const getViewUrl = (url) => {         // ◀── URL을 파일 경로에
  return `views${url}.html`;          //      보간하기 위한 함수 생성
};

http.createServer((req, res) => {
  let viewUrl = getViewUrl(req.url);  // ◀── 파일 경로 문자열 추출
  fs.readFile(viewUrl, (error, data) => {   // ◀── 요청 URL을 fs file 탐색에 보간
    if (error) {
      res.writeHead(httpStatus.NOT_FOUND);
      res.write("<h1>FILE NOT FOUND</h1>");  // ◀── 404 에러 코드 처리
    } else {
      res.writeHead(httpStatus.OK, {         // ◀── 파일 내용으로 응답
      "Content-Type": "text/html"
      });
      res.write(data);
    }
    res.end();
  });
})
.listen(port);
console.log(`The server has started and is listening on port number: ${port}`);
```

노트 ES6에서의 문자열 보간 기능은 사용자들에게 ${}을 사용해 텍스트, 숫자, 또는 함수의 결과치를 삽입할 수 있게 한다. 이 새로운 문법을 통해 좀 더 쉽게 문자열과 타입이 다른 데이터를 연결할 수 있다.

이제 http://localhost:3000/index에 접속해보자. 접속하면 서버는 views/index에 있는 URL을 찾을 것이다.

주의 요청이 들어올 때 발생할 수 있는 모든 에러에 대해서도 처리해야 한다. 없는 파일에 대한 요청이 들어올 가능성이 높기 때문이다.

새 HTML 파일을 views 폴더에 추가하고 파일명을 URL로 사용해 액세스하자. 이제 문제는 index.html 파일이 제공하려는 유일한 파일이 아니라는 점이다. 응답의 body 부분은 요청에 의존도가 높아 더 나은 라우팅이 필요하다. 6장 마지막에서 그림 6.2에 제시된 디자인 패턴을 구현하게 된다.

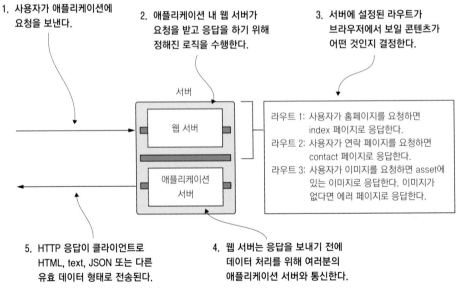

1. 사용자가 애플리케이션에 요청을 보낸다.

2. 애플리케이션 내 웹 서버가 요청을 받고 응답을 하기 위해 정해진 로직을 수행한다.

3. 서버에 설정된 라우트가 브라우저에서 보일 콘텐츠가 어떤 것인지 결정한다.

서버

웹 서버

애플리케이션 서버

라우트 1: 사용자가 홈페이지를 요청하면 index 페이지로 응답한다.
라우트 2: 사용자가 연락 페이지를 요청하면 contact 페이지로 응답한다.
라우트 3: 사용자가 이미지를 요청하면 asset에 있는 이미지로 응답한다. 이미지가 없다면 에러 페이지로 응답한다.

5. HTTP 응답이 클라이언트로 HTML, text, JSON 또는 다른 유효 데이터 형태로 전송된다.

4. 웹 서버는 응답을 보내기 전에 데이터 처리를 위해 여러분의 애플리케이션 서버와 통신한다.

그림 6.2 views를 보여주기 위한 라우팅 로직

퀵 체크 6.1   컴퓨터에 없는 파일을 읽으려고 하면 어떤 일이 일어날까?

6.2   에셋 제공

애플리케이션에서의 에셋이란 이미지, 스타일시트, JavaScript 파일을 뜻하며 클라이언트 측에서 뷰 페이지와 함께 동작한다. HTML 파일과 마찬가지로 애플리케이션 내에서 파일 타입, 예를 들어 .jpg 그리고. css도 각자 고유 라우트가 필요하다.

이 프로세스의 시작을 위해 프로젝트 루트 디렉터리에 public 폴더를 만들고 모든 에셋을 이 폴더로 이동시킨다. public 폴더 하위에 image, css, js라는 폴더를 각각 만들고 그쪽으로 해당하는 에셋들로 분류한다. 이 시점에서 여러분의 파일 구조는 그림 6.3처럼 돼 있을 것이다.

퀵 체크 6.1 정답   컴퓨터에 없는 파일을 읽으려고 하면 fs 모듈은 콜백에 에러를 보낸다. 어떻게 이 에러를 처리할지는 독자의 몫이다. 그냥 애플리케이션이 죽게 둘 수도 있고 로그를 콘솔에 남길 수도 있다.

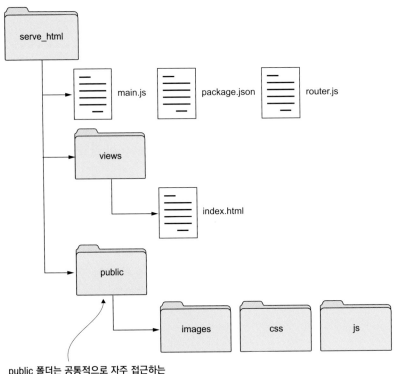

public 폴더는 공통적으로 자주 접근하는
에셋을 분리하기 위해 구조화할 수 있다.

그림 6.3 에셋의 구조화를 통해 좀 더 분리와 제공이 쉬워진다.

자, 이제 애플리케이션의 구조가 갖춰졌으며, Listing 6.4에서 라우트가 목적에 맞게 정의
됐다. 이 코드는 다소 양이 많아 보일 수 있지만, 전체 로직은 단지 파일을 읽어들이는 로직
을 함수로 구현해놓고 if 구문으로 지정된 파일 요청 유형에 맞게 불러들이는 것뿐이다.

요청을 받으면 요청 URL을 변수인 url에 저장한다. 각 조건에 맞춰 파일 확장자, 또는
mime 타입이 포함돼 있는지 url을 체크한다.

응답하는 파일의 유형을 커스터마이징해 제공되는 파일에 반영한다. 코드 반복을 줄이려
면 main.js의 맨 아래에 있는 customReadFile 함수를 활용한다. 이 함수는 fs.readFile을
사용해 요청된 이름으로 파일을 찾고 해당 파일의 데이터로 응답을 작성하며 모든 메시
지를 콘솔에 기록한다.

첫 번째 라우트에서 URL에 .html이 포함돼 있는지 확인하고 있다. 포함하고 있다면 URL과 동일한 이름의 파일을 읽는다. 파일을 자체 readFile 함수로 읽도록 라우트를 더 추상화한다. 특정 파일 형식을 확인하고 응답 헤더를 설정해 파일 경로 및 응답 개체를 이 메소드에 전달한다. 이러한 동적 라우트로 여러 파일 유형에 대응이 가능하다.

Listing 6.4 프로젝트 내 main.js에서 각 파일별 특정 라우트를 가지는 웹 서버 구현

```
const sendErrorResponse = res => {
  res.writeHead(httpStatus.NOT_FOUND, {          ← 에러 핸들링 함수 생성
    "Content-Type": "text/html"
  });
  res.write("<h1>File Not Found!</h1>");
  res.end();
};


http
  .createServer((req, res) => {
    let url = req.url;                           ← url 변수에 요청 URL 저장
    if (url.indexOf(".html") !== -1) {           ← URL에 파일 확장자가 있는지 확인
      res.writeHead(httpStatus.OK, {
        "Content-Type": "text/html"              ← 요청 콘텐츠 유형의 지정
      });
      customReadFile(`./views${url}`, res);      ← 파일을 읽어들이기 위한 readFile의 호출
  } else if (url.indexOf(".js") !== -1) {
    res.writeHead(httpStatus.OK, {
      "Content-Type": "text/javascript"
    });
    customReadFile(`./public/js${url}`, res);
  } else if (url.indexOf(".css") !== -1) {
    res.writeHead(httpStatus.OK, {
      "Content-Type": "text/css"
    });
    customReadFile(`./public/css${url}`, res);
  } else if (url.indexOf(".png") !== -1) {
    res.writeHead(httpStatus.OK, {
      "Content-Type": "image/png"
    });
    customReadFile(`./public/images${url}`, res);
  } else {
```

```
      sendErrorResponse(res);
  }
})
.listen(3000);
console.log(`The server is listening on port number: ${port}`);

const customReadFile = (file_path, res) => {
  if (fs.existsSync(file_path)) {
    fs.readFile(file_path, (error, data) => {
      if (error) {
        console.log(error);
        sendErrorResponse(res);
        return;
      }
      res.write(data);
      res.end();
    });
  } else {
    sendErrorResponse(res);
  }
};
```

이름으로 요청된 파일 찾기

파일이 존재하는지 확인

이제 여러분의 애플리케이션은 존재하지 않는 파일에 대한 대응을 할 수 있게 됐다. http://localhost:3000/test.js.html이나 http://localhost:3000/test를 입력해 에러 메시지를 적절히 보여주는지 확인해보자.

> **노트** 바뀐 것을 반영한 인덱스 페이지를 확인하려면 다음 파일 타입을 URL에 추가한다.
> http://localhost:3000/index.html

다음 절에서는 어떻게 라우트 구조를 재정의하고 라우트를 모듈화하는지 살펴본다.

> **퀵 체크 6.2** 라우트를 찾지 못한다면 어떻게 응답하게 될까?

퀵 체크 6.2 정답 애플리케이션이 요청에 대한 라우트를 찾지 못하게 되면 404 HTTP 상태 코드를 되돌려주게 된다. 이는 찾는 페이지가 없음을 의미한다.

6.3 라우트를 다른 파일로 바꿔 연결하기

이번 절에서는 라우트의 수정과 관리를 쉽게 하는 법을 알아본다. 만일 모든 라우트를 if-else 구문으로 구분해 처리한다면 라우트를 변경하거나 삭제할 경우 번거로움과 수정에 의한 부작용도 무시할 수 없을 것이다. 그리고 대상 라우트가 증가하게 되면 사용된 HTTP 메소드로 분리하는 게 더 편함을 알게 될 것이다. 예를 들어 /contact 패스가 GET과 POST 요청에 모두 응답을 할 수 있다면 여러분의 코드는 요청자의 메소드가 식별되자마자 바로 적절한 함수를 찾아가게 된다.

main.js 파일의 사이즈가 커짐에 따라, 이런 요청을 구분해야 할 코드도 점점 복잡해진다. 코드를 운영하다 보면 이런 구분을 위한 코드가 100라인이 훌쩍 넘어가버리는 일이 다반사다.

이런 문제를 완화시키려면 라우트 부분을 router.js라는 새로운 파일로 분리한다. 그리고 이 라우트들을 저장하고 사용하는 방법들을 재구성한다. Listing 6.5의 코드를 router.js에 추가하라. 예제 파일에서 이 코드는 better_routes라는 폴더에 들어 있다.

이 파일에서 POST와 GET 요청에 매핑되는 라우트를 저장하기 위한 routes 객체를 정의했다. 라우트가 main.js에서 생성되면 메소드 타입(GET 또는 POST)에 따라 routes 객체에 추가된다. 이 객체는 외부에서 접근할 필요는 없다.

다음으로 라우트의 콜백 함수를 처리하기 위한 handle 함수를 생성한다. 이 함수는 routes[req.method]를 사용해 요청 HTTP 메소드에 따라 route 객체에 액세스하며 이후 관련된 콜백 함수를 [req.url]을 사용해 요청의 타깃 URL을 통해 찾는다. 예를 들어 /index.html 라우트를 통해 GET 요청을 만들었다면 route ["GET"]["/index.html"]은 여러분의 route 객체에서 사전 정의된 콜백 함수를 돌려줄 것이다. 마지막으로 routes 객체에 있는 콜백 함수가 호출되고 요청과 응답이 전달되므로 클라이언트에 적절하게 응답할 수 있게 된다. 라우트가 없으면 httpStatus.NOT_FOUND를 돌려준다.

handle 함수는 받은 요청이 HTTP 메소드와 URL을 통해 routes 객체의 라우트와 일치하는지 확인하고 일치하지 않으면 오류를 로깅한다. try-catch를 사용해 들어오는 요청을 라우팅하고 잘못된 라우팅으로 발생할 수 있을 애플리케이션 에러를 처리하자.

또한 get 및 post 함수를 정의하고 이를 exports에 추가해 main.js에서 새 라우트를 등록할 수 있다. 이 방법으로 main.js에서 get("contact.html", <callback function>)을 입력해 routes 객체에 /contact.html 페이지와 같은 새로운 콜백 관련 추가를 할 수 있다.

Listing 6.5 router.js에서 exports 객체에 함수 추가

```
const httpStatus = require("http-status-codes"),
  htmlContentType = {
    "Content-Type": "text/html"          POST 및 GET 요청에
  },                                     매핑된 라우트를 저장할
                                         routes 객체의 정의
  routes = {
    "GET": {
      "/info": (req, res) => {
        res.writeHead(httpStatus.OK, {
          "Content-Type": "text/plain"
        });
        res.end("Welcome to the Info Page!");
      }
    },
    'POST': {}
  };
                                         라우트에 따른 콜백 함수를
                                         처리하기 위한 함수 handle의 생성
exports.handle = (req, res) => {
  try {
    if ( routes[req.method][req.url]) {
      routes[req.method][req.url](req, res);
    } else {
      res.writeHead(httpStatus.NOT_FOUND, htmlContentType);
      res.end("<h1>No such file exists</h1>");
    }
  } catch (ex) {
    console.log("error: " + ex);
  }
};
                                         main.js로부터 routes에
                                         등록하기 위한 get 및 post
                                         함수 생성
exports.get = (url, action) => {
  routes["GET"][url] = action;
};
```

```
exports.post = (url, action) => {
  routes["POST"][url] = action;
};
```

노트 더 많은 HTTP 메소드가 있지만 4부 전까지는 신경을 쓰지 않아도 된다.

get 또는 post를 호출하면 해당 라우트에 도달할 때 실행할 라우트와 함수를 전달해야 한다. 이 함수는 라우트를 routes 객체에 추가해 등록하며, handle 함수에 의해 사용된다.

그림 6.4에서 주목할 것은 routes 객체는 handle, get 그리고 post 함수에 의해 내부적으로 사용된다는 점이다. 이들 함수는 모듈의 exports 객체를 통해 쓸 수 있다.

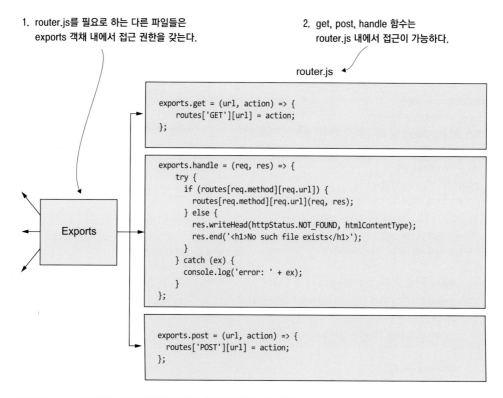

1. router.js를 필요로 하는 다른 파일들은 exports 객채 내에서 접근 권한을 갖는다.

2. get, post, handle 함수는 router.js 내에서 접근이 가능하다.

router.js

```
exports.get = (url, action) => {
    routes['GET'][url] = action;
};
```

```
exports.handle = (req, res) => {
    try {
        if (routes[req.method][req.url]) {
            routes[req.method][req.url](req, res);
        } else {
            res.writeHead(httpStatus.NOT_FOUND, htmlContentType);
            res.end('<h1>No such file exists</h1>');
        }
    } catch (ex) {
        console.log('error: ' + ex);
    }
};
```

```
exports.post = (url, action) => {
  routes['POST'][url] = action;
};
```

Exports

그림 6.4 exports 객체는 다른 파일에서 특정 함수를 접근하도록 한다.

마지막 단계는 main.js로 router.js를 가져오는 것이다. require("./router")를 사용해 다른 모듈을 가져오는 것과 같은 방법으로 이 작업을 완료한다.

main.js에서 수행하는 모든 함수 호출에 router를 추가해야 한다. 이 함수는 이제 라우트에 속한다. 이전과 같이 정적 HTML 파일을 제공하려는 경우 fs 모듈을 가져올 수도 있다. 서버 코드는 Listing 6.6과 같아야 한다.

이 서버 생성을 통해 모든 요청들은 라우트 모듈의 처리 함수에 의해 처리되며, 처리 함수에는 콜백 함수가 뒤따른다. 이제 router.get이나 router.post를 사용해 요청에서 라우트로 사용될 HTTP 메소드를 지정할 수 있다. 두 번째 변수는 요청을 받았을 때 수행되기를 원하는 콜백이다. 사용자 정의 readFile 함수인 customReadFile 함수를 만들어 코드를 재사용 가능하게 한다. 이 함수는 전달받은 파일을 읽어들여 파일 내용으로 응답한다.

Listing 6.6　main.js에서 라우트를 관리하기 위한 새로운 함수

```
const port = 3000,
  http = require("http"),
  httpStatusCodes = require("http-status-codes"),
  router = require("./router"),
  fs = require("fs"),
  plainTextContentType = {
    "Content-Type": "text/plain"
  },
  htmlContentType = {
    "Content-Type": "text/html"
  },
  customReadFile = (file, res) => {
    fs.readFile(`./${file}`, (errors, data) => {
      if (errors) {
        console.log("Error reading the file...");
      }
      res.end(data);
    });
  };

router.get("/", (req, res) => {
```

코드 반복을 줄이기 위한
변경된 readFile 함수의 생성

get과 post로 라우트 등록

```
    res.writeHead(httpStatusCodes.OK, plainTextContentType);
    res.end("INDEX");
});

router.get("/index.html", (req, res) => {
    res.writeHead(httpStatusCodes.OK, htmlContentType);
    customReadFile("views/index.html", res);
});

router.post("/", (req, res) => {
    res.writeHead(httpStatusCodes.OK, plainTextContentType);
    res.end("POSTED");
});
                                                    router.js를 통한 모든 요청 처리
http.createServer(router.handle).listen(3000);  ◄
console.log(`The server has started and is listening on port number: ${port}`);
```

이러한 변경 사항을 추가한 후 Node.js 응용프로그램을 다시 시작하고 홈페이지 또는
/index.html에 액세스하자. 이 프로젝트 구조는 응용프로그램 프레임워크에서 사용되는
일부 디자인 패턴을 따른 것이다. 2부에서 프레임워크에 대해 자세히 알아보고 이러한
유형의 구성이 코드를 좀 더 효율적으로 만들고 가독성을 높이는 이유를 확인한다

> **퀵 체크 6.3** 참 또는 거짓! 모듈의 exports 객체에 추가되지 않은 함수와 객체는 다른 파일에서 계속 액
> 세스할 수 있다.

퀵 체크 6.3 정답　　거짓이다. exports 객체는 모듈이 함수와 개체를 공유할 수 있도록 하기 위한 것이다. 객체가 모
듈의 exports 객체에 추가되지 않으면 CommonJS에 정의된 대로 해당 모듈에 로컬로 유지된다.

6.4 요약

6장에서는 어떻게 개별 파일을 서비스하는지 알아봤다. 우선 views 폴더 내의 HTML 파일들을 찾기 위해 fs 모듈을 애플리케이션에 추가했다. 그 후 애플리케이션 에셋까지 범위를 확대했다. 또한 어떻게 메인 애플리케이션으로부터 라우트를 선택적으로 등록하고 사용자 정의 모듈에 라우트를 매핑하는지 알아봤다. 2부에서는 Node.js의 웹 프레임워크인 Express.js에서 제공하는 애플리케이션 구조를 어떻게 활용하는지 설명하겠다.

> **해보세요**
>
> 지금까지 예제에서 HTML 파일을 위한 하나의 라우트만 갖고 있다. 에셋을 읽어들이기 위해 새로운 라우트를 추가해보자.

캡스톤 프로젝트:
첫 번째 웹 애플리케이션 만들기

처음 웹 개발 세계로 발을 디뎠을 때 정말 원했던 것은 사람들이 재미있는 레시피를 볼 수 있는 웹사이트를 구축하는 것이었다. 운 좋게도 지역 요리 학교 Confetti Cuisine에서 자신들이 제공하는 코스와 레시피 페이지 그리고 예비 학생들이 등록할 수 있는 공간이 있는 랜딩 페이지를 갖고 있는 사이트를 구축해줄 것을 의뢰했다.

요리 마니아로서, 이 프로젝트 결과물은 내가 매일 사용할 수 있을 만한 좋은 것이 될 것 같았다. 더욱이 Node.js로 개발이 진행될 거라 더 재미있을 것이다. 지금까지 진행된 내용을 종합해 완벽한 멀티페이지 애플리케이션으로 작성하면 단계적으로 Confetti Cuisine의 정적 사이트를 구축할 수 있다.

나는 새로운 애플리케이션을 밑바닥부터 만들 것이며 3개의 뷰 페이지와 이를 위한 라우트, 에셋 그리고 public client 폴더를 추가할 것이다. 그리고 클린 코드를 지향하면서 애플리케이션 로직을 세울 것이다. 그 후에 보이는 뷰 부분과 맞춤 스타일을 적용한다. 7장 후반부에서는 특정 파일과 에셋의 핸들링을 위한 웹 서버를 만들 것이다. 마지막으로 고객의 요청에 따라 데이터베이스 접속 기능을 점진적으로 추가할 것이다.

이 애플리케이션을 만들기 위해 다음과 같은 단계를 거친다.

- 애플리케이션 package.json의 초기화
- 프로젝트 디렉터리 구조 셋업
- main.js에 애플리케이션 로직 만들기
- 3개의 view를 생성한다. 각 view는 다음과 같은 독립적인 기능을 제공하는 클릭 가능한 이미지를 갖고 있다.
  - Index(home)
  - Courses
  - Contact
  - Thanks
  - Error
- 에셋의 추가
- 애플리케이션 라우트 구성
- 애플리케이션 에러 처리
- 애플리케이션 실행

자. 이제 시작할 준비가 됐다.

 7.1 애플리케이션의 초기화

우선 npm을 사용해 개발 중인 프로젝트의 요약이 담긴 package.json 파일을 생성한다. 원하는 프로젝트 디렉터리로 이동해 다음 명령을 커맨드상에서 수행한다.

```
> mkdir confetti_cusine && cd confetti_cusine
> npm init
```

그러면 여러 옵션 사항이 나온다. 다음 항목을 제외하고는 기본값으로 설정하면 된다.

- 시작 포인트로 main.js 파일 설정
- "A site for booking classes for cooking."으로 설명을 입력
- 저자로 여러분의 이름 넣기

다음으로 `http-status-codes` 패키지를 터미널 창에서 `npm install http-status-codes --save` 명령을 이용해 설치한다. confetti_cusine 폴더에서 package.json 파일은 Listing 7.1과 비슷하게 생성돼 있을 것이다.

Listing 7.1 package.json 파일

```
{
  "name": "confetti_cuisine",
  "version": "1.0.0",
  "description": "A site for booking classes for cooking.",
  "main": "main.js",
  "scripts": {
    "test": "echo \"Error: no test specified\" && exit 1",
  },
  "author": "Jon Wexler",
  "license": "ISC",
    "dependencies": {
        "http-status-codes": "^1.3.0"
  }
}
```

터미널에서
출력한 package.json

앞으로 이 파일을 통해 내 애플리케이션 설정 정보를 확인할 수 있다. 또한 `npm start` 명령을 통해 애플리케이션의 수행도 가능할 것이다.

7.2 애플리케이션 디렉터리 구조의 이해

코딩을 시작하기 전에 애플리케이션 구조를 먼저 알아보자. 프로젝트 디렉터리의 최상위(루트)에는 main.js, package.json 그리고 router.js 파일이 있다. HTML 콘텐츠들은 .html 확장자로 존재하며 views 폴더에 위치한다. 프로젝트 전체 디렉터리 구조는 Listing 7.2와 같다.

Listing 7.2 confetti_cusine 프로젝트의 디렉터리 구조

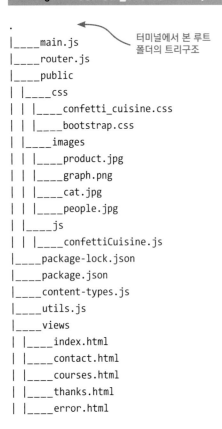
```
.
|____main.js          ← 터미널에서 본 루트
|____router.js           폴더의 트리구조
|____public
| |____css
| | |____confetti_cuisine.css
| | |____bootstrap.css
| |____images
| | |____product.jpg
| | |____graph.png
| | |____cat.jpg
| | |____people.jpg
| |____js
| | |____confettiCuisine.js
|____package-lock.json
|____package.json
|____content-types.js
|____utils.js
|____views
| |____index.html
| |____contact.html
| |____courses.html
| |____thanks.html
| |____error.html
```

애플리케이션 서버는 view 폴더에 있는 HTML 파일을 갖고 응답할 것이다. 이 파일들을 지원하는 역할을 하는 에셋은 public 폴더에 위치하게 된다.

노트 HTML 파일은 클라이언트 레벨에서 보이는 파일이지만 에셋으로 분류되지는 않는다. 따라서 public 폴더에 위치시키지 않는다.

Public 폴더는 에셋의 저장을 위해 하위에 image, js, css 폴더를 갖고 있다. 이 파일들은 애플리케이션과 사용자 사이에서의 보이는 스타일과 JavaScript의 동작을 정의한다. 먼저 bootstrap.css 파일을 http://getbootstrap.com/docs/4.0/getting-started/download/에서 다운로드해 public 폴더 내 css 폴더에 저장한다. 또 confetti_cusine.css 파일도 생성해 이 프로젝트에서 원하는 스타일이 생겼을 때 대응할 수 있도록 한다.

다음으로 애플리케이션 로직을 추가한다.

7.3 router.js 및 main.js 파일의 생성

이제 프로젝트를 초기화하고 폴더 설정을 마쳤다. 이제 사이트에 메인 애플리케이션 로직을 사이트에 추가해야 하며 이를 통해 3000번 포트로 서비스를 보여주게 된다. 라우트 관리도 별도의 파일에서 할 것이다. 따라서 fs 모듈과 함께 파일을 요청해야 하며 이를 통해 정적 파일들을 서비스할 수 있게 된다.

main.js 파일을 생성한다. 이 파일에 애플리케이션 포트 넘버, http 및 http-status-codes 모듈 그리고 곧 만들어질 router, content-types 그리고 utils 모듈을 Listing 7.3과 같이 할당한다.

노트 content-types와 utils 모듈은 main.js 내에 있는 변수들의 구조화를 위한 것이다.

Listing 7.3 require module이 있는 main.js

```
const port = 3000,           ← 필요 모듈의 임포트
  http = require("http"),
  httpStatus = require("http-status-codes"),
  router = require("./router"),
  contentTypes = require("./content-types"),
  utils = require("./utils");
```

이 애플리케이션은 로컬 모듈들을 생성하기 전까지는 동작하지 않을 것이다. 로컬 모듈은 Listing 7.4에 있는 코드를 이용한 content-types.js 파일 생성으로 제작을 시작할 것이다. 이 파일에서는 응답에서 사용될 header 값들과 파일 타입을 매핑하는 객체를 익스포트하고 있다. 나중에 contentType.html을 사용해 main.js 내에 있는 HTML 콘텐츠 타입에 액세스할 것이다.

Listing 7.4 content-types.js에서의 객체 매핑

```
module.exports = {        ◀─── 콘텐츠 타입 매핑 객체의 익스포트
  html: {
    "Content-Type": "text/html"
  },
  text: {
    "Content-Type": "text/plain"
  },
  js: {
    "Content-Type": "text/js"
  },
  jpg: {
    "Content-Type": "image/jpg"
  },
  png: {
    "Content-Type": "image/png"
  },
  css: {
    "Content-Type": "text/css"
  }
};
```

다음으로 새로운 utils 모듈에 있는 파일 콘텐츠를 읽기 위해 사용할 함수들을 준비한다. util.js에서 Listing 7.5의 코드를 추가했다. 이 모듈에서 getFile 함수를 포함하는 객체를 익스포트했다. 이 함수는 제공된 위치의 파일을 찾는다. 찾는 파일이 없다면 바로 에러 페이지를 출력한다.

Listing 7.5   util.js에서의 유틸리티 함수

```
const fs = require("fs"),
  httpStatus = require("http-status-codes"),
  contentTypes = require("./content-types");

module.exports = {
  getFile: (file, res) => {
    fs.readFile(`./${file}`, (error, data) => {
      if (error) {
        res.writeHead(httpStatus.INTERNAL_SERVER_ERROR, contentTypes.html);
        res.end("There was an error serving content!");
      }
      res.end(data);
    });
  }
};
```

getFile에서 사용할 모듈들의 임포트

파일을 읽고 응답을 돌려주기 위한
함수의 익스포트

마지막으로 파일을 새로 만들어 Listing 7.6의 코드를 추가한다. 이 router.js 파일은 http-status-codes와 사용자 정의 모듈인 content-types와 utils가 필요하다.

Router 모듈은 routes 객체를 포함하고 있다. routes 객체는 키-값 쌍으로 get 함수를 통한 GET 요청 그리고 post 함수를 통한 POST 요청을 매핑한다. Handle 함수는 main.js에서 createServer의 콜백 함수로 간주된다. get과 post 함수는 콜백 함수와 URL을 취하며 routes 객체에서 서로 매핑한다. 라우트를 찾지 못한다면 utils 모듈 내 사용자 정의 함수인 getFile 함수를 사용해 에러 페이지를 표시할 것이다.

Listing 7.6   router.js에서의 라우트 처리

```
const httpStatus = require("http-status-codes"),
  contentTypes = require("./content-types"),
  utils = require("./utils");

const routes = {
  "GET": {},
  "POST": {}
```

라우트 함수를 위한
routes 객채 생성

```
};

exports.handle = (req, res) => {                    ←  요청을 처리하기 위한
  try {                                                handle 함수를 생성한다.
    routes[req.method][req.url](req, res);
  } catch (e) {
    res.writeHead(httpStatus.OK, contentTypes.html);
    utils.getFile("views/error.html", res);
  }
};

exports.get = (url, action) => {                    ←  라우트 함수를 매핑하기 위한
  routes["GET"][url] = action;                         get과 post 함수를 생성한다.
};

exports.post = (url, action) => {
  routes["POST"][url] = action;
};
```

 ## 7.4 뷰 페이지 생성

뷰 페이지는 클라이언트 측에서 만들어지며 사용자 경험을 만들거나 망칠 수 있다. 이 애플리케이션의 복잡성을 줄이기 위해 각 페이지에 대해 비슷한 템플릿을 사용한다. 각 HTML 페이지의 맨 위에는 HTML 레이아웃, 헤드, 곧 생성될 사용자 정의 스타일시트에 대한 링크 및 페이지 탐색 기능이 있어야 한다. Confetti Cuisine 홈페이지는 그림 7.1과 같으며 왼쪽 상단 구석에 있는 링크들은 세 개의 뷰 페이지로 연결된다.

그림 7.1 Confetti Cuisine 예제 홈페이지

홈페이지를 위해, index.html이라고 하는 새로운 뷰 페이지를 생성하고 이를 위한 특정 콘텐츠를 추가한다. bootstrap.css를 사용하기 때문에 `<link rel="stylesheet" href="/bootstrap.css">`를 HTML 페이지 내 head 태그마다 추가해줘야 한다. 동일한 작업을 사용자 정의 스타일시트인 confetti_cuisine.css에도 해준다.

다음으로 가능한 요리 수업 목록을 제공하기 위해 courses.html 파일을 생성하고 contacts.html 파일로의 제출 폼을 만들 것이다. 이 폼은 연락 정보를 POST 방식으로 / 라우트를 통해 제출한다. 폼 코드는 Listing 7.7과 비슷하게 된다.

Listing 7.7 contacts.html 중 홈페이지 라우트에의 포스팅 폼

```html
<form class="contact-form" action="/" method="post">
  <input type="email" name="email" required>
  <input class="button" type="submit" value="submit">
</form>
```

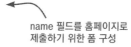

name 필드를 홈페이지로
제출하기 위한 폼 구성

연락처 페이지는 그림 7.2와 같이 될 것이다.

그림 7.2 Confetti Cusine 연락처 페이지 예제

 7.5　에셋 추가

이 애플리케이션을 위해 각 뷰 페이지에 사용될 사용자 정의 스타일을 생성했다. confetti_cusine.css에 사이트에서 사용될 요소들의 색상, 차원, 위치 변경에 대한 정보들이 담기며, 이는 public/css 폴더에 bootstrap.css와 함께 위치한다.

이 파일들이 저장되면 뷰 페이지들은 시작 시 색상과 구성을 가지게 된다. 클라이언트 측 JavaScript를 쓰기로 결정했다면 .js 파일도 필요하며 이는 public/js 폴더에 저장될 것이다. 이 파일들은 <script> 태그에서 링크로 읽어들일 것이다. 마지막으로 이미지들은 public/images 폴더에 저장될 것이다. 이 이미지들은 HTML 뷰 페이지에서 읽어들일 것이다.

이제 남은 단계는 프로젝트에서의 각 뷰 페이지 파일 및 에셋을 위한 라우트의 등록과 이의 처리 작업이다.

7.6 라우트 생성

이 퍼즐의 마지막 조각인 라우트는 아주 중요하다. 애플리케이션에서의 라우트는 어떤 파일을 보여줄 것인지와 사용자들은 어떤 URL을 통해 액세스할 것인지 결정한다.

라우트들을 핸들링하기 위해 router.js 파일을 이미 만들었다. 하지만 이 라우트들은 등록돼야 한다. 이는 URL 및 콜백 함수를 처리하는 HTTP 메소드에 따라 router.get 또는 router.post 함수로 보낸다는 의미다. 이 함수들은 라우트들을 router.routes로 추가시킨다. router.routes는 JavaScript 객체로서 URL로 접근할 때 URL을 콜백 함수로 매핑해 준다.

라우트 등록을 정리하면 다음과 같다.

- 요청이 GET인가 POST인가
- URL 라우트
- 돌려줄 파일 이름
- HTTP 상태 코드
- 돌려줄 파일 타입(content type)

각 콜백 함수에서, 응답으로 보낼 콘텐츠 타입을 지정해야 하며 fs 모듈을 사용해 뷰 페이지와 에셋을 응답 콘텐츠로 읽어들여야 한다. Listing 7.8에서와 같이 라우트와 코드를 main.js에 추가한다.

Listing 7.8 main.js의 router 모듈로 라우트 등록

```
router.get("/", (req, res) => {
  res.writeHead(httpStatus.OK, contentTypes.html);
  utils.getFile("views/index.html", res);
});


router.get("/courses.html", (req, res) => {
  res.writeHead(httpStatus.OK, contentTypes.html);
  utils.getFile("views/courses.html", res);
```

웹 페이지와 에셋을 위한
라우트 목록 추가

```javascript
});

router.get("/contact.html", (req, res) => {
  res.writeHead(httpStatus.OK, contentTypes.html);
  utils.getFile("views/contact.html", res);
});

router.post("/", (req, res) => {
  res.writeHead(httpStatus.OK, contentTypes.html);
  utils.getFile("views/thanks.html", res);
});

router.get("/graph.png", (req, res) => {
  res.writeHead(httpStatus.OK, contentTypes.png);
  utils.getFile("public/images/graph.png", res);
});
router.get("/people.jpg", (req, res) => {
  res.writeHead(httpStatus.OK, contentTypes.jpg);
  utils.getFile("public/images/people.jpg", res);
});
router.get("/product.jpg", (req, res) => {
  res.writeHead(httpStatus.OK, contentTypes.jpg);
  utils.getFile("public/images/product.jpg", res);
});
router.get("/confetti_cuisine.css", (req, res) => {
  res.writeHead(httpStatus.OK, contentTypes.css);
  utils.getFile("public/css/confetti_cuisine.css", res);
});
router.get("/bootstrap.css", (req, res) => {
  res.writeHead(httpStatus.OK, contentTypes.css);
  utils.getFile("public/css/bootstrap.css", res);
});
router.get("/confetti_cuisine.js", (req, res) => {
  res.writeHead(httpStatus.OK, contentTypes.js);
  utils.getFile("public/js/confetti_cuisine.js", res);
});
```

서버 시작

```javascript
http.createServer(router.handle).listen(port);   ←
console.log(`The server has started and is listening on port number: ${port}`);
```

노트 POST 라우트에 주목하라. 이는 contact.html 페이지에서 전달되는 폼을 처리한다. 다른 HTML 페이지로 응답하는 대신 이 라우트는 "Thank you for supporting the product" HTML 페이지로 응답한다.

`node main` 명령으로 애플리케이션을 시작할 수 있으며 http://localhost:3000으로 웹 애플리케이션 홈페이지를 확인할 수 있다.

노트 여기서는 프로젝트에서 파일로 보일 에셋(이미지, js 그리고 css 파일)에 대한 라우트만 만든다.

7.7 요약

이 캡스톤 프로젝트에서는 완전한 Confetti Cuisine 웹 페이지를 위한 애플리케이션을 만들었다. 이 작업을 위해 메인 애플리케이션 파일에 전용 라우터 모듈이 필요했고, 특정 콘텐츠에 대한 사용자 요청을 위한 라우트 시스템을 생성했다. 체계적이고 시스템적으로 라우트를 등록하는 사용자 정의 함수들을 만든 뒤, 상대 디렉터리 라우트에서 제공될 뷰 페이지와 에셋을 만들었다.

많은 코드 로직이 이 캡스톤 프로젝트에서 쓰이고 있다. 참고로 코드 로직은 전 세계의 Node.js 애플리케이션에 의해 점점 전문적으로 발전하고 있다.

2부에서는 웹 프레임워크를 둘러보고 좀 더 수월하면서도 간단하게 동일한 애플리케이션을 만들기 위해 어떻게 웹 프레임워크가 애플리케이션 구조와 일부 스캐폴딩[1]을 사용하는지 보여줄 것이다.

---

1 사전에 만들어진 폴더 구조 – 옮긴이

Express.js를 통한 웹 개발

1부에서는 Node.js를 통해 웹 서버가 어떻게 동작하는지, 내부 모듈을 활용해 어떻게 의미 있는 콘텐츠를 구축하는지 배웠다. 2부에서는 동적 콘텐츠와 웹 프레임워크를 갖고 좀 더 체계적이고 전문적인 레벨로 여러분의 애플리케이션을 끌어올려 보겠다. 웹 프레임워크는 사전에 정의된 애플리케이션 구조이면서 더 쉽고 일관성 있게 웹 애플리케이션을 만들 수 있도록 설계된 개발 도구 라이브러리다.

2부에서는 Express.js를 설정하는 방법과 페이지 간의 데이터 통신 최적화를 위한 애플리케이션 파일 구조를 알아본다. 또한 모델 뷰 컨트롤러MVC, Model View Controller 애플리케이션 아키텍처를 소개한다. 이 아키텍처는 코드 구조를 크게 3가지 영역으로 나눈다.

- 데이터의 구조화
- 데이터 열람
- 해당 데이터와 상호작용할 요청 처리

1부에서 언급한 내용과 Express.js의 활용을 위한 코드 수정을 통해 2부에서 다룰 내용은 다음과 같다.

- 8장에서는 Express.js를 소개하고 새로운 Node.js에서 설정하는 방법을 알아본다. 웹 프레임워크가 어떻게 애플리케이션 제작에 도움이 되는지도 살펴본다.

- 9장에서는 Express.js에서의 라우팅에 관해 배운다. 1부에서 라우트에 대한 기초를 이미 배웠다. 9장에서는 이 책의 나머지 부분에서 사용될 라우팅 스타일을 소개한다. 또한 MVC에 관해서도 알아보며, 이 구조에서 어떻게 라우트가 컨트롤러 역할을 하는지도 배워본다.

- 10장에서는 레이아웃과 동적 페이지 뷰 개념을 소개한다. 지금까지 정적 콘텐츠 관련 작업만 했다. 하지만 10장에서는 모든 페이지 뷰가 로딩될 때마다 새롭게 보여줄 콘텐츠 제공을 위해 Express.js를 사용할 것이다. Express.js에서 템플릿 엔진이 HTML 페이지 내 동적 콘텐츠를 위한 공간을 만들어줄 것이다.

- 11장에서는 npm에서의 시작 스크립트 설정과 애플리케이션 오류 처리를 미리 배운다.

- 마지막으로 12장은 1부에서의 프로젝트를 Express.js를 사용해 재구성하는 방법을 보여준다. 요리 학원 웹사이트를 위한 3가지 프론트 페이지를 재구성하고 애플리케이션 서버로부터 콘텐츠를 동적으로 채우기 위한 기능을 추가할 것이다.

2부는 웹 애플리케이션에 좀 더 친숙해지기 위한 첫 번째 단계이다. Express.js와 외부 패키지에 익숙해지면 한 단계 업그레이드된 개발자가 된다. 2부에서 Express에서 애플리케이션이 성공적으로 동작하면 3부에서는 앱의 데이터베이스 접속 방법과 사용자 정보 저장 방법을 알아볼 것이다.

Express.js 설정

웹 프레임워크 추가로 인해 웹 애플리케이션의 제작 방법은 점점 쉬워지고 있다. Node. js에서의 웹 프레임워크는 여러분의 애플리케이션을 좀 더 구조화시킬 모듈이다. 구조화를 통해 개별 파일 제공과 같은 기능들을 처음부터 구현해야 할 필요 없이 애플리케이션을 커스터마이징하거나 제작할 수 있다. 8장이 끝나면 웹 프레임워크를 어디서부터 시작해야 할지, 웹 프레임워크 중 하나인 Express.js가 어떻게 애플리케이션의 제작 시간을 줄여주는지 알 수 있을 것이다.

8장에서 다룰 내용은 다음과 같다.

- Express.js로 Node.js 애플리케이션 설정
- 웹 프레임워크 둘러보기

8.1 Express.js 패키지 설치

Express.js는 개발 속도를 올려주고 애플리케이션 개발을 위한 안정적인 구조를 제공한다. Node.js와 마찬가지로 Express.js는 활성화된 온라인 커뮤니티들이 많으며, 이를 통해 Express.js에서도 오픈소스 형태로 도구들이 제공된다.

먼저 왜 Express.js가 배워야 하는 웹 프레임워크인지 설명한다. 해마다 Node.js 진영에서는 많은 새로운 프레임워크가 탄생한다. 그중 어떤 것은 쓸 만한 가치가 있다. Express.js는 2010년 처음 세상에 나왔으며, 그 후로 다른 쓸 만한 프레임워크도 계속 나왔다. 표 8.1에 프레임워크 정리를 해뒀다.

표 8.1 알아야 할 Node.js 프레임워크

Node.js 프레임워크	설명
Koa.js	Express.js 개발자들이 설계했으며, Express.js에서 제공하지 않은 메소드의 라이브러리에 초점을 맞췄다(http://koajs.com).
Hapi.js	Express.js와 유사한 구조로 설계돼 있으며 코드 작성을 덜 필요로 하는 게 특징이다 (https://hapijs.com).
Sails.js	Express.js를 기반으로 만들어졌으며, 더 많은 라이브러리 제공과 함께 커스터마이징 작업이 많이 필요 없도록 돼 있다(https://sailsjs.com).
Total.js	HTTP 코어 모듈 기반으로 만들어졌으며, 빠른 요청과 응답 속도를 목적으로 하고 있다 (https://totaljs.com).

노트 Node.js 웹 프레임워크에 대한 더 많은 정보는 http://nodeframework.com/ 내의 GitHub 리포지터리에서 볼 수 있다.

궁극적으로 프레임워크는 웹 애플리케이션을 맨 처음부터 하나하나 해야 하는 번거로움을 해소해주고자 만들어진 것이다. Express.js는 Node.js 커뮤니티에서 가장 많이 쓰이는 프레임워크이며, 다른 프레임워크들에 비해 원하는 것이나 문제에 부딪혔을 때 솔루션을 찾을 확률이 매우 높은 것이기도 하다. 성능이나 확장성 측면에서 Total.js를 많이 추천하기는 하나, 시작 단계에서 사용할 만한 좋은 프레임워크는 아니다.

처음으로 Node.js를 이용해 웹 애플리케이션을 제작하는 것이기 때문에 개발 진행을 도와줄 도구가 필요하다. 웹 프레임워크는 웹 개발에 사용될 통상적인 도구들을 제공한다. Express.js는 요청 처리를 도와주고, 동적 및 정적 콘텐츠를 제공하며, 데이터베이스를 연결하고 사용자 행동을 추적하는 모듈과 메소드를 제공한다. 이후 장에서 Express.js의 지원 방법을 좀 더 알아볼 것이다.

Express.js는 전문가부터 초심 개발자까지 모두 사용하는 것으로, 개발 중 무언가에 막혔다면 수천 명의 다른 개발자들이 장애물을 뛰어넘도록 도와줄 것이다.

이제 Express.js로 애플리케이션의 초기화할 준비가 됐다. 시작하기 위해 애플리케이션 프로젝트 디렉터리를 만들자. 이름은 first_express_project로 한다. 이 디렉터리를 터미널을 통해 들어가 npm init을 입력한다. 프롬프트에서 main.js를 시작 포인트로 하고 그 외의 사항은 디폴트 값으로 설정해 저장한다.

노트 1장에서 언급했듯이 프로젝트의 특성 정의를 담은 package.json 파일이 새로운 프로젝트 초기화 작업 시 생성되며, 여기에는 다운로드돼야 할 종속 패키지가 포함돼 있다.

Express.js는 외부 패키지이기 때문에 Node.js 설치 시 같이 설치되지 않는다. 프로젝트 디렉터리 터미널에서 npm install express --save 명령으로 설치 작업을 진행한다.

노트 이 책을 쓸 당시 Express 버전은 4.16.2이다. 이 책의 버전과 맞춰 진행하려면 npm install express@4.16.2 --save 명령으로 버전을 지정해 설치해준다.

주의 package.json을 생성하기 전에 Express.js를 설치하려고 하면 "there's no directory or file with which the installation can complete"라는 에러가 뜨면서 진행이 되지 않을 것이다.

--save 플래그를 사용해 애플리케이션 종속 모듈 리스트에 Express.js가 올라가도록 한다. 이는 프로젝트가 Express.js에 종속돼 있음을 의미한다. 따라서 애플리케이션이 구동되기 전에 이 모듈이 설치돼 있어야 한다. package.json 파일을 열어 dependencies 목록에 Express.js가 들어가 있는지 확인해보라.

팁 터미널에서 Express.js 패키지 도큐먼트를 보려면 npm docs express 명령을 사용한다. 이 명령은 자동으로 브라우저를 띄워 http://expressjs.com에 접속할 것이다.

다음 절에서 첫 Express.js 애플리케이션을 작성해보자.

> **퀵 체크 8.1** Express.js 설치 시 —save 플래그를 붙이지 않으면 어떤 일이 일어날까?

8.2 첫 Express.js 애플리케이션의 작성

Express.js를 사용하기 위해 메인 애플리케이션 파일을 만들고 거기에서 express 모듈을 불러야 한다. Listing 8.1의 코드를 main.js에 반영하고 저장하자.

express라는 모듈 참조 명령으로 Express.js를 요청하게 되며 이를 상수로서 저장한다. express는 기능과 메소드 함수를 제공하며, 여기에는 내장 웹 서버 기능을 갖고 있는 클래스가 포함돼 있다. express 웹 서버 애플리케이션은 app으로 참조되는 상수로 저장된다. 이후 나머지 프로젝트들을 통해 Express.js 리소스들을 대부분 app을 통해 다뤄볼 것이다.

퀵 체크 8.1 정답 --save 플래그를 붙이지 않으면 Express.js는 dependencies 목록에 들어가지 않게 된다. 이렇게 되면 로컬 환경에서 애플리케이션은 동작하지만, 운영 환경 등에 배포할 때 로컬의 Express.js 폴더를 같이 배포하지 않으면 애플리케이션은 동작하지 않게 된다. package.json에 해당 모듈이 필요하다는 내용이 없기 때문이다.

첫 번째 캡스톤 프로젝트에서처럼, Express.js는 별도의 다른 모듈을 쓰지 않고 GET 라우트 정의 방법과 콜백 함수를 제공한다. 요청이 홈페이지로부터 전달되면 Express.js는 이를 캐치하고 응답하도록 한다.

플레인 텍스트 형태의 응답이 브라우저로 전달된다. Express.js의 send 모듈에 주목하라. 이는 http 모듈의 write와 비슷한 역할을 한다. Express.js는 http 모듈도 지원한다. write를 사용했다면 반드시 end로 마무리해야 하는 것을 잊지 말기 바란다.

마지막으로 로컬호스트 3000번 포트로 요청 수신 대기 상태를 설정한다. 그리고 애플리케이션이 성공적으로 실행된다면 이를 알려줄 로그를 콘솔에 남기게 된다.

Listing 8.1 **main.js의 간단한 Express.js 웹 애플리케이션**

```
const port = 3000,                          애플리케이션에 express 모듈 추가
  express = require("express"),
  app = express();                          상수 app에 express
                                            애플리케이션 할당

app.get("/", (req, res) => {                홈페이지에 GET 라우트 세팅
    res.send("Hello, Universe!");
  })                                        res.send로 서버에서
                                            클라이언트로의 응답 발행
  .listen( port, () => {
    console.log(`The Express.js server has started and is listening on port number:
${port}`);
  });

3000번 포트로
애플리케이션 셋업
```

한번 실행시켜보자. 터미널 커맨드라인에서 프로젝트 디렉터리로 이동한다. node main 명령으로 애플리케이션을 실행시키고 http://localhost:3000으로 접속한다. "Hello Universe!"라는 문구가 브라우저에 뜨면 성공한 것이다.

nodemon의 설치와 사용

코드 수정 뒤엔 반영을 위해 터미널에서 서버를 재시동해야 한다. 터미널에서 Command+D(윈도우에서는 Ctrl+C)를 입력해 서버를 중지시키고, node main.js 명령을 다시 수행한다.

하지만 코드에 대한 수정이 많아지면 상당히 번거로워진다. 그렇다면 nodemon 패키지를 한번 사용해보기 바란다. 이 패키지를 설치하면 애플리케이션에 수정이 발생할 때마다 자동적으로 서버를 재시동하게 된다.

nodemon의 전역 설치는 npm i nodemon –g 명령으로 수행한다. 수행하기 전에 터미널을 관리자 계정으로 수행하거나 리눅스의 경우에는 sudo 명령과 같이 수행한다.

nodemon을 개발 종속 모듈(devDependency)이나 개발 시에만 사용하는 모듈로 설치하는 방법도 있다. npm i nodemon —save–dev나 npm i nodemon –D. nodemon 명령을 npm 시작 스크립트(11장 참조)에 넣어 수행시킨다. 개발 종속 모듈 설치의 이점은 각 프로젝트가 자체적으로 nodemon 모듈을 가지게 되며 개발 시 항상 최신 버전의 패키지로 유지될 수 있다는 점이다.

nodemon을 설치하면 사용법은 간단하다. 터미널상에서 프로젝트 디렉터리로 이동해 nodemon 명령을 치면 된다. 이 명령은 애플리케이션 서버를 띄워 놓고, 만일 애플리케이션 내에 어떤 변화가 감지되면 변화 신호를 nodemon으로 보내 별도의 커맨드 없이 서버를 재시동하게 된다.

서버 종료 시에는 터미널에서와 마찬가지로 nodemon을 수행한 터미널에서 Command+D(윈도우에서는 Ctrl+C)을 입력해 서버를 중지시킬 수 있다.

노트 애플리케이션 설정과 관련된 Express.js 도구들에서 express 상수는 계속 사용된다. app은 애플리케이션에서의 데이터 흐름과 사용자 상호작용을 위해 만들어진 모든 것에 사용된다.

퀵 체크 8.2 express와 app 상수의 차이점은 무엇일까?

퀵 체크 8.2 정답   app은 대부분의 라우트, 다른 모듈로의 액세스, 애플리케이션을 의미한다. express는 애플리케이션에 국한되지 않고 더 넓은 범위의 메소드를 의미한다. 텍스트의 파싱이나 분석 등의 기능을 제공한다.

8.3   웹 프레임워크를 이용한 작업

웹 프레임워크는 많은 지루한 작업을 줄여주기 위해 만들어졌으며 앱을 직관적으로 구조화한다. Express.js는 콜백 함수를 사용해 특정 URL에 대한 요청 대기 상태와 응답을 만드는 방법을 제공한다.

Express.js와 같은 웹 프레임워크는 보통 미들웨어로 운영된다. 프레임워크의 위치가 웹 상의 HTTP와 Node.js 플랫폼 사이이기 때문이다. 미들웨어는 애플리케이션 로직과의 데이터 교환 전에 대기하고, 분석하고 필터링하고 HTTP 통신을 다루는 코드를 일컫는 일반 용어다.

우체국으로 생각하면 이해가 쉬울 것이다. 소포 배달을 시작하기 전에 우체국 직원은 소포의 크기를 재서 적절하게 요금이 지불됐는지 확인하고 배달 정책을 따르게 된다(소포 안에 위험한 물건이 없다는 것).

그림 8.1의 미들웨어 다이어그램을 보자.

> **노트**   미들웨어 패키지는 Express.js보다 더 작을 수도 있다. 어떤 미들웨어는 코어 애플리케이션에 데이터가 전달되기 전 유입 요청에 대한 보안 체크를 한다.

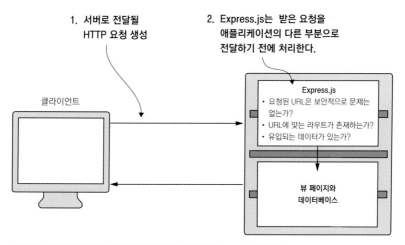

그림 8.1 HTTP 요청과 애플리케이션 코드 사이의 Express.js의 위치

여기서도 HTTP 메소드를 다루기 때문에 1부에서 만들어봤던 애플리케이션과에서 전반적인 동작은 변한 게 없다. 동일한 요청 및 응답 객체를 사용할 것이며, 여기에는 발신자에 대한 정보와 콘텐츠가 들어 있다. Express.js는 이런 정보들을 더 쉽게 확인하는 방법을 제공한다.

응답 객체의 send 메소드에 추가해 Express.js는 요청 본문으로부터 데이터를 추출하고 로깅을 위해 좀 더 간단한 방법을 제공한다. Listing 8.2의 코드를 main.js 내 GET 라우트 핸들러에 추가하자.

Listing 8.2 main.js 내 Express.js의 Request 객체 메소드

```
console.log(req.params);          요청 매개변수로의 액세스
console.log(req.body);
console.log(req.url);
console.log(req.query);
```

request로부터 표 8.2와 같은 데이터를 얻을 수 있다.

표 8.2 request object 데이터 아이템

요청 데이터 객체	설명
params	URL로부터 ID와 토큰을 추출하게 해준다. 4부에서 RESTful 라우트를 배우고 나면 e-커머스 사이트에서 어떤 아이템이 많이 요청됐는지, 또는 어떤 사용자 프로필을 봐야 하는지 정의가 가능해진다.
body	요청 콘텐츠의 대부분을 포함한다. 때로는 제출된 폼과 같이 POST 요청으로부터의 데이터를 포함하기도 한다. body 객체로부터 정보들을 쉽게 추출하고 데이터베이스에 저장할 수 있다.
url	방문된 URL에 대한 정보를 제공한다(1부에서 기본 웹 서버의 req.url과 유사)
query	body와 마찬가지로 애플리케이션 서버로 제출된 데이터를 추출할 수 있다. 이 데이터는 반드시 POST 요청으로부터 오는 것은 아니며, URL의 쿼리 스트링 같은 곳에서 요청되기도 한다.

애플리케이션을 재시작하고 http://localhost:3000에 접속해보자. 터미널 윈도우에 이 값들이 출력돼 보일 것이다. 9장에서 Express.js 라우트를 알아볼 때 이 요청 본문을 더 효과적으로 쓸 것인지 살펴볼 것이다.

팁 쿼리 스트링은 URL 내에서 키-값 쌍으로 표현되는 텍스트이며 호스트 이름 다음의 물음표 뒤에 붙는다. 예를 들어 http://localhost:3000?name=jon에서는 이름(name = key)와 값(jon = value)를 쿼리 스트링으로 보내는 것이다. 이 데이터는 라우트 처리기에서 추출돼 사용된다.

퀵 체크 8.3 왜 대부분의 개발자들은 웹 애플리케이션을 처음부터 직접 만들지 않고 웹 프레임워크를 사용하는가?

 ## 8.4 요약

8장에서는 Express.js 프로젝트를 초기화하는 방법과 웹 브라우저에서 "Hello, Universe!"를 출력하는 간단한 애플리케이션을 만들어봤다. 또한 웹 프레임워크로서 Express.js를 알아봤고 어떻게 여기에서 이점을 끌어내는지도 봤다. 9장에서는 라우트 시스템 제작 시 Express.js를 어떻게 적용하는지 살펴보겠다.

해보세요

main.js[1]에서 get 메소드를 post로 바꿔보자. 서버를 재기동하고 홈페이지인 http://localhost:3000 에 접속하면 어떻게 동작이 달라지는지 확인해보라. 아마 Exress.js로부터 /를 위한 GET 라우트가 없다는 디폴트 에러 메시지를 볼 것이다.

이는 수신 대기 중인 요청 메소드를 변경했기 때문이다. curl을 갖고 POST 요청을 홈페이지로 보낸 다면 원래의 요청 콘텐츠 내용을 볼 수 있을 것이다.

퀵 체크 8.3 정답 웹 프레임워크는 개발자들에게 많은 편의를 준다. 웹 개발은 흥미로운 작업이며 에러를 유발시키는 지루한 작업들이 본 모습은 아니다. 웹 프레임워크를 이용하면 개발자와 기업 모두 더욱 흥미로운 부분에 집중할 수 있다.

---

1 원문에는 index.js로 돼 있으나 main.js라고 해야 옳다. – 옮긴이

Express.js에서의 라우트

8장에서는 Node.js 웹 애플리케이션을 위한 프레임워크로서 Express.js를 소개했다. 2부의 나머지 대부분은 Express.js의 기능과 메소드 사용법을 둘러보는 데 쓸 것이다. 9장에서는 라우트를 설명하며, 뷰 페이지를 만들기 전에 사용자들에게 의미 있는 데이터를 보내는 것을 도와주는 Express.js 메소드를 몇 가지 더 볼 것이다. 또한 요청 쿼리 스트링을 수집하는 과정을 리뷰해본다. 마지막으로 MVC 설계 패턴을 다룬다.

9장에서 다룰 내용은 다음과 같다.

- 애플리케이션에서 라우트 설정
- 다른 모듈로부터의 데이터로 응답하기
- 요청 URL 매개변수의 수집
- 라우트 콜백으로부터 컨트롤러로의 이동

9.1 Express.js로 라우트 만들기

8장에서 첫 번째 Express.js 애플리케이션을 만들었으며, 이는 홈페이지 URL로의 GET 요청을 처리하는 라우트로 구성돼 있었다. 이 라우트를 다른 방법으로 기술하면 HTTP 메소드와 Path(URL)를 갖고 있는 애플리케이션의 엔드포인트라고 할 수 있다. 1부에서 유사한 라우트 구조를 만들어봤기 때문에 Express.js에서의 라우트는 친숙하게 보일 것이다. Express.js에서는 app 객체로 라우트의 정의가 시작되며, (app.post처럼) 소문자로 된 HTTP 메소드와 라우트 및 콜백 함수 같은 매개변수에 의해 지원된다.

/contact 경로로 POST 요청을 처리하는 라우트는 Listing 9.1과 같이 돼 있다. 이 예제는 Express.js에서 제공하는 post 메소드를 사용한다.

Listing 9.1 main.js에서의 Express.js POST 라우트

```
app.post("/contact", (req, res) => {
  res.send("Contact information submitted successfully.");
});
```

Express.js post 메소드를 이용한 요청 처리

app 객체에 이들 HTTP 메소드를 쓸 수 있다. 이는 app이 Express.js 프레임워크 클래스의 메인 인스턴스이기 때문이다. 이 패키지를 설치함으로써 별도 코드 작성 없이 라우팅 메소드를 상속받을 수 있다.

Express.js는 경로의 매개변수로 라우트를 작성 가능하게 한다. 이 매개변수들은 요청을 통해 데이터를 보내는 방법이 된다(다른 방법은 쿼리 스트링을 이용하는 것이며, 9장 마지막에 다룰 것이다). 라우트 매개변수는 앞에 콜론(:)이 붙으며 경로 어디에라도 올 수 있다. Listing 9.2는 매개변수가 있는 라우트의 예를 보여준다. 이 예에서의 라우트는 /items/에 야채의 이름이나 숫자가 붙는 값이 되며, "/items/lettuce"가 요청으로 유입된다면 라우트와 콜백 함수를 트리거할 것이다. 응답은 요청 객체의 params 특성을 통해 URL로부터 사용자로 전달될 것이다.

Listing 9.2 main.js에서 vegetable 타입을 나타내는 라우트 매개변수의 사용

```
app.get("/items/:vegetable", (req, res) => {
  res.send(req.params.vegetable);
});
```

경로 매개변수로 응답하기

express_routes라는 이름으로 새 프로젝트를 초기화하고, Express.js를 설치하고, 코드를 추가하고 Express.js 모듈을 추가한다. 매개변수를 갖는 라우트를 생성하고 Listing 9.2에서와 같이 이 매개변수로 응답을 보낸다. 이 시점에서의 main.js는 Listing 9.3과 같을 것이다.

Listing 9.3 main.js에서의 Express.js 완성 예제

```
const port = 3000,
  express = require("express"),
  app = express();

app.get("/items/:vegetable", (req, res) => {
  let veg = req.params.vegetable;
  res.send(`This is the page for ${veg}`);
});

app.listen(port, () => {
  console.log(`Server running on port: ${port}`);
});
```

URL 매개변수를 얻기 위한 라우트 추가

라우트 매개변수는 애플리케이션 내 지정 데이터 객체를 확정할 때 간편하다. 사용자 계정과 코스 목록을 데이터베이스에 저장하려고할 때 /users/:id와 /course/:type으로 사용자 정보와 코스의 종류를 액세스할 것이다. 이 구조는 REST^{representational state transfer} 아키텍처의 개발을 위해 필요하며, 이는 4부에서 다룰 것이다.

앞에서 Express.js는 요청 유입 단계와 요청 처리 단계 중간에 위치하기 때문에 일종의 미들웨어라고 말했다. 이 구조만으로도 훌륭하지만 다른 사용자 정의 미들웨어를 추가하고 싶은 경우도 있을 것이다. 또 애플리케이션으로 유입되는 모든 요청의 기록을 위한 로그 경로를 원할 수도 있다. 이는 Listing 9.4의 미들웨어 함수를 생성하거나 모든 라우트에 로그 메시지를 남기는 작업으로 가능하다. Listing 9.4는 추가적인 next 매개변수를 사용하는 미들웨어 함수를 정의하고 요청 경로를 터미널 콘솔에 로깅한다. 그런 다음 요청-응답 사이클의 체인을 계속 돌기 위해 next 함수를 호출한다.

next는 요청-응답 실행 흐름에서 다음 함수를 호출하기 위해 제공된다. 요청이 서버로 유입되면 요청은 미들웨어 함수를 액세스한다. 어디에 사용자 정의 미들웨어 함수를 추가했느냐에 따라 함수가 종료됐음을 Express.js에게 알리고 다음에 어떤 함수가 오든지 간에 계속 이어 실행하기 위해 next를 쓸 수 있다.

HTTP 메소드를 사용해 모든 요청에서 실행하는 app.use와 함께 라우트를 생성할 수 있다. 차이점이라면 콜백 함수의 인수로 next 함수가 추가된다는 것이다. 미들웨어 함수는 애플리케이션 내 다른 라우트들과 URL 경로를 매치하기 전에 요청상의 사용자 정의 코드를 실행할 수 있도록 한다. 사용자 정의 코드가 수행 완료되면 next는 그 경로와 매치되는 다음 라우트를 가리킨다.

express_route 애플리케이션에 미들웨어 함수를 추가해보자. /item/lettuce에 대한 요청이 있을 경우, 요청은 우선 미들웨어 함수에 의해 처리되며 그다음으로 앞서 생성한 app.get("/items/:vegetable")에 의해 처리된다.

Listing 9.4 **main.js에서 요청 경로의 로깅을 위한 Express.js 미들웨어 함수**

```
app.use((req, res, next) => {
  console.log(`request made to: ${req.url}`);
  next();
});
```

미들웨어 함수의 정의

콘솔 화면에 요청 경로를 로깅

next 함수의 호출

> **노트** 코드가 종료됐음을 Express.js에 알리기 위해 함수 마지막 부분의 next 함수의 호출은 필요하다. 이렇게 하지 않으면 요청은 hang 상태로 남아 버린다. 미들웨어는 순차적으로 처리하기 때문에 next를 호출하지 않으면 흐름이 막혀 blocking 현상이 발생한다.

또한 미들웨어 함수의 실행을 위한 경로를 지정할 수 있다. 예를 들어 app.use("/items", <<callback>>)은 items가 포함된 모든 경로의 요청에 대해 사용자 정의 콜백 함수를 실행시킨다. 그림 9.1은 어떻게 미들웨어 함수가 서버의 요청과 상호작용하는지 보여준다.

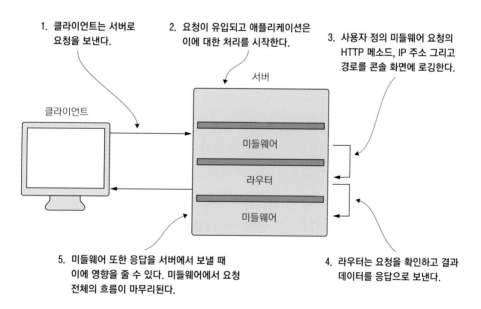

1. 클라이언트는 서버로 요청을 보낸다.
2. 요청이 유입되고 애플리케이션은 이에 대한 처리를 시작한다.
3. 사용자 정의 미들웨어 요청의 HTTP 메소드, IP 주소 그리고 경로를 콘솔 화면에 로깅한다.

서버

클라이언트

미들웨어

라우터

미들웨어

5. 미들웨어 또한 응답을 서버에서 보낼 때 이에 영향을 줄 수 있다. 미들웨어에서 요청 전체의 흐름이 마무리된다.

4. 라우터는 요청을 확인하고 결과 데이터를 응답으로 보낸다.

그림 9.1 미들웨어 함수의 역할

다음 절에서 결과 데이터와 응답에 관해 이야기하겠다.

9.2 요청 데이터의 분석

멋지고 역동적인 결과도 중요하지만 결국 애플리케이션을 평가하는 것은 사용자의 요청으로부터 얼마나 데이터를 적절하게 추출하느냐에 달렸다.

사용자로부터 데이터를 추출하는 방법은 2가지다.

- POST 요청에서 요청 본문을 통해
- URL에서의 쿼리 스트링을 통해

첫 번째 캡스톤 프로젝트에서 POST 라우트(특정 URL에 대한 포스트를 대기하는 라우트)로 데이터를 제출하는 양식을 만들었다. 하지만 http의 유입 데이터는 버퍼 스트림 형태이며 사람이 읽을 수 있는 형태가 아니다. 그래서 이를 위한 변환 단계가 별도로 추가돼야 한다.

Express.js는 body 속성을 이용해 요청 본문을 쉽게 추출할 수 있도록 한다. 본문 내용을 읽어들이기 위해 (Express.js 버전 4 기준) 별도의 패키지 설치가 필요하다. 터미널에서 프로젝트 폴더로 이동해 npm install body-parser --save 명령을 입력한다

body-parser는 유입되는 요청 본문을 분석하는 모듈이다. 이 모듈은 Express.js의 프리패키지 형태로 설치되며 이를 사용하기 위해서는 애플리케이션에서 사용을 요청하면 된다. Listing 9.5에서 콘솔로 데이터를 로깅하기 위해 req.body를 사용한 것에 주목하자. 이 코드를 main.js에 추가한다. 코드를 보면 먼저 body-parser 모듈을 요청하고 이를 상수에 할당한다. Express.js의 app.use를 통해 URL 인코딩(보통 utf-8인 POST 양식)+JSON 양식으로 된 유입 요청의 파싱을 지정할 수 있다. 그 후 포스팅된 데이터를 위한 라우트

퀵 체크 9.1 정답   use 메소드는 Express.js에서 같이 사용될 미들웨어 함수를 정의하는 데 사용된다.

를 생성한다. 이 프로세스는 POST 메소드와 URL의 지정만큼이나 간단하다. 마지막으로 포스팅된 요청 객체와 body 속성 양식의 콘텐츠를 출력한다.

Listing 9.5 main.js에서 요청 본문으로부터 포스팅된 데이터 캡처

```
app.use(
  express.urlencoded({
    extended: false                  Express.js에 body-parser를
  })                                 이용해 URL-encoded 데이터를
);                                   파싱하도록 요청
app.use(express.json());

app.post("/", (req, res) => {        홈페이지를 위한
  console.log(req.body);             새로운 라우트 생성
  console.log(req.query);
  res.send("POST Successful!");      요청 본문의 로깅
});
```

curl 명령으로 curl --data "firstname=Jon&lastname=Wexler" http://localhost:3000로 입력해 코드를 테스트해보자. 본문인 {firstname: "Jon", lastname: "Wexler"}가 콘솔 창에 출력되는 것을 볼 것이다.

이제 사용자들에게 백엔드 코드를 시연할 때 어떻게 데이터가 서버에서 수집되는지 가상 제출 양식을 통해 보여줄 수 있다.

또 다른 데이터 수집 방법은 URL 매개변수를 이용하는 것이다. 추가 페이지 없이 Express.js는 URL 경로의 끝 부분에 물음표를 붙이고 이 뒤에 연결된 값들을 취할 수 있게 한다. 이 값들을 쿼리 스트링query string이라고 하며, 사이트에서 사용자의 행동을 추적하거나 사용자 방문 페이지의 일시적인 정보 저장을 위해 사용된다.

http://localhost:3000?cart=3&pagesVisited=4&utmcode=837623로 한번 테스트해보자. 이 URL은 사용자 장바구니에 있는 아이템의 개수, 페이지 방문 횟수 그리고 사이트 관리자가 어떻게 이 사용자가 앱을 알고 접근했는지 알 수 있는 마케팅 코드를 담고 있다.

이 쿼리 스트링을 서버에서 보려면 console.log(req.query)를 main.js의 미들웨어 함수에 추가하라. 그리고 위의 URL에 다시 한 번 접근해보자. 서버 콘솔 창에 {cart: "3", pagesVisited: "4", utmcode: "837623"}와 같이 로그가 출력될 것이다. 다음 절에서는 MVC 구조에 Express 라우트가 어떻게 맞춰지는지 이야기한다.

퀵 체크 9.2 Express.js에서 유입된 요청 본문 데이터를 파싱하는 데 필요한 추가 패키지는 무엇인가?

9.3 MVC의 사용

9장은 라우트 내에서 요청 데이터에 대한 처리에 대한 것이다. Express.js는 요청-응답 사이클 내에서 데이터 응답, 읽어들이기 위한 코드, 사용자 정의 모듈로의 액세스가 가능하게 한다. 이처럼 커지는 코드 기반을 구성하려면 MVC라는 애플리케이션 아키텍처를 따라야 한다.

MVC 아키텍처는 모델, 뷰, 컨트롤러라는 애플리케이션의 3가지 메인 기능에 포커스를 맞춘다. 이미 이전 애플리케이션에서 HTML 표시에 대해 뷰를 사용했다. 표 9.1에서 세부 정의를 확인하자.

표 9.1 Model–View–Controller의 세부 정의

뷰(Views)	애플리케이션에서 데이터를 이용해 화면 표시를 한다. 3부에서 모델에 관해 알아보고 자신의 것을 만들어본다.
모델(Models)	애플리케이션 및 데이터베이스에서 객체지향 데이터를 나타내는 클래스다. 레시피 애플리케이션에서 고객 주문을 나타내는 모델을 생성할 수 있다. 이 모델에서 주문에 포함해야 하는 데이터와 해당 데이터에서 실행할 수 있는 함수 유형을 정의한다.
컨트롤러(Controllers)	뷰와 모델 사이의 접착제 역할을 한다. 컨트롤러는 요청 본문 데이터를 처리하는 방법과 모델 및 뷰를 포함시키는 방법을 결정하기 위해 요청의 유입 시 대부분의 로직을 수행한다. Express.js 애플리케이션에서 라우트 콜백 함수가 컨트롤러 역할을 하기 때문에 이 프로세스에는 익숙해질 것이다.

퀵 체크 9.2 정답   body-parser 패키지는 서버로 유입되는 데이터의 파싱 라이브러리 코드를 제공한다. 다른 패키지들은 미들웨어처럼 동작하면서 동일한 작업을 한다.

MVC 디자인 패턴을 따르려면 콜백 함수를 해당 함수의 용도를 나타내는 모듈로 분리하자. 예를 들어 사용자 계정 생성, 삭제 또는 변경과 관련된 콜백 함수는 controllers 폴더 내의 usersController.js 파일로 이동시킨다. 홈페이지 또는 기타 정보 페이지를 렌더링하는 라우트 함수는 규칙에 따라 homeController.js에 들어갈 수 있다. 그림 9.2는 애플리케이션이 수행할 파일 구조를 보여준다.

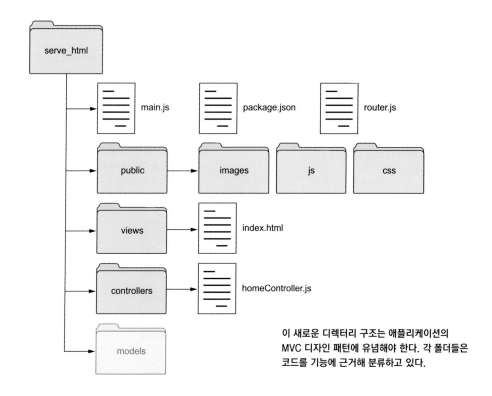

그림 9.2 Express.js의 MVC 구조

그림 9.3은 요청을 처리하고 애플리케이션의 컨트롤러에도 요청을 전달하는 애플리케이션 레이어로서의 Express.js를 보여준다. 콜백은 뷰를 렌더링할지 또는 일부 데이터를 클라이언트에 다시 보내야 하는지 결정한다.

express_routes 애플리케이션을 재구성하기 위해 다음 단계를 따른다.

1. 프로젝트 폴더에 controllers 폴더를 만든다.

2. controllers 폴더 안에 homeController.js 파일을 생성한다.

3. main.js 파일의 최상단에 다음 코드를 추가해 홈 컨트롤러를 불러온다.

```
const homeController = require("./controllers/homeController");
```

4. 라우트 콜백 함수를 홈 컨트롤러로 옮겨 해당 모듈의 export 객체에 추가하자.

   예를 들어 vegetable 매개변수로 응답하는 라우트는 홈 컨트롤러로 이동해 Listing 9.6과 같이 표시할 수 있다. homeController.js에서 exports.sendReqParam을 콜백 함수로 지정한다. sendReqParam은 변수 이름이며 함수를 설명하는 다른 이름을 선택할 수도 있다.

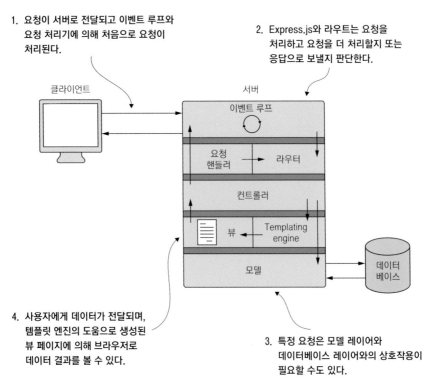

그림 9.3 라우트 피딩 컨트롤러를 사용해 Express.js는 MVC 구조를 따른다.

Listing 9.6 콜백 함수를 homeController.js의 홈 컨트롤러로 이동

```
exports.sendReqParam = ( req, res ) => {
  let veg = req.params.vegetable;
  res.send(`This is the page for ${veg}`);
}
```

지정 라우트 요청 처리를 위한
함수 생성

5. main.js로 돌아와서 Listing 9.7과 같이 라우트를 변경한다. 이 경로에 대한 요청이
있으면 홈 컨트롤러에서 sendReqParam에 할당된 함수가 실행된다.

Listing 9.7 main.js에서 컨트롤러 함수의 참조를 통한 콜백의 대체

```
app.get("/items/:vegetable", homeController.sendReqParam);
```

"/items/:vegetable"로의
GET 요청 처리

6. 이 구조를 나머지 라우트에도 적용하고 계속해서 컨트롤러 모듈을 사용해 라우트
의 콜백 기능을 저장하자.

예를 들면 요청-로깅 미들웨어를 logRequestPaths로 참조되는 홈 컨트롤러 함수로
이동시킬 수 있다.

7. Node.js 애플리케이션을 재시작해 라우트가 여전이 동작하는지 확인한다. 이 작
업으로 Express.js 애플리케이션이 MVC 형태로 새롭게 구조가 바뀌었다.

---

express-generator의 설치와 사용

Express.js 애플리케이션을 개선하다 보면 특정 파일 구조를 고수하게 된다. 하지만 의도에 따라 애플리케
이션을 구성하는 방법은 여러 가지가 있다. Express.js 프레임워크에서 애플리케이션 시작 시 express-
generator라는 패키지를 사용하는 방법도 있다.

express-generator는 애플리케이션에 대한 표준 코드를 제공한다. 이 도구는 처음부터 다시 빌드한다면 몇
시간이 걸렸을지도 모를 스캐폴딩(폴더, 모듈 및 구성 사전 빌드)을 제공한다. 이 패키지를 설치하려면 npm
install 명령과 함께 global 플래그를 사용하라. 터미널에 npm install express-generator -g 명령을 입력한
다. UNIX 시스템의 경우이 명령 앞에 sudo를 사용하거나 관리자로 실행해야 할 수도 있다.

이 패키지가 설치되면 express를 입력하고 새 터미널 창에 프로젝트 이름을 입력해 새 프로젝트를 만들 수 있다. 만약 프로젝트 이름이 Generation generator라면 터미널에 express generation_generator를 입력하라. 이 명령 구문에서 express 키워드는 터미널에서 express-generator를 사용해 일부 뷰와 라우트로 애플리케이션을 구성한다.

이 도구는 애플리케이션을 빠르게 만들 때 유용하지만 이 책의 예제를 실행하는 동안은 이 도구를 사용하지 않는 것이 좋다. express-generator에서 제공하는 것과 약간 다른 애플리케이션 구조를 사용해야 하기 때문이다. 이 패키지에 대한 자세한 내용은 https://expressjs.com/en/starter/generator.html을 참조하기 바란다.

퀵 체크 9.3 MVC에서 컨트롤러의 역할은 무엇인가?

 ## 9.4 요약

9장에서는 Express.js로 라우트하고 미들웨어 함수를 만드는 방법을 알아봤다. 그런 다음 요청 본문 콘텐츠를 분석할 때 Express.js와 함께 작동하도록 **body-parser** 패키지를 설치했다. 마지막으로 MVC에 대해 배우고 애플리케이션에서 컨트롤러를 사용하기 위해 경로를 다시 작성하는 방법을 살펴봤다. 10장에서는 뷰와 레이아웃이라는 풍부한 기능의 사용법을 알아볼 것이다. 이를 사용하면 뷰 페이지를 좀 더 빠르게 작성할 수 있다.

해보세요

MVC Express.js 애플리케이션용 디렉터리 구조가 설정돼 있다. Express.js 메소드와 라우트의 콜백에 대한 컨트롤러 기능을 사용해 "/signup" 경로에 대한 POST 경로를 작성해보라. 컨트롤러의 함수 이름은 userSignUpProcessor 정도로 하면 되겠다.

퀵 체크 9.3 정답 컨트롤러는 모델(Models)과 통신하고, 코드 로직을 수행하며, 서버 응답에서 뷰(Views)를 렌더링하도록 요청함으로써 데이터를 처리한다.

뷰와 템플릿의 연결

9장에서는 Express.js 애플리케이션의 라우팅 시스템을 구성했다. 10장에서는 템플릿 엔진을 배우고 라우트를 뷰에 연결하는 방법을 살펴본다. 뷰에서 JavaScript 함수와 변수를 적용하는 구문인 EJS^{Embedded JavaScript}를 사용하는 방법과 컨트롤러의 뷰에 데이터를 전달하는 법을 배운다. 먼저 애플리케이션에서 EJS를 설정하고 템플릿 엔진이 작동하는 방식을 확인하라. 10장을 마치면 Express.js 애플리케이션에서 EJS를 마스터하는 데 필요한 구문을 이해할 수 있다. 10장이 끝나면 express-ejs-layouts 패키지를 설치해 애플리케이션에 동적 레이아웃을 사용한다.

10장에서 다룰 내용은 다음과 같다.

- 애플리케이션과 템플릿 엔진의 연결
- 컨트롤러로부터 뷰로의 데이터 전달
- Express.js의 레이아웃 설정

10.1 템플릿 엔진의 연결

9장에서는 Express.js 라우팅 방법과 MVC 애플리케이션 구조로 응답을 보내기 위해 라우트를 재구성했다. 다음 단계는 라우트를 사용해 두 줄 이상의 텍스트로 응답을 만드는 것이다. 1부에서 별도의 파일을 렌더링하지만 이러한 파일은 순수 HTML이 아니며, 명시적으로 fs 모듈이 필요하지는 않을 것이다.

Express.js가 인기 있는 이유 가운데 하나는 다른 패키지와 도구로 작업이 가능하다는 점이다. 그러한 도구 중 하나가 템플릿 엔진이다.

템플릿 사용으로 뷰에 동적 데이터를 삽입하는 코딩을 할 수 있다. 이 책에서는 특수 구문을 사용해 페이지에 삽입된 JavaScript 객체의 형태로 EJS 데이터를 사용해 HTML로 뷰를 작성한다. 이 파일의 확장자는 .ejs이다. EJS와 비슷한 많은 템플릿 언어가 있지만 이 책에서는 여러분이 HTML에 대한 경험이 있다는 가정하에, EJS는 그 배경을 배우는 가장 효과적이고 간단한 템플릿 언어일 것이다. 다른 템플릿 엔진을 탐색하려면 표 10.1에 나열된 템플릿을 참고하라.

표 10.1 템플릿 엔진

템플릿 엔진	설명
Mustache.js	Handlebars.js가 제공하는 사용자 정의 헬퍼(helpers)가 없는 이 템플릿 엔진은 간단하고 가벼우며 JavaScript 이외의 많은 언어로 컴파일이 가능하다(https://mustache.github.io/).
Handlebars.js	EJS와 비슷한 기능을 하는 이 템플릿 엔진은 뷰에 동적 콘텐츠를 삽입하기 위해 중괄호나 handlebar를 사용하는 데 중점을 둔다(http://handlebarsjs.com/).
Underscore.js	다른 JavaScript 함수 및 라이브러리 외에도 이 엔진은 사용자 정의가 가능한 구문과 기호로 템플릿을 제공한다(http://underscorejs.org/).
Pug.js	Ruby의 Jade와 유사한 구문을 제공하며 단순화를 위해 HTML 태그 이름을 약자로 사용하며 들여쓰기에 민감한 게 특징이다(https://pugjs.org).

템플릿 엔진은 Express.js가 뷰를 처리하고 브라우저에서 읽을 수 있는 HTML 페이지로 변환하는 데 사용하는 엔진이다. HTML이 아닌 모든 행은 HTML로 변환되며, 내장 변수가 있는 곳에서 값이 렌더링된다. 변환 프로세스를 이해하려면 그림 10.1을 참조하기 바란다.

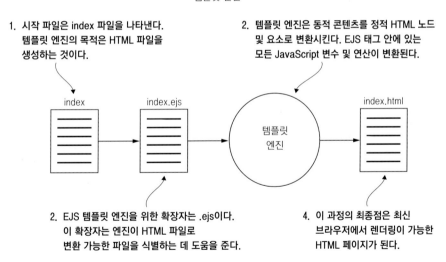

그림 10.1 EJS의 HTML로의 변환

express_templates라는 새로운 프로젝트에서 애플리케이션을 초기화하고 종속 모듈로 express를 설치하고 홈 컨트롤러로 controllers 폴더를 만든다. main.js 파일에 일반 Express.js 모듈 및 app 객체를 요청한다. 터미널에서 `npm install ejs --save` 명령을 사용해 ejs 패키지를 설치하자.

> **노트** npm install express ejs --save를 실행해 express와 ejs를 한 줄에 설치할 수도 있다.

이제 ejs 패키지가 설치됐으므로 Express.js 애플리케이션에 ejs를 템플릿용으로 사용할 계획임을 알려야 한다. 이렇게 하려면 main.js의 요청 행 아래에 `app.set ("view engine", "ejs")`를 추가한다. 이 행은 Express.js 애플리케이션에 뷰 엔진을 ejs로 설정하도록 지시한다.

Set 메소드

set은 종종 애플리케이션에서 사용되는 사전 정의된 구성 변수에 값을 할당하는 데 사용된다. 애플리케이션 설정 속성(application setting properties)이라고 하는 이 변수는 https://expressjs.com/en/api.html#app.set에 정리돼 있다. 일부 변수는 애플리케이션이 컴퓨터에서 작동하도록 app에서 사용된다. set으로의 변수 할당은 애플리케이션의 구성을 설정하는 또 다른 방법이다.

앞에서 애플리케이션 포트를 3000으로 설정했다. 3000은 웹 개발에 사용된 기존 포트 번호이지만 애플리케이션이 온라인으로 배포될 때 포트 번호는 바뀌게 된다.

app.set을 사용하면 애플리케이션에서 재사용할 키에 값을 할당할 수 있다. 예를 들어 app.set("port", process.env.PORT || 3000)은 이전 값이 정의되지 않은 경우 port를 환경변수 PORT 값 또는 3000으로 설정한다.

이 설정값을 사용하려면 애플리케이션의 main.js 파일 끝에 있는 하드코딩된 3000을 app.get("port")로 바꿔야 한다. 마찬가지로 app.get("view engine")을 실행할 수 있다. 이제 console.log 파일을 console.log(`Server running at http://localhost:${ app.get("port")}`);)와 같은 좀 더 동적인 명령문으로 대체할 수도 있다.

추가된 코드로 이 애플리케이션을 다시 시작해 여전히 올바르게 실행되는지 확인하라. 이제 애플리케이션이 EJS를 해석할 준비가 됐으므로 Listing 10.1의 코드와 함께 views 폴더를 만들고 그 아래에 index.ejs 파일을 작성하자. 이 코드에서는 EJS 구문 <% %>을 사

용해 뷰 내에서 변수를 정의하고 할당한다. 이 문자 내의 모든 것은 유효한 JavaScript로 실행된다. HTML의 각 줄에는 포함된 변수가 들어 있다. <% = %>를 사용하면 HTML 태그 내에 해당 변수의 값을 인쇄할 수 있다.

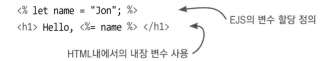

Listing 10.1　index.ejs 뷰의 샘플 EJS 콘텐츠

```
<% let name = "Jon"; %>          ← EJS의 변수 할당 정의
<h1> Hello, <%= name %> </h1>  ←
                                    HTML내에서의 내장 변수 사용
```

마지막으로 /name 경로에 대한 main.js의 라우트를 만든다. 함수의 기능과 연관된 컨트롤러 함수의 이름을 생각할 수 있다. 예를 들어 app.get("/name", homeController.respondWithName) 명령문에서는 respondWithName이라는 컨트롤러 함수를 호출한다. 이 라우트는 /name 경로에 대한 요청이 있을 때 실행되며 홈 컨트롤러에서 respondWithName 함수를 호출한다는 의미다.

homeController.js에 Listing 10.2와 같이 respondWithName 함수를 추가한다. 응답 객체의 render 메소드를 사용해 뷰 폴더의 뷰에 응답을 보낸다.

Listing 10.2　homeControllers.js에서의 컨트롤러 동작에 의한 뷰 렌더링

```
exports.respondWithName = (req, res) => {
  res.render("index");          ← 사용자 정의 EJS 뷰를
}                                   사용한 응답
```

> **노트**　index.ejs 뷰에서는 .ejs 확장자가 필요하지 않으므로 이 뷰가 위치할 폴더를 지정할 필요가 없다는 점을 주목하라. Express.js가 모든 것을 처리한다. views 폴더에 뷰를 계속 추가하고 EJS를 사용하는 경우 애플리케이션은 자동으로 수행할 작업을 인식한다.

애플리케이션을 다시 시작하고 브라우저에서 http://localhost:3000/name으로 접속해 보자. 문제가 발생하면 ejs와 express 패키지를 다시 설치하고 파일이 올바른 폴더에 있는지 확인하라.

다음 절에서는 컨트롤러로부터 EJS 뷰로의 데이터 전달에 관해 이야기하겠다.

 ## 10.2   컨트롤러로부터의 데이터 전달

템플릿이 렌더링됐으므로 뷰에서 변수를 직접 정의하는 대신 컨트롤러에서 뷰로 데이터를 전달하는 형태가 이상적이다. 그렇게 하기 위해 index.ejs 내에서 name 변수를 정의하고 할당하면서 H1 태그와 그 EJS 콘텐츠를 유지하는 내용의 행을 제거하자.

라우트를 변경해 경로에서 매개변수를 가져온 다음 해당 매개변수를 뷰로 보낸다. 라우트의 코드는 app.get("/name/:myName", homeController.respondWithName)과 같이 된다. 이제 라우트는 /name 다음에 매개변수를 붙여 사용한다.

이 매개변수를 사용하려면 homeController.respondWithName 함수에서 요청 매개변수의 액세스가 필요하다. 그런 다음 name 변수를 JavaScript 객체의 뷰로 전달할 수 있다. 함수는 Listing 10.3처럼 될 것이다. 이 코드 블록에서 라우트 매개변수를 지역 변수로 설정한다. 그리고 나서 name 변수를 name 키 값으로 할당해 전달한다(뷰에서 name 변수와 이름이 같아야 함).

> **Listing 10.3   homeController.js에서 뷰로의 라우트 매개변수 전달**

```
exports.respondWithName = (req, res) => {
  let paramsName = req.params.myName;          요청 매개변수로
  res.render("index", { name: paramsName });   지역 변수 할당
}
                    렌더링된 뷰로 지역 변수 전달
```

애플리케이션을 재시동하고 http://localhost:3000/name/jon에 접속해보자.[1]

> **주의** /name/jon은 /name/과 다른 경로다. 루트 매개변수 뒤에 이름을 추가하지 않으면 애플리케이션에서 사용자의 요청과 일치하는 라우트가 없다는 에러를 출력할 것이다. URL에서 두 번째 슬래시 뒤에 추가한다.

다음 절에서는 레이아웃과 각 요소를 이야기하고, 뷰에서 동일한 결과를 얻기 위해 되도록 적은 코드를 작성할 수 있는 방법을 설명한다.

> **퀵 체크 10.2** 어떤 형식으로 데이터를 컨트롤러에서 뷰로 보내는가?

10.3 요소 및 레이아웃 설정

앞의 두 절에서는 뷰에 동적 데이터를 도입했다. 이 절에서는 뷰를 약간 다르게 설정해 여러 페이지에서 뷰 내용을 공유하겠다.

시작하려면 애플리케이션 레이아웃을 만든다. 레이아웃은 뷰가 렌더링되는 셸이다. 레이아웃은 웹사이트를 탐색할 때 페이지마다 변경되지 않는 콘텐츠라고 생각하라. 원한다면 페이지 바닥글 또는 내비게이션 바는 동일하게 유지시킬 수 있다. 이 컴포넌트를 위한 HTML의 재작성 대신, 다른 뷰가 공유할 수 있는 layout.ejs에 추가한다.

그렇게 하려면 express-ejs-layouts 패키지를 설치하고, main.js 파일에서 `const layouts = require("express-ejs-layouts")`를 사용해 패키지를 불러온다. 그런 다음 Express.js가 이 패키지를 추가 미들웨어로 사용하도록 main.js 파일에 `app.use(layouts)`를 추가한다.[2]

퀵 체크 10.2 정답 컨트롤러에서 데이터를 보내려면 JavaScript 객체 내에서 변수를 전달하면 된다. 컨트롤러의 컨텍스트에 로컬인 변수는 키의 이름을 따르며, 이름은 뷰의 변수 이름과 일치해야 한다.

---

1 이 부분에서 index.ejs의 수정이 추가돼야 한다. index.ejs에서 첫 번째 행인 ⟨% let name = "Jon"; %⟩을 삭제해야 한다. – 옮긴이
2 app.use(layouts)는 app.get ("/name/:myName", homeController.respondWithName); 이전에 위치해야 한다. – 옮긴이

그런 다음 views 폴더에 layout.ejs 파일을 만든다. Listing 10.4에서 볼 수 있듯이 레이아웃 파일에서 간단한 HTML로 시작할 수 있다. body 키워드는 다른 뷰의 내용을 채우기 위해 Express.js와 레이아웃 express-ejs-layouts에 의해 사용된다.

Listing 10.4   layout.ejs에서의 EJS 레이아웃 파일 콘텐츠

```
<body>
  <div id="nav">NAVIGATION</div>
    <%- body %>                     ← 표준 HTML로 본문 둘러싸기
  <div id="footer">FOOTER</div>
</body>
```

뷰를 렌더링하는 경로를 방문하면 렌더링된 뷰가 있는 내비게이션 및 바닥글 텍스트가 중간에 표시된다. 이 레이아웃은 모든 페이지 로드 시 뷰와 함께 계속 렌더링된다. 애플리케이션을 다시 시작하고 브라우저에서 /name/:myName으로 접속해보자.

요소들Particial은 레이아웃과 유사하게 작동한다. 요소들은 다른 뷰에 포함될 수 있는 뷰 콘텐츠 스니펫이다. 독자의 레시피 애플리케이션의 일부 페이지에 알림 상자를 추가하기를 원할 수도 있을 것이다. 이를 수행하려면 notification.ejs라는 요소들을 작성한 다음 include 키워드를 사용해 EJS에서 선택하도록 하면 된다. 내비게이션 요소의 부분을 만들려면 해당 div의 코드를 navigation.ejs라는 새 파일로 옮겨라. 이 파일을 views 폴더 내의 partials라는 새 폴더에 저장한다. 그런 다음 <% include partials/navigation %>[3] 코드를 사용해 layout.ejs 파일 내에 해당 파일을 포함시킨다. 스타일을 사용하면 그림 10.2와 비슷해 보일 것이다.

---

3   ejs v3.0+ 부터는 ⟨%- include ("partials/navigation") %⟩ 형태로 기술해야 한다. (https://github.com/mde/ejs) – 옮긴이

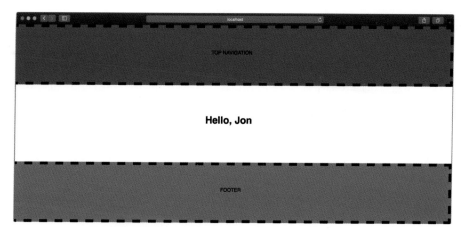

그림 10.2 name page의 예제 뷰

EJS 섹션 내에서 include 키워드를 사용해 뷰에 대한 상대경로를 사용하자. 레이아웃이 이미 views 폴더에 있기 때문에 내비게이션 요소를 찾기 위해 동일한 디렉터리 수준의 partials 폴더를 바라볼 필요가 있다.

애플리케이션을 재시작하고 /name/:myName으로 다시 접속해보자. 모든 것이 올바르게 설정됐다면 레이아웃 파일을 추가한 이후로 뷰 내용은 변경되지 않아야 한다. 요소들이 작동하고 있음을 증명하려면 내비게이션 부분의 텍스트를 변경하거나 새 태그를 추가해 브라우저에서 내용이 어떻게 변경되는지 확인해보자.

노트 뷰가 변경된 경우라면 애플리케이션을 재시작할 필요는 없다.

이제 EJS 템플릿 엔진, 레이아웃과 동적 데이터를 허용하는 부분을 사용하는 애플리케이션이 갖춰졌다. 11장에서 오류를 처리하고 package.json 파일에 몇 가지 구성을 추가하는 방법을 알아본다.

퀵 체크 10.3 여러 뷰에서 요소들을 공유하기 위해 사용하는 키워드는 무엇인가?

퀵 체크 10.3 정답 include 키워드는 제공된 상대경로에서 요소들을 찾아 렌더링한다.

10.4 요약

10장에서는 EJS를 사용해 애플리케이션에서 템플릿을 사용하는 방법을 배웠다. 또한 컨트롤러에서 애플리케이션 뷰로 데이터를 전달하는 방법도 알아봤다. 마지막에는 express-ejs-layouts 패키지와 요소들로 레이아웃을 만드는 방법을 배웠고, 뷰들 간에 요소들을 공유하는 것도 익혔다. 11장에서는 다른 명령으로 애플리케이션을 시작하는 설정을 추가하고 새로운 미들웨어 기능으로 에러 처리를 할 것이다.

해보세요

이제 애플리케이션에 템플릿, 요소들 및 레이아웃이 있으므로 여러 뷰를 생성해 이를 사용할 수 있다. 애플리케이션 레이아웃을 사용하는 레시피 애플리케이션에 대한 연락처 페이지와 notification Box.ejs라는 알림 창을 렌더링하는 부분을 만들어보라. 이 요소를 index.ejs 뷰에도 추가하라.

설정과 에러 처리

10장에서는 애플리케이션 뷰에 Embedded JavaScript, 즉 EJS를 추가했다. 11장에서는 package.json 파일을 수정하고 시작 스크립트를 사용해 애플리케이션에 마무리 작업을 추가할 것이다. 이 스크립트는 터미널에서 애플리케이션 시작을 변경한다. 그런 다음 에러 처리 미들웨어를 추가해 에러를 기록하고 에러 페이지로 응답하게 된다.

11장에서 다룰 내용은 다음과 같다.

- 애플리케이션 시작 스크립트 변경

- Express.js를 통한 정적 페이지 서비스

- 에러 처리를 위한 미들웨어 생성

고려 사항

이제 개발 작업에 시동을 걸고 달리기 시작했다. 언제나 그렇듯 개발 중에는 수많은 에러들을 만나게 된다. 하지만 브라우저에서 이들 에러를 인식할 만한 명확한 지표는 없다.

11장에서는 에러 상황에서 적절한 에러 페이지를 브라우저에서 보여주는 방법을 알아볼 것이다.

11.1 시작 스크립트 수정

11장을 시작하기 위해 우선 지금까지 손대지 않았던 파일을 수정해야 한다. 바로 package.json 파일이다. package.json 파일은 새로운 Node.js 파일이 생길 때마다 생성된다. 하지만 지금까지 이 파일의 값을 바꿀 일은 거의 없었다. 4장에서 package.json 파일에서 설정이 작성될 때 애플리케이션을 시작하기 위해 npm start의 사용을 언급했다.

10장에서 만든 express_templete 애플리케이션 폴더를 복제해놓자. package.json 파일에서 scripts 속성을 찾아보자. 테스트를 위한 스크립트가 적힌 부분을 볼 수 있다. 테스트 스크립트 끝에 콤마(,)를 붙이고, "start": "node main.js"를 추가하자. 이 스크립트는 애플리케이션을 시작시키고 새로운 애플리케이션의 이름을 알아야 할 요구를 추상화한다. package.json에서 이 부분은 Listing 11.1과 같이 보일 것이다. scripts 객체 안에서 npm start, npm run start나 npm run-script start를 통해 애플리케이션을 실행시키는 start 키워드를 사용할 수 있다.

Listing 11.1 package.json에서의 npm start script 부분 추가

```
"scripts": {
  "test": "echo \"Error: no test specified\" && exit 1",
  "start": "node main.js"        package.json에서의
},                                시작 스크립트 추가
```

파일을 저장하고 npm start 명령어로 애플리케이션을 구동해보자. 기능적으로는 아무것도 바뀐 게 없으며, 시작하는 것도 보통과 다르지 않다.

> **팁** 애플리케이션의 재시작 시 이슈가 발생했다면 main.js 파일에서 발생한 변경 사항들을 제외시키기 위해 node main으로 다시 돌아가보자.

다음 절에서는 애플리케이션에서의 에러 처리 개선을 다룬다.

퀵 체크 11.1 package.json 파일에서 scripts의 역할은 무엇일까?

 ## 11.2 Express.js의 에러 처리

지금까지 Express.js는 개발 프로세스상에 놀라운 개선을 가져왔다. 그중 하나는 존재하지 않은 라우트를 위한 경로로 요청이 만들어져도 애플리케이션이 중단되지 않는다는 것이다. 하지만 홈페이지에 대한 요청은 예외여서, 처리를 위한 라우트가 존재하지 않으면 브라우저에서 Cannot GET / 에러가 표시될 것이다.

Express.js를 통한 에러 처리 방법이 몇 가지가 있다. 첫 번째는 에러가 발생할 때마다 콘솔에 로깅을 하는 것이다. 10장에서 요청 경로를 로깅하는 방법과 동일하게 에러에 대한 로깅을 할 수 있다. 여기에서는 보통의 페이지와는 다른 주제를 다루고 있기 때문에 프로젝트 터미널 창에서 npm install http-status-codes --save 명령을 통해 http-status-codes 패키지를 설치할 것을 권한다.

Controllers 폴더에 errorController.js 파일을 만들자. 그다음 Listing 11.2의 코드를 추가한다. 이 함수는 일반 미들웨어 함수보다 하나 더 많은 변수를 갖고 있어, 요청-응답 사이클에서 에러가 발생하면 이 에러는 첫 번째 변수에 나타난다. console.log를 사용해 error 객체의 stack 특성을 console.error로 로깅할 수 있고 이를 통해 어디가 잘못됐는지 알 수 있다. 앞에서의 미들웨어 함수에서 next 매개변수는 체인 내에서의 다음 함수 또는 라우트를 호출하며, 좀 더 처리돼야 할 에러 객체가 전달된다.

> **노트** 이 에러 처리에서 4개의 매개변수가 필요로 하며 항상 error가 제일 먼저 온다. 이 4개의 매개변수가 모두 없다면 next 객체가 존재하지 않을 것이며, 이 함수 내 객체가 다음 미들웨어 함수의 호출을 하게 할 필요는 없을 것이다.

퀵 체크 11.1 정답 scripts 객체로 npm으로 실행하려는 명령의 별칭(aliases)을 정의할 수 있다.

Listing 11.2 errorController.js에서의 에러 컨트롤러 추가

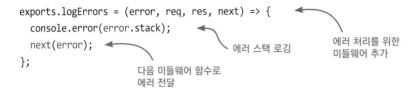

```
exports.logErrors = (error, req, res, next) => {
  console.error(error.stack);
  next(error);
};
```

에러 처리를 위한
미들웨어 추가

에러 스택 로깅

다음 미들웨어 함수로
에러 전달

> **팁** console.log 활용은 일반적인 디버깅에서는 문제없지만 애플리케이션이 점점 복잡해지면 로그
> 메시지들을 분류해야 할 필요가 느껴지게 된다. 크롬 브라우저의 콘솔 윈도우 같은 도구는 일반 메시
> 지와 에러 메시지를 색깔로 구분을 지어주는 기능을 제공한다.

다음으로 app.use(errorController.logErrors)를 main.js 파일에 추가해 Express.js에게
이 미들웨어를 사용한다고 알려야 한다. respondWithName 함수에서 parseName을 정의하는
라인을 각주 처리해 에러를 발생시켜볼 수 있다. 그리고 나서 http://localhost/name/
jon으로 접속해보라. logErrors 함수가 동작할 것이다. 확인이 끝나면 각주 처리 부분을
원래대로 돌려놓는 것도 잊지 말기 바란다.

> **주의** main.js에서 일반 라우트의 정의 다음에 미들웨어 라인을 추가하라.

기본적으로는 Express.js는 요청이 끝나는 시점에서 에러들을 처리한다. 애플리케이션이
처리 과정에서 에러가 발생했다면 404 오류(페이지 부재)나 500 오류 코드 처리를 위한
범용 라우트를 마지막에 둬 사용자 정의 메시지로 응답을 보낼 수도 있다. 코드는 Listing
11.3의 errorController.js와 같을 것이다.

errorController.js에서 첫 번째 함수는 라우트에서 요청한 페이지가 없다는 것을 알리는
메시지로 응답한다. 두 번째 함수는 요청 처리를 중단시킨 내부 에러에 대해 알림을 보낸
다. 여기서 http-status-codes 모듈을 코드 값을 대신해 사용한다.

Listing 11.3　errorController.js에서 사용자 정의 메시지로 빠진 라우트 및 에러 대응

```
const httpStatus = require("http-status-codes");

exports.respondNoResourceFound = (req, res) => {          ← 404 상태 코드로
  let errorCode = httpStatus.NOT_FOUND;                      응답
  res.status(errorCode);
  res.send(`${errorCode} | The page does not exist!`);
};
exports.respondInternalError = (errors, req, res, next) => {  ← 500 상태 코드로
  let errorCode = httpStatus.INTERNAL_SERVER_ERROR;             모든 에러 처리
  console.log(`ERROR occurred: ${error.stack}`)
  res.status(errorCode);
  res.send(`${errorCode} | Sorry, our application is experiencing a problem!`);
};
```

main.js에서 순서가 중요하다. respondNoResourceFound는 라우트에 매칭되지 않은 모든 요청들을 잡아낸다. respondInternalError는 모든 내부 에러를 잡아낸다. 이 미들웨어 함수를 Listing 11.4와 같이 main.js에 추가한다

Listing 11.4　main.js에서 사용자 정의 메시지를 통한 에러와 없는 라우트 처리

```
app.use(errorController.respondNoResourceFound);   ← main.js에 에러 처리
app.use(errorController.respondInternalError);        미들웨어 추가
```

에러 페이지를 변경하고 싶으면 기본 HTML이 들어 있는 public 폴더에 404.html과 500.html 파일을 추가할 수 있다. 그 후 일반 텍스트 메시지로 응답하는 대신 이 파일들로 응답할 수 있으며 응답 과정에서 템플릿 엔진을 사용하진 않을 것이다. 에러 컨트롤러에서의 respondNoResourceFound 함수는 Listing 11.5와 같다.

이 코드에서 res.sendFile은 에러 페이지의 절대경로를 특정하는 데 사용하며, 일반 템플릿 렌더링이 작동하지 않을 때 유용하다.

Listing 11.5 **errorController.js에서의 사용자 정의 메시지를 통한 에러와 없는 라우트 처리**

```
exports.respondNoResourceFound = (req, res) => {
  let errorCode = httpStatus.NOT_FOUND;
  res.status(errorCode);
  res.sendFile(`./public/${errorCode}.html`, {
    root: "./"
  });
};
```

→ 사용자 정의
에러 페이지로 응답

→ 404.html 파일의 콘텐츠 전송

자, 이제 에러 메시지를 사용자에게 전달했고 터미널에도 로깅되게 했다. 이를 위해 404.html 파일처럼 정적 콘텐츠 제공을 위한 설정이 돼 있는지 확인해야 한다.

> 퀵 체크 11.2 왜 없는 라우트의 처리를 위한 미들웨어는 일반 애플리케이션 라우트의 뒤에 올까?

11.3 정적 파일의 제공

이 마지막 절은 짧다. 1부에서 시작된 애플리케이션에서 모든 다른 타입의 정적 파일과 에셋은 수백 라인의 코드를 요구하고 있다. Express.js를 사용하면 이 파일 타입은 자동으로 설정된다. 필요한 작업은 Express.js에 정적 파일의 위치를 알려주는 것이다.

> **노트** 정적 파일은 404.html과 500.html과 같은 사용자 정의 에러 페이지와 에셋을 포함한다. 이 HTML 페이지는 EJS 값들을 갖고 있기 않기 때문에 템플릿 엔진을 거치지 않는다.

퀵 체크 11.2 정답 404 에러로 응답하는 미들웨어 함수는 if-else 코드 블록에서의 else와 비슷하게 동작한다. (매칭을 전부 검사한 후) 요청에 매치되는 라우트가 없다면 이 메시지가 사용자에게 전달될 것이다.

작업 준비를 위해 express 모듈의 static 메소드를 사용한다. 이 메소드는 정적 파일이 들어 있는 폴더의 절대경로를 가져온다. 그런 다음 다른 미들웨어 함수와 마찬가지로 Express.js의 app 인스턴스에 이 기능을 사용하도록 한다. 정적 파일 제공이 가능하게 하려면 app.use(express.static("public"))을 main.js에 추가한다. 이 코드라인은 정적 파일 제공을 위해 애플리케이션에게 main.js와 같은 레벨에 위치하는 public 폴더에 접근하도록 한다.

이 코드를 삽입하고, http://localhost/404.html로 바로 접속할 수 있다. URL의 메인 도메인 뒤에 파일명을 붙여 public 폴더에 있는 이미지나 다른 정적 에셋에 접근할 수 있고 다른 파일들을 추가할 수도 있다. 만일 cat.jpg같이 다른 하위 디렉터리(image)에 있는 이미지를 호출한다면 이미지만 단독으로 http://localhost/images/cat.jpg로 호출할 수 있다.

> 퀵 체크 11.3 Public 폴더에서 중요한 정적 파일에는 무엇이 있는가?

 ## 11.4 요약

11장에서는 애플리케이션의 시작 스크립트를 어떻게 변경하는지 알아봤다. 또한 Express.js 애플리케이션에서 발생한 에러를 어떻게 다루고 로깅하는지도 살펴봤다. 마지막으로 public 폴더의 정적 파일과 에셋을 제공하기 위한 Express.js 설정도 했다. 이제 레시피 애플리케이션을 만드는 데 사용할 도구들이 많이 생겼다. 12장에서는 Confetti Cuisine 애플리케이션의 재구성 작업을 통해 배운 내용을 테스트해보자.

퀵 체크 11.3 정답　Public 폴더에는 에러 페이지를 위한 정적 HTML 파일이 들어 있다. 애플리케이션에서 뭔가 에러가 발생하면 이 파일들이 사용자에게 보이게 된다.

해보세요

이제 정적 파일들을 제공할 수 있게 됐다. 이를 통해 애플리케이션에서의 404 및 505 에러 페이지를 좀 더 멋있게 만들었다. 이 파일들은 템플릿을 위해 사용되는 레이아웃을 쓰지 않았다. 따라서 모든 스타일을 HTML 페이지 안에서 해결해야 한다.

캡스톤 프로젝트: Express.js를 통한 Confetti Cuisine 사이트 개선

오랜 생각 끝에 더 쉽게 Confetti Cuisine 웹 애플리케이션 제작을 하기 위해 웹 프레임워크 도입을 결정했다. 사용자 정의 라우트와 애플리케이션 로직을 일일이 만드는 것은 너무 지루한 작업이어서 애플리케이션 제작에 Express.js를 쓰는 걸로 변경하는 중이다.

홈, 코스, 등록 페이지를 애플리케이션 내에서 만들려고 한다. 라우트를 Express.js에 있는 키워드와 문법을 사용하기 위해 변환해야 한다. 로컬에서 애플리케이션을 띄우기 위한 필요한 모든 package.json 설정들과, public 디렉터리 밖에 있는 정적 에셋 제공 관련 확인이 필요하다. 이런 변경 작업의 준비가 됐다고 느껴지면 npm init으로 일단 프로젝트 초기화를 시작할 것이다.

12.1 애플리케이션 초기화

사이트의 재구성을 위해 새로운 프로젝트 디렉터리를 만든다. 이름은 confetti_cuisine.
터미널로 이 폴더에 들어가 npm init 명령으로 애플리케이션과 package.json을 초기화
한다.

이전 설정을 기억하면서 프로젝트를 위한 디폴트 설정으로 유지하고 시작 포인트로
main.js를 입력한다.

이제 package.json 설정이 끝났다. 이제 "scripts" 영역에 시작 스크립트를 추가한다. 이를
통해 npm start 명령을 node <filename> 대신 쓸 수 있게 됐다. 스크립트 목록에 "start":
"node main.js"를 추가한다.

> **팁** 여러 개 스크립트는 콤마(,)로 분리하는 것을 잊지 마라.

초기화 작업의 마지막 단계는 프로젝트에 Express.js 웹 프레임워크, EJS 템플릿, 레이아
웃, http-status-codes 패키지 추가다. 이 작업을 위해 커맨드라인에 npm install express
ejs express-ejs-layouts http-status-codes --save 명령을 실행시킨다.

> **노트** --save 플래그는 express 패키지를 현재 프로젝트의 package.json의 종속 모듈로 저장한
> 다. 이것으로 어떠한 작업이 시작되기 전에 이 프로젝트에서 앞으로의 작업은 Express.js가 설치돼
> 야 함을 명시한다.

package.json 파일은 Listing 12.1과 같이 만들어진다.

Listing 12.1 package.json에서의 프로젝트 설정

```
{
  "name": "confetti_cuisine",
  "version": "1.0.0",
  "description": "An Express.js app with routes",
  "main": "main.js",
  "scripts": {
    "test": "echo \"Error: no test specified\" && exit 1",
```

```
    "start": "node main.js"
  },
  "author": "Jon Wexler",
  "license": "ISC",
  "dependencies": {         ◀──── 이 프로젝트를 위한
    "ejs": "^2.6.1",               종속 모듈 목록
    "express": "^4.16.4",
    "express-ejs-layouts": "^2.5.0",
    "http-status-codes": "^1.3.0"
  }
}
```

새로운 파일을 추가하기 전에 디렉터리 구조를 설정하려 한다. 최종 프로젝트 구조는
Listing 12.2와 같으며, 다음과 같은 항목을 추가하려 한다.

- HTML 페이지를 위한 view 폴더

- 라우팅 함수를 위한 controllers 폴더

- 클라이언트 사이드 에셋을 위한 css, js, images를 포함한 public 폴더

Listing 12.2 Confetti Cuisine 프로젝트 구조

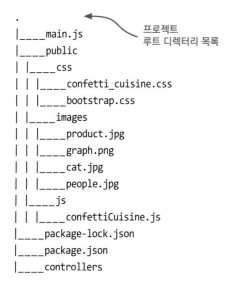

```
.
|____main.js        ◀──── 프로젝트
|____public              루트 디렉터리 목록
| |____css
| | |____confetti_cuisine.css
| | |____bootstrap.css
| |____images
| | |____product.jpg
| | |____graph.png
| | |____cat.jpg
| | |____people.jpg
| |____js
| | |____confettiCuisine.js
|____package-lock.json
|____package.json
|____controllers
```

```
|  |____homeController.js
|  |____errorController.js
|____views
|  |____index.ejs
|  |____courses.ejs
|  |____contact.ejs
|  |____error.ejs
|  |____thanks.ejs
|  |____layout.ejs
```

좋다. 이제 애플리케이션 로직을 추가할 준비가 됐다.

 ## 12.2 애플리케이션 제작

애플리케이션은 설치된 Express.js로 준비가 됐고 이제 main.js 애플리케이션 파일을 만들 것이다. 이 파일이 http 모듈 버전과 비슷하긴 하지만 처음부터 라인 하나하나 코딩한다는 것은 정말 괴로운 일이다. main.js 파일은 Listing 12.3과 같다.

main.js의 첫 번째 라인은 Express.js 패키지의 콘텐츠를 요청하고 이를 express라는 상수로 할당한다. 이 애플리케이션의 첫 버전에서의 app 상수로 express 객체를 초기화시키며, app으로 부르는 또 다른 상수로 메인 애플리케이션 프레임워크를 인스턴스화한다. app 상수는 GET 라우트를 설정할 수 있고, 루트 URL(/)에 요청 대기 상태로 둘 수 있으며, 요청에서 호출된 함수를 Express.js를 통해 응답할 수 있다. 마지막으로 3000번 포트로 서버를 열어놓고 서버가 실행 상태로 될 때 로그 메시지를 콘솔에 로깅할 수 있다.

Listing 12.3 main.js에서 메인 애플리케이션의 설정

```
const express = require("express"),        ◀─── express를 요청
  app = express();                         ◀───┐
                                               express 애플리케이션의
                                               인스턴스화
app.set("port", process.env.PORT || 3000);

app.get("/", (req, res) => {               ◀───┐
  res.send("Welcome to Confetti Cuisine!");    홈페이지를 위한
                                               라우트 생성
```

```
});

app.listen(app.get("port"), () => {        ←        3000번 포트로
  console.log(                                        리스닝 설정
    `Server running at http://localhost:${app.get(
      "port"
    )}`
  );
});
```

여기에서의 로직은 npm start 명령으로 커맨드라인상에서 실행시킬 수 있다.

첫 번째 절에서 body-parser를 설치했고 이제 이를 쓸 때가 왔다. body-parser 패키지는 유입되는 요청 본문을 해석하는 미들웨어로서 사용될 것이다. main.js에 Listing 12.4의 코드를 추가한다.

Listing 12.4 **main.js 상단에 body-parser의 추가**

```
app.use(
  express.urlencoded({        ←        URL 인코드와 JSON 파라미터 처리를
    extended: false                    위한 body-parser의 사용을
  })                                   Express.js에 선언
);
app.use(express.json());
```

이제 애플리케이션은 유입 요청 데이터를 파싱할 준비가 됐다. 다음으로 애플리케이션에서 뷰까지 도달할 라우트를 생성해야 한다.

 ## 12.3 라우트의 추가

이제 시작 포인트를 만들었고, 코스와 등록 페이지를 위한 라우트를 만들 것이다. 등록 페이지 양식으로부터의 데이터 처리를 위한 POST 라우트를 우선 추가한다.

먼저 controllers 폴더에 홈 컨트롤러를 만든다. 여기에 앞으로 라우트들이 사용할 함수들을 저장할 것이다. 이 컨트롤러의 요청은 const homeController = require("./controllers

/homeController")를 추가해 수행한다. Listing 12.5의 코드를 애플리케이션의 첫 번째 라우트 아래 홈 컨트롤러에 추가했다. 이 3개의 함수들은 요청된 라우트를 나타내는 EJS 페이지를 사용해 응답한다. 우선 courses.ejs, contact.ejs 그리고 thanks.ejs를 만든다.

Listing 12.5 homeController.js에서 홈 컨트롤러로의 라우팅

```
exports.showCourses = (req, res) => {
  res.render("courses");
};
exports.showSignUp = (req, res) => {
  res.render("contact");
};
exports.postedContactForm = (req, res) => {
  res.render("thanks");
};
```

특정 라우트를 위한
콜백 함수 추가

main.js에서 Listing 12.6에서 보이는 것과 같이 이어지는 라우트를 추가하고 원래 홈페이지 라우트를 홈 컨트롤러를 사용하기 위해 수정했다. 첫 번째 라우트는 코스 목록들을 보여주기 위한 GET 요청을 처리한다. 대개의 부분에서 이 라우트는 홈페이지와 유사하게 동작한다. 연락처 페이지용 라우트도 GET 요청을 대기하고 있으며, 대부분 /contact URL이 요청되면 사용자 등록 양식이 페이지에 나타날 거라고 생각할 것이다. GET 라우트는 연락을 요청한 사람을 보기 위해 내부적으로 사용한다. POST 라우트는 연락처 페이지에서 등록 양식으로 사용한다.

Listing 12.6 main.js에서 각 페이지 및 요청 타입을 위한 라우트 추가

```
app.get("/courses", homeController.showCourses);
app.get("/contact", homeController.showSignUp);
app.post("/contact", homeController.postedSignUpForm)
```

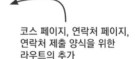

코스 페이지, 연락처 페이지,
연락처 제출 양식을 위한
라우트의 추가

이제 모든 라우트가 정의됐다. 하지만 아직 콘텐츠가 없다. 몇 가지 뷰를 렌더링할 때가 왔다.

12.4 뷰로 라우팅

Express.js를 사용하면 뷰들은 명확해지고 렌더링하기 쉬워진다. 우선 표 12.1과 같은 뷰가 필요하다.

표 12.1 Confetti Cuisine 뷰

파일명	목적
layouts.ejs	애플리케이션의 메인 스타일링과 기본 탐색 기능 수행
index.ejs	홈페이지 콘텐츠를 만들어냄
courses.ejs	코스 콘텐츠의 디스플레이
contact.ejs	연락처 양식의 디스플레이
thanks.ejs	양식 제출 후 감사 메시지 디스플레이
error.ejs	페이지를 찾을 수 없는 경우 디스플레이

우선 애플리케이션의 레이아웃 뷰를 생성한다. 이는 페이지 탐색과 페이지마다 어떻게 보여줘야 하는지 일반적인 사이트 구조를 다룬다.

레이아웃이 작동하려면 메인 애플리케이션 파일에 이를 include해야 하며, Listing 12.7과 같이 바로 Express.js 모듈의 초기화 아랫부분에 위치한다. 먼저 express-ejs-layouts 모듈을 요청해 layout.ejs 파일을 쓸 수 있도록 한다. 그리고 ejs 렌더링 템플릿을 사용하기 위한 애플리케이션 서버를 설정한다. 마지막으로 가깝게 요청된 `layouts` 모듈을 사용하기 위한 애플리케이션 서버를 설정한다. 이런 방식으로 새로운 뷰가 렌더링되면 layout.ejs 파일을 거치게 된다.

Listing 12.7 main.js에서 ejs 레이아웃 렌더링

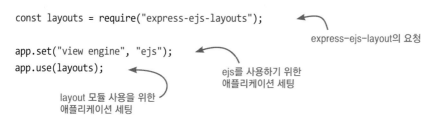

```
const layouts = require("express-ejs-layouts");        express-ejs-layout의 요청

app.set("view engine", "ejs");                 ejs를 사용하기 위한
app.use(layouts);                              애플리케이션 세팅
        layout 모듈 사용을 위한
        애플리케이션 세팅
```

이 파일을 views 폴더에 있는 layout.ejs 파일에 추가한다. 이 파일에서의 키 부분은 ‹%- body %› 부분이며, 이는 렌더링된 타깃 콘텐츠로 대체된다.

이어지는 뷰에서는 이 레이아웃을 사용해 (파일들 간의 코드 반복을 피하기 위해서) 시각적 일관성을 맞춘다. 이제 view 폴더 내에, index.ejs, courses.ejs, contact.ejs, thanks.ejs 그리고 error.ejs을 만들려고 한다. 레이아웃 파일처럼 이런 뷰는 임베디드 JavaScript로 렌더링하며, 서버 파일로부터 동적으로 콘텐츠를 가져와 보여준다. index.ejs 생성 후에 일반 텍스트 대신에 index 페이지를 렌더링하기 위해 홈페이지 라우트(/)를 수정한다.

또 주의해서 볼 것은 contact.ejs이다. 여기에선 연락처 양식을 사용해 등록할 학생들이 POST 요청을 애플리케이션의 /sign-up 라우트에 보낼 것이다. 이 양식은 Listing 12.8의 HTML과 같다. 양식의 action 부분이 /contact이고 메소드가 POST임에 주목하라. 양식이 제출되면 /contact 라우트로 POST 요청이 전달될 것이다.

Listing 12.8 contact ejs에서의 연락처 양식

```
<form action="/contact" method="post">
  <label for="name">Name</label>
  <input type="text" name="name">
  <label for="email">Email</label>               연락처 양식
  <input type="email" name="email">              디스플레이 예제
  <input type="submit" value="Submit">
</form>
```

모든 준비가 돼 있어야 한다. 라우트의 이름을 일치시키고 해당 뷰를 렌더링한다면 앱을 띄울 수 있어야 하며 만들어진 레이아웃 안에 이 뷰들을 볼 수 있어야 한다. 단지 빠진 것이 있다면 내 앱에서 이미지와 다른 정적 파일을 제공하는 기능이다. 이는 다음에서 다루도록 한다.

> **노트**   레이아웃 파일은 방문하는 모든 페이지상에서 렌더링된다. 한 번 ‹%- body %›의 전후로 HTML 콘텐츠를 추가해보라. 모든 페이지에 추가 내용이 반영될 것이다.

12.5 정적 뷰 제공

http를 이용한 첫 번째 애플리케이션에서, 정적 에셋을 제공한다는 것은 큰 장애물이었다. 각 새로운 에셋을 프로젝트 디렉터리에 추가할 때마다 새로운 라우트를 생성하고 이를 적절하게 처리하는 과정이 필요했다. 다행히도 Express.js가 애플리케이션에서 제공해야 할 정적 에셋 처리를 깔끔하게 대신해준다. 정적 에셋을 제공하기 위해 `app.use(express.static("public"))`을 애플리케이션 파일 내의 Express.js 초기화 부분 아래에 추가해 Express.js의 `static` 함수를 사용한다. 이 버전에서는 직접 제공될 애플리케이션 내 개별 에셋을 허용한다.

Express.js 앱으로의 전환을 위한 마지막 단계는 뷰에서 동적 콘텐츠를 사용하는 것이다.

12.6 뷰에 콘텐츠 전달

Confetti Cuisine은 때때로 코스 목록을 변경한다. 때문에 애플리케이션에서 이 코스 목록을 정적 페이지에서 보여주는 것은 바람직하지 않다. Express.js에서는 서버 로직에서 뷰로 콘텐츠를 전달하는 것은 쉬운 일이다.

이 앱을 위해 JavaScript 객체로 제공 코스의 배열을 보여줄 필요가 있다. 그러면 이 객체를 렌더링된 뷰로 보낼 수 있다. Listing 12.9와 같은 코드를 homeController.js에 추가한다. `courses` 변수를 JavaScript 배열 객체에 할당함으로써, 뷰에서 이 리스트를 쓸 수 있고 특정 키를 타기팅^{targeting}할 수 있다. `res.render` 메소드는 `courses` 객체를 뷰로 전달할 수 있게 하며, 해당 페이지의 `offeredCourses`로서 이를 참조한다.

> **노트** 뷰 안에서는 offeredCourses라는 변수명을 통해 배열에 접근할 수 있다. 홈 컨트롤러 내에서
> 이 배열은 courses라는 이름으로 다룬다.

Listing 12.9　homeController.js에서 콘텐츠의 설정과 렌더링된 뷰에 전달

```
var courses = [
  {
    title: "Event Driven Cakes",
    cost: 50
  },
  {
    title: "Asynchronous Artichoke",
    cost: 25
  },
  {
    title: "Object Oriented Orange Juice",
    cost: 10
  }
];          ◀──── 코스를 위한 배열 정의


exports.showCourses = (req, res) => {
  res.render("courses", {
    offeredCourses: courses        ◀──── 코스 배열 데이터를
  });                                     뷰로 전달
};
```

이 구조가 효과를 내기 위해 courses.ejs에 있는 offeredCourses 리스트를 위한 EJS와 HTML을 추가하고 관련 콘텐츠를 출력해야 한다. 추가 코드는 Listing 12.10과 같다.

Listing 12.10　courses.ejs에서 뷰의 동적 콘텐츠의 출력

```
<h1>Our Courses</h1>
<% offeredCourses.forEach(course => { %>     ◀──── 뷰에서 코스 배열 접근을
  <h5> <%= course.title %> </h5>                    위한 루프
  <span>$ <%= course.cost %> </span>
<% }); %>
```

이제 애플리케이션이 완성됐다. 코스 페이지는 그림 12.1과 같이 보일 것이다. courses.ejs 뷰를 코스가 추가될 때마다 수정하는 것 대신 메인 애플리케이션 파일에서 배열을 바꿀 수 있게 됐다. 애플리케이션의 구동은 어렵지 않다.

그림 12.1 코스 페이지 뷰

 12.7　에러 처리

애플리케이션은 정확한 콘텐츠와 좋은 사용자 경험을 제공해야 한다. 아직 이 애플리케이션은 사용자 추적 로직이 없다. 하지만 만일 애플리케이션에서 에러가 발생하면 에러 메시지를 애플리케이션 사용자들에게 보내려고 한다.

에러 처리를 위해 에러 컨트롤러인 errorController.js를 생성해 Listing 12.11에서와 같이 함수를 저장한다. 첫 번째 함수는 앞에서 처리되지 못한 모든 요청을 처리한다. 이 요청은 유효한 라우트에 매치되지 못한 URL로 요청이 들어와 404 에러를 발생시킨 것이며 error.ejs로 응답된다. 마지막 함수는 내부적으로 발생한 에러를 처리한다. 사용자에게 겁을 주는 크래시 에러 등의 문구보다 좀 더 완곡한 에러 메시지를 보여주려 한다.

Listing 12.11　errorController.ejs에서의 에러 처리 라우트 추가

```
const httpStatus = require("http-status-codes");

exports.pageNotFoundError = (req, res) => {
  let errorCode = httpStatus.NOT_FOUND;
  res.status(errorCode);
  res.render("error");
};

exports.internalServerError = (error, req, res, next) => {
  let errorCode = httpStatus.INTERNAL_SERVER_ERROR;
  console.log(`ERROR occurred: ${error.stack}`);
  res.status(errorCode);
  res.send(`${errorCode} | Sorry, our application is taking a nap!`);
};
```

앞에서 처리되지 못한
모든 요청 처리

내부 서버 에러의 처리

그런 다음 이 함수들에 해당하는 라우트를 추가한다. 만일 요청에 응답하는 라우트가 없
다면 에러 컨트롤러에 있는 함수들을 트리깅하기 위해 Listing 12.12에 있는 라우트들을
추가할 것이다.

> **노트**　라우트의 순서는 중요하다. 이 라우트는 기존에 존재하는 라우트 아래에 와야 한다. 기존 라우
> 트는 범용으로 사용되는 것이며 하위 라우트에 오버라이딩되기 때문이다.

Listing 12.12　main.js에서 에러 처리 라우트

```
app.use(errorController.pageNotFoundError);
app.use(errorController.internalServerError);
```

미들웨어 함수로
에러 처리 추가

이 컨트롤러는 main.js 파일 최상단에 const errorController = require("./controllers/
errorController")로 요청할 수 있다. 이제 애플리케이션은 에러 처리 및 배포 준비가 됐
다. 매핑되지 않은 라우트를 호출하는 URL이 유입되면 사용자들은 쉬고 있는 고양이인
Hendrix의 사진을 보게 될 것이다(그림 12.2).

그림 12.2 에러 페이지 뷰

 12.8 요약

이 프로젝트를 통해 웹 프레임워크에 맞는 Node.js 파일 구조를 재정의했으며 npm으로 3가지 외부 패키지를 설치했다. 그리고 메인 애플리케이션 파일을 Express.js 문법을 적용해 재구성했다. 특정 URL 경로를 만들기 위해 새로운 라우트를 Express.js 키워드를 사용해 만들었다. 일관성 있는 사용자 인터페이스를 위해 EJS의 레이아웃을 이용했다. Express.js의 정적 라이브러리를 사용해 public 폴더 내에 있는 정적 에셋을 사용자들에게 제공했다. 마지막으로 메인 애플리케이션에 콘텐츠를 추가하고 뷰에서 동적으로 제공되도록 했다.

이들 기술의 일관성 있는 적용과 적절한 에러 처리를 통해 몇 개의 단계를 거쳐 더 나은 애플리케이션을 만들기 위해 Express.js를 사용할 수 있다. 레이아웃과 동적 콘텐츠와 같은 새로운 기능을 통해 다른 뷰로 이들 콘텐츠를 보내거나 혹은 앱에서 사용되는 레이아웃을 변경할 수도 있다.

3부에서는 Express.js를 사용해 데이터베이스를 둘러싼 코드 구성을 논의한다.

데이터베이스 연결

2부에서는 Express.js를 갖고 어떻게 애플리케이션을 설정하는지 살펴봤다. 이때 Express.js의 라우팅과 템플릿으로 기본 웹 애플리케이션 제작이 얼마나 쉬운지 알았을 것이다. 3부에서는 2부에서 만든 애플리케이션에 데이터베이스 연결을 해볼 것이다. 데이터베이스란 어떤 값들을 영구적으로 저장하는 곳을 의미하며, 앞에서 언급한 애플리케이션이 재시작될 때 사라지는 데이터와는 반대 개념이다.

이제 Node.js 진영에서 많이 쓰이는 몽고DB^{MongoDB}를 배울 것이다. 우선 몽고DB를 다운로드해 설치한다. 그 후 Node.js의 REPL 셸과 유사한 몽고DB 셸을 한번 둘러볼 것이다. 그리고 데이터베이스의 구조와 그 안의 데이터와 관련된 데이터베이스 기초 이론을 배울 것이다. 데이터베이스가 어떻게 MVC 모델에 위치하는지와 Mongoose라는 패키지를 통해 애플리케이션과 데이터로 상호작용하는지 배울 것이다. 마지막으로 데이터의 구조화를 의미하는 데이터베이스 스키마가 어떻게 데이터 객체를 다른 객체와 연관시키는 데 도움을 주는지 살펴볼 것이다.

사용자 데이터를 저장할 수 있고 그 정보를 화면에 보여줄 수 있는 Node.js 애플리케이션을 목표로, 3부에서는 다음과 같은 주제를 다룬다.

- 13장에서는 JSON 구조로 데이터를 저장하는 NoSQL을 지원하는 몽고DB를 소개한다. 여기서 몽고DB가 어떻게 Express.js와 연동하고 설치하는지 그 방법을 배울 것이다. 그다음 데이터베이스를 생성하고 몽고DB 셸에서 몇 개의 데이터를 넣어볼 것이다.

- 14장에서는 Express.js 애플리케이션에 어떻게 몽고DB가 연결되는지 연습해본다. 초기 설정 후 객체지향 프로그래밍OOP, Object Oriented Programming이 신뢰할 만한 MVC 구조의 Node.js 애플리케이션을 만드는 데 어떻게 도움을 주는지 살펴본다. 이 모델을 위해 객체-도큐먼트 매퍼ODM, Object-document Mapper인 Mongoose 패키지를 설치한다.

- 15장에서는 Node.js 애플리케이션 내에서의 몽고DB 데이터베이스에서 사용할 수 있는 쿼리 명령을 논의한다. 그리고 더 간소하고 ES6에 친화적인 애플리케이션 제작을 위한 JavaScript 프라미스Promise 패턴을 수행해볼 것이다.

- 마지막으로 16장에서는 Confetti Cuisine 요리 학교 애플리케이션을 위해 몽고DB 데이터베이스의 구현을 통한 테스트를 어떻게 하는지 보여준다. 이 캡스톤 프로젝트에서 사용자 데이터와 뉴스레터 데이터를 저장한다.

이제 13장에서 데이터의 수집과 저장을 위한 준비를 하자.

몽고DB 데이터베이스 셋업

2부에서는 Express.js로 웹 애플리케이션을 만들어봤다. MVC 모델을 사용해 애플리케이션을 구조화하고 컨트롤러와 뷰를 제공함으로 요청을 처리할 수 있게 됐다. 이 모델에서 세 번째 핵심 조각은 영속적으로 저장하고 사용할 데이터다. 13장에서는 몽고DB의 데이터베이스 구조 중 어떤 것이 특히 Node.js 애플리케이션에 편리하게 도움을 주는지 알아볼 것이다. 13장 마지막에서는 데이터베이스 설정 후에 애플리케이션과 연결을 할 것이다.

13장에서 다룰 내용은 다음과 같다.

- 몽고DB 설치
- 몽고DB 셸에서의 데이터 읽기와 쓰기
- Node.js 애플리케이션에서의 몽고DB 접속

13.1 몽고DB 세팅

데이터 저장은 애플리케이션 개발에서 중요하다. 장기 데이터 저장소가 없다면 사용자와 상호작용 시 한계가 있을 것이다. (데이터 저장소가 없다면) 애플리케이션이 재시작될 때마다 데이터는 사라진다. 사용자가 브라우저를 종료할 때마다 SNS의 데이터가 사라진다면 매번 브라우저를 시작할 때마다 회원 가입을 해야 할지도 모른다.

데이터베이스란 사용자가 데이터에 접근하거나 애플리케이션이 데이터를 변경할 때 이를 쉽게 해주는 기구다. 데이터베이스는 창고와 비슷하다. 저장해야 할 아이템이 많을수록 이를 저장하고 찾을 수 있는 시스템을 통해 수월함을 느낄 것이다. 웹 서버처럼 이 애플리케이션도 몽고DB 데이터베이스로 접속하고 데이터를 요청한다.

3부를 통해 장기 저장소를 위한 데이터베이스에 어떻게 정보를 저장할지 논의한다. 애플리케이션이 다운돼도 여러분의 데이터는 유지될 것이다.

몽고DB는 오픈소스 데이터베이스로서 도큐먼트를 사용해 데이터를 정렬하는 것이 특징이다. 몽고DB 도큐먼트는 데이터를 JSON 형태의 구조로 저장하며 특성별 데이터 객체의 키-값 조합을 사용할 수 있게 한다.

이 저장 시스템은 JavaScript 문법과 비슷하다. 그림 13.1에서 하나의 도큐먼트의 콘텐츠가 JSON과 유사한 점에 주목하자. 사실 몽고DB는 도큐먼트를 BSON binary form of JSON 형태로 저장한다. 대부분 애플리케이션에서 사용하는 관계형 데이터베이스와는 달리 몽고DB의 비관계형 데이터베이스 시스템이 현재 Node.js 커뮤니티에서 많이 쓰이고 있다.

```
{
  name:   "Jon Wexler",
  email:  "jon@jonwexler.com",
  favoriteFoods: ["sushi", "pho"]
},
{
  name:  "Popeye",
  email: "pop@sailorman.com",
  favoriteFoods: ["spinach"]
}
```

1. 몽고DB 도큐먼트는 애플리케이션에서 JavaScript 객체나 실제 사용 객체들을 저장할 수 있다.

2. 도큐먼트는 그게 요구 사항이 아닐지라도 동일한 필드(이름, 이메일, 선호 음식 등)를 가질 수 있다.

그림 13.1 도큐먼트의 예제

관계형 데이터베이스 살펴보기

이 책은 몽고DB와 Node.js와 같은 JavaScript 기반 애플리케이션 플랫폼에서 어떻게 도큐먼트가 구성되는지 초점을 두고 있다. 그러나 몽고DB가 아니라 일반적인 프로그래밍 세계에서 어떻게 데이터베이스를 다루는지 주목할 필요가 있다.

소프트웨어나 웹 애플리케이션에서 사용하는 대부분 데이터베이스는 몽고DB에서 도큐먼트 구조의 데이터 저장 모델과는 다른 구조를 갖고 있다. 대부분의 데이터베이스는 관계형이며 이는 스프레드시트와 같이 테이블 형태로 데이터가 연관돼 있다는 뜻이다. 테이블에서 열은 저장될 데이터 유형을 정의하며 행에는 이 열에 해당되는 값이 저장된다. 다음 페이지의 그림에서 people, course(강좌) 그리고 어떤 강좌에 등록을 한 사람이 별도의 테이블에 보인다.

이 예제에서 두 테이블이 각기 ID 값으로 연동된다. 원하는 요리 강좌와 사람을 연결하려면 people과 courses 테이블에서의 ID들이 테이블 조인(table join)을 통해 새로운 행을 만들어야 한다. 테이블 조인은 일반적으로 아이템 간의 관계를 정의하기 위해 ID만을 취한다. 이 관계는 데이터베이스 시스템이 이름을 참조 ID를 통해 얻도록 설계돼 있다. 이런 구조를 사용하는 데이터베이스는 SQL 베이스 시스템으로 부르며, 그 반대 의미로 몽고DB의 경우는 NoSQL 데이터베이스 시스템으로 부른다.

관계형 데이터베이스를 Node.js에서 세팅은 가능하며 사실 많은 애플리케이션이 이를 사용한다. 하지만 제대로 활용하려면 SQL 언어의 사용법을 알면 도움이 된다. 몽고DB의 쿼리 언어는 JavaScript 백그라운드를 갖고 있는 사람이라면 이해하기 쉽다.

People 테이블

id	first	last	enroll
1	Jon	Wexler	true
2	William	Wonka	true
3	Cookie	Monster	true
4	Alfredo	Linguini	true

Course 테이블

id	title	topic	max
1	Wheaties	Bread	3
2	Sweeties	Chocolate	15
3	Tortellinies	Pasta	10
4	Meaties	Steak	7

People-Course 연동 테이블

id	personId	courseId
1	4	3
2	2	2
3	1	1
4	3	1

이 예제에서 가운데 있는 테이블은 연동된
people과 course의 ID들을 나타낸다.
각 연동은 고유 ID를 갖는다.

관계형 데이터베이스 구조의 예

관계형 데이터베이스에 대한 더 많은 정보는 Oracle사에서 제공하는 오버뷰(https://docs.oracle.com/
javase/tutorial/jdbc/overview/database.html)를 참고하기 바란다.

이 절에서는 몽고DB를 설치하고 몇 가지 데이터를 테스트해본다.

설치 프로세스는 윈도우와 맥 OS가 좀 다르다. 맥 OS에서는 터미널 환경에서 Homebrew
를 통해 설치하는 것을 추천한다. 일단 Listing 13.1과 같은 명령을 통해 Homebrew를
설치한다.

Listing 13.1 맥 OS 터미널에서 Homebrew 설치

```
mkdir homebrew && curl -L
https://github.com/Homebrew/brew/tarball/master |
 tar xz --strip 1 -C homebrew        맥 OS 터미널상에서의
                                     Homebrew 설치 명령 실행
```

> **노트** Homebrew는 소프트웨어 및 다른 데이터베이스 관리 시스템과 같은 로우 레벨 툴 설치를 도 와주는 도구다. 자세한 정보는 https://brew.sh를 참조하라.

Homebrew가 설치됐다면 터미널 윈도우상에서 brew 명령을 내려보라. Homebrew에서 사용 가능한 명령어 목록이 출력되며 그중 하나가 brew install이다. 몽고DB의 설치는 brew install mongodb 명령으로 실행한다.

> **팁** 만일 설치 과정에서 퍼미션(permission) 관련 오류가 발생한다면 명령 앞에 sudo를 붙여 슈퍼 사용자 계정으로 실행한다. 이때 컴퓨터의 로그인 패스워드를 물어보는 프롬프트가 뜰 것이다.

다음으로 컴퓨터 루트 레벨에 있는 data라는 폴더 안에 db라는 폴더를 만든다. 이 폴더 는 mkdir -p /data/db 명령으로 터미널에서 생성한다.

그리고 필요에 따라 이 폴더에 사용자 계정에 대한 허가를 해야 한다. 이는 sudo chown <your_username> /data/db 명령으로 수행하며 컴퓨터의 패스워드를 입력해야 한다.

윈도우에서는 다음의 단계를 따른다.

- https://www.mongodb.com/download-center/community로 접속한다.
- MongoDB for 윈도우(.msi)를 다운로드한다.
- 설치 파일을 다운로드했다면 이를 실행하고 디폴트 설치 과정으로 설치한다.
- 설치가 완료되면 C:\로 가서 data 폴더를 생성하고 그 하위에 공유 폴더를 생성한다.

> **노트** 윈도우의 경우에는 환경변수 중 PATH에 몽고DB 폴더 경로를 추가해야 한다. 몽고DB 경로는 대부분 C:\ProgramFiles\MongoDB\Server\3.6.2\bin\mongod.exe와 같을 것이다.

Ubuntu 리눅스를 포함한 다른 설치 정보는 https://docs.mongodb.com/v3.0/tutorial/install-mongodb-on-ubuntu를 참조하라.

지금까지 몽고DB를 컴퓨터에 설치했다. 웹 서버와 마찬가지로 애플리케이션에서 사용하기 위한 데이터베이스 생성을 위해 따로 몽고DB를 시작해야 한다. 몽고DB의 시작은 터미널 창에서 mongod 명령으로 시작한다. 이 명령은 몽고DB용 포트를 할당하고 data/db 폴더로 데이터베이스 파일을 생성한다.

> **노트** 맥 OS에서 Homebrew을 이용해 몽고DB를 시작하거나 정지하려면 brew service start mongodb, brew service stop mongodb 명령을 각각 사용한다. Homebrew는 데이터베이스 서버를 백그라운드로 실행시키며 만일 mongod가 동작하지 않으면 Homebrew로 실행시킬 수 있다.

새 터미널 윈도우에서 mongo를 입력해 Mongo 설치가 성공했는지 테스트할 수 있다. 이 명령을 통해 몽고DB 셸이 실행된다. 이 셸 환경에서 REPL과 비슷해 순수 몽고DB 문법을 사용할 수 있다. 작업 데이터가 준비된다면, 좀 더 이 환경을 알아볼 수 있다.

> **퀵 체크 13.1** 몽고DB에서 데이터 저장을 위해 사용되는 데이터 구조는 무엇인가?

13.2 몽고DB 셸에서 명령어 실행

이제 몽고DB가 실행되고 데이터의 추가, 열람, 삭제, 변경 명령을 입력하면 수행할 준비가 됐다. 애플리케이션에 몽고DB를 연결시키기 전에 몽고DB 셸에서 몇 가지 명령어를 테스트해보자.

> **주의** 몽고DB 셸에서의 명령은 되돌릴 수 없다. 데이터 (또는 데이터베이스 전체) 삭제 명령을 내렸다면 이를 복구할 방법은 없다.

퀵 체크 13.1 정답 몽고DB는 데이터 저장에 '도큐먼트'를 사용한다.

터미널창에서 mongo를 입력해 실행한다. 이 명령은 몽고DB 셸로의 진입을 의미한다. 셸로 들어가면 친숙한 > 프롬프트와 함께 몇 가지 주의와 몽고DB의 버전 넘버 등이 뜰 것이다.

몽고DB는 여러 개의 데이터베이스를 저장할 수 있다. 이는 모든 애플리케이션 데이터베이스의 관리 시스템이다. 시작을 위해 몽고DB에는 test 데이터베이스가 기본으로 들어 있다. 현재 데이터베이스 목록을 보여주는 db 명령어를 사용해 test 데이터베이스를 볼 수 있다.

그림 13.2 test 데이터베이스 확인

모든 가용 데이터베이스를 보려면 show dbs를 사용한다. 클린 인스톨한 몽고DB상에서 이 명령을 사용하면 Listing 13.2와 같이 나타날 것이다. Test 데이터베이스는 설치 시 같이 설치되는 3개 중 하나다. 데이터베이스 이름 옆은 데이터베이스의 크기를 의미한다. 아직 아무 데이터도 저장되지 않았기 때문에 데이터베이스의 사이즈는 0(empty)으로 표현된다.

Listing 13.2 터미널에서 모든 데이터베이스 목록 보기

```
admin     0.000GB
local     0.000GB
test      0.000GB        ◀──── 로컬 데이터베이스 뷰
```

새로운 데이터베이스를 만들 수 있고 즉시 이를 use <새로운 데이터베이스 이름>을 입력해 스위칭할 수 있다. use recipe_db를 입력해 한번 레시피 애플리케이션용 데이터베이스로 스위치해보라. 그리고 db 명령을 다시 입력하면 recipe_db 데이터베이스 내부를 볼 수 있다.

> **노트** 데이터가 추가되기 전까지 새로운 데이터베이스는 데이터베이스 리스트에 나타나지 않는다.

데이터베이스에 데이터를 추가하려면 데이터가 연관돼 있는 컬렉션 네임을 특정해야 한다. 몽고DB의 컬렉션은 데이터 모델을 표현하며, 동일한 그룹 내에서 그 모델과 관계된 모든 도큐먼트들을 저장한다. 예를 들어 레시피 애플리케이션을 위한 연락처 리스트를 생성하려고 한다면 새로운 컬렉션을 만들어 Listing 13.3과 같은 명령으로 데이터 아이템을 추가한다. insert 메소드는 몽고DB에서 JavaScript 객체 엘리먼트를 새로운 도큐먼트에 추가하기 위한 명령을 수행한다.

Listing 13.3 터미널에서 새로운 컬렉션으로 데이터 추가

```
db.contacts.insert( {
  name: "Jon Wexler",
  email: "jon@jonwexler.com",        데이터베이스로
  note: "Decent guy."                새로운 데이터 삽입
})
```

이때 컬렉션 구조는 매우 유연해 앞선 데이터 패턴에 따라야 할 필요 없이 어떤 값이라도 도큐먼트에 추가할 수 있다. 또 다른 아이템을 contacts 컬렉션에 {first_name: "Jon", favoriteSeason: "spring", countries_visited: 42}를 추가해보라. 몽고DB는 문제없이 데이터 추가를 허가할 것이다.

> **노트** 몽고DB가 일관성이 없는 데이터 저장을 문제 삼지 않는다고 해서 꼭 이렇게 해야 된다는 것은 아니다. 14장에서 애플리케이션 모델을 둘러싼 데이터 분류를 논의한다.

컬렉션 내 콘텐츠 목록을 보려면 db.contacts.find() 명령을 입력하면 된다. 그러면 Listing 13.4와 같은 결과가 보일 것이다. 위에서 추가한 2개의 아이템이 몽고DB가 제공하는 추가 속성으로 모두 보인다. id 특성은 고윳값을 저장하며 데이터베이스에서 특정 아이템을 구분하고 저장할 때 사용한다.

Listing 13.4 터미널에서 모든 데이터 보기

```
{"_id": ObjectId("5941fce5cda203f026856a5d"), "name": "Jon
➡Wexler", "email": "jon@jonwexler.com", "note":
➡"Nice guy."}
{"_id": ObjectId("5941fe7acda203f026856a5e"), "first_name":
➡"Jon", "favoriteSeason": "spring", "countries_visited": 42}
```

데이터베이스 도큐먼트 출력 결과

ObjectId

데이터를 유니크하게 분류하기 위해 몽고DB는 ObjectId 클래스를 사용한다. 이는 데이터베이스 도큐먼트의 중요 정보를 기록한다.

예를 들어 ObjectId("5941fe7acda203f026856a5e")는 데이터베이스의 도큐먼트를 나타내는 새로운 ObjectId 를 만든다. 16진수 값이 도큐먼트 컨스트럭터, 기록 타임스탬프, 데이터베이스 시스템에 대한 정보를 참조하는 ObjectId로 할당되는 것이다.

ObjectId 인스턴스의 결과는 데이터베이스에서 많은 유용한 메소드를 제공하며 이를 통해 데이터 정렬이나 구조화를 할 수 있다. 결과적으로 _id 특성은 몽고DB에서 도큐먼트 ID 스트링보다 더 유용한 기능이 된다.

---

contacts 컬렉션에서 db.contacts.find({_id: ObjectId("5941fce5cda203f026856a5d")})를 입력해 특정 아이템을 한번 찾아보라.

노트 위 명령에서 ObjectId를 데이터베이스 출력 결과 중 다른 것으로 바꿔 실행해보자.

몽고DB Compass

몽고DB에 어느 정도 익숙해졌다면 몽고DB의 터미널 셸보다 GUI 기반의 관리 도구를 원할 수도 있을 것이다. 이를 위해 나온 GUI 버전이 몽고DB Compass이며, 모든 OS에서 동작한다.

몽고DB Compass는 사용하기 쉽다. 레시피 애플리케이션의 데이터베이스에 액세스하려면 다음 단계를 따른다.

1. https://www.mongodb.com/download-center/compass에서 Compass를 다운로드한다.

2. 애플리케이션 폴더에 설치 절차를 밟는다.

---

3. 몽고DB Compass를 실행한다. 그리고 기존의 몽고DB 설정을 디폴트 커넥션으로 세팅한다.

4. 설정된 뷰 옵션으로 목록 내 데이터베이스(recipe_db 포함)의 컬렉션과 도큐먼트를 확인한다(그림 13.3).

그림 13.3 몽고DB Compass에서의 데이터베이스 뷰

> **몽고DB Compass에서의 데이터베이스 뷰**
>
> 가급적이면 몽고DB Compass는 애플리케이션에서 몽고DB 관련 작업 시 보조적 도구로 사용하기를 권한다.

몽고DB에서 자주 사용되는 커맨드들을 표 13.1 목록에 정리했다.

표 13.1 몽고DB 셸 커맨드

커맨드	설명
show collections	데이터베이스 내 모든 컬렉션을 출력한다. 나중에 이 컬렉션들은 독자의 모델에 매치해야 한다.
db.contacts.findOne	하나의 아이템을 임의로 돌려주거나, 파라미터로 받은 값에 맞는 값을 돌려준다(예: findOne(name:"Jon")).
db.contacts.update({name: "Jon"}, {name: "Jon Wexler"})	파라미터의 첫 번째 항목을 두 번째 항목으로 업데이트한다.
db.contacts.delete({name: "Jon Wexler"})	매칭되는 도큐먼트를 컬렉션에서 삭제한다.
db.contacts.deleteMany({})	컬렉션 내에 있는 모든 도큐먼트를 삭제한다. 이 명령은 원상복구되지 않는다.

더 많은 명령어를 보려면 치트 시트인 https://docs.mongodb.com/manual/reference
/mongo-shell/을 참조하라.

다음 절에서는 Node.js 애플리케이션에 몽고DB를 연결하는 방법을 알아본다.

퀵 체크 3.2 데이터베이스 내의 컬렉션을 보는 몽고DB 명령어는 무엇인가?

 ## 13.3 애플리케이션에 몽고DB 연결

몽고DB에 Node.js 애플리케이션을 연결하기 위해 터미널에서 프로젝트 폴더(또는 새롭
게 초기화된 프로젝트)로 이동한다. 그리고 npm i mongodb -S 명령으로 mongodb 패키지를 설
치한다. 이때 mongodb 패키지는 프로젝트 폴더 내 package.json 파일의 종속 모듈로 추가
된다.

> **노트** 13장 관련 코드 저장소의 몇 가지 뷰와 스타일링 룰은 마지막 캡스톤 프로젝트의 코드로부터
> 가져왔다.

main.js 파일의 제일 상단에 Listing 13.5의 코드를 추가한다. MongoClient 클래스를 사용
해 몽고DB 모듈을 요청한다. MongoClient는 기본 포트로 로컬 데이터페이스와 연결을 설
정한다. 콜백 함수는 몽고DB 서버와의 커넥션을 돌려준다. 이 커넥션에서 데이터베이스
recipe_db를 서버로 호출한다. 제공된 이름의 데이터베이스가 없다면 몽고DB는 앱에서
하나를 생성한다.

> **노트** mongod를 실행해 서버에 접속하기 전에 몽고DB 서버가 실행 중인지 항상 확인하라.

퀵 체크 3.2 정답   몽고DB 셸에서 show collections 명령을 치면 모든 컬렉션들이 리스트된다.

다음으로 contacts 컬렉션 내에 있는 모든 레코드를 찾도록 데이터베이스에 요청하고 이를 배열로 받는다. 결과 데이터는 콜백 함수에서 돌려준다. 이를 통해 여러분은 콘솔에 그 결과를 출력할 수 있다.

Listing 13.5 main.js에서 몽고DB와 Express.js의 연결

```
const MongoDB = require("mongodb").MongoClient,      ◀──── 몽고DB 모듈의 요청
  dbURL = "mongodb:// localhost:27017",
  dbName = "recipe_db";
                                                         로컬 데이터베이스
                                                         서버 연결 설정
MongoDB.connect(dbURL, (error, client) => {
  if (error) throw err;
  let db = client.db(dbName);          ◀──── 몽고DB 서버로의
  db.collection("contacts")                   recipe_db 데이터베이스
    .find()                                    연결 취득
    .toArray((error, data) => {      ◀──── contacts 컬렉션 내
      if (error) throw err;                  모든 레코드 찾기
      console.log(data);
    });                         ◀──── 콘솔에 결과 출력
});
```

> **노트** find 쿼리 메소드는 여기서 기존 함수형 프로그래밍 언어의 find와는 다르게 동작한다. 몽고DB에서 find에 대한 결과가 없으면 빈 배열이 반환된다.

Node.js 애플리케이션 안에서 몽고DB 셸에서 내렸던 명령을 동일하게 사용할 수 있다. 예를 들어 데이터베이스에서 새로운 아이템을 추가하려면 몽고DB 커넥션 부분에 Listing 13.6의 코드를 추가하면 된다.

데이터베이스에서 모든 아이템을 요청하고 나서, contacts 컬렉션에 접속하고 아이템 하나를 삽입한다. 새로운 데이터가 성공적으로 삽입됐다면 콘솔에 데이터베이스 로그 메시지를 출력한다.

Listing 13.6 **Node.js 애플리케이션으로부터 터미널로의 데이터 삽입**

```
db.collection("contacts")
  .insert( {
    name: "Freddie Mercury",
    email: "fred@queen.com"
  }, (error, db) => {          데이터베이스에
    if (error) throw error;     새 연락처 삽입
    console.log(db);
  });                          삽입 결과 출력
```

14장에서 몽구스^{Mongoose}라는 패키지를 살펴볼 것이다. 이 패키지는 몽고DB와 같이 동작하며 애플리케이션 스토리지를 좀 더 구조화해 작업하게 해준다.

> **퀵 체크 13.3** 참 또는 거짓! 존재하지 않은 데이터베이스를 접속하려고 하면 몽고DB는 에러를 발생시킨다.

 13.4 요약

13장에서는 어떻게 몽고DB를 설정하고 컴퓨터상의 데이터베이스를 다루는 몇 가지 명령어를 살펴봤다. 그리고 데이터베이스에 컬렉션과 도큐먼트를 삽입했고 .js애플리케이션에서 데이터베이스로 접속했다. 14장에서는 애플리케이션에서 저장하려는 데이터의 타입을 나타내는 모델을 만드는 것을 알아본다.

퀵 체크 13.3 정답   거짓이다. 몽고DB는 에러를 발생시키는 대신 제공된 이름으로 새로운 데이터베이스를 생성한다.

해보세요

'아이스크림 트럭 판매 통계'를 관리하는 애플리케이션을 만든다고 가정하자. ice_cream_flavors라는 컬렉션을 적절한 데이터베이스 이름과 함께 만든다. 몇 가지 맛의 아이스크림을 삽입하고 통계 분석을 위한 몇 가지 필드를 포함시켜라.

Mongoose를 사용한 모델 제작

13장에서는 몽고DB를 다운로드해 실행해봤다. Node.js로의 데이터베이스 연결을 통해 데이터를 저장하고 읽어들일 준비가 됐다. 14장에서는 데이터에 좀 더 객체지향적으로 접근해보겠다. 먼저 Mongoose 패키지를 설치한다. 이 도구는 애플리케이션 로직과 데이터베이스 사이에 구문 계층을 제공한다. Mongoose는 애플리케이션 데이터를 모델 구조에 맞게 변경시키기도 한다. 14장 후반부에서 레시피 애플리케이션 구독자를 위한 뉴스레터를 나타내는 첫 번째 모델과 스키마를 구성할 것이다.

14장에서 다룰 내용은 다음과 같다.

- Mongoose의 설치와 Node.js 애플리케이션으로 연결
- 스키마 생성
- Mongoose 데이터 모델의 생성과 초기화
- 사용자 정의 메소드로 데이터 읽기와 저장하기

14.1 Node.js 애플리케이션으로 Mongoose 설정

Express.js를 경험하면서 이것이 HTTP 요청과 응답을 다루는 데 어떻게 유용한지 배웠다. 이와 유사하게 Node.js 애플리케이션과 데이터베이스 사이에 커뮤니케이션을 도와주는 다른 패키지가 있는데, 그것이 바로 Mongoose다. Mongoose는 애플리케이션의 객체지향 구조를 보장하는 방법으로 몽고DB 명령어를 실행할 수 있는 객체-도큐먼트 매퍼다. 예를 들어 몽고DB 단독으로는 하나의 도큐먼트가 저장되고 다음 도큐먼트가 저장될 때 일관성을 유지하기가 힘들다. Mongoose는 어떤 형태의 데이터가 저장돼야 하는지에 대한 스키마로 모델을 만드는 도구이고 이런 상황을 개선시킬 수 있다.

모델 뷰 컨트롤러 아키텍처에 대해 이미 2부에서 논의했다. 어떻게 컨트롤러가 뷰와 모델 간에 정확한 데이터가 애플리케이션에서 전달되기 위한 커뮤니케이션을 하는지도 기술했다. 모델은 JavaScript 객체와 비슷하며 Mongoose는 이를 데이터베이스 쿼리를 분류하는 데 사용한다. 이번 절에서는 Mongoose를 설치하고 애플리케이션에서 어떤 모델로 보이는지 알아보겠다.

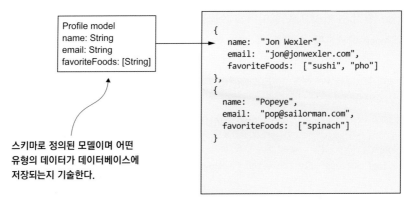

```
{
    name:  "Jon Wexler",
    email:  "jon@jonwexler.com",
    favoriteFoods:  ["sushi", "pho"]
},
{
    name:  "Popeye",
    email:  "pop@sailorman.com",
    favoriteFoods:  ["spinach"]
}
```

Profile model
name: String
email: String
favoriteFoods: [String]

스키마로 정의된 모델이며 어떤
유형의 데이터가 데이터베이스에
저장되는지 기술한다.

그림 14.1 몽고DB에서 도큐먼트와 Mongoose 맵과 매핑된 모델

Mongoose 설치는 터미널로 프로젝트 폴더에 들어가 npm i mongoose -S 명령으로 설치한다. Mongoose를 사용하면 더 이상 mongodb를 main.js에서 요청을 하지 않아도 되며 13장에서의 몽고DB도 사용하지 않는다. main.js에 Listing 14.1의 코드를 추가하자. 애플리케이션 파일에서 mongoose를 요청한다. 애플리케이션과 몽고DB 데이터베이스의 연결을 먼저 설정한다(동일한 일반 몽고DB 연결 규칙이 여기서도 적용된다). 그리고 데이터베이스 커넥션을 db 변수에 할당한다. 이를 통해서 나중에 데이터 변경이나 데이터베이스 상태 변경을 할 수 있다.

Listing 14.1 main.js에서 Node.js 애플리케이션을 통한 Mongoose 설정

```
const mongoose = require("mongoose");          ◀───── Mongoose 요청
mongoose.connect(
    "mongodb://localhost:27017/recipe_db",     ◀───── 데이터베이스 커넥션 설정
    {useNewUrlParser: true}
);
const db = mongoose.connection;                ◀───── db 변수에 데이터베이스 할당
```

노트 이때도 몽고DB 서버가 백그라운드에 실행 중이어야 함을 기억하라. 몽고DB의 실행은 터미널 윈도우에서 mongod 명령으로 실행한다.

Mongoose 설정은 이것으로 끝이다. 데이터베이스 연결을 로깅할 수 있다. 데이터베이스 연결은 open 이벤트를 수신할 때 콜백 함수(로그 메시지)를 실행시킨다.

Listing 14.2 main.js에서 데이터베이스 접속 시 메시지 로깅

애플리케이션이 데이터베이스에
연결됐을 때 메시지 로깅

```
db.once("open", () => {
  console.log("Successfully connected to MongoDB using Mongoose!");
});
```

다음 절에서 Mongoose를 이용해 어떻게 데이터를 모델링하는지 살펴본다.

퀵 체크 14.1 ODM이란 무엇인가?

 14.2 스키마의 생성

스키마는 프로그래밍 언어에서 클래스 정의, 또는 더 나아가 애플리케이션에서 특정 객체를 위해 어떻게 데이터를 분류해야 하는지에 관한 청사진과 같다. 데이터가 일관성을 잃어버리는 경우, 이를테면 어떤 도큐먼트는 email 필드를 갖고 있고 어떤 것은 없다면 모든 contact 객체는 데이터베이스에 저장되기 위해서는 email 필드가 필요하다고 기술하는 스키마를 생성할 수 있다.

레시피 애플리케이션에 뉴스레터 구독 양식을 추가하기 위해 구독자subscriber 스키마를 생성하자. Listing 14.3의 코드를 main.js에 추가한다. mongoose.Schema는 주어진 파라미터로 스키마 객체를 생성하게 하는 컨스트럭터를 제공하고, 그 후 객체 필드의 이름과 데

퀵 체크 14.1 정답 객체 도큐먼트 매퍼다. 바로 애플리케이션 내에서 Mongoose가 하는 역할이다. ODM(객체 관계 매퍼와 비슷하다)은 애플리케이션에서 객체 관점으로 고려하기 쉽게 만들며 어떻게 데이터베이스에 저장돼야 하는지 고민할 필요가 없게 한다.

이터 유형의 정의를 추가한다. 데이터 유형이란 사람의 이름은 숫자가 될 수 없다는, 그런 것들이다.

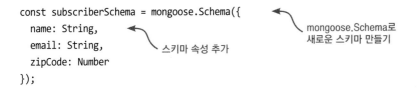

```
const subscriberSchema = mongoose.Schema({
  name: String,
  email: String,
  zipCode: Number
});
```

스키마 속성 추가

mongoose.Schema로
새로운 스키마 만들기

> **노트** 몽고DB가 스키마를 수행하진 않는다. Mongoose가 실행한다. Mongoose 스키마 데이터에
> 대한 자세한 정보는 http://mongoosejs.com/docs/schematypes.html을 참조하라.

이제 스키마가 정의됐다. var Subscriber = mongoose.model("Subscriber", subscriberSchema) 명령을 통해 이를 모델이 적용해야 한다. 모델은 Subscriber 객체 초기화 시 사용하며, 생성된 스키마는 이 모델을 위해 사용될 수 있다. model 메소드는 여러분이 선정한 모델명과 앞서 정의된 스키마(이 경우는 subscribeSchema)를 받는다.

Subscriber의 참조를 통해 이 모델의 새로운 객체를 초기화할 수 있다. Listing 14.4에서와 같이 새로운 객체를 얻는 방법은 두 가지가 있다. 하나는 new 키워드를 사용해 Subscriber의 새로운 인스턴스를 구축할 수 있다. 또 하나는 이 절에서 subscribeSchema에 따른 특성을 미리 전달하는 것이다. 데이터베이스로의 새로운 Subscriber 객체를 만들기 위해서는 save를 호출하고 콜백 함수를 통해 에러 처리 또는 정상적으로 데이터를 처리하게 된다.

사전에 정의한 스키마 타입과 매치되지 않으면 에러가 발생한다. 에러 없이 저장된 아이템은 애플리케이션 어디에서나 사용할 수 있는 데이터를 반환한다. 예를 들어 독자가 구독 등록한 사용자에게 등록한 이름으로 감사 인사를 하려고 할 수도 있다. create는 new와 save를 한 번에 하는 역할을 한다. 생성과 저장을 한 번에 하려면 이 Mongoose 메소드를 사용하라.

노트 Mongoose 모델로부터 객체를 초기화하는 것은 JavaScript 객체를 초기화하는 것과 유사하다. new 키워드는 JavaScript와 다른 데이터 유형에도 쓰일 수 있다.

Listing 14.4 main.js에서 생성과 저장 구문

```
var subscriber1 = new Subscriber({
  name: "Jon Wexler",
  email: "jon@jonwexler.com"        새로운 subscriber의
});                                  초기화
                                                    subscriber를
                                                    데이터베이스에 저장

subscriber1.save((error, savedDocument) => {
  if (error) console.log(error);
  console.log(savedDocument);
});                              저장된            에러 발생 시 다음 미들웨어
                                 데이터 도큐먼트의 로그   함수로 에러를 전달

Subscriber.create(
  {
    name: "Jon Wexler",
    email: "jon@jonwexler.com"
  },
  function (error, savedDocument) {
    if (error) console.log(error);
    console.log(savedDocument);
  }
);
```

main.js 파일에 Listing에 있는 코드를 추가하자. node main.js로 애플리케이션을 시작하면 몽고DB receip_db 데이터베이스가 새로운 구독자로 채워져 있을 것이다.

> **퀵 체크 14.2** 참 또는 거짓! new Subscriber({name: "Jon", email: "jon@jonwexler.com"})은 데이터베이스에 새로운 레코드를 기록한다.

퀵 체크 14.2 정답   거짓이다. 이 코드는 가상의 객체를 생성할 것이다. 이 행의 값을 변수에 저장하고 save를 그 변수에 대해 실행시키면 새로운 subscriber가 데이터베이스에 저장된다.

14.3 모델의 분류

이제 Mongoose 모델의 형태로 데이터를 저장하는 방법을 알게 됐다. 하지만 데이터를 잘 분류해 main.js 파일을 복잡하게 하지 않기를 원할 수 있을 것이다. 뷰와 컨트롤러에 했던 것처럼 애플리케이션의 루트 레벨에서 model 폴더를 만든다. Model 폴더 안에 subscriber.js라는 파일을 만든다.

이 파일에 모델 코드를 옮겨 기입한다. 스키마 및 모델 정의 관련 코드들을 모두 옮기고 모델을 파일의 exports 객체로 옮긴다(Listing 14.5를 보라).

subscriber.js가 필요한 어느 모듈이든 Subscriber 모델에 접근할 것이다. 스키마는 파일 외부에서 접근하게 만들어질 필요는 없다.

Listing 14.5 subscriber.js에서 모듈 분리를 위한 모델과 스키마의 이동

```
const mongoose = require("mongoose"),
  subscriberSchema = mongoose.Schema({
    name: String,
    email: String,
    zipCode: Number
  });
module.exports = mongoose.model("Subscriber", subscriberSchema);
```

module export 시에만
Subscriber를 익스포트

> **노트** 이때 mongoose 모듈을 요청해야 한다. Mongoose 메소드를 스키마와 모델이 작업에 사용하기 때문이다. Node.js는 프로젝트에서 모듈을 한 번만 읽어들이기 때문에 이 부분이 애플리케이션을 느리게 만들지는 않는다. 이미 로딩된 모듈을 쓰는 것이기 때문이다.

다음으로 const Subscriber = require("./models/subscriber")를 main.js에 추가해 모델을 요청한다. 이 구문은 다른 모듈 요청 구문 아래에 추가한다. 이제 이 모델은 이전과 같은 방식으로 쓸 수 있다.

main.js에서 Mongoose의 `findOne`으로 데이터베이스의 도큐먼트를 찾고 `where` 로 메소드를 쿼리한다. 예를 들어 이메일에 `wexler`라는 스트링이 들어가 도큐먼트 하나를 찾으려고 하면 `Subscriber.findOne({name: "Jon Wexler"}). where("email", /wexler/)`를 수행시키면 된다.

이 간단한 사용자 정의 쿼리는 필요한 데이터를 얻기 위해 얼마나 유연하게 사용될 수 있는지 보여준다. Mongoose는 부분 부분의 쿼리를 연결하도록 해주며 변수에 쿼리를 저장하게도 한다. `var findWexlers`라는 변수를 만들 수 있으며 `wexler`라는 단어가 들어 있는 이메일을 찾는 쿼리를 할당할 수도 있다. 그러면 나중에 `findWexlers.exec()`를 사용해 쿼리를 수행할 수 있다(exec에 대한 자세한 사항은 15장을 참조하라).

exec 메소드 없이 쿼리를 실행하려 한다면 2개의 인수를 가지는 콜백 함수가 필요하다. 첫 번째 인수는 발생한 에러를 의미하며, 두 번째 인수는 데이터베이스가 돌려주는 데이터를 의미한다(Listing 14.6). https://mongoosejs.com/docs/queries.html에 있는 예제 쿼리들을 따라 해보고 쿼리를 만들어보라.

Listing 14.6   main.js에서 쿼리 수행 예제

```
var myQuery = Subscriber.findOne({
    name: "Jon Wexler"
  })
  .where("email", /wexler/);
myQuery.exec((error, data) => {
  if (data) console.log(data.name);
});
```
데이터와 에러 처리를 위한
콜백 함수로 쿼리 실행

> **노트**   데이터베이스로부터 아이템은 여러 개가 될 수 있기 때문에 데이터베이스로부터의 아이템은 항상 배열로 받는다. 도큐먼트를 찾을 수 없다면 빈 배열 값을 돌려줄 것이다.

이제 자유자재로 모듈을 만들고 몽고DB 컬렉션 이름 대신 만든 모듈의 이름으로 저장할 수 있게 됐다.

4부에서는 CRUD^{Cread, Read, Update, Delete}가 가능한 좀 더 견고한 모델을 만드는 방법을 배울
것이며, 관련 접근법도 자세히 논의할 것이다.

퀵 체크 14.3 Mongoose 스키마에서 각 특정된 필드를 위해 요구되는 두 개의 컴포넌트는 무엇인가?

 ## 14.4 요약

14장에서는 어떻게 Mongoose를 설정하고 맵 데이터와 데이터베이스의 연결을 위한 몽
고DB를 어떻게 사용하는지 알아봤다. 그리고 Mongoose 구문과 메소드를 배웠다. 14장
에서의 기술된 단계를 통해 영속적 데이터의 저장을 위한 스키마와 모델을 어떻게 만드
는지도 배웠다. 마지막으로 데이터 모델을 분류하고 앞으로 도입할 도구를 위해 main.js
를 수정했다. 15장에서는 데이터베이스 쿼리에서 JavaScript 프라미스를 수행해 14장에
서 만들었던 기능을 정리할 것이다.

> **해보세요**
>
> 앞으로 레시피 애플리케이션용으로 많은 모델들을 만들 것이다. 이 모델들이 어떻게 생겼을지 한번
> 상상해보라. 프로그램을 통해 제공되는 야채들의 유형을 나타내는 모델이 필요할 수도 있다. 레시피
> 아이템을 위한 모델과 스키마를 한번 생성해보자.

퀵 체크 14.3 정답   스키마는 속성 이름(name)과 데이터(data)가 필요하다.

컨트롤러와 모델과의 연결

지금까지 몽고DB 데이터베이스에 데이터의 처리 및 저장을 위한 Node.js 애플리케이션을 설정했다. Mongoose의 도움으로 모델과 스키마로 데이터를 구조화시켰다. 15장에서는 라우트를 이 모델과 컨트롤러에 연결해 사용자의 URL 요청에 기반한 의미 있는 데이터를 저장할 수 있다. 먼저 새로운 구독자 라우트를 위한 컨트롤러를 생성한다. 그리고 이 라우트를 JavaScript ES6을 지원하는 프라미스로 전환할 것이다. 애플리케이션이 커지면서 프라미스의 추가는 데이터베이스 호출에 유연성을 줄 것이다. 마지막으로 구독자들이 정보를 포스팅할 폼과 새로운 뷰를 만들 것이다.

15장에서 다룰 내용은 다음과 같다.

- 컨트롤러와 모델과의 연결
- 컨트롤러 액션을 통한 데이터 저장
- 프라미스로 데이터베이스 쿼리 실행
- 폼 데이터 포스팅의 처리

15.1   구독자를 위한 컨트롤러 만들기

컨트롤러는 모델(데이터)과 뷰(웹 페이지)를 연결하는 역할을 한다는 점을 떠올려보자. 이제 모델을 설정했고 이 모델과 연관된 데이터를 특별히 찾는 외부 요청을 처리하는 컨트롤러가 필요하다. 만일 누군가가 홈 경로인 /를 요청한다면 홈 컨트롤러에서 로직을 따르는 뷰를 돌려줄 수 있다. 이제 다른 누군가가 구독자로서 등록 요청을 보내면 구독자 컨트롤러를 수행해야 한다. Controllers 폴더에 subscribersController.js를 생성한다.

> **노트**   일반적으로 컨트롤러는 모델의 여러 버전에서 이름이 지정된다. 엄격한 규칙은 없고, 보다시
> 피 이미 homeController.js가 있지만 이 컨트롤러는 애플리케이션에서 모델을 나타내지 않는다.

subscribersController.js는 mongoose와 Subscriber 모델에 액세스해야 한다. 이 두 모델은 제일 먼저 요청된다. 다음으로 컨트롤러 액션을 만들어 데이터베이스의 모든 구독자를 조회하기 위한 요청을 처리한다. 코드는 Listing 15.1과 같이 될 것이다. mongoose를 요청해 모델을 데이터베이스에 저장하는 데 필요한 도구에 액세스한다. 그런 다음 Subscriber 모델을 subscriber 모듈로부터 요청해 코드 로직으로 통합할 수 있다. 이렇게 되면 더 이상 main.js에서 Subscriber 모델에의 참조가 더 이상 필요하지 않다. getAllSubscribers는 이 모듈을 요청하는 어느 파일에서라도 액세스 가능할 것이다. 이제 데이터베이스로부터 데이터를 가져오기 위해 이 콜백 함수를 사용할 수 있다.

이 컨트롤러 액션 내에서 Mongoose의 find 메소드를 데이터베이스의 모든 구독자 배열 요청을 Subscriber 모델에서 몽고DB에 전달하기 위해 사용한다.

> **노트** find 메소드를 인수 없이 사용하는 것은 빈 객체({})를 인수로 넣는 것과 동일하다. 여기서 빈 객체의 의미는 모든 구독자를 어떤 조건 없이 읽어오는 것을 원한다는 것을 의미한다.

만일 데이터베이스를 읽는 중에 오류가 발생하면 이를 다음 미들웨어 함수로 전달한다. 오류가 없다면 몽고DB에서의 데이터를 요청 객체에 전달한다. 그러면 이 객체는 미들웨어 체인에서 다음 함수에 의해 액세스될 수 있다.

Listing 15.1 subscribersController.js에서의 구독자 컨트롤러의 제작

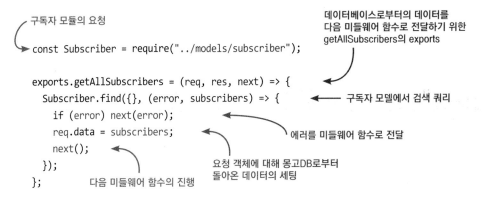

구독자 모듈의 요청

데이터베이스로부터의 데이터를 다음 미들웨어 함수로 전달하기 위한 getAllSubscribers의 exports

```
const Subscriber = require("../models/subscriber");

exports.getAllSubscribers = (req, res, next) => {
  Subscriber.find({}, (error, subscribers) => {
    if (error) next(error);
    req.data = subscribers;
    next();
  });
};
```

구독자 모델에서 검색 쿼리

에러를 미들웨어 함수로 전달

요청 객체에 대해 몽고DB로부터 돌아온 데이터의 세팅

다음 미들웨어 함수의 진행

> **노트** 모델이 다른 폴더에 들어 있기 때문에 model 폴더에 접속해 요청하려면 앞에 ..를 붙여야 한다.

Express.js가 설치됐고 정상적으로 동작하는지 다시 확인하자. 다음 단계는 main.js에서 라우트를 설정하는 일이다. 먼저 const subscribersController = require("./controllers/ subscribersController")를 사용해 구독자 컨트롤러를 요청하는지 확인한다. 라우트는 Listing 15.2의 코드와 같이 돼 있을 것이다.

이 코드에서는 /subscribers 경로로 만들어진 GET 요청을 찾고 있다. 요청을 받으면 이를 subscribersController.js에 있는 getAllSubscribers 함수로 전달한다. 이 함수에서는 데이터로 아무것도 하지 않기 때문에 쿼리의 결과를 요청 객체에 붙여 다음 미들웨어 함수

로 전달한다. 여기서 getAllSubscribers는 브라우저에서 데이터 렌더링을 위한 사용자 정의 함수다.

```
app.get("/subscribers", subscribersController.getAllSubscribers,
 (req, res, next) => {
  console.log(req.data);
  res.send(req.data);
});
```

getAllSubscribers 함수로 요청 전달

요청 객체로부터의 데이터 로깅

브라우저 창에 데이터 렌더링

npm start 명령으로 애플리케이션을 재시동해 이 코드를 테스트해보자. 계획대로 동작했다면 http://localhost:3000/subscribers로 방문해 이름과 이메일로 데이터베이스에 있는 구독자 목록을 볼 수 있다(그림 15.1).

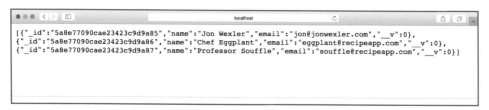

```
[{"_id":"5a8e77090cae23423c9d9a85","name":"Jon Wexler","email":"jon@jonwexler.com","__v":0},
{"_id":"5a8e77090cae23423c9d9a86","name":"Chef Eggplant","email":"eggplant@recipeapp.com","__v":0},
{"_id":"5a8e77090cae23423c9d9a87","name":"Professor Souffle","email":"souffle@recipeapp.com","__v":0}]
```

그림 15.1 구독자 데이터를 사용한 브라우저의 예시

결과 데이터를 확인하는 것 대신 뷰 페이지에서 데이터로 반응하는 것으로 즉시 액션의 개선이 가능하다. 액션의 리턴 구문을 수정해 이를 Express.js의 res.render로 바꾼다. 뷰를 렌더링하기 위한 라인은 subscribers.ejs를 호출하며 형태는 res.render("subscribers", {subscribers: subscribers})이다.

이 응답은 subscribers.ejs라 부르는 뷰를 렌더링하기 위해 호출하며 subscribers라는 변수를 통해 구독자 데이터를 데이터베이스로부터 이 뷰로 전달한다.

이제 이 구독자들을 표시하기 위한 뷰 페이지를 만들어야 한다.

노트 결국 이 페이지는 애플리케이션 관리자가 누가 레시피 애플리케이션에 등록했는지 보기 위해 사용될 것이다. 하지만 당장은 이 페이지는 이 라우트로 접근하는 사람들은 누구나 볼 수 있다.

Views 폴더에 subscrbers.ejs 파일을 생성하고 Listing 15.3의 코드를 추가한다. EJS 템플릿 문법을 사용해 방금 생성된 액션으로부터 전달된 subscribers 배열을 순환 구문으로 출력한다. 각 구독자 정보는 s를 통해 얻을 수 있으며, 구문 태그에서 출력되는 구독자들의 이메일 주소나 이름이 그 예다.

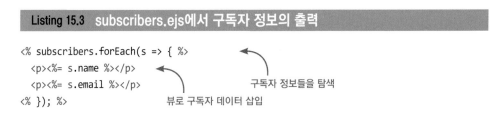

```
<% subscribers.forEach(s => { %>
  <p><%= s.name %></p>
  <p><%= s.email %></p>
<% }); %>
```

구독자 정보들을 탐색

뷰로 구독자 데이터 삽입

http://localhost/subscribers 페이지는 구독자 목록을 그림 15.2와 같이 출력할 것이다.

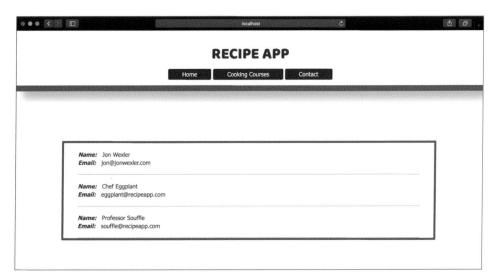

그림 15.2 구독자 데이터 목록 뷰를 사용한 브라우저 예시

다음 절에서는 폼으로 포스팅된 정보를 처리하기 위한 2개의 라우트를 더 추가할 것이다.

퀵 체크 15.1 데이터를 뷰로 전달하는 모듈은 무엇인가?

15.2 포스팅 데이터를 모델로 저장

지금까지는 요청이 애플리케이션의 웹 서버로 전달될 때 단방향으로 흐르는 데이터가 있어야 했다. 다음 단계는 사용자의 제출 데이터를 구독자 객체의 형태로 저장하는 것이다. 그림 15.3은 폼으로부터 데이터베이스로의 정보의 흐름을 보여준다.

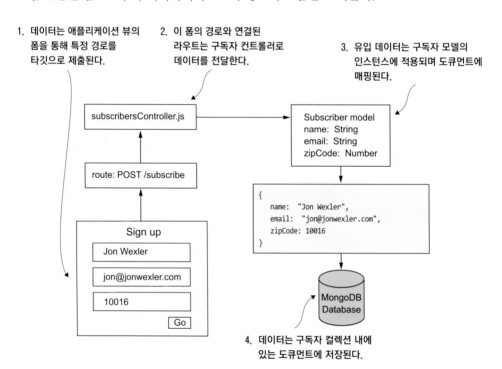

그림 15.3 웹 페이지 폼으로부터 데이터베이스까지의 흐름

퀵 체크 15.1 정답   컨트롤러로부터 뷰로 데이터를 전달할 수 있다. subscribersController.js 파일에서 구독자 배열을 렌더링된 subscribers.ejs를 통해 전달한다.

스키마에 따르면 구독자 객체는 이름, 이메일, 우편번호 필드를 가져야 한다. 따라서 이 필드들이 있는 폼 뷰가 필요하다. Listing 15.4의 폼을 사용해 contact.ejs를 변경하자. 이 폼은 HTTP POST 요청을 통해 데이터를 /subscribe로 제출할 것이다. 폼의 입력 부분은 구독자 모델의 필드와 매치된다.

Listing 15.4   subscribe.ejs에서 구독자 데이터의 포스팅 폼

```
<form action="/subscribe" method="post">    ◀─── 구독 폼 추가
  <input type="text" name="name" placeholder="Name">
  <input type="text" name="email" placeholder="Email">
  <input type="text" name="zipCode" placeholder="Zip Code" pattern="[0-9]{5}">
  <input type="submit" name="submit">
</form>
```

contact.ejs가 렌더링될 때 이 폼이 나타나기 때문에 구독자 컨트롤러로부터 /contact 경로로 요청이 발생 시 이 뷰를 렌더링하기 위한 라우트를 생성한다. 그리고 /subscribe 경로를 위한 GET 라우트가 필요하며 기존의 /contact 경로를 위한 POST 라우트의 수정도 필요하다. 이 라우트를 Listing 15.5의 코드에서 나타냈다.

첫 번째 라우트는 /subscribes로의 요청을 대기하며, subscribersController의 getSubscriptionPage 콜백을 사용한다. 두 번째 라우트는 POST 메소드로 만들어진 요청만을 위한 saveSubscriber 콜백 함수를 사용한다.

> **노트** 이렇게 바꾸고 나면 homeController.js나 main.js의 라우트에 있는 연락처 폼이 더 이상 필요 없게 된다.

Listing 15.5   main.js에서 구독을 위한 라우트

```
app.get("/contact", subscribersController.getSubscriptionPage);
app.post("/subscribe", subscribersController.saveSubscriber);
```

구독 페이지를 위한
GET 라우트 추가

구독 데이터 처리를 위한
POST 라우트 추가

작업을 완료하기 위해 getSubscriptionPage와 saveSubscriber 함수를 생성한다. subscribersController.js 내에 Listing 15.6의 코드를 추가한다. 첫 번째 액션은 views 폴더로부터 EJS 페이지를 렌더링한다. saveSubscriber는 요청으로부터 데이터를 수집하며 body-parser 패키지(2부에서 설치했다)로 하여금 요청 내 본문 콘텐츠를 읽어들이게 한다. 새로운 모델의 인스턴스가 생성됐으면 구독자 필드를 요청 본문 파라미터에 각각 매핑한다. 마지막 단계에서 구독자 저장을 한다. 만일 저장에 실패한다면 에러로 응답할 것이다. 성공한다면 thanks.ejs로 응답할 것이다.

Listing 15.6 subscribersController.js에서 구독 라우트를 위한 컨트롤러 액션

```
exports.getSubscriptionPage = (req, res) => {      ← 구독 페이지를
  res.render("contact");                               렌더링하기 위한
};                                                     액션 추가


exports.saveSubscriber = (req, res) => {    ←
  let newSubscriber = new Subscriber({
    name: req.body.name,                        구독자들을 저장하기 위한
    email: req.body.email,                      액션 추가
    zipCode: req.body.zipCode
  });                            ←───── 새로운 구독자 추가

  newSubscriber.save((error, result) => {    ←───── 새로운 구독자 저장
    if (error) res.send(error);
    res.render("thanks");
  });
};
```

> **노트** 몽고DB는 새로운 구독자를 추가할 때 _id를 반환한다. 이 예제에서 result 변수는 이를 포함한다.

http://localhost/contact 페이지에서의 폼을 채워 이 코드를 수행해볼 수 있다. 데이터를 제출하고 나서 http://localhost/subscribers로 접속해 새롭게 포스팅된 데이터를 포함해 구독자 리스트를 확인해보자.

16장에서는 JavaScript 프라미스를 활용해 데이터베이스 쿼리를 좀 더 수정할 것이다.

퀵 체크 15.2 폼에서 데이터를 처리하기 위한 Express.js의 추가 패키지는 무엇인가?

15.3 Mongoose로 프라미스 사용

ES6은 비동기 쿼리에서 일반적으로 콜백 함수인 함수 체인을 사용하기 위해 프라미스를 사용하는 아이디어를 채택했다. 프라미스란 JavaScript 객체로서, 함수 호출 상태에 대한 정보와 다음 체인에 따라 어떤 호출이 일어날까에 대한 정보를 갖고 있다. 미들웨어와 유사하게 프라미스는 함수를 시작시키고 다음 콜백 함수로 넘어가지 않고 완료될 때까지 대기하게 할 수 있다. 결국 프라미스는 중첩 콜백을 표현하는 데 간결한 방법을 제공하지만 지금 애플리케이션에 사용될 데이터베이스 쿼리로는 콜백 함수가 상당히 길어질 수 있다.

다행히 Mongoose는 프라미스를 사용하도록 만들어졌다. 필요한 작업은 main.js의 상단부에 mongoose.Promise=global.Promise를 추가해 Mongoose에게 ES6 프라미스를 사용할 것이라는 것을 알려주는 것이다. 이제 만들어진 각 쿼리를 이용해 일반적인 데이터베이스 응답을 돌려줄지, 또는 이런 응답 결과를 포함하는 프라미스를 돌려줄지를 선택할 수 있다. 예를 들어 Listing 15.7에서의 쿼리는 데이터베이스로부터 모든 구독자 목록을 읽어서 데이터베이스의 응답으로 새로운 프라미스를 돌려주고 있다.

이렇게 프라미스로 쿼리를 다시 작업해도 데이터베이스에 있는 모든 구독자 정보를 요청하는 것에는 변함이 없다. 쿼리 내에서 뷰를 바로 렌더링하는 것 대신에 뷰를 렌더링할지 또는 에러 로깅과 함께 리젝트할지에 대한 데이터를 포함한 프라미스를 돌려준다. find에서 exec 호출을 통해 프라미스를 돌려주기 위한 쿼리를 수행하고 있는 것이다.

퀵 체크 15.2 정답   요청의 본문(body) 부분을 쉽게 파싱하려면 body-parser 패키지의 도움이 필요하다. 이 모듈은 유입된 요청과 Express.js 사이에서 미들웨어 역할을 한다.

노트 exec 사용 없이도 이후의 명령어를 처리하기 위해 then이나 catch 명령을 사용할 수 있다. 하지만 exec가 없다면 인증된 프라미스(프라미스 쿼리의 Mongoose 버전)가 아니다. 그러나 save와 같은 Mongoose 메소드는 exec 없이도 동작한다. 자세한 내용은 http://mongoosejs.com/docs/promises.html을 참조하기 바란다.

처리 과정에서 에러가 발생하면 에러는 프라미스 체인에서 catch 블록으로 전파된다. 에러가 없다면 결과 데이터는 쿼리로부터 다음 then 블록으로 전파된다.

이 프라미스-체인 프로시저는 다음에 어떤 코드가 실행돼야 하는지 결정하기 위한 프라미스 블록에서의 결과 코드나 통상의 리젝트 프라미스를 따르게 된다(그림 15.4).

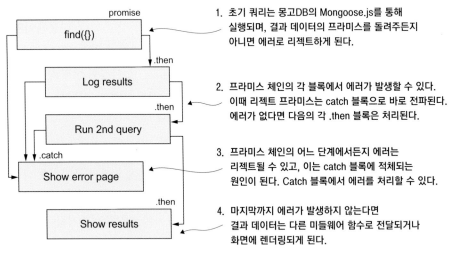

그림 15.4 Mongoose.js에서의 프라미스 체인

프라미스가 완료되면 Express.js에 있는 후속 미들웨어의 사용을 위해 next를 호출한다. 그리고 then 메소드에 연결해 프라미스에게 데이터베이스의 응답 후 바로 이 작업을 수행함을 알린다. 이 then 블록은 뷰를 렌더링하는 곳이다. 다음으로, catch 메소드가 리젝트된 에러의 처리를 위해 연결된다.

노트 then은 프라미스 환경에서만 사용된다. 그리고 next는 미들웨어 함수에서 사용된다. 만약 Listing 15.7과 같이 둘 다 사용된다면 then의 처리를 위해 프라미스를 기다리며 그 후에 next를 호출해 다른 미들웨어 함수로 넘어간다.

then 체인은 원하는 만큼 추가할 수 있고, 궁극적으로 다른 모든 것들이 종료됐을 때 (프라미스 블록 내) 코드를 수행하도록 프라미스에 알리는 것이다. 마지막 then 블록은 프라미스가 완료됐음을 알리는 메시지를 로깅하는 블록이다.

Listing 15.7 subscribersController.js에서 모든 구독자를 가져오기 위한 프라미스 사용

```
exports.getAllSubscribers = (req, res) => {          ← getAllSubscribers 액션의
  Subscriber.find({})                                   재작성
    .exec()                              ← find 쿼리로부터의
    .then((subscribers) => {                프라미스 리턴
      res.render("subscribers", {      ← 저장된 데이터를
        subscribers: subscribers            다음 then 코드 블록에 전달
      });
    })                                 ← 데이터베이스로부터
    .catch((error) => {                   결과 제공
      console.log(error.message);     ← 프라미스에서 리젝트된
      return [];                          에러들을 캐치
    })
    .then(() => {                      ← 프라미스 체인의
      console.log("promise complete");     종료와 메시지 로깅
    });
};
```

또한 Listing 15.8에서 보는 바와 같이 프라미스를 사용하기 위한 saveSubscriber에서의 save를 수정할 수 있다.

Lisiting 15.8 subscribersController.js에서 프라미스를 사용하기 위한 saveSubscriber의 수정

```
newSubscriber.save()
  .then(result => {            ← 프라미스로 새 구독자 저장
    res.render("thanks");
  })
  .catch(error => {
```

```
  if (error) res.send(error);
});
```

마지막으로 개발 단계에서 구독자 정보를 연락처 폼을 통해 하나하나 올리는 것 대신 한
꺼번에 올리려면 이를 위한 모듈을 따로 만들 수 있다. 프로젝트 디렉터리에 seed.js를
생성하고 Listing 15.9의 코드를 추가한다. 이 파일은 로컬 데이터베이스에 접속해 생성
을 위한 구독자 정보 배열을 루프를 돌면서 처리한다. 먼저 기존 구독자 데이터베이스를
remove 명령으로 삭제한다. 그리고 프라미스 라이브러리인 Promise.all이 로그 메시지를
출력하기 전에 생성돼야 할 구독자 도큐먼트를 기다린다.

Listing 15.9 seed.js에서의 새로운 데이터 생성

```
const mongoose = require("mongoose"),
  Subscriber = require("./models/subscriber");

mongoose.connect(
  "mongodb:// localhost:27017/recipe_db",        ←───  데이터베이스 연결 설정
  { useNewUrlParser: true }
);

mongoose.connection;

var contacts = [
  {
    name: "Jon Wexler",
    email: "jon@jonwexler.com",
    zipCode: 10016
  },
  {
    name: "Chef Eggplant",
    email: "eggplant@recipeapp.com",
    zipCode: 20331
  },
  {
    name: "Professor Souffle",
    email: "souffle@recipeapp.com",
    zipCode: 19103
```

```
    }
];

Subscriber.deleteMany()
  .exec()                        ◄──── 기존 데이터 제거
  .then(() => {
    console.log("Subscriber data is empty!");
  });

var commands = [];                    프라미스 생성을 위한
                                      구독자 객체 루프
contacts.forEach((c) => {
    commands.push(Subscriber.create({
      name: c.name,
      email: c.email
    }));
});

Promise.all(commands)          ◄──── 프라미스 생성 후 로깅 작업
  .then(r => {
    console.log(JSON.stringify(r));
    mongoose.connection.close();
  })
  .catch(error => {
    console.log(`ERROR: ${error}`);
  });
```

이 파일을 이어지는 각 장에서 실행해 비어 있거나 일관성이 깨진 데이터베이스를 피할 수 있다. 이를 위한 기초 데이터를 어떻게 사용할지는 8부에서 자세히 이야기한다.

> **퀵 체크 15.3** 참 또는 거짓! Mongoose 쿼리에서 exec를 사용하는 것은 새로운 프라미스를 돌려주는 쿼리를 사용하는 것과 같다.

퀵 체크 15.3 정답 참이다. exec는 만약 프라미스가 Mongoose 설정 시 같이 설정됐다면 쿼리를 수행하고 프라미스를 돌려주도록 설계돼 있다.

15.4 요약

15장에서는 컨트롤러 액션을 갖고 어떻게 모델에 접속하는지 배웠다. 그리고 데이터베이스로부터 구독자 리스트를 읽어들임으로써 모델, 뷰, 컨트롤러 사이의 커넥션도 만들었다. 15장 마지막에서는 Mongoose와 Node.js에서 같이 사용되는 프라미스에 대해서도 알아봤다. 16장의 캡스톤 예제에서는 3부에서 학습한 모든 것을 사용해 애플리케이션이 사용할 데이터베이스를 구축할 것이다. 4부에서는 이 구조에서 좀 더 보강된 모델을 만들어 데이터의 저장과 열람 이외의 액션도 다룰 것이다.

해보세요

다른 컨트롤러들도 프라미스를 사용하도록 변경해보라. where나 order 같은 다른 Mongoose 쿼리 메소드를 연결해보자. 각 메소드는 프라미스를 다음 커맨드로 전달한다.

캡스톤: 사용자 구독 저장

요리 학교 Confetti Cuisine에 Exress.js 애플리케이션을 제공했고, 반응도 좋았다. 학교 측에서는 자신들의 요리 강습 코스를 홍보할 준비가 돼 있으며 누가 요리 학교의 뉴스레터를 구독하기 위해 방문했는지 알고 싶어 한다. 이 뉴스레터 구독자들은 잠재적 고객이다. 학교 측에서는 구독자들의 이름, 이메일 주소, 우편번호를 알고 싶어 한다.

적절한 데이터베이스를 마련한다면 요리 학교 측에서는 사용자 계정 제작 작업을 위한 다음 단계로 넘어가기 편해질 것이다. 이 작업을 완료하기 위해 다음 항목을 사용해 애플리케이션을 구축할 필요가 있다.

- 몽고DB 데이터베이스
- Mongoose 패키지
- 3개의 필드를 갖고 있는 데이터 스키마
- 구독 등록을 위한 폼
- POST 요청 및 구독자 데이터 모델의 저장 처리를 위한 라우트

16.1 데이터베이스의 설정

이제 Confetti Cuisine에서는 사용자 데이터를 받아들일 준비가 됐다. 이를 위해 몽고DB 와 Mongoose를 설치해야 한다. 먼저 몽고DB를 내 맥 OS 환경에서 Homebrew로 `brew install mongodb` 명령을 통해 설치한다. 그리고 몽고DB 서버를 `mongod` 명령으로 실행시 킨다.

프로젝트 디렉터리를 새로운 터미널 창에서 `npm -i mongoose -S` 명령으로 `mongoose` 패키 지를 설치한다.

다음으로 프로젝트의 main.js 파일을 열어 Listing 16.1의 코드를 사용해 데이터베이스 설정과 함께 `mongoose`를 요청한다. 이 프로젝트에서는 몽고DB 데이터베이스로 연결을 구 축하기 위한 모듈을 사용하기 위해 `mongoose`를 요청한다. 그리고 로컬 컴퓨터의 `confetti_ Cuisine` 데이터베이스로 접속을 설정한다. 만일 데이터베이스가 존재하지 않는다면 애플 리케이션을 실행 시 자동으로 생성된다.

Listing 16.1 main.js에서 Node.js 애플리케이션의 Mongoose 설정

```
const mongoose = require("mongoose");          ← mongoose의 요청
mongoose.connect(
  "mongodb:// localhost:27017/confetti_cuisine",   ← 데이터베이스 연결 설정
  {useNewUrlParser: true}
);
```

다음으로 데이터들이 데이터베이스로 저장되기 전에 어떻게 보여야 되는지 살펴본다.

 ## 16.2 데이터 모델링

Confetti Cuisine에서는 구독자에 대한 정보 필드를 3가지로 요청했기 때문에 이 필드들 을 정의하고 있는 Mongoose 스키마를 만들 것이다. 먼저 새롭게 models 폴더를 만들 고 Listing 16.2로부터의 스키마를 갖고 subscriber.js 파일을 만든다.

이 파일에서 mongoose를 요청해야 하며 이를 통해 모듈의 도구 및 메소드에 액세스할 수 있다. 이 Mongoose 스키마는 구독자 모델이 무엇을 포함해야 하는지를 정의한다. 이 경우에는 모든 구독자 정보는 String 타입의 이름과 이메일 필드, Number 타입의 우편번호가 있어야 한다.

Listing 16.2   subscriber.js에서의 구독자 스키마 정의

```
const mongoose = require("mongoose"),        ◀—— Mongoose 요청
  subscriberSchema = mongoose.Schema({
    name: String,
    email: String,
    zipCode: Number
  });              ◀—— 스키마 특성 정의
```

이제 스키마가 정의됐고 이 스키마를 사용하는 모델을 정의해야 한다. 다시 말하면 룰셋을 이제 만든 것이고 이제 이 룰셋을 사용할 모델을 만들어야 하는 것이다.

구독자 모델은 subscriber.js에도 적용되지만 스키마와는 다르게 애플리케이션 내의 다른 모듈에서도 액세스가 가능하다. 이런 이유 때문에 Listing 16.3과 같이 모듈의 exports 객체를 추가한다.

구독자 모델을 이제 module.exports에 할당한다. 다른 모듈에서 Subscriber 모델에 액세스하려면 이 파일을 요청해야 한다.

Listing 16.3   subscriber.js에서 export된 구독자 모델 생성

```
module.exports = mongoose.model("Subscriber",
➡ subscriberSchema);          ◀—— 모델의 익스포트
```

이 사이트의 폼으로 올린 구독자들을 저장해야 하기 때문에 새로운 구독자들을 데이터베이스에 저장하기 위한 라우트와 로직을 만들 것이다. 이제부터 만들 모든 코드들은 구독자와 관련이 있기 때문에 POST 라우트에 응답하기 위한 모든 액션들이 존재할 subscribersController.js 파일을 controllers 폴더 내에 생성한다. 이 컨트롤러에서의 코드는 Listing 16.4와 같다.

먼저 subscriber.js를 요청한다. 이 모듈은 다른 로컬 폴더에 존재하기 때문에 요청은 controllers 폴더와 연관된 models 폴더를 찾는다. Node.js는 models 폴더 내에 있는 subscriber.js를 찾게 되며, 이 모듈의 exports 콘텐츠를 Subscriber라 부르는 상수로 할당하게 된다. 이때, 이 모듈은 내부에서 Subscriber 모델을 사용해야 하는 단 하나의 모듈이다. 이제 Subscribers 모듈의 인스턴스를 생성하거나 메인 애플리케이션 파일 내에서 이 모델을 호출할 수 있게 됐다.

첫 번째 액션은 데이터베이스에서 모든 구독자를 찾고 프라미스를 돌려주기 위한 쿼리를 실행시키기 위해 find를 사용한다. 두 번째 액션은 다음 쿼리 체인을 이어가고 성공적으로 데이터를 받았는지, 또는 catch에서 에러가 발견됐는지에 대한 뷰를 렌더링하기 위해 then을 사용한다. 세 번째 액션은 Subscriber의 인스턴스를 생성하고 데이터베이스에 저장한다. 이 동작은 자동으로 Mongoose를 통해 프라미스를 돌려주고 체인에서 다음 기능을 실행하거나 에러를 캐치할 수 있게 한다.

Listing 16.4 subscribersController.js에서 구독자를 위한 컨트롤러 액션

```
const Subscriber = require("../models/subscriber");        ◀──── 구독자 모델 요청

exports.getAllSubscribers = (req, res) => {        ◀
  Subscriber.find({})                                        구독자 가져오기
    .exec()
    .then((subscribers) => {
      res.render("subscribers", {
        subscribers: subscribers
      });
    })
    .catch((error) => {
      console.log(error.message);
      return [];
    })
    .then(() => {
      console.log("promise complete");
    });
};
```

```
exports.getSubscriptionPage = (req, res) => {          ←——— 구독 페이지 렌더링
  res.render("contact");
};

exports.saveSubscriber = (req, res) => {
  let newSubscriber = new Subscriber({                     구독자 저장
    name: req.body.name,
    email: req.body.email,
    zipCode: req.body.zipCode
  });

  newSubscriber.save()
    .then( () => {
      res.render("thanks");
    })
    .catch(error => {
      res.send(error);
    });
};
```

여기까지 진행하면 애플리케이션은 npm start를 통해 실행시킬 수 있다. 하지만 아직 새로운 컨트롤러 액션에 접속할 라우트를 만들지 않았다. 우선 getSubscriptionPage 함수와 같이 연계될 폼을 만들도록 한다.

 ## 16.3 구독자 뷰와 라우터 추가

맞춰야 할 마지막 조각은 뷰와 방문자들이 자신들의 정보를 전송하기 위한 폼을 추가하는 것이다. subscribers.ejs 뷰는 Listing 16.5와 같이 데이터베이스 내의 모든 구독자 정보를 루프 구문으로 순환하면서 HTML 태그와 함께 보여준다. EJS는 HTML 콘텐츠마다 기본 JavaScript를 실행시키게 해준다. 여기서는 구독자 컨트롤러에서의 getAllSubscribers 액션을 통해 얻은 subscribers를 출력한다.

Listing 16.5　subscribers.ejs에서의 구독자 체크

```
<% subscribers.forEach(s => {%>
  <p><%= s.name %></p>                    구독자 배열 체크
  <p><%= s.email %></p>
<% })%>
```

또 필요한 폼은 구독 정보 전송 폼이며 여기서 contact.ejs 내의 폼을 대체한다. 이 폼은
/subscribe 라우트로 포스팅하며 Listing 16.6과 같다. 폼은 Subcscriber 스키마 필드와 매
칭되는 input 필드로 구성돼 있다. 데이터가 전송되면 모델의 필드 이름에 맞춰 할당되며
새로운 Subscribers 인스턴스 내에 저장된다.

> **노트**　이제 홈 컨트롤러의 postedContactForm을 더 이상 사용하지 않는다. 오래된 라우트와 액션
> 은 삭제할 수 있다.

Listing 16.6　contact.ejs에서의 새로운 구독자

```
<form action="/subscribe" method="post">      ◄──── 구독 폼 추가
  <label for="name">Name</label>
  <input type="text" name="name" placeholder="Name">
  <label for="email">Email</label>
  <input type="email" name="email" placeholder="Email">
  <label for="zipCode">Zip Code</label>
  <input type="text" pattern="[0-9]{5}" name="zipCode" placeholder="Zip Code">
  <input type="submit" name="submit">
</form>
```

이 뷰를 출력하려면 Listing 16.7과 같이 main.js에 몇 가지 라우트를 추가하거나 변경해
야 한다. 먼저 subscribersController.js를 파일 첫 부분에서 요청한다. 그리고 구독자 목
록을 위한 뷰를 위한 새로운 라우트를 추가한다. 이 라우트는 subscribersController.js
내의 getAllSubscribers 함수를 사용한다(그림 16.1).

그림 16.1 구독자 페이지에서의 구독자 데이터 리스트

구독 뷰를 위한 라우트를 새로 만드는 대신 /contact 라우트를 수정해 getSubscription Page 함수를 쓰게 했다. 사용자가 내비게이션에 영역에서 Contact 버튼을 클릭하면 구독 폼이 보일 것이다. 마지막으로 구독 폼으로부터 구독 처리를 위한 함수인 saveSubscriber 를 위해 POST 라우트를 추가한다.

Listing 16.7   main.js에서의 구독자 추가 라우트

구독자 컨트롤러의 요청

```
const subscribersController = require(
    "./controllers/subscribersController");
```

구독자 목록 뷰를 위한
라우트 추가

```
app.get("/subscribers", subscribersController.getAllSubscribers);
app.get("/contact", subscribersController.getSubscriptionPage);  //
app.post("/subscribe", subscribersController.saveSubscriber);
```

구독 페이지 뷰를 위한
라우트 추가

포스팅된 폼 데이터를
위한 라우트 추가

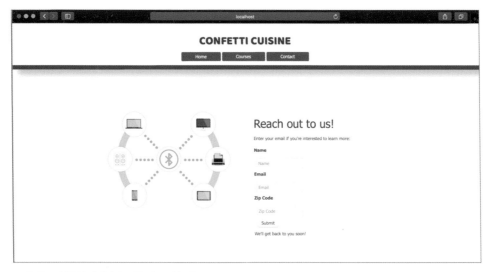

그림 16.2 연락처 페이지의 구독 정보 전송 폼

이제 모든 퍼즐의 조각이 맞춰졌고 애플리케이션은 릴리스할 준비가 됐다. 이 애플리케이션을 Confetti Cuisine에 보여줄 예정이다. 다시 이 애플리케이션을 론칭해 구독 과정을 보여주고 Confetti Cuisine이 만족할지 체크할 것이다. 뉴스레터 구독자들 간에 관심도를 측정할 좋은 방법이다.

16.4 요약

이 프로젝트에서 대부분 정적인 부분으로만 이루어진 Express.js 애플리케이션을 데이터의 저장과 동적 표현을 위해 수정하기 시작했다. 이런 변경 및 Express.js의 미들웨어와 템플릿 엔진의 도움으로 이 애플리케이션은 조금씩 모습을 갖춰 가기 시작한다.

Mongoose와 애플리케이션을 연결했고 애플리케이션 데이터를 구조화하기 위해 Mongoose에서 제공하는 모델링 툴 및 스키마를 사용했다. 다음으로 이 모델들과 새로운 컨트롤러 그리고 뷰 및 구독자 데이터 저장을 위한 특정 라우트를 연결했다. 마지막으로 사용자가 마침내 그들의 정보를 갖고 상호작용하고 전달할 수 있는 폼을 통합해 Confetti

Cuisine 팀에서 처리하고 검토했다. 프라미스의 도움으로 코드는 간결성을 유지하고 에러 발생에 대한 대응도 용이하게 됐다.

4부에서는 사용자 모델 구축을 통해 다른 레벨에서 어떻게 Mongoose를 사용하는지 배울 것이다. 이 모델을 통해 생성, 조회, 수정, 삭제 단계에서의 인증과 보안을 알아본다.

사용자 모델 제작

3부에서는 데이터베이스에 애플리케이션을 연결하는 법을 배웠다. 그리고 첫 번째 모델 및 스키마를 구축했다. 4부에서는 3부의 모델에 좀 더 기능을 보강하도록 한다. 첫 번째로 Mongoose 스키마 및 메소드가 모델들과 더 신뢰성 있게 연동되기 위해 어떻게 사용되는지 배운다. 사용자 데이터의 표현과 접속에 관련된 모델을 만든다. 모든 사용자들은 계정을 만들고 수정하고, 삭제할 수 있어야 한다. 여기서는 애플리케이션 레벨에서의 CRUD^{Creating,} ^{Reading, Updating, Deleting} 및 견고한 모델 구축을 위해 무엇을 해야 할지 논의한다. 4부의 마지막에서는 3가지 모델을 지원하는 애플리케이션을 만들 것이며, 이때 각 모델 간은 서로 연동되며 브라우저의 뷰 화면에서 이를 관리할 수 있다.

4부에서는 다음 주제를 다룬다.

- 17장에서는 Mongoose 스키마와 모델을 좀 더 깊이 다룬다. 17장에서는 정의된 요구 사항이 충족돼야만 데이터베이스에 저장되는 데이터베이스 검증을 추가할 것이다. Subscriber 모델에 몇 가지 테크닉을 적용한 후 이를 다른 모델에 확산할 것이다.

- 18장에서는 어떻게 사용자 모델을 구축하는지 보여준다. 모델 데이터를 다루기 위한 코어 CRUD 컨트롤러 액션을 배우고, 이를 통해 사용자 인덱스 페이지 제작을 시작한다.
- 19장에서는 사용자 모델을 위한 라우트, 액션, 뷰의 생성과 읽기를 가이드한다. 브라우저 뷰로부터 사용자 데이터 저장에 필요한 모든 것을 생성한다.
- 20장에서는 사용자 모델을 위한 라우트, 액션, 뷰의 수정과 삭제를 가이드한다. 20장이 끝나면 CRUD 기능이 완성될 것이다.
- 21장은 랩업을 위한 장이며 Confetti Cuisine 애플리케이션을 위한 사용자 모델과 필요 모델의 연관성 구축을 가이드한다.

4부에서 데이터의 수집, 저장, 연동을 할 준비를 하자.

데이터 모델의 개선

17장에서는 Mongoose 스키마와 모델 생성 도구를 적극 활용한다. 일단 단순한 모델 구조를 개선하고, 어떤 데이터가 데이터베이스에 저장돼야 하는지 정하기 위한 모델 특성을 추가한다. 다음으로 몽고DB와 같은 NoSQL 데이터베이스에서 어떻게 데이터를 조합하는지 볼 것이다. 마지막으로 모델을 위한 정적 인스턴스 메소드를 만들 것이다. 이런 메소드들을 Mongoose 모델 객체에서 바로 수행할 수 있으며 애플리케이션으로 작업하기 위한 필요 컨트롤러 액션을 생성할 수 있다.

17장에서 다룰 내용은 다음과 같다.

- 모델에 대한 유효성 평가 추가
- 모델을 위한 정적 인스턴스 메소드의 생성
- REPL에서의 모델 테스팅
- 다중 모델에서의 데이터 조합

17.1 모델에 유효성 평가 추가

지금까지 Mongoose로 모델을 만들어왔다. 생성한 모델은 몽고DB 안에서 도큐먼트로 표현된 데이터의 추상화 결과다. 이 추상화 덕분에 Mongoose 스키마를 사용해 어떻게 데이터가 보이고 동작하게 돼야 하는지 청사진을 만들 수 있다.

Listing 17.1에서의 레시피 애플리케이션을 위한 구독자 데이터 모델을 살펴보자. 구독자 스키마는 애플리케이션에게 어떤 데이터 타입의 3가지 속성을 찾고 있다는 것을 알려준다. 하지만 속성들이 복제 가능한지, 사이즈 제한(예를 들어 우편번호는 15자리까지 저장 가능)이 있는지, 이런 특성들이 데이터베이스로 저장 시 요구되는지 등은 알려주지 않는다. 만일 구독자들이 빈칸으로 양식을 제출한다면 이 스키마로는 이를 막을 수 없다. 이를 위해 데이터의 유효성을 검사하기 위한 몇 가지 방법을 추가해 데이터의 일관성을 보장할 것이다.

Listing 17.1 subscriber.js에서의 구독자 스키마 정의

```
const mongoose = require("mongoose");
const subscriberSchema = mongoose.Schema({
  name: String,
  email: String,
  zipCode: Number
});
module.exports = mongoose.model("Subscriber", subscriberSchema);
```

이름, 이메일, 우편번호를 포함한 "subscriberSchema" 정의 이 스키마는 동작하는 데 문제가 없다. 하지만 subscriberSchema에 의미 없는 데이터 입력이 허용된다.

스키마 타입

Mongoose는 스키마 내에서 정의할 수 있는 몇 가지 데이터 타입을 정의한다. 보통 이를 스키마 타입이라고 하며 JavaScript의 데이터 타입과 비슷하다. 다만 차이가 있다면 일반 JavaScript 데이터 타입은 갖고 있지 않은 Mongoose 라이브러리와의 특정 연관관계가 있다는 것이다. 알아둬야 할 스키마 타입은 다음과 같다.

- String: Boolean과 Number처럼 간단하다. String 속성은 (null이나 undefined가 아닌) JavaScript의 String 타입으로 제공된 데이터를 저장하겠다는 의미다.
- Date: 날짜는 데이터 도큐먼트에서 자주 사용되며, 언제 데이터가 저장되거나 수정됐는지, 또는 모델과 관련된 뭔가 발생할 때 이를 통해 알 수 있다. 이 타입은 JavaScript의 Date 객체를 받을 수 있다.
- Array: Array 타입을 사용하면 리스트 아이템을 속성에 저장할 수 있다. Array 타입 지정 시 이름 대신 대괄호([])로 묶은 배열 리터럴을 사용한다.
- Mixed: 이 타입은 JavaScript 객체와 매우 유사하며 키-값 쌍을 모델에 저장한다. Mixed 타입을 사용하려면 mongoose.Schema.Types.Mixed를 정의해야 한다.
- ObjectId: 몽고DB 데이터베이스에서 각 도큐먼트의 ObjectId와 유사하게 이 타입은 이 객체를 참조한다. 이 타입은 모델 상호간 조합이 일어날 때 특히 중요하다. 이 타입을 사용하려면 mongoose.Schema.Types.ObjectId를 정의해야 한다.

기존 모델의 개선을 위해 Mongoose의 유효성 평가자^{Validator}를 추가한다. 유효성 평가자는 모델 속성에 적용되며 유효성 검증에 실패하면 데이터베이스 저장 등을 하지 못하게 한다. 수정된 스키마를 Listing 17.2에서 확인하자. 주목할 부분은 각 모델이 직접적으로 타입이 할당됐거나 JavaScript 객체로 옵션이 전달됐다는 점이다.

> **노트** 이 예제에서 '요청'의 의미는 데이터는 데이터베이스에 저장되기 전에 모델 인스턴스에 들어가야 할 필수 항목을 의미한다. 지금까지 써 왔던 '모듈 요청'의 요청과는 다르다.

이메일 주소를 데이터베이스에 저장 시 대소문자 문제를 없애기 위해 lowercase 속성을 true로 설정한다. 마지막으로 우편번호 속성은 필수 항목은 아니지만, 자릿수의 최솟값, 최댓값이 존재한다. 10000 아래의 값이 입력되면 "우편번호가 너무 짧습니다"라는 에러 메시지를 출력하며, 99999 이상이 입력되면 Mongoose로부터 에러 메시지가 출력되며 데이터는 저장되지 않을 것이다.

Listing 17.2　Subscriber.js에서 구독자 스키마에 유효성 평가자 추가

```
const mongoose = require("mongoose");

const subscriberSchema = new mongoose.Schema({
  name: {                        ← name 속성 요청
    type: String,
    required: true
  },
  email: {                       ← email 속성 요청과
    type: String,                  lowercase 속성 추가
    required: true,
    lowercase: true,
    unique: true                 사용자 정의 에러 메시지로
  },                             우편번호 속성 설정
  zipCode: {   ←
    type: Number,
    min: [10000, "Zip code too short"],
    max: 99999
  }
});
```

> **노트**　email 속성에서 사용된 unique 옵션은 유효성 평가자는 아니며 Mongoose 스키마의 헬퍼에 가깝다. 헬퍼는 경우에 따라 유효성 평가자와 같이 동작을 하는 메소드 같은 것이다.

구독자 스키마가 어떻게 Subscriber 모델의 인스턴스가 동작할지를 결정하기 때문에 이 스키마에 다른 인스턴스나 정적 메소드를 추가할 수 있다. 전통적인 객체지향 프로그래밍에서는 instance 메소드가 Subscriber 모델의 인스턴스(Mongoose 도큐먼트)에서 운용되며 이는 subscriberSchema.methods에 의해 정의된다. Static 메소드는 많은 Subscriber 인스턴스들에 연관된 쿼리에 사용되며 이는 subscriberSchema.statics에 의해 정의된다.

다음으로 Listing 17.3에서의 인스턴스 메소드를 레시피 애플리케이션에 추가한다.

getInfo는 Subscriber 인스턴스상에서 구독자 정보를 한 줄로 얻기 위해 호출될 수 있으며, 데이터베이스에서 구독자 정보를 빠르게 확인할 때 매우 유용하다. findLocalSubscribers 는 동작은 동일하나 구독자 정보를 배열 형태로 돌려준다. 이 인스턴스 메소드는 Mongoose 쿼리를 포함하며 여기서 this는 호출된 메소드의 Subscriber 메소드의 인스턴스 를 참조한다. 여기에서 동일 우편번호의 구독자들을 요청하고 있다. exec에서 비동기 콜 백을 여기에 추가해야 하는 것 대신에 프라미스를 되돌려 받게 된다.

Listing 17.3 subscriber.js에서 스키마에 인스턴스 메소드 추가

구독자의 Full info을 구하기
위한 인스턴스 메소드 추가

```javascript
subscriberSchema.methods.getInfo = function() {
  return `Name: ${this.name} Email: ${this.email} Zip Code:
  ${this.zipCode}`;
};

subscriberSchema.methods.findLocalSubscribers = function() {
  return this.model("Subscriber")
    .find({zipCode: this.zipCode})
    .exec();
};
```

같은 우편번호를 가지는
구독자를 구하기 위한
인스턴스 메소드 추가

find 메소드를 사용하기 위한
구독자 모델에 액세스

> **주의** 앞서 기술했지만, Mongoose를 갖고 메소드를 사용하면 ES6의 화살표 함수를 완전히 사용할 수 없다. Mongoose는 this를 사용하며 여기서는 화살표 함수가 제거됐다. 하지만 함수 내부에서는 다시 ES6를 사용할 수 있다.

> **노트** module.exports =mongoose.model("Subscriber", subscriberSchema)를 사용해 이 메소드 들을 설정한 후에 Subscruber 모델을 export해야 한다는 사실을 상기하자. 이 코드는 다른 파일에서 이 모듈을 import하는 것만으로도 직접 Subscriber 모델을 요청할 수 있도록 한다.

Mongoose는 여러 가지 쿼리 메소드를 제공하며 subscriber.js에 메소드나 유효성 평가 자를 더 추가할 수 있다. 하지만 Mongoose 자체에서 이미 많은 메소드를 도큐먼트의 쿼리를 위해 제공한다. 표 17.1은 자주 사용되는 쿼리 메소드의 목록을 정리한 것이다.

표 17.1 Mongoose 쿼리

쿼리	설명
find	쿼리 매개변수에 맞는 레코드의 배열을 돌려준다. 이름이 "Jon"이라는 구독자를 검색하려면 Subscriber.find({name: "Jon"}으로 수행하면 된다.
findOne	배열 형태의 데이터 대신에 단일 레코드를 돌려준다. Subscriber.findOne({name: "Jon"}을 수행하면 결과들은 하나의 도큐먼트로 담겨 돌려받게 된다.
findById	ObjectId를 키로 데이터베이스에 쿼리를 할 수 있게 한다. 이 쿼리는 데이터베이스에 존재하는 데이터를 수정하는 데 유용하다. 구독자의 ObjectId를 알고 있다고 가정하면 이를 찾는 명령은 Subscriber.findById("598695b29ff27740c5715265")처럼 된다.
remove	모든 도큐먼트를 삭제하기 위해 Subscriber.remove({}) 구문을 사용해 데이터베이스 내 도큐먼트를 삭제하게 한다. 이 쿼리를 사용할 때는 주의를 요한다. subscriber.remove({})와 같이 특정 인스턴스의 삭제도 가능하다.

노트 이들 각 쿼리는 프라미스를 돌려준다. 따라서 then과 catch를 사용해 결과 데이터나 에러 처리를 해야 한다.

Mongoose 쿼리에 대한 자세한 정보는 http://mongoosejs.com/docs/queries.html을 방문하기 바란다.

라우트와 사용자 인터페이스를 새로운 모델에 연동시키는 프로그래밍을 하기 전에 모든 것이 정상적으로 작동하는지 REPL을 이용한 방법으로 테스트해보자. 다음 절에서 새로운 REPL 세션에 17장 앞부분의 코드를 적용할 것이다.

퀵 체크 17.1 Mongoose로 프라미스를 사용할 때 쿼리는 무엇을 돌려주는가?

퀵 체크 17.1 정답 Mongoose로 프라미스를 사용하면 데이터베이스 쿼리 결과로 프라미스를 돌려받게 된다. 프라미스로 결과를 받는다는 것은 결과나 에러 처리에서 비동기 쿼리의 타이밍 이슈를 신경 쓰지 않아도 되는 것을 의미한다.

17.2　REPL에서의 테스팅 모델

Subscriber 모델을 사용해 데이터베이스와 연동을 시작하기 위해 새로운 터미널 창에서
node를 입력, REPL 모드로 들어가 Listing 17.4의 코드를 입력한다. Mongoose를 요청해
환경을 설정하고(이 작업은 터미널로 프로젝트 디렉터리에 들어가 해야 한다) 몽고DB의 커넥
션을 설정한다. 그리고 데이터베이스 이름(이 경우에는 recipe_db)를 입력한다.

Listing 17.4　REPL 터미널에서의 구독자 모델 설정

로컬 프로젝트 파일과 모델명을
사용해 Subscriber 모델의 변수 할당

```
const mongoose = require("mongoose"),        ◀─── REPL에서 Mongoose 요청
  Subscriber = require("./models/subscriber");
mongoose.connect(
  "mongodb:// localhost:27017/recipe_db",      recipe_db를 사용하는
                                               데이터베이스 커넥션 설정
  {useNewUrlParser: true}
);
mongoose.Promise = global.Promise;  ◀

                                    Mongoose에 main.js에서 했던 것처럼
                                    기본 프라미스의 사용 알리기
```

이제 여러분의 모델과 메소드들이 동작하는지 테스트를 하기 위한 설정이 모두 됐다. REPL
에서 Listing 17.5에서의 명령과 쿼리를 실행해 모델이 정상적으로 설정됐는지 확인한다.

이름을 "Jon" 이메일을 "jon@jonwexler.com"으로 해 새로운 구독자 도큐먼트를 만든다. 이
명령 라인을 2회 수행한다. 첫 번째 수행 시에 도큐먼트가 저장되고 콘솔에 로그가 출력
되는 것을 볼 것이다. 두 번째 수행 시에는 해당 이메일이 이미 데이터베이스에 존재한다
는 에러 메시지를 보게 될 것이다. 이는 이메일 유효성 평가가 작동한다는 의미다.

다음으로 쿼리의 결과를 할당할 수 있는 변수를 설정한다. Mongoose의 findOne 쿼리를
이용해 방금 생성한 도큐먼트를 찾는다. 그리고 결과 레코드를 subscriber 변수에 할당한
다. 이 subscriber 변수를 로깅하거나 더 좋은 방법으로 이 메소드의 getInfo 인스턴스의
결과를 로깅해 테스트할 수 있다.

결과 텍스트는 다음과 같아야 한다. Name: Jon Email: jon@jonwexler.com Zip Code: 12345

> **노트** 이메일은 고윳값이어야 하므로 동일한 값으로 중복돼 입력하면 키 중복 에러가 발생할 것이
> 다. 이런 경우에는 Subscriber.remove({})를 수행해 데이터베이스 내 모든 데이터를 삭제할 수 있다.

Listing 17.5 REPL 터미널에서의 Mongoose 쿼리 모델 메소드의 테스트

```
Subscriber.create({
  name: "Jon",
  email: "jon@jonwexler.com",
  zipCode: "12345"
})
  .then(subscriber => console.log(subscriber))
  .catch(error => console.log(error.message));      ◀──── 구독자 도큐먼트의 생성

var subscriber;      ◀──  쿼리 결과를 할당하기
Subscriber.findOne({      위한 변수 설정
  name: "Jon"
}).then(result => {      방금 생성한 도큐먼트 검색
  subscriber = result;
  console.log(subscriber.getInfo());      ◀──── 구독자 레코드 로깅
});
```

터미널 콘솔에서의 실행 결과는 그림 17.1과 같다.

```
recipe_app — node — node — node — 85×14
> Subscriber.findOne({
...     name: 'Jon'
... }).then(result => {subscriber = result; console.log(subscriber.getInfo());});
Promise {
  <pending>,
  domain:
   Domain {
     domain: null,
     _events: { error: [Function: debugDomainError] },
     _eventsCount: 1,
     _maxListeners: undefined,
     members: [] } }
> Name: Jon Email: jon@jonwexler.com Zip Code: 12345
```

그림 17.1 Mongoose REPL 명령을 위한 응답 예제

다른 콘텐츠로 새로운 레코드를 만들어보자. zipCode 속성을 위한 유효성 평가자가 작동하는지 우편번호를 890876 또는 123을 넣어 체크해본다. 그 후 REPL에서 하나 또는 전체 구독자 레코드를 삭제한다.

다음으로 새로운 모델끼리의 조합을 이야기하겠다.

> **팁** 이 절의 코드들은 재사용이 가능하다. REPL 코드들을 repl.js로 만들고 프로젝트 디렉터리에 추가한다. 다음번에 REPL 실행 시 해당 파일의 내용이 환경으로 로딩된다. Node.js는 비동기로 실행됨을 기억하라. 만일 하나의 명령으로 한 개의 레코드를 생성하고 이어서 이 레코드를 찾는 쿼리를 실행한다면 이 둘은 거의 동시에 실행될 가능성이 있다. 이런 경우 오류를 회피하려면 명령을 각기 시간을 둬 명령어를 따로 수행하거나 네스트 쿼리(nest query) 형태로 then 블록을 만들어 수행한다.

> 퀵 체크 17.2 왜 REPL에서 코드를 테스트하는 데 데이터베이스 커넥션과 Mongoose가 필요할까?

 ## 17.3 모델 조합의 생성

3부에서 어떻게 몽고DB로 데이터를 구축하고 Mongoose는 어떻게 데이터베이스 위에서 도큐먼트를 JavaScript 객체에 매핑하는 레이어의 역할을 하는지 논의했다. Mongoose 패키지는 객체지향적 방법으로 데이터베이스 쿼리 작성과 그 결과를 빠르고 쉽게 가져오도록 만들어주는 메소드를 제공함으로써 개발에 많은 시간을 절약하게 한다.

여러분이 만일 관계형 DB에 백그라운드가 있다면 그림 17.2와 같은 방법에 더 친숙할지도 모르겠다.

퀵 체크 17.2 정답 데이터베이스와 연동하기 위한 뷰가 완성되기 전까지, REPL은 모델에서 CRUD를 수행하기 위한 좋은 도구다. 하지만 수행 테스트 시 모듈들을 요청해야 하는데 이 요청을 통해 REPL 환경에서 어떤 데이터베이스에 저장해야 하는지와 어떤 Subscriber 모델이 테스트돼야 하는지 알 수 있기 때문이다.

하지만 여기서는 도큐먼트 베이스의 데이터베이스로 작업을 하기 때문에 테이블이 존재하지 않는다. 따라서 테이블 조인이 존재하지 않는다. 하지만 표 17.2에서 보여주는 조합은 상당히 간단한 방법으로 Mongoose를 사용할 수 있다.

모델 조합

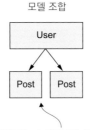

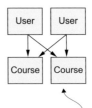

1. 사용자는 단일 프로파일과 조합돼 있을 것이다. 이 관계는 Profile 속성에 여러 개의 ID가 추가되는 것을 막아준다.

2. 사용자는 소셜미디어 사이트에 많은 글을 올렸을 것이다. 이 글들의 ID들은 사용자 모델에서 배열로 표현될 수 있다. 이 경우 소셜미디어의 글들을 공유한 사용자는 없다.

3. 사용자 한 명당 많은 강좌를 신청할 수 있고 다른 사용자도 동일한 강좌에 신청할 수도 있다. 이 다대다 관계는 사용자 모델을 강좌 ID의 배열과 연동해 저장할 수 있으며 이 강좌 ID의 연동은 여러 명의 사용자와 연관될 수 있다.

그림 17.2 관계형 데이터베이스 조합

표 17.2 데이터 관계 종류

관계	설명
일대일	하나의 모델이 다른 모델 하나와 관계를 맺을 수 있는 경우. 예를 들어 User와 하나의 Profile과의 관계와 같으며 하나의 사용자는 하나의 프로파일만 존재한다.
일대다	하나의 모델이 다른 여러 모델들과 관계를 가질 수 있는 경우. 하지만 상대 모델은 하나의 모델하고만 관계를 가질 수 있다. 이 관계는 Company와 Employee의 관계와 같다. 이 예제에서 직원(Employee)은 하나의 회사(Company)에 관계돼 있으며, 회사는 많은 직원들과 관계를 갖고 있다.
다대다	하나의 모델에서 다수의 인스턴스가 다른 다수의 모델과 관계를 가질 수 있으며 그 반대 방향도 가능하다. 다수의 Theatre 인스턴스는 같은 Movie 인스턴스를 상영할 수 있고 각 Movie는 다수의 Theatre 이어질 수 있다. 일반적으로 관계형 데이터베이스에서는 서로 레코드끼리 매핑하기 위해 table join이 사용된다.

만일 두 개의 모델이 어떤 방식(한 명의 사용자 대 여러 장의 사진, 하나의 주문 대 하나의 지불, 다수의 클래스 대 다수의 등록 학생 등)에 의해 연결됐다면 연결된 모델 이름을 속성으로 추가한다. 여기에서 type은 Schema.Types.ObjectId가 되고, ref 속성인 연결된 모델 이름으로 설정되며 Schema는 mongoose.Schema가 된다. pictures: [{type: Schema.Types.ObjectId, ref: "Picture"}]는 사용자와 사진의 다대다 관계를 나타내는 코드다.

Course라고 하는 다른 모델을 레시피 애플리케이션에 추가하고 이를 Subscriber에 연결하자. 이 강좌 모델은 애플리케이션에서 선택할 수 있는 레시피 강좌를 나타낸다. 각 강좌는 다른 지역에서 다른 요리를 선보인다. Models 폴더에 course.js라는 새로운 모델 파일을 만들고 여기에 Listing 17.6의 코드를 추가한다.

강좌는 제목이 필요하며 다른 강좌의 제목과 같으면 안 된다. 강좌는 description 속성이 있어 사이트 사용자들에게 이 강좌는 어떤 내용을 제공하는지 알려준다. 또 item 속성도 있는데 이는 문자열의 배열로 구성돼 있으며 요리 아이템이나 재료 정보를 담고 있다. zipCode 속성은 사용자들이 자신의 거처와 가까운 곳에서 열리는 강좌를 찾기 쉽게 만들어준다.

Listing 17.6 course.js에서 새로운 스키마와 모델의 생성

```
const mongoose = require("mongoose");

const courseSchema = new mongoose.Schema({
  title: {                       ← 강좌 스키마에 속성 추가
    type: String,
    required: true,
    unique: true
  },
  description: {
    type: String,
    required: true
  },
  items: [],
  zipCode: {
    type: Number,
    min: [10000, "Zip code too short"],
```

```
    max: 99999
  }
});

module.exports = mongoose.model("Course", courseSchema);
```

Course 모델에 subscribers 속성을 추가할 수 있는데 Course는 구독자의 ObjectId를 통해 구독자 레퍼런스를 저장하는 모델이며 이 ObjectId는 몽고DB에서 가져온다. 그러면 Mongoose의 모델명인 Subscriber를 subscribers: [{type: mongoose.Schema.Types.ObjectId, ref: "Subscriber"}]와 같이 참조할 수 있다. 기술적으로는 모델 간 참조는 필요 사항은 아니지만 하나 정도 참조하는 것은 괜찮다. 따라서 Subscriber 모델과 조합을 만든다.

다시 subscriber.js로 되돌아가 다음 속성을 subscriberSchema에 추가한다.

```
courses: [{type: mongoose.Schema.Types.ObjectId, ref: "Course"}]
```

course 속성을 구독자에 추가해 연관된 강좌를 강좌의 ObjcectId를 통해 참조를 저장할 수 있도록 한다. ID는 몽고DB에서 얻어온다. 그 후 Mongoose 모델 Course를 참조한다.

> **노트** 구독자와 강좌 간에 많은 연관성을 가질 수 있는 가능성을 반영해 해당 속성의 이름이 복수형임을 알 수 있다.

구독자당 한 번에 하나의 강좌만 선택하게 하려 한다면 속성을 싸고 있는 대괄호([])를 없애면 된다. 여기서 대괄호는 다중 참조 배열을 의미한다. 만일 구독자가 하나의 강좌만 신청이 가능하다면 course 속성은 course: {type: mongoose.Schema.Types.ObjectId, ref: "Course"}처럼 될 것이다.

이 경우 구독자는 하나의 강좌로만 연결될 수 있다. 이는 구독자가 한 번에 하나의 강좌만 신청이 가능한 경우로도 생각할 수 있다. 이 방법으로 데이터베이스의 제한은 기능처럼 동작하며, 동시에 여러 개의 강좌를 등록하는 행위를 막을 수 있다. 하지만 하나의 강좌에 이미 다른 구독자들이 연결돼 있는 경우 이 강좌에 다른 구독자가 신청하는 것을 막을 수는 없다.

개별 모델의 두 인스턴스를 실제로 연결시키려면 JavaScript 할당 연산자를 사용한다. 구독자를 변수 subscriber1에 할당했고 강좌 인스턴스는 course1로 나타낸다고 가정하자. 이 두 인스턴스를 연결시키기 위해 구독자 모델은 다수의 강좌와 연결이 가능하다고 가정하고 subscriber1.courses.push(course1)를 실행시켜야 한다. subscriber1.courses는 배열이기 때문에 push 메소드를 써서 새 강좌를 추가한다.

다른 방법으로 모든 강좌 객체를 사용하는 것 대신 ObjectId를 subscriber.courses로 푸시[push]할 수도 있다. course1이 ObjectId "5c23mdsnn3k43k2kuu"를 갖고 있다고 가정하면 코드는 subscriber1.courses.push("5c23mdsnn3k43k2kuu")처럼 될 것이다.

강좌 데이터를 구독자로부터 검색하려면 강좌의 ObjectID와 Course 모델에 대한 쿼리를 사용하거나 연결된 강좌의 콘텐츠에 따른 구독자 쿼리를 위한 populate 메소드를 사용할 수 있다. subscriber1 몽고DB 도큐먼트 안에는 course1 도큐먼트가 내장될 수도 있다. 결과적으로 연결된 모델의 ObjectID들만 얻을 수 있게 된다.

다음 절에서는 populate 메소드를 좀 더 알아본다.

> **퀵 체크 17.3** 하나의 인스턴스에 연결된 모델과 다수의 인스턴스에 연결된 모델을 어떻게 구별하는가?

 ## 17.4 연결 모델로부터의 데이터 포퓰레이팅

포퓰레이션[Population]은 모델과 연결돼 있는 모든 도큐먼트를 갖고 쿼리 결과에 추가하게 해주는 메소드다. 쿼리 결과를 populate하면 연결된 도큐먼트의 ObjectId들을 도큐먼트의 콘텐츠로 바꿔준다. 이 작업은 보통 모델 쿼리 후에 이어서 해줘야 한다. 예를 들어 Subscriber.populate(subscriber, "course")는 subscriber 객체와 연결된 모든 강좌를 가져와 이들의 ObjectId를 구독자의 courses 배열에 있는 모든 Course 도큐먼트로 바꿔준다.

퀵 체크 17.3 정답   모델 스키마를 정의할 때, 연결된 모델을 대괄호로 둘러쌈으로 일대다 관계를 정의할 수 있다. 대괄호는 연결된 레코드의 배열을 의미한다. 대괄호가 없으면 관계는 일대일 관계가 된다.

노트 http://mongoosejs.com/docs/populate.html에서 유용한 예제를 찾을 수 있다.

이 두 모델이 설정됐다면 REPL로 돌아가서 모델의 연결을 테스트한다. Listing 17.7 의 코드를 보자. 먼저 REPL 환경에서 사용하기 위해 Course 모델을 요청한다. 프라미스 체인 외부에서 두 개의 변수를 설정하고 나중에 이를 사용할 것이다. 강좌 인스턴스를 Course 스키마 요구 사항에 부합하는 값으로 생성한다. 이 생성에서 저장된 강좌 객체를 testCourse에 할당한다. 이미 강좌를 생성했다면 Course.findOne({}).then(course => testCourse = course)를 통해 데이터베이스로부터 얻어올 수 있다.

앞부분에서 구독자를 생성했다고 가정하자. 이 구문은 데이터베이스에서 구독자 한 명의 정보를 가져오며 이를 testSubscirber에 할당한다. testCourse 강좌를 testSubscriber 강좌 배열에 할당한다. 모델 인스턴스가 저장됐는지 확인해 변경을 한다면 데이터베이스까지 영향이 미치도록 한다. 마지막으로 Subscriber 모델에서 populate를 사용해 모든 구독자의 강좌를 찾고 구독자 코스 배열에서 해당 데이터를 채운다.

Listing 17.7 REPL 터미널을 사용해 연결 모델 테스팅하기

```
const Course = require("./models/course");        ← Course 모델의 요청
var testCourse, testSubscriber;                   ← 프라미스 체인 외부에서
Course.create( {                                     2개의 변수 설정
  title: "Tomato Land",
  description: "Locally farmed tomatoes only",
  zipCode: 12345,
  items: ["cherry", "heirloom"]                   ← 새로운 강좌 인스턴스의 생성
}).then(course => testCourse = course);
Subscriber.findOne({}).then(
  subscriber => testSubscriber = subscriber       ← 구독자 찾기
);
testSubscriber.courses.push(testCourse);          testCourse 강좌를
testSubscriber.save();                            testSubscriber의
                                                  강좌 배열에 Push한다.
Subscriber.populate(testSubscriber, "courses").then(subscriber =>
  console.log(subscriber)                         모델에서 populate를
);                                                사용한다.
```

모델 인스턴스를
다시 저장한다.

노트 이 예제를 위해 에러 처리를 위한 errors를 사용하지 않아 코드가 짧다. 하지만 테스트 시에는 이런 에러 처리를 하려 할 수도 있다. catch(error => console.log(error.message))와 같은 간단한 코드도 디버깅 시 많은 도움이 된다.

이 코드를 수행하면 Listing 17.8과 같은 결과를 볼 것이다. testSubscriber의 course 배열이 Tomato Land 강좌 데이터로 populate된 것에 주목하라. 이 강좌 아이템을 확인하기 위해 마지막 REPL populate 명령의 실행 후에 subscriber.course[0]를 로깅해 확인할 수 있다.

Listing 17.8 터미널에서 REPL로부터의 콘솔 로그 결과

```
{ _id: 5986b16782180c46c9126287,
  name: "Jon",
  email: "jon@jonwexler.com",
  zipCode: 12345,
  __v: 1,
  courses:
   [{ _id: 5986b8aad7f31c479a983b42,
      title: "Tomato Land",
      description: "Locally farmed tomatoes only",
      zipCode: 12345,
      __v: 0,
      subscribers: [],
      items: [Array]}]}
```

populate된 객체의
결과 출력

자, 여러분은 연결 모델에 액세스했고, 쿼리는 더 쓸 만해졌다. ObjectId가 5986b8aad7f31c479a983b42인 Tomato Land 강좌의 모든 구독자를 보여주는 페이지를 만들려 한다면, 이때 필요한 쿼리는 Subscriber.find({courses: mongoose.Types.ObjectId("5986b8aad7f31c479a983b42")})가 된다.

17장에서 나온 예제들을 모두 순서대로 실행하려면 Listing 17.9의 코드를 repl.js에 추가하고 node 명령을 이용해 REPL 환경을 재시작한다. 그리고 .load repl.js로 이 파일을 읽어들인다.

repl.js에 있는 코드는 먼저 강좌와 구독자 관련 데이터베이스를 깨끗이 정리할 것이다. 그 후 프라미스 체인을 구성하고, 새로운 구독자를 생성하고 testSubscriber라는 외부 변수를 저장한다. 동일한 작업이 강좌에서도 진행되며 이는 testCourse에 저장된다. 마지막으로 이 두 모델 인스턴스는 연결되며 이 연결은 populate되고 결과가 로깅된다. 명령 순서들은 어떻게 REPL 코드가 코드를 테스팅하는지 보여주고 있다.

Listing 17.9 REPL.js에서의 명령 수행

```
const mongoose = require("mongoose"),
  Subscriber = require("./models/subscriber"),
  Course = require("./models/course");

var testCourse,
  testSubscriber;

mongoose.connect(
  "mongodb:// localhost:27017/recipe_db",
  {useNewUrlParser: true}
);

mongoose.Promise = global.Promise;

Subscriber.remove({})                                    모든 구독자와
                                                         강좌 정보를 삭제한다.
  .then((items) => console.log(`Removed ${items.n} records!`))
  .then(() => {
    return Course.remove({});
  })
  .then((items) => console.log(`Removed ${items.n} records!`))
  .then(() => {
    return Subscriber.create( {              새로운 구독자 생성
      name: "Jon",
      email: "jon@jonwexler.com",
      zipCode: "12345"
    });
  })
  .then(subscriber => {
    console.log(`Created Subscriber: ${subscriber.getInfo()}`);
```

```
  })
  .then(() => {
    return Subscriber.findOne( {
      name: "Jon"
    });
  })
  .then(subscriber => {
    testSubscriber = subscriber;
    console.log(`Found one subscriber: ${subscriber.getInfo()}`);
  })
  .then(() => {          ◄──── 새로운 강좌 생성
      return Course.create({
        title: "Tomato Land",
        description: "Locally farmed tomatoes only",
        zipCode: 12345,
        items: ["cherry", "heirloom"]
      });
  })
  .then(course => {
    testCourse = course;
    console.log(`Created course: ${course.title}`);
  })
  .then(() => {          ◄──── 구독자와 강좌의 연결
      testSubscriber.courses.push(testCourse);
    testSubscriber.save();
  })
  .then( () => {
      return Subscriber.populate(testSubscriber, "courses");
  })
  .then(subscriber => console.log(subscriber))
  .then(() => {
      return Subscriber.find({ courses: mongoose.Types.ObjectId(
testCourse._id) });
  })
  .then(subscriber => console.log(subscriber));
```

구독자에서 강좌 도큐먼트의
populate

ObjectId가 같은 강좌의
구독자 쿼리

팁 Mongoose와 몽고DB로의 쿼리는 좀 복잡해질 수 있다. 동일한 쿼리를 Mongoose로 해보고 몽
고DB 쿼리 문법과 연계시키는 연습을 하는 것을 권한다.

18장에서는 이 연결을 확장할 것이다. 컨트롤러 액션들을 추가해 어떻게 데이터와 연동해야 할지 그 방법을 관리할 것이다.

> 퀵 체크 17.4 왜 모든 쿼리상의 관계 모델을 populate하지 않는 것일까?

 ## 17.5 요약

17장에서는 좀 더 견고한 Mongoose 모델을 만드는 방법을 배웠다. 그리고 이 모델들을 위한 인스턴스 메소드를 생성해 애플리케이션 어디에서나 실행되도록 했다. 그런 다음 처음으로 REPL에서 이 모델들을 테스트하고 새로운 Course 모델을 기존 Subscriber 모델과 다대다 관계로 만들었다. 이 관계는 사이트 구독자들이 특정 레시피 강좌에 대해 흥미를 가질 수 있게 하며 여러분은 위치와 관심 항목으로 타깃 사용자를 정할 수 있게 한다. 18장에서는 모든 애플리케이션에서 데이터 관리에 필요한 CRUD 메소드와 함께 사용자 모델을 만들어본다.

> **해보세요**
>
> 이제 2개의 모델을 설정했고 다음 단계로 Mongoose 메소드로 넘어갈 차례다. 먼저 십여 명의 구독자 및 이 수의 절반 정도의 강좌를 생성해본다. 그리고 랜덤으로 데이터베이스에 있는 구독자를 강좌로 연결하는 코드를 실행한다. 강좌들을 구독자의 강좌 배열에 푸시 후 변경 사항을 저장하는 것을 잊지 말기를 바란다.
>
> 작업이 끝나면 REPL 콘솔에 각 구독자를 로깅하고 populate를 이용해 각 구독자가 어떤 강좌와 연결돼 있는지 확인한다.

퀵 체크 17.4 정답   populate 메소드는 레코드를 위해 모든 연결된 데이터를 모으는 작업에 유용하다. 하지만 이를 남용하면 처리에 오버헤드가 걸릴 수 있으며 레코드를 위한 저장 공간도 만만치 않다. 일반적으로 연결된 특정 레코드의 세부 사항까지 액세스할 필요가 없다면 populate를 쓸 필요는 없다.

사용자 모델의 구현

17장에서는 유효성 평가 및 인스턴스 메소드를 추가해 모델 개선 작업을 했다. 그리고 처음으로 모델 연결을 만들었고 참조 모델로부터 포퓰레이트도 해봤다. 18장에서는 이 테크닉들을 사용자 모델에 적용해볼 것이다. 이렇게 하면 각각의 컨트롤러와 라우터를 통해 이 모델들과 연동할 수 있다.

마지막으로 애플리케이션에서 모든 데이터의 쉬운 시각화를 위해 폼들과 테이블을 만들 것이다.

18장에서 다룰 내용은 다음과 같다.

- 사용자 모델과 연결 모델 생성
- 가상 속성 사용
- 사용자 모델에서 CRUD의 구현
- 데이터베이스 내 모든 사용자들의 열람을 위한 인덱스 페이지 만들기

18.1 사용자 모델 작성

원치 않는 데이터를 데이터베이스에 입력하는 것을 방지하는 모델을 갖게 됐고 이제부터 동일하게 주요 모델들에 이를 적용해야 한다. 여러분의 레시피 애플리케이션은 현재 유망 사용자들이 관심 있는 특정 레시피 프로그램 쉽게 접근할 수 있도록 구독자 모델과 강좌 모델을 갖고 있다. 이제 다음 단계는 이 사용자들이 애플리케이션에 등록을 하고 강좌에 신청하게 해주는 것이다.

구독자 모델과 마찬가지로 사용자 모델도 등록하는 사람에 대한 기본 정보가 필요하다. 그리고 구독자와 강좌에 대한 연동도 필요하다(예를 들어 이전 구독자가 사용자로 등록하기로 했다면 이 두 모델의 연동이 필요하다). 그러면 사용자가 어떤 강좌에 참여하기로 했는지 모든 강좌들을 추적할 필요가 있다.

사용자 모델의 생성을 위해, Listing 18.1의 코드를 models 폴더 내 user.js라는 이름으로 저장한다. 사용자 스키마는 구독자 스키마의 상당 부분을 오버래핑overlapping하고 있다. name 속성이 단일 String 속성인 것 대신에, 여기서는 first와 last 2개의 객체로 구성돼 있다. 이렇게 분리하면 성 또는 이름으로만 사용자를 나타내야할 때 유용하다. 이 속성이 데이터베이스에 저장될 때 공백 없이 저장되도록 trim 속성이 true로 설정된 점에 주목하자. Email과 zipCode는 구독자 스키마의 속성과 동일하다. password 속성은 사용자의 비밀번호를 문자열로 저장하며 계정이 생성될 때 필요하다.

> **주의** 여기에서는 비밀번호를 일반 텍스트로 저장할 것이다. 이런 방법은 보안상 권장되지 않으며, 5부에서 관련 내용을 다룬다.

구독자 스키마에서와 마찬가지로 한 명의 사용자는 다수의 강좌와 연결된다. 사용자는 단일 구독자의 계정과 연결된다. 새로운 속성 세트인 `createAt`과 `updateAt`은 사용자 인스턴스의 생성 및 모델에서의 변경 발생 시간을 포퓰레이트한다. `timestamp` 속성은 Mongoose에게 `createAt`과 `updateAt`이 포함됐다는 것을 알려주는데 이는 어떻게 그리고 언제 데이터가 변경됐는지 기록할 때 유용하다. `timestamps` 속성을 구독자와 강좌 모델에도 역시 추가한다.

> **노트** Mongoose Schema 객체에서 객체 소멸(object destruct)의 사용에 주목하자. {Schema}는 Mongoose의 Schema 객체를 동일한 이름의 상수로 할당한다. 나중에 이 새로운 형식을 다른 모델에 적용할 것이다.

Listing 18.1 user.js에서 사용자 모델 생성

```javascript
const mongoose = require("mongoose"),
  {Schema} = mongoose,                        // 사용자 스키마 생성

  userSchema = new Schema({
  name: {                                     // name 속성에 이름(first)과 성(last) 추가
    first: {
      type: String,
      trim: true
    },
    last: {
      type: String,
      trim: true
    }
  },
  email: {
    type: String,
    required: true,
    lowercase: true,
    unique: true
  },
  zipCode: {
    type: Number,
    min: [1000, "Zip code too short"],
```

```
    max: 99999
  },
  password: {
    type: String,                          비밀번호 속성 추가
    required: true
  },
  courses: [{type: Schema.Types.ObjectId, ref: "Course"}],
  subscribedAccount: {type: Schema.Types.ObjectId, ref:
➡ "Subscriber"}
}, {
  timestamps: true
});
```

사용자와 강좌를 연결 시켜주기 위한 강좌 속성 추가

subscribedAccount를 사용자와 구독자를 연결하기 위해 추가

timestamps 속성을 추가해 createAt 및 updateAt 시간 기록

이름first과 성last이 때로는 한 줄로 유용할 수 있다는 것을 감안할 때, Mongoose의 가상 속성Virtual attribute을 이용해 각 인스턴스의 해당 데이터 저장을 할 수 있다. 가상 속성(계 산된 속성Computed attribute이라고도 한다)은 정규 스키마 속성과 유사하지만 데이터베이스에 저장되지는 않는다. 이를 생성하려면 virtual 메소드를 스키마에서 사용하고 속성과 사용하고 싶은 가상 속성의 이름을 전달한다. 사용자 풀 네임을 위한 가상 속성은 Listing 18.2와 비슷하다. 이 가상 속성은 데이터베이스에 저장되지 않지만 사용자 모델에서 user.zipCode와 같이 다른 속성과 마찬가지로 동작한다. 이 값은 user.fullName으로 검색 할 수 있다. 다음은 사용자 모델을 생성하는 코드다.

Listing 18.2 user.js에서 사용자 모델에 가상 속성 추가

```
userSchema.virtual("fullName")
  .get(function() {
    return `${this.name.first} ${this.name.last}`;
  });

module.exports = mongoose.model("User", userSchema);
```

사용자의 풀 네임을 얻기 위한 가상 속성 추가

> **노트** 이 책을 쓰는 시점에 Mongoose 메소드는 더 이상 의존하지 않는 어휘 this를 사용하기 때문 에 화살표 함수를 사용할 수 없다.

이를 바로 REPL에서 테스트해보자. 새로운 모델로 작업을 위한 환경의 모든 것과 Mongoose를 요청해야 한다는 것을 기억하자. 새로운 REPL 세션으로 Mongoose를 다시 요청하고 기본 프라미스를 쓰도록 설정, mongoose.connect("mongodb:// localhost:27017/recipe_db",{useNewUrlParser: true})를 입력해 데이터베이스에 접속해야 한다. 그 후에 const User=require("./models/user")로 새로운 사용자 모델을 요청한다.

REPL에서 새로운 사용자 인스턴스를 생성하고, 돌려받은 사용자나 에러를 로깅해 모델이 정상적으로 설정됐는지 확인한다. Listing 18.3은 사용자를 생성하는 코드를 예시로 보여주고 있다. 이 예제에서 사용자는 모든 요청되는 속성 값으로 생성되고 데이터베이스에 저장된다. last 필드에서의 공백이 데이터베이스로 저장되기 전에 Mongoose에서 처리돼야 함을 주목하기 바란다.

Listing 18.3 REPL 터미널에서 새로운 사용자 생성

```
var testUser;
User.create({
  name: {
    first: "Jon",
    last: "Wexler"
  },
  email: "jon@jonwexler.com",
  password: "pass123"
})
  .then(user => testUser = user)
  .catch(error => console.log(error.message));    ◀—— 새로운 사용자 생성
```

> **노트** 메일 어드레스의 충돌 관련 에러 메시지가 출력된다면 데이터베이스에 동일한 이메일을 갖
> 고 있는 사용자가 있다는 의미다(이는 우리가 세운 스키마에 의하면 있어서는 안 될 일이다). 이런 상
> 황을 우회하기 위해 다른 이메일을 사용하든지 아니면 find() 메소드를 생성 대신에 사용한다. 이는
> User.findOne({email: "jon@jonwexler.com"}).then(u=> testUser = u).catch(e => console.log(e.
> message));처럼 사용하면 된다.

user 변수는 다음에 나오는 도큐먼트 객체들을 포함해야 한다. 사용자와 강좌를 연결할 때 course 속성이 빈 배열임을 주목하라. 이 속성은 ObjectId로 포퓰레이트될 것이다.

Listing 18.4   터미널에서 사용자 객체의 저장 결과

```
{ _id: 598a3d85e1225d0bbe8d88ae,
  email: "jon@jonwexler.com",
  password: "pass123",
  __v: 0,
  courses: [],
  name: { first: "Jon", last: "Wexler" } }        ◀──── 쿼리 결과 출력
```

이제 이 사용자로부터 동일한 이메일을 갖고 있는 구독자와 연결할 수 있는 정보를 사용할 수 있게 됐다. 구독자와 연결하기 위해 Listing 18.5 코드를 보도록 하자. 먼저 쿼리 바깥 범위의 변수 targetSubscriber를 설정하고 그 결과를 구독자 모델 쿼리의 결과를 할당한다. 이런 방식으로 targetSubscriber 변수를 쿼리 종료 후 사용할 수 있다. 이 쿼리에서 구독자들을 찾기 전에 사용자 이메일을 create로 사용하고 있다.

Listing 18.5   REPL 터미널에서 구독자와 사용자의 연결

```
var targetSubscriber;
Subscriber.findOne({
    email: testUser.email
  })
  .then(subscriber => targetSubscriber = subscriber);
```

targetSubscriber 변수를
사용자의 이메일로 찾은
구독자(subscriber)로 설정

이 명령을 수행하고 나면 targetSubscriber 변수에 사용자의 이메일 주소를 공유하는 구독자 객체가 들어 있어야 한다. 이는 REPL 터미널 환경에서 console.log(targetSubscriber);를 통해 확인할 수 있다.

프라미스로 Listing 18.6과 같이 두 개의 작업을 하나로 압축할 수 있다. 연결된 구독자를 찾는 호출을 하위로 내포함으로서 통째로 컨트롤러 액션으로 옮길 수 있는 프라미스 체인을 만들 수 있다. 먼저 새로운 사용자를 생성한다. 기존 사용자와 동일한 이메일로 생성하려 하면 다시 새로운 사용자 화면으로 되돌아간다. 두 번째 쿼리는 존재하는 모든 구독자를 찾아준다. 동일한 이메일로 구독자를 찾을 때 사용자 모델인 subscribedAccount에서의 속성 이름으로 사용자와 연결을 할 수 있다. 마지막으로 결과를 저장한다.

Listing 18.6　REPL 터미널에서 사용자와 구독자의 연결

```
var testUser;
User.create({
  name: {
    first: "Jon",
    last: "Wexler "
  },
  email: "jon@jonwexler.com",
  password: "pass123"
})
  .then(user => {
    testUser = user;
    return Subscriber.findOne({          사용자 이메일로
      email: user.email                  구독자 찾기
    });
  })
                                         구독자와 사용자의 연결
  .then(subscriber => {
    testUser.subscribedAccount = subscriber;
      testUser.save().then(user => console.log("user updated"));
  })
  .catch(error => console.log(error.message));
```

이제 여러분은 사용자를 생성하고 다른 모델과 REPL상에서 연결할 수 있게 됐다. 다음 단계는 이를 컨트롤러와 뷰로 연동시키는 것이다.

> **노트**　데이터베이스 쿼리의 테스트를 위해 REPL 환경으로 옮겼다. 따라서 더 이상 필요치 않은 subscriber의 요청 부분은 삭제 가능하다.

퀵 체크 18.1　가상 속성은 일반 모델 속성과 어떻게 다른가?

퀵 체크 18.1 정답　가상 속성은 데이터베이스에 저장되지 않는다. 이 속성은 다른 일반 속성과는 다르게 애플리케이션이 실행될 때만 존재한다. 몽고DB를 통해 검색되거나 데이터베이스로부터 추출될 수 없다.

18.2 모델에 CRUD 메소드 붙이기

이번 절에서는 사용자, 구독자 그리고 그룹 모델에서 다뤄야 하는 다음 단계를 논의한다. 이 3가지 모델은 모두 스키마와 REPL상에서 연관성을 갖고 있으나, 이를 브라우저에서 보여줄 필요가 있을 것이다. 좀 더 구체적으로 말하면 각 모델에 관해 사이트 관리자로의 데이터 관리 및 사용자들에게 자신만의 계정을 만들기를 원할 수 있다. 우선 생성, 읽기, 수정, 삭제^{CRUD}라는 데이터베이스에서의 주요 4가지 기능에 대해 이야기해보자.

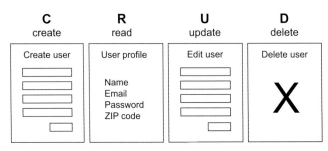

그림 18.1 CRUD 액션에 대한 뷰

웹 개발에서 CRUD는 대규모의 애플리케이션에서의 기초로서 각 모델은 표 18.1에서와 같은 액션을 필요로 한다.

표 18.1 CRUD 액션

액션	설명
Create	create 함수는 크게 new와 create로 나뉜다. new는 모델의 새 인스턴스를 생성할 폼을 보여주기 위한 뷰와 라우트를 나타낸다. 예를 들어 새로운 사용자를 생성하려면 http://localhost:3000/users/new를 방문해 new.ejs에 있는 사용자 생성 폼을 보여주면 된다. create 라우트와 액션은 이 폼으로부터의 모든 POST 요청을 처리한다.
Read	Read 함수는 단 하나의 라우트, 액션, 뷰를 갖는다. 이 책에서는 show라는 이름으로 모델의 정보(대부분은 프로필 페이지)를 보여주고 있다. 아직 데이터베이스로부터 읽어들이고 있지만, 이 show 액션과 show.ejs 뷰는 Read 함수에서 흔히 쓰이는 이름이다.
Update	update 함수는 new와 비슷하게 크게 edit와 update.edit로 나뉘며, edit 라우트 및 edit.ejs로의 GET 요청을 처리한다. edit.ejs에서는 모델 속성 값 변경을 위한 폼이 존재한다. PUT 요청을 이용해 변경될 값을 폼을 통해 제출하면 update 라우트와 액션이 이 요청을 처리한다. 이들 함수는 데이터베이스에 모델의 인스턴스가 미리 존재해야 한다.

액션	설명
Delete	delete 함수가 가장 간단한 함수일 것이다. 레코드를 정말 삭제할 것인지를 묻는 뷰를 만들 수 있고 이 함수는 보통 DELETE 요청을 해당 사용자 ID를 키값으로 삭제하는 라우트로 보낸다. 그러면 delete 라우트와 액션은 데이터베이스에서 해당 레코드를 삭제한다.

new.ejs 및 edit.ejs 폼을 위해, 폼 제출을 create와 update 라우트로 각각 라우팅해야 한다. 예를 들어 새로운 사용자 생성을 위한 폼을 제출한다면 폼 데이터는 user/create 라우트로 전달돼야 한다. 다음 예제는 사용자 모델에서 CRUD 액션 및 뷰를 한 번씩 다루며, 구독자 모델에서도 동일한 테크닉이 적용돼야 한다.

CRUD HTTP 메소드

앞에서 GET과 POST HTTP 메소드를 배웠다. 이 둘은 인터넷상에서 가장 빈번하게 사용되는 요청 방식이다. 많은 다른 HTTP 메소드들은 특별한 경우에만 사용되며, 여기 그 특별한 경우 중 2가지를 표 18.2에 소개한다.

표 18.2 PUT과 DELETE HTTP 메소드

HTTP 메소드	설명
PUT	기존 레코드의 업데이트나 수정을 위해 데이터를 애플리케이션 서버로 보내는 것을 가리키기 위해 사용되는 메소드다. PUT은 일부 변경되지 않더라도 보통 기존 레코드를 새로운 속성 세트로 변경한다. PUT이 업데이트를 위한 대표 메소드이기는 하지만 어떤 이는 PATCH 메소드를 더 선호하기도 하는데 PATCH는 변경되지 않는 속성만 골라 변경하는 것이 특징이다. 이 업데이트 라우트를 Express.js에서 처리하기 위해 app.put을 사용할 수 있다.
DELETE	데이터베이스에서 레코드를 삭제한다고 지정할 때 사용되는 메소드다. Express.js에서 이를 처리하기 위해 app.delete를 사용할 수 있다.

GET 및 POST 메소드를 이용해 레코드의 업데이트와 삭제가 가능하지만 HTTP 메소드 사용 시에는 이 베스트 프랙티스를 따르는 게 좋다. 일관성을 통해 애플리케이션은 오류가 거의 없어질 것이며 오류가 발생해도 투명성을 확보해 수정이 쉬워질 것이다. 이에 대해서는 19장에서 좀 더 논의한다.

시작하기 전에 컨트롤러를 한번 살펴보고 이를 개선할 준비를 한다. 지금까지 모듈의 export 객체에 추가해 새로운 컨트롤러 액션을 생성했다. 더 많은 액션을 만들수록, export 를 그만큼 반복하게 되며 컨트롤러 모듈의 관점에서는 그다지 효율적이지 못하다. 이는 객체 리터럴에 module.exports를 모두 함께 익스포트시켜 컨트롤러 액션을 정리할 수 있다. 홈 컨트롤러 코드를 Listing 18.7과 같이 변경하도록 하자.

이 예제에서 액션은 콤마(,)를 구분자로 사용한다. 이는 액션의 이름을 쉽게 구분 짓게 해준다. 컨트롤러를 변경한 후에는 전과 마찬가지로 애플리케이션 내 어떤 코드도 변경할 필요는 없다.

Listing 18.7 homeController.js에서의 액션 수정

```javascript
var courses = [
  {
    title: "Event Driven Cakes",
    cost: 50
},
  {
    title: "Asynchronous Artichoke",
    cost: 25
},
  {
    title: "Object Oriented Orange Juice",
    cost:10
}];

module.exports = {          // 모든 컨트롤러 액션과 함께
                            // 객체 리터럴 익스포트
  showCourses: (req, res) => {
    res.render("courses", {
      offeredCourses: courses
    });
  }
};
```

이 구조를 다른 컨트롤러(errorController.js 및 subscribersController.js)에도 적용하고 모든 컨트롤러들을 앞으로 옮긴다. 이런 수정은 CRUD 액션 및 라우트에서 미들웨어 구조를 생성할 때 중요하다.

> **노트** Controllers 폴더에 courseController.js 및 userController.js 파일을 생성해 19장에서 사용될 강좌와 사용자 모델을 위한 동일한 액션을 만들 수 있다.

다음 절에서 사용자 모델에서 요구되는 폼을 만든다. 먼저 애플리케이션에서 자주 간과되는 뷰인 index.ejs를 작성한다. 또한 각 애플리케이션 모델을 위한 인덱스 페이지를 작성한다. index 라우트, 액션, 뷰의 목적은 모든 레코드를 가져와 단일 페이지에 출력하는 것이다. 인덱스^{index} 페이지는 다음 절에서 작성한다.

> **퀵 체크 18.2** CRUD 중 자체 뷰를 필요로 하지 않는 것은 무엇인가?

 ## 18.3 인덱스 페이지 작성

우선 index.ejs 뷰를 views 폴더 내 users 폴더를 만들고 그 안에 생성한다. 그리고 Listing 18.8의 코드를 추가한다.

이 뷰에서 users 변수를 루프를 돌면서 사용자의 속성을 담은 새로운 테이블 행을 생성한다. 같은 타입의 테이블이 구독자나 강좌에서도 사용될 수 있다.

컨트롤러 레벨에서 users 변수는 사용자 배열로 포퓰레이트해야 한다.

> **노트** 여러분의 애플리케이션 내 다른 모델도 동일한 접근 방식을 적용해야 한다. 예를 들면 구독자 모델 뷰는 이제 views 폴더 내 subscribers 폴더로 이동해야 한다.

퀵 체크 18.2 정답 모든 CRUD 함수가 자체 뷰를 가질 수 있지만, 어떤 함수는 모달, 또는 기본 링크 요청으로 진행될 수 있다. 바로 delete 함수가 자체 뷰가 반드시 필요가 없는 함수인데 레코드 삭제 명령을 보내기만 하면 되기 때문이다.

Listing 18.8   index.js에서의 모든 사용자 리스팅

```html
<h2>Users Table</h2>
  <table class="table">
    <thead>
      <tr>
        <th>Name</th>
        <th>Email</th>
        <th>Zip Code</th>
      </th>
    </thead>
    <tbody>
      <% users.forEach(user => { %>      뷰에서 사용자 배열
        <tr>                              루핑 탐색
          <td><%= user.fullName %></td>
          <td><%= user.email %></td>
          <td><%= user.zipCode %></td>
        </tr>
        <% }); %>
    </tbody>
  </table>
```

이 코드를 테스트하려면 이 뷰를 읽어들일 라우트와 컨트롤러 액션이 필요하다. userController.js를 controllers 폴더 내에 생성하고 Listing 18.9의 코드를 추가한다.

이 컨트롤러에서 여기에 액세스하기 위해서는 userController.js 모델에서 사용자 모델을 요청해야 한다. 먼저 사용자와 함께 응답을 받는 경우다. 그다음에 index.ejs 뷰에서 사용자 리스트를 렌더링한다. 에러가 발생하면 콘솔에 로그 메시지를 출력하고 홈페이지로 리디렉션을 수행한다.

Listing 18.9   userController.js에서 인덱스 액션 생성

```javascript
const User = require("../models/user");      ◄──── 사용자 모델 요청

module.exports = {
  index: (req, res) => {
```

```
    User.find({})
      .then(users => {
        res.render("users/index", {          ← 사용자 배열로
          users: users                          index 페이지 렌더링
        })
      })                                        로그 메시지를 출력하고
      .catch(error => {                         홈페이지로 리디렉션
        console.log(`Error fetching users: ${error.message}`)
       res.redirect("/");
      });
  }
};
```

> **노트** 구독자 컨트롤러에서 index 액션이 getAllSubscribers를 대체한다. main.js에서 액션 관련 라
> 우트를 index를 가리키도록 수정하고 subscribers.ejs를 index.ejs로 변경된 점을 기억하자. 이 뷰는
> views 폴더 아래 subscribers 폴더에 있어야 한다.

마지막 단계는 main.js에 userController를 알리고 index 라우트를 Listing 18.10의 코드
를 main.js로의 추가를 통해 반영하는 것이다.

먼저 main.js에서 userController를 요청한다. 요청 구문은 subscribersController가 정의
된 부분 아래에 추가한다. 첫 번째 사용자 라우트를 만들고 /users로 유입되는 요청을 받
고 index 액션을 userController에서 사용한다.

Listing 18.10 main.js에서 userController 추가

```
const usersController = require("./controllers/usersController");
app.get("/users", usersController.index);          ← index 라우트 생성
   userController의 요청
```

터미널에서 애플리케이션을 띄우고 http://localhost:3000/users를 접속해보자. 그림
18.2와 같이 화면이 출력될 것이다.

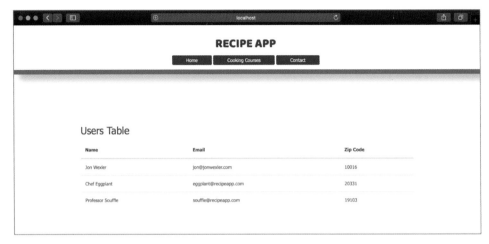

그림 18.2 브라우저에서 index 페이지 예시

이 리스트 화면은 데이터베이스 내용 가운데 중요 데이터는 감춘 채 공개하는 화면이다. 더 진행하기 전에 라우트와 액션을 하나 더 수정하자.

> **퀵 체크 18.3** 인덱스 뷰의 용도는 무엇인가?

 ## 18.4 액션의 정리

지금의 인덱스 액션은 데이터베이스로부터의 데이터를 보여주는 EJS 템플릿만을 위해 만들어졌다. 하지만 데이터를 뷰에서만 쓰게 하고 싶지는 않을 것이다. 이와 관련된 내용은 6부에서 다룬다. 이 액션을 좀 더 잘 사용하려면 쿼리 단위로 액션들을 쪼개고 분리된 각 액션들은 뷰를 통해 결과를 출력한다.

퀵 체크 18.3 정답　　인덱스 뷰는 특정 모델의 모든 도큐먼트를 보여준다. 이는 회사에서 구독 중인 모든 사용자들의 이메일과 주소를 보여주는 데 사용될 수 있다. 또한 누가 등록을 했는지를 모든 이에게 보여줄 수도 있다.

사용자 컨트롤러 코드를 Listing 18.11에서 보여주는 것과 같이 수정한다. 이 수정 코드를 통해 index 액션을 가지게 되며 이 액션은 find 쿼리를 사용자 모델상에서 호출한다. 성공적으로 결과가 도출됐다면 이 결과를 res.locals 객체, 즉 뷰에서 가질 액세스를 할 수 있는 변수로 할당하는 응답상의 고유한 객체로 보낸다. 결과를 res.locals.users로 할당하면 더 이상 뷰로 액세스할 필요는 없어질 것이다. 변수명 users는 뷰에서 지역적으로^{locally} 매칭된다. 그 후, 다음 미들웨어 함수를 호출한다. 쿼리에서 에러가 발생되면 에러를 로깅하고 이를 다음 미들웨어 함수로 보내 에러를 처리하게 한다. 이 경우에서는 internalServerError 함수가 그 역할을 한다. indexView 액션이 인덱스 뷰를 렌더링한다.

Listing 18.11 userController.js에서 index 액션의 재방문

```
const User = require("../models/user");

module.exports = {
  index: (req, res, next) => {          index 액션에서만
    User.find()                          쿼리 실행
      .then(users => {
        res.locals.users = users;
          next();                        응답상에서 사용자 데이터를 저장하고
      })                                 다음 미들웨어 함수 호출
      .catch(error => {
        console.log(`Error fetching users: ${error.message}`);
        next(error);
      });                                에러를 캐치하고 다음
  },                                     미들웨어로 전달
  indexView: (req, res) => {
    res.render("users/index");
  }                                      분리된 액션으로
};                                       뷰 렌더링
```

전과 같이 사용자의 인덱스 페이지에서 애플리케이션을 읽어들이려면 indexView를 라우트에서 index 액션을 따라가는 미들웨어 함수로 추가한다. 이렇게 함으로써 main.js 내의 /users 라우트를 app.get("/users", usersController.index, usersController.indexView)를 써서 변경한다. userController.index가 쿼리를 완료하고 응답 객체에 데이터를 보내면 userController.indexView가 뷰를 렌더링하기 위해 호출된다. 이 변경으로 나중에 다른 라우트에서의 인덱스 액션 이후 다른 미들웨어 함수 호출을 결정할 수 있게 된다. 이는 6부에서 수행할 것이다.

이제 REPL이나 몽고DB 셸에서가 아닌 다른 방법으로 데이터베이스에 있는 사용자, 강좌, 구독자를 볼 수 있게 됐다. 19장에서는 뷰에 추가적으로 기능을 더 붙여보자.

> **퀵 체크 18.4** 대부분 작업은 웹 브라우저에서 하는데 왜 에러 로그는 콘솔에서 출력하도록 할까?

 ## 18.5 요약

18장에서는 어떻게 사용자 모델을 생성하고 어디부터 CRUD 함수를 사용해야 하는지 배웠다. 또한 새로운 2개의 HTTP 메소드와 어떻게 모든 사용자 표시를 위한 인덱스 페이지를 생성하는지도 배웠다. 이 인덱스 페이지를 통해 사용자는 웹 브라우저로부터 애플리케이션과 연동을 시작한다. 마지막으로 미들웨어 함수와 액션 간의 좀 더 나은 연동을 사용하기 위해 컨트롤러와 라우터를 수정했다. 19장에서는 create와 read 함수를 3개 모델에 적용할 것이다.

퀵 체크 18.4 정답 더 많은 데이터와 기능을 뷰로 이관시켜도 터미널은 여전히 애플리케이션의 중심이다. 콘솔 윈도우는 여전히 애플리케이션 에러, 생성된 요청 그리고 사용자 정의 에러 메시지를 확인해 문제 발생 시 어디를 수정해야 할지 알게 해준다.

모델의 생성과 읽기

18장에서 사용자 모델을 구축하고 인덱스 페이지를 만들어 사용자들을 동일한 페이지에서 보여줬다. 19장에서는 애플리케이션에 추가적인 기능 구축을 위해 CRUD에서 create(생성)와 read(읽기) 함수에 초점을 맞춘다. 우선 사용자 속성을 입력으로 처리하는 EJS 폼을 생성한다. 그리고 이 폼 데이터의 처리를 위한 라우트와 액션을 생성한다. 마지막으로 사용자 프로필 페이지로 보여주기 위한 show 페이지를 만든다.

19장에서 다룰 내용은 다음과 같다.

- 모델 생성 폼의 구축
- 브라우저에서 데이터베이스로 사용자 저장
- 뷰에서 연관 모델 출력

> **고려 사항**
>
> 애플리케이션에서 강좌를 만드는 새로운 방식을 통해, REPL에서 데이터베이스로 개인 도큐먼트를 추가하는 것은 좋은 방법이 아님을 알았다. 이에 새로운 모델 인스턴스 생성과 수정, 출력을 위한 라우트를 만들기로 결정했다. 이 라우트들은 CRUD 메소드의 기초가 되며 애플리케이션 뷰를 통해 데이터를 흘려보내도록 데이터와 연동하게 한다.

19.1 새로운 사용자 폼 제작

데이터베이스에서 새로운 사용자 인스턴스를 만들려면 사용자 데이터를 추출하기 위한 몇 가지 방법이 필요하다. 지금까지는 REPL 환경에서 직접 데이터를 입력해왔다. 이제 여러분은 데이터와의 연동을 브라우저로 옮기는 중이기 때문에 새로운 사용자가 본인의 계정을 생성할 수 있는 폼이 필요하다. CRUD 관점에서 이 폼은 new.ejs라는 파일에 위치한다.

우선 Listing 19.1의 코드를 views/users 폴더에 있는 new.js 파일에 추가해 폼을 만든다. 결과 화면은 그림 19.1과 같이 될 것이다. 이 폼은 POST 요청을 /users/create 라우트로 폼 제출을 통해 발생시킨다. 이 라우트는 제출을 하기 전에 만들어져야 하며 이 순서가 지켜지지 않으면 애플리케이션은 크래시를 발생시킨다.

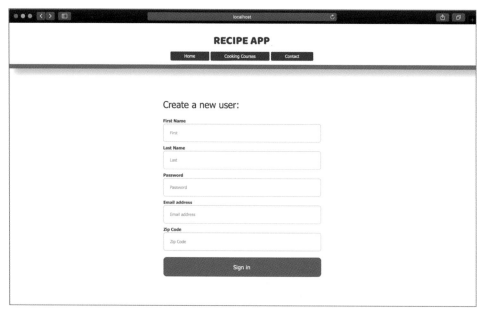

그림 19.1 브라우저에서의 사용자 생성 폼 예시

이 폼은 부트스트랩으로 꾸며진 것이다. 하지만 핵심은 각 사용자 속성이 폼 입력 형태로 나타난다는 것이다. 이 속성들의 이름은 input 값의 **name** 속성에 할당되며 이 경우에는 name="first"가 된다. 나중에 컨트롤러에서 값들을 식별하기 위해 이 이름 속성을 사용할 것이다. **password**, **email**, **zipCode** 필드는 몇 가지 고유 속성을 가지고 있는 것에 주목하자. 이 HTML 유효성 평가는 웹 페이지에서 애플리케이션으로 비보안적인 정보나 유효하지 않는 정보가 애플리케이션으로 유입되는 것을 막을 수 있다.

Listing 19.1 new.ejs에서의 사용자 생성 구축

```
<div class="data-form">
  <form action="/users/create" method="POST">      ← 사용자 계정을 생성하기
    <h2>Create a new user:</h2>                        위한 폼을 생성한다.
    <label for="inputFirstName">First Name</label>
    <input type="text" name="first" id="inputFirstName"   ← 폼의 input으로서
    placeholder="First" autofocus>                         사용자 속성 추가
    <label for="inputLastName">First Name</label>
    <input type="text" name="last" id="inputLastName"
    placeholder="Last">
    <label for="inputPassword">Password</label>       ←
    <input type="password" name="password" id="inputPassword"
    placeholder="Password" required>                  email과 password
    <label for="inputEmail">Email address</label>     필드의 보호를 위한
    <input type="email" name="email" id="inputEmail"  HTML 속성 적용
    placeholder="Email address" required>
    <label for="inputZipCode">Zip Code</label>
    <input type="text" name="zipCode" id="inputZipCode" pattern="\d*"
    placeholder="Zip Code" required>
    <button type="submit">Sign in</button>
  </form>
</div>
```

이제 새로운 뷰를 만들었으며, 이를 위한 라우트와 컨트롤러 액션이 필요하다. 또한 create 라우트와 액션을 다음 절에서의 뷰로부터 데이터 처리를 위해 추가한다.

19.2 뷰로부터 새로운 사용자 생성

새로운 사용자를 위한 폼은 사용자 스키마와 관련된 데이터를 수집하고, 그 다음으로 이 폼을 위한 액션의 생성이 필요하다. 폼으로 데이터를 렌더링하고 처리하려면, 사용자 액션을 위해 Listing 19.2의 코드를 usersController.js에 추가한다.

new 액션은 새로운 사용자 생성의 요청을 받아 new.ejs에서 이를 렌더링한다. create 액션은 new.ejs 폼으로부터 포스팅된 데이터를 받고 결과로서 생성된 사용자를 다음 미들웨어 함수로 응답 객체를 통해 전달한다. 다음 미들웨어 함수인 redirectView는 응답 객체의 일부로서 받은 리디렉션 경로를 기반으로 어떤 뷰를 보여줄지 결정한다. 새로운 사용자가 성공적으로 생성되면 인덱스 페이지로 리디렉션된다.

create 액션에서 수집된 유입 데이터로 userParams를 할당한다. 그 후 User.create를 호출하고 이 파라미터들을 전달하고 성공 시에는 사용자를 /users 인덱스 페이지로 리디렉션하며, 실패 시에는 에러 페이지로 리디렉션한다.

> **노트** 구독자 컨트롤러를 위해, new와 create 액션은 초기에 만들었던 getSubscriptionPage와 saveSubscriber를 효과적으로 대체하고 있다. 이 새로운 액션들을 스와핑하면, main.js 라우트의 매칭을 위해 액션 이름을 변경해야 한다.

Listing 19.2 userController.js로의 액션 생성 추가

```
new: (req, res) => {
  res.render("users/new");
},
```
폼의 렌더링을 위한
새로운 액션 추가

퀵 체크 19.1 정답   name 속성은 새로운 레코드 생성을 위해 반드시 채워져야 하는 속성이다. 이름 속성에 매핑되는 값은 컨트롤러가 모델 스키마와 비교하는 데 사용하는 값이다.

278   Unit 4   사용자 모델 제작

```
create: (req, res, next) => {          ← 사용자를 데이터베이스에
  let userParams = {                      저장하기 위한 create 액션 추가
    name: {
      first: req.body.first,
      last: req.body.last
    },
    email: req.body.email,
    password: req.body.password,
    zipCode: req.body.zipCode
  };                          ← 폼 파라미터로 사용자 생성

  User.create(userParams)
      .then(user => {
        res.locals.redirect = "/users";
        res.locals.user = user;
        next();
      })
      .catch(error => {
        console.log(`Error saving user: ${error.message}`);
        next(error);
      });
},
                                   분리된 redirectView 액션에서
                                   뷰 렌더링
redirectView: (req, res, next) => {  ←
  let redirectPath = res.locals.redirect;
  if (redirectPath) res.redirect(redirectPath);
  else next();
}
```

이 코드의 동작을 보면, new와 create 라우트를 Listing 19.3에서 보는 바와 같이 main.
js에 추가한다. 첫 번째 라우트는 /user/new로의 GET 요청을 new.ejs에서 받는다. 두 번
째 라우트는 /user/create로의 POST 요청을 받고, 받은 요청 본문을 userController.js의
redirectView 액션을 통한 뷰 리디렉션으로 create 액션에 전달한다. 이들 라우트는 사용
자 인덱스 라우트의 아래에 올 수 있다.

> **노트** 구독자 컨트롤러에 new와 create 액션을 추가하는 것은 새로운 CRUD 액션에 맞춰 getAll
> Subscribers와 saveSubscriber 액션을 삭제할 수 있다는 의미다. 게다가 홈 컨트롤러에서 할 것은
> 홈페이지인 index.ejs 제공밖에 없다.

이제 main.js에서 사용하고 있는 라우터의 수가 증가하기 시작하고 있다. const router = express.Router() 코드를 main.js에 추가함으로써 Express.js에서 라우터 모듈을 사용할 수 있다. 이 코드 라인은 자체 미들웨어와 Express.js 앱 객체와 함께 라우팅을 제공하는 라우터 객체를 생성한다. 이 라우터 객체는 라우터를 정리할 때 곧 사용할 것이다. 일단 지금은 앱 대신에 사용할 라우터를 위해 라우트를 수정하자.

그 후 app.use("/", router)를 main.js 내 라우트의 제일 위에 추가한다. 이 코드는 Express.js에 미들웨어와 라우팅을을 위한 시스템으로 라우터 오브젝트를 사용한다고 알리는 것이다.

Listing 19.3 **main.js에서 new와 create 라우트 추가**

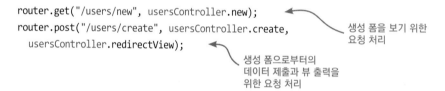

```
router.get("/users/new", usersController.new);
router.post("/users/create", usersController.create,
  usersController.redirectView);
```

생성 폼을 보기 위한 요청 처리

생성 폼으로부터의 데이터 제출과 뷰 출력을 위한 요청 처리

애플리케이션을 재시작하고 http://localhost:3000/users/new의 폼을 채워 제출해보자. 성공했다면 인덱스 페이지에서 새롭게 사용자가 생성된 것을 볼 수 있을 것이다.

사용자를 데이터베이스에 저장하는 데 성공했다면, 이제 마무리 작업을 한다. 이미 User 스키마를 Subscriber 모델과 연계해 설계했다. 이상적으로는 사용자가 생성될 때마다 기존 구독자 중 같은 이메일 주소가 있는지를 찾고 이를 연결시키려 할 것이다. 이를 Mongoose의 pre("save") 훅에서 해준다.

Mongoose에서는 훅hooks이라고 하는 메소드를 제공한다. 이를 통해 저장과 같은 데이터베이스 변경이 실행되기 전에 특정한 오퍼레이션을 실행할 수 있다. 이 훅을 Listing 19.4에 있는 코드를 user.js에서 스키마 정의와 모델 등록 사이에 추가한다.

이 훅을 동작시키기 위해 Subscriber 모델을 user.js로 요청해야 한다. const Subscriber = require("./subscriber"). 명령 구문을 사용하자.

이 훅은 사용자의 생성 또는 저장 직전에 실행된다. 다음 미들웨어 함수를 매개변수로 취해 단계가 종료되면 이 미들웨어를 호출하게 된다. 여기에서는 화살표 함수를 사용할 수 없기 때문에, 사용자 정의 변수는 프라미스 체인 밖에서 정의를 해줘야 한다.

> **노트** 이 책을 쓰는 시점에는 Mongoose 훅에서 화살표 함수는 작동하지 않는다.

이 함수는 사용자가 관련된 구독자가 없을 경우에 사용하며, 불필요한 데이터베이스 오퍼레이션을 절약시켜준다. 먼저 사용자 이메일 주소로 구독자를 찾는다. 만일 구독자를 찾았다면 이 구독자를 사용자의 subscribedAccount 속성으로 할당한다. 에러가 발생한다면 다음 미들웨어 함수에서 사용자 저장 수행을 이어간다. 또한 user.js에서 구독자 모델에 참조를 추가해야 하며 이는 adding const Subscriber = require("./subscriber") 명령 구문을 상단에 추가해 수행한다.

Listing 19.4 user.js에 pre("save") 훅 추가

콜백에서 함수 키워드 사용

```
userSchema.pre("save", function (next) {        ← pre("save") 훅 설정
  let user = this;
  if (user.subscribedAccount === undefined) {    ← 기존 Subscriber 연결을
    Subscriber.findOne({                             위한 조건 체크 추가
      email: user.email
    })                                           ← Single Subscriber를 위한 쿼리
      .then(subscriber => {
        user.subscribedAccount = subscriber;     ← 사용자와 구독자 계정 연결
        next();
      })
      .catch(error => {
        console.log(`Error in connecting subscriber:
? ${error.message}`);
        next(error);                             ← 에러 발생 시 다음
      });                                            미들웨어 함수로 전달
  } else {
    next();
  }                                              ← 이미 연결 존재 시
});                                                 다음 미들웨어 함수 호출
```

새로운 사용자를 REPL(또는 새 구독자 등록 페이지를 이미 만들었다면 그 페이지)로 새로운 구독자를 등록해 이 코드를 동작하도록 조건을 만들고 브라우저에서 동일한 이메일 주소로 새로운 사용자를 만들어보자. REPL로 돌아와 사용자의 subscribedAccount가 관련 구독자의 ObjectId로 반영이 돼 있는지 확인한다. 이 값은 다음 절에서 사용자를 보여준 페이지에서 유용하게 사용될 것이다.

퀵 체크 19.2 왜 Mongoose의 pre("save") 훅은 파라미터로서 next를 받을까?

 ## 19.3 show를 통한 사용자 데이터 읽기

이제 사용자 데이터를 생성할 수 있게 됐으며, 사용자 정보를 사용자 프로필 페이지와 같은 연관 페이지에 출력하려고 한다. 이 경우 필요한 오퍼레이션은 단순한 데이터베이스 읽기가 될 것이며, 특정 ID를 통해 사용자를 찾고 관련 콘텐츠를 브라우저에 출력하는 형태다.

우선 새로운 뷰인 show.ejs를 생성하자. 이 뷰와 액션을 show라고 부르겠다. 이는 사용자 데이터를 보여주는 용도를 의미한다. show.ejs에서 index.ejs와 유사한 테이블을 생성하지만 반복 루프만 돌지 않는 점이 다르다. 사용자의 모든 속성을 보여주려면 view/users 폴더에 있는 show.ejs에 Listing 19.5의 코드를 추가한다.

이 폼은 사용자 변수들의 속성을 각 테이블 내 데이터 박스를 포퓰레이트하는 데 사용한다. 마지막으로 사용자가 subscribedAccount를 가지고 있는지 체크한다. 가지고 있지 않다면 아무것도 출력되지 않을 것이다. 구독자가 연계돼 있다면 관련 텍스트와 구독자 페이지 링크가 출력될 것이다.

퀵 체크 19.2 정답   pre("save") 훅은 Mongoose의 미들웨어다. 따라서 다른 미들웨어와 같이 동작하기 위해서는 함수 수행이 종료됐을 때 다음 미들웨어 함수로 이동한다. next는 여기에서 미들웨어 체인 내의 다음 함수를 의미한다.

Listing 19.5 show.ejs에서의 사용자 Show 테이블

```html
<h1>User Data for <%= user.fullName %></h1>

<table class="table">
  <tr>
    <th>Name</th>
    <td><%= user.fullName %></td>
  </tr>
  <tr>
    <th>Email</th>
    <td><%= user.email %></td>
  </tr>
  <tr>
    <th>Zip Code</th>
    <td><%= user.zipCode %></td>
  </tr>
  <tr>
    <th>Password</th>
    <td><%= user.password %></td>
  </tr>
</table>

<% if (user.subscribedAccount) { %>
    <h4 class="center"> This user has a
    <a href="<%=`/subscribers/${user.subscribedAccount}` %>">
    subscribed account</a>.
    </h4>
<% } %>
```

사용자 데이터를 보여주기
위한 테이블 추가

구독자 계정 확인

> **노트** 링크된 구독자 페이지가 제대로 동작하려면 이런 과정을 구독자를 위한 CRUD 함수 및 뷰의
> 생성에서도 동시에 따라야 할 것이다. Href 앵커 태그인 /subscribers/${user.subscribedAccount}
> 는 구독자의 show 페이지를 나타낸다.

사용자의 show 페이지에 접근하려면 index.ejs에서 사용자 이름을 users/+사용자 ID 링
크의 앵커 태그로 둘러싸면 된다. 테이블 데이터는 다음에 있는 Listing 19.6과 같을 것이
다. 테이블 데이터와 마찬가지로 앵커 태그의 href 내에 JavaScript를 사용했다.

Listing 19.6 index.ejs에서의 name 데이터 업데이트

```
<td>
<a href="<%= `/users/${user._id}` %>">
    <%= user.fullName %>
  </a>
</td>
```

HTML에서 사용자
이름과 ID 삽입

인덱스 페이지를 리프레시하면 이름 부분에 링크가 걸리는 것을 볼 수 있을 것이다(그림 19.2). 링크를 클릭하면 에러가 발생한다. 아직 요청을 처리할 라우트가 없기 때문이다.

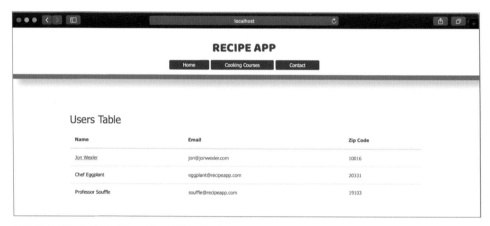

그림 19.2 링크된 이름이 있는 사용자 인덱스 페이지

다음으로 show 액션을 userController.js로 Listing 19.7과 같이 추가한다. 먼저 사용자 ID를 URL 파라미터로부터 수집한다. 이 정보는 `req.params.id`로부터 얻을 수 있다.

이 코드는 라우트를 `:id`로 정의한 경우에 작동된다(Listing 19.7 참조).

`findById` 쿼리를 사용해 사용자 ID를 전달한다. 각 ID는 고유하기 때문에 단일 사용자를 돌려받게 될 것이다. 사용자를 찾게 되면 응답 객체에서 지역 변수로 이를 추가하고 다음 미들웨어 함수를 호출한다. 바로 다음 함수로서 `showView`로 설정하며, 여기에서 show 페이지를 렌더링하며 사용자 객체를 특정 위치에 사용자 정보를 표시하기 위해 전달한다. 에러가 발생하면 메시지를 로깅하고 에러를 다음 미들웨어 함수로 전달한다.

Listing19.7 **userController.js에서 특정 사용자에 대한 Show 액션**

```
show: (req, res, next) => {
  let userId = req.params.id;
  User.findById(userId)                  ← ── ID로 사용자 찾기        reqest params로부터
      .then(user => {                                                사용자 ID 수집
        res.locals.user = user;
          next();                         응답 객체를 통해 다음
      })                                  미들웨어 함수로 사용자 전달
      .catch(error => {
        console.log(`Error fetching user by ID: ${error.message}`);
        next(error);    ←
      });                    에러를 로깅하고
  },                         다음 함수로 전달

showView: (req, res) => {
  res.render("users/show");    ← ── show 뷰의 렌더링
}
```

마지막으로 main.js에 사용자를 위한 show 라우트를 router.get("/users/:id", users
Controller.show, usersController.showView)로 추가한다. 이 show 라우트는 :id 파라미터
와 함께 /users 경로를 사용한다. 이 파라미터는 테이블에서 사용자 이름을 클릭할 경우
인덱스 페이지로부터 전달된 사용자 ID로 대체될 것이다.

> **노트** 관리 차원에서 main.js 내에 동일한 모델과 관련된 라우트는 그룹화시킬 수 있다.

애플리케이션을 재시작하고 사용자 이름을 클릭하라. 클릭한 사용자의 그림 19.3과 같은
사용자 show 페이지로 이동할 것이다.

이제 여러분은 애플리케이션에서 데이터를 생성하고 이를 일부 웹 페이지로 보여줄 수
있게 됐다. 20장에서는 이 데이터의 업데이트와 삭제를 다뤄볼 것이다.

그림 19.3 사용자 Show 페이지

 19.4 요약

19장에서는 모델에서 사용될 index, new, show 페이지를 어떻게 만드는지 배웠다. 또한 사용자 데이터 처리와 새 계정 생성을 위한 라우트와 액션을 생성했다. 마지막으로 사용자 데이터 및 구독자 계정으로의 지정 링크를 보여주기 위한 show 페이지를 커스터마이징했다. 이제 CRUD 4개 중에서 2개를 커버했다. 20장에서는 3가지 모델에 update와 delete 함수를 적용할 것이다.

해보세요

이제 사용자 계정 생성 폼은 동작할 것이다. 하지만 데이터 없이 등록되는 현상 등을 방지하기 위한 유효성 체크 작업을 이미 구현한 적이 있다. 다음을 따라 한번 유효성 체크를 테스트해보자.

1. 이메일 주소가 대문자로 입력됐을 경우

2. 필드 값이 빠졌을 경우

이와 같은 이슈가 있을 때 new 페이지로 리디렉션을 하는 게 좋다. 하지만 에러 메시지를 화면에 보여주도록 구현할 수도 있다.

모델의 업데이트와 삭제

19장에서는 모델의 create와 read 기능을 구현했고 이제 CRUD를 완성하려 한다. 20장에서는 update와 delete 함수를 위한 라우트와 액션 그리고 뷰를 추가한다. 우선 기존 사용자의 속성을 수정할 수 있는 폼을 만든다. 그 후 update 액션에서 수정된 데이터를 관리한다. 20장 마지막에서는 사용자 인덱스 페이지에서 사용자를 삭제하는 방법을 구현한다. 우선 몽고DB 서버가 실행 중인지 확인하기 위해 mongod 명령을 터미널에서 실행한다.

20장에서 다룰 내용은 다음과 같다.

- 모델 수정 폼의 구축
- 데이터베이스에서 사용자 레코드 업데이트
- 사용자 레코드 삭제

고려 사항

이제 레시피 애플리케이션은 새로운 사용자를 받을 수 있게 됐다. 하지만 불필요한 여러 개의 계정이 만들어지고 어떤 사용자들은 잘못된 이메일 주소를 입력하곤 해 불편하다는 컴플레인을 받았다. update와 delete CRUD 함수로 이런 잘못된 레코드를 삭제하고 애플리케이션 내에서 잘못된 데이터는 수정해 일관성을 유지할 수 있을 것이다.

20.1 사용자 정보 편집 폼 생성

사용자 정보를 업데이트하기 위해 update 액션에서 Mongoose 액션을 사용할 것이다. 먼저 사용자 정보 편집을 위한 폼을 만든다. 이 폼은 create.js와 비슷하나 폼의 액션은 users/create 대신에 users/:id/update로 바뀐다. 라우트가 새로운 사용자 생성이 아닌 기존 사용자 정보를 업데이트하는 것이기 때문이다.

또한 기존 정보들을 입력된 값으로 대체도 해야 할 것이다. 예를 들어 사용자의 first name은 다음 Listing과 같을 것이다. 여기서 값 속성은 기존 사용자의 first name을 사용한다. 이 코드는 사용자 객체가 이 페이지에 전달되면 작동한다.

Listing 20.1 edit.ejs에서의 사용자 입력 폼 예제

```
<input type="text" name="first" id="inputFirstName" value="<%=
➡ user.name.first %>" placeholder="First" autofocus>
```

편집 폼에 기존 사용자 속성 값을 적용

기존 사용자 데이터가 이 폼에 반영됐다는 것을 확인하기 위해, 사용자 인덱스 페이지의 테이블에 또 다른 칼럼을 추가해보자. 인덱스 페이지는 그림 20.1과 같을 것이다.

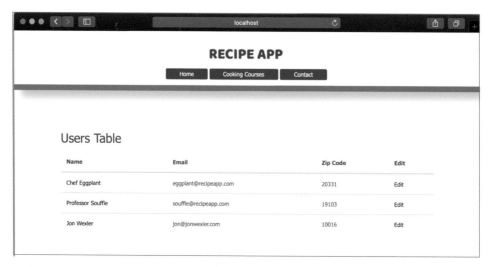

그림 20.1 edit 링크가 반영된 사용자 인덱스 페이지

이 칼럼은 선택한 사용자의 편집을 위한 링크를 갖고 있다. 다음 Listing과 같이 앵커 태그를 추가할 수 있다. edit 링크를 위한 href 값은 GET 요청을 /users+사용자 ID+/edit 라우트로 만든다.

Listing 20.2 index.ejs에서 사용자 편집을 위한 테이블 수정

```
<td>
  <a href="<%=`/users/${user._id}/edit` %>">
    Edit
  </a>
</td>
```

사용자 ID를
edit 태그 링크에 삽입

다음은 수정된 사용자 데이터를 PUT 요청으로 제출하기 위해 edit.ejs를 수정해야 한다. 하지만 HTML 폼은 GET 및 POST만 지원한다. 의도한 HTTP 메소드를 CRUD 함수와 함께 사용해 요청이 새 데이터를 추가하는지 아니면 기존 데이터를 수정하는지 구분을 정확히 해주는 것이 중요하다.

명확히 해야 할 문제 중 하나는 어떻게 Express.js가 이 요청을 받느냐다. Express.js는 POST 요청 형태로 HTML 폼을 전달받기 때문에 의도대로 HTTP 메소드로 요청을 해석하기 위한 방법이 필요하다. 이 문제를 해결할 몇 가지 솔루션이 있다. 20장에서는 method-override 패키지를 사용할 것이다.

method-override는 HTTP 메소드에서 특정 쿼리 파라미터에 따라 요청을 해석하는 미들웨어다. _method=PUT을 쿼리에 추가함으로써 POST 요청을 PUT 요청으로 해석할 수 있다. npm i method-override -S 명령으로 프로젝트 터미널 윈도우에서 설치하며 main.js에 Listing 20.3의 코드 라인을 추가한다.

먼저 method-override 모듈을 프로젝트에서 요청한다. 애플리케이션에 methodOverride를 미들웨어로 사용할 것이라 선언한다. 특별히 이 모듈에서는 URL의 쿼리 파라미터에서의 _method를 사용할 것이라 선언하고 이 파라미터의 값으로 메소드를 할당해 요청을 해석한다. 예를 들어 POST 요청을 PUT 요청처럼 처리하고 싶다면 폼 액션 경로 뒤에 ?_method=PUT을 붙이면 된다.

Listing 20.3   main.js에서 애플리케이션에 method-override 추가

```
const methodOverride = require("method-override");          ◀── 오버라이드 모듈의 요청
router.use(methodOverride("_method", {
  methods: ["POST", "GET"];
}));
```

methodOverride를
미들웨어로 사용하기 위한
애플리케이션 라우터 설정

POST 메소드로 /users/:id/update?_method=PUT로 제출하기 위해 edit.ejs에 있는 폼을 수정해야 한다. 폼 태그는 Listing 20.4와 같을 것이다.

액션은 동적으로 설정되며 사용자 ID에 따라 /users/:id/update 라우트로 이동한다. method-override 모듈은 쿼리 파라미터를 해석하고 Express.js로 하여금 적절한 라우트로 매핑하도록 도와준다.

Listing 20.4   edit.ejs에서 update로의 수정 폼

```
<form method="POST" action="<%=`/users/${user._id}/update
➥ ?_method=PUT`%>">
```

사용자 데이터
update로의 폼 추가

Listing 20.5에서 편집 폼 완성본을 참조할 수 있으며 그림 20.2는 브라우저에서 기존 사용자에 대한 편집 폼의 화면이다.

Listing 20.5   edit.ejs에서의 최종 사용자 편집 폼

```
<div class="data-form">          ◀── 사용자 편집 폼 출력
  <form method="POST" action="<%=`/users/${user._id}/update
➥ ?_method=PUT`%>">
    <h2>Edit user:</h2>
    <label for="inputFirstName">First Name</label>
    <input type="text" name="first" id="inputFirstName" value="<%=
➥ user.name.first %>" placeholder="First" autofocus>
    <label for="inputLastName">Last Name</label>
    <input type="text" name="last" id="inputLastName" value="<%=
➥ user.name.last %>" placeholder="Last">
```

```
    <label for="inputPassword">Password</label>
    <input type="password" name="password" id="inputPassword"
➡ value="<%= user.password %>" placeholder="Password" required>
    <label for="inputEmail">Email address</label>
    <input type="email" name="email" id="inputEmail" value="<%=
➡ user.email %>" placeholder="Email address" required>
    <label for="inputZipCode">Zip Code</label>
    <input type="text" name="zipCode" id="inputZipCode"
➡ pattern="\d*" value="<%= user.zipCode %>" placeholder="Zip
➡ Code" required>
    <button type="submit">Update</button>
  </form>
</div>
```

그림 20.2 사용자 편집 페이지

다음 절에서 이 폼에 라우트와 액션을 추가해 동작시켜보고 데이터가 처리되는 것도 같이 확인할 것이다.

20.2 뷰에서 사용자 수정 폼

이제 사용자 편집 폼은 자체 뷰를 갖게 됐다. 여기에 폼의 보강을 위해 컨트롤러 액션과 라우트를 추가한다. edit 라우트와 액션은 edit.ejs를 보여주기 위해 사용된다. update 라우트와 액션은 데이터베이스 내 사용자 정보를 내부적으로 변경하기 위해 사용된다. 그런 다음 redirectView 액션은 update 후 작업으로 설정해 지정된 뷰로 리디렉션을 한다. usersController.js에 Listing 20.6의 액션을 추가한다.

edit 액션은 보기 액션과 마찬가지로 사용자를 사용해 데이터베이스로부터 사용자 정보를 가져와 편집을 하기 위해 뷰로 읽어들인다. 만일 ID 파라미터로 사용자 찾기에 실패한다면 에러 처리를 위한 미들웨어 함수로 에러를 전달하는 것에 주목하라. update 액션은 create 액션과 마찬가지로 편집 폼이 제출될 때 호출되며 사용자 ID 및 userParams 값을 확정해 Mongoose의 findByIdAndUpdate 메소드로 전달한다. 이 메소드는 $set 명령을 사용해 도큐먼트로 대체하려 하는 파라미터 다음에 오는 ID를 받는다. 사용자 업데이트가 성공하면 다음 미들웨어 내의 사용자 보기 경로로 리디렉션하며 실패한 경우는 에러 처리를 위한 미들웨어가 에러를 캐치하게 한다.

Listing 20.6 userController.js로의 edit와 update 액션 추가

```
edit: (req, res, next) => {          ◀── edit 액션 추가
  let userId = req.params.id;
  User.findById(userId)
      .then(user => {                       ID로 데이터베이스에서 사용자를
        res.render("users/edit", {          찾기 위한 findById 사용
          user: user
```

```
        });                                  ← 데이터베이스 내 특정 사용자를
      })                                         위한 편집 페이지 렌더링
      .catch(error => {
        console.log(`Error fetching user by ID: ${error.message}`);
        next(error);
      });
  },

  update: (req, res, next) => {          ← update 액션 추가
    let userId = req.params.id,
      userParams = {
        name: {
          first: req.body.first,
          last: req.body.last
        },
        email: req.body.email,
        password: req.body.password,
        zipCode: req.body.zipCode
      };                                         요청으로부터 사용자
                                                 파라미터 취득
    User.findByIdAndUpdate(userId, {
      $set: userParams
    })                                               ID로 사용자를 찾아
      .then(user => {                                단일 명령으로 레코드를 수정하기 위한
        res.locals.redirect = `/users/${userId}`;    findByIdAndUpdate의 사용
        res.locals.user = user;
        next();                              지역 변수로서 응답하기 위해 사용자를
      })                                      추가하고 다음 미들웨어 함수 호출
      .catch(error => {
        console.log(`Error updating user by ID: ${error.message}`);
        next(error);
      });
  }
}
```

마지막으로 main.js에 Listing 20.7의 코드를 추가해야 한다. 사용자 편집 화면으로의 경로는 id 파라미터를 사용하는 간단한 라우트다. 편집 폼에서 사용자를 업데이트하기 위한 POST 라우트는 동일한 경로 구조를 따르나 update 액션을 사용한다. 또한 응답의 locals 객체에서 특정된 뷰를 보여주기 위한 redirectView 액션을 재사용할 것이다.

```
router.get("/users/:id/edit", usersController.edit);
router.put("/users/:id/update", usersController.update,
    usersController.redirectView);
```

viewing을 처리하기
위한 라우트 추가

편집 폼에서 받아온 데이터의
처리와 결과를 사용자 보기 페이지에
보여주기

다시 애플리케이션을 띄우고 사용자 인덱스 페이지로 접속한다. 그리고 사용자 편집 페이지로 가는 링크를 클릭한다. 몇 가지 데이터를 수정하고 저장해본다.

이제 사용자 데이터의 생성, 읽기, 수정하기를 했고 남은 것은 더 이상 필요치 않은 데이터의 삭제다. 다음 절에서 delete 함수를 알아본다.

퀵 체크 20.2 참 또는 거짓! findByIdAndUpdate는 Mongoose 메소드다.

20.3 delete 액션에서 사용자 삭제

사용자 삭제를 위해서는 라우트 및 index.ejs에서 인덱스 페이지의 수정 그리고 삭제라는 칼럼 추가가 필요하다. 편집 칼럼에서 그랬듯이, 각 사용자에 대한 삭제 링크를 users/:id/delete로 만들어준다(그림 20.3).

퀵 체크 20.2 정답   참이다. findByIdAndUpdate는 서버노드에서 여러분의 쿼리를 간결하고 가독성 있게 만들어주는 Mongoose 메소드다. 따라서 Mongoose 패키지가 설치돼 있지 않으면 사용할 수 없다.

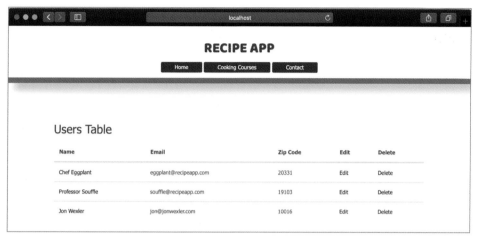

그림 20.3 삭제 링크를 포함한 사용자 인덱스 페이지

> **노트** onclick="return confirm("Are you sure you want to delete this record?")"의 추가로 좀 더 안전한 장치를 추가할 수 있다.

애플리케이션이 GET 요청을 DELETE 요청으로 인식하기 위해 _method=DELETE를 사용해야한다는 것을 상기하자. 사용자 인덱스 페이지에 삭제 칼럼을 Listing 20.8과 같이 추가한다. DELETE 요청을 보내기 위한 쿼리 파라미터의 추가를 통해 이 링크는 사용자 ID를 Express.js DELETE 요청을 처리하는 라우트를 찾아 전달한다. 승인을 위한 창은 모달로 출력되며 레코드 삭제를 원하는지를 묻는다.

Listing 20.8 **index.ejs에서의 사용자 삭제 링크**

```
<td>
  <a href="<%= `users/${user._id}/delete?_method=DELETE `%>"
  onclick="return confirm("Are you sure you want to delete
  this record?")">Delete</a>
</td>
```

인덱스 페이지에서
delete 액션으로의 링크 추가

다음으로 ID로 사용자 레코드 삭제하는 컨트롤러 액션을 추가한다. Listing 20.9의 코드를 usersController.js에 추가한다.

이제는 지금 클릭해 선택한 레코드를 데이터베이스에서 삭제시키기 위한 Mongoose의
findByIdAndRemove 메소드를 사용하고 있다. 도큐먼트 삭제에 성공했다면 사용자 삭제 로
그를 콘솔에 남기고 다음 미들웨어 함수로 사용자 인덱스 페이지를 전달할 것이다. 실패
한 경우에는 언제나 그랬듯이 에러 로그를 남기고 에러 처리 핸들러에 에러를 전달한다.

Listing 20.9 userController.js에서 delete 액션의 추가

```
delete: (req, res, next) => {
  let userId = req.params.id;
  User.findByIdAndRemove(userId)              ←  findByIdAndRemove 메소드를
      .then(() => {                              이용한 사용자 삭제
        res.locals.redirect = "/users";
        next();
      })
      .catch(error => {
        console.log(`Error deleting user by ID: ${error.message}`);
        next();
      });
}
```

여기에서 빠진 부분은 main.js에 추가한 라우트 router.delete("/users/:id/delete",
usersController.delete, usersController.redirectView)이다. 이 라우트는 경로 users/+
사용자 ID+/delete와 일치하는 DELETE 요청을 처리한다. 레코드가 삭제된 후에는 특정 경
로로 리디렉션된다.

이 코드를 시험해보기 위해 다시 애플리케이션을 실행시키고 사용자 인덱스 페이지로 접
속한다. 사용자들 중 임의로 한 명의 삭제 링크를 클릭하고 페이지에서 삭제되는지 확인
한다.

마지막으로 사용자 프로필 페이지에서 CRUD 액션을 쉽게 사용하기 위해 show.ejs의 하
단에 다음 Listing의 링크를 추가한다.

Listing 20.10　show.ejs에 CRUD 액션을 위한 링크 추가

```
<div>
  <a href="/users">View all users</a>
</div>
<div>
  <a href="<%=`/users/${user._id}/edit`%>">
    Edit User Details
  </a>
</div>
<div>
  <a href="<%= `/users/${user._id}/delete?_method=DELETE` %>"
  onclick="return confirm("Are you sure you want to delete
  this record?")">Delete</a>
</div>
```

프로필 페이지에서 사용자 계정의 편집 및 삭제를 위한 링크 추가

사용자 보기 페이지는 그림 20.4와 같다.

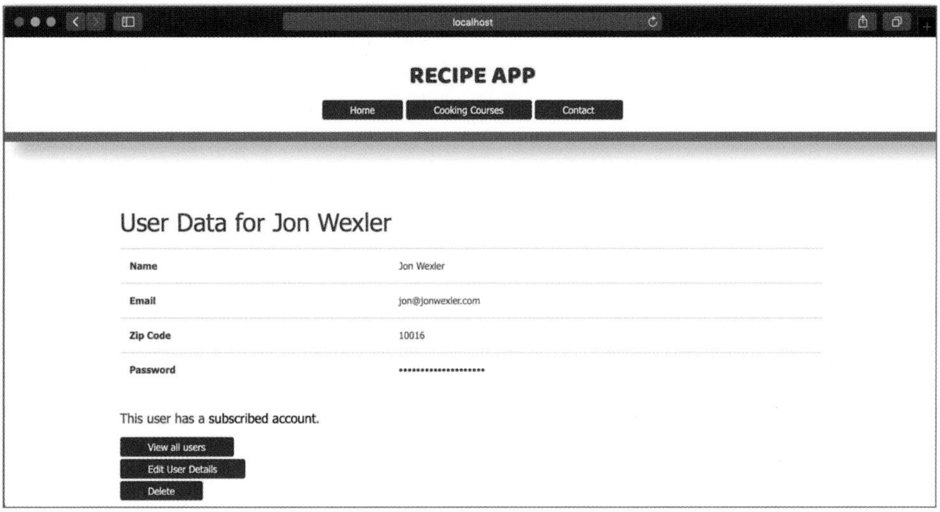

그림 20.4 사용자 보기 페이지

퀵 체크 20.3 왜 ?_method=DELETE 는 링크 경로 뒤에 붙여야 할까?

 ## 20.4 요약

20장에서는 어떻게 레코드를 편집하고 데이터베이스로부터 삭제하는지 알아봤다. 또한 method-override 패키지를 이용해 어떻게 특정 요청 메소드 제출 시 발생하는 HTML의 한계를 보완하는지도 관찰했다. CRUD의 모든 기능을 완료했고, 이제 데이터베이스에 의미 있는 데이터를 저장하기 위한 사용자 인터페이스와 관련 모델들을 적용해 애플리케이션을 만드는 일이 남았다. 다음 캡스톤 프로젝트(21장)에서는 4부에서 배웠던 모든 내용을 적용해 Confetti Cuisine 애플리케이션을 만들어볼 것이다.

> **해보세요**
>
> 이제 사용자 계정으로 CRUD 함수를 동작할 수 있게 됐다. 이를 그룹이나 구독자에게도 동일하게 적용되도록 해보자. 캡스톤 프로젝트(21장)로 들어가기 전에 3개 모델 모두 인덱스, 생성, 편집, 보기 페이지에서 동작되도록 하라. 그 후 19장에서 했듯이 연관된 모델 간의 각 보기 페이지에서 연동되게 해보자.

퀵 체크 20.3 정답 method-override는 쿼리 파라미터중 _method를 찾아 메소드를 매핑시킨다. 유입되는 GET 및 POST 요청을 다른 대체 메소드로 필터링시키기 위해 이 파라미터 및 값을 뒤에 붙여야 한다.

LESSON

캡스톤 프로젝트:
Confetti Cusine에 CRUD 모델 추가

Confetti Cuisine은 데이터베이스 연동과 구독자 정보의 처리 기능에 대해 만족했다. 그리고 요리 강좌 목록을 보내 사이트 광고를 시작하려 한다고 했다. 구독자들이 관심 있는 강좌들을 신청했으면 해서였다. 그리고 구독자가 사용자 계정을 만들면 이 두 계정이 연결되기를 원했다.

이 작업을 수행하기 위해서는 우선 Subscriber 모델을 수정하고 User와 Course 모델을 만들어야 한다. 이들 모델 간에 연관성을 유지해야 하며 필요 시 연관 모델에서 데이터를 포퓰레이트해야 한다. 마지막으로 모델 레코드에 대한 생성, 읽기, 수정, 삭제에 대한 함수를 만들어야 한다. 캡스톤 프로젝트에서 사용자가 계정 생성과 편집, 수정 그리고 삭제를 할 수 있는 로그인 폼을 만들려고 한다. 강좌 및 Confetti Cuisine 뉴스레터 구독자를 위해 프로세스 대부분을 반복할 것이다.

작업이 끝나면 공식 론칭 전에 새로운 사용자 등록 및 강좌들을 모니터링할 수 있는 애플리케이션이 완성될 것이다.

이를 위해 다음 사항을 수행한다.

- 사용자, 구독자 그리고 강좌 모델을 위한 스키마
- 애플리케이션 내 모든 모델들에 대한 CRUD 액션
- 모델 간 링크를 보여주는 뷰 화면

21.1 시작하기

지금까지는 몽고DB에 접속하고 Mongoose 패키지로 도큐먼트들과 Subscriber 간 통신을 했었다. 여기서 더 나아가기 위해서 동일한 코어 및 외부 패키지가 필요하다. 추가적으로 method-override 패키지도 현재 HTTP 링크와 폼으로 지원하지 않는 부분의 보완을 위해 설치해야 한다. 설치는 새로운 터미널 윈도우에서 `npm i method-override -S`로 가능하다. 그 후 `Override = require("method-override")`를 main.js 상단에 추가함으로써 method-override의 요청을 한다. 그리고 다른 메소드와 마찬가지로 GET과 POST를 위한 method-override를 사용하기 위해 `app.use(methodOverride("_method", {methods: ["POST", "GET"]}))`을 추가한다.

다음으로 이 프로젝트의 디렉터리 구조를 어떻게 갖춰야 할지 생각해야 한다. 사실 이는 어느 정도 완료됐다. 이미 CRUD 기능을 3개 모델에 추가했고 3개의 새로운 컨트롤러 및 3개의 새로운 폴더를 views 폴더 내에 생성할 것이기 때문이다. 전체 구조는 그림 21.1과 같다.

여기서 4개의 뷰(index, new, show, edit)만을 생성한 것에 주목하자. delete도 삭제 확인 페이지라는 자체 뷰를 가질 수도 있으나, 여기서는 각 모델의 index 페이지 내 링크로 처리할 것이다.

그다음으로 Subscriber 모델의 수정 및 User와 Course 모델을 만들 것이다.

21.2 모델 생성

Subscriber 모델은 Confetti Cuisine을 위한 의미 있는 데이터를 갖고 있지만, 데이터 계층에서 좀 더 정제 작업을 강화할 필요가 있다. 이를 위해 유효성 체크를 Subscriber 스키마에 추가해 구독자 데이터가 데이터베이스에 저장되기 전 고객의 니즈에 맞도록 할 것이다. 새로운 스키마는 Listing 21.1과 같다.

우선 Mongoose를 요청하고 Mongoose의 스키마 객체를 끄집어내 고유 상수로 할당한다. 구독자 스키마를 Schema 컨스트럭터를 통해 구독자를 위한 일부 속성들을 전달한다. 각 구독자는 아직 데이터베이스에 있지는 않은 이름과 이메일 정보가 필요하다. 각 구독자는 5자리의 우편번호를 입력할 수 있다. timestamps는 Mongoose가 이 모델에서의 createdAt 및 updatedAt의 기록을 위해 제공되는 추가 속성이다.

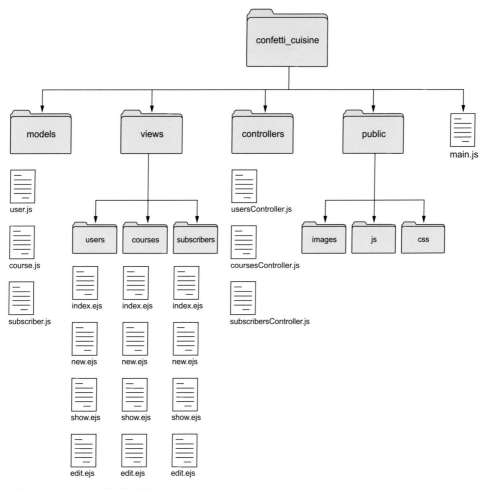

그림 21.1 캡스톤 프로젝트의 파일 구조

각 구독자는 다수의 관심 강좌를 신청할 수 있을 것이다. 따라서 이 조합은 구독자에 대한 참조 강좌 배열과의 연결을 가능하게 한다. 이 기능을 동작하게 하고자 강좌 모델을 생성해야 한다. getInfo는 구독자들의 name, email, zipCode를 한 줄로 빠르게 가져오기 위해 구독자 스키마에 추가되는 인스턴스 메소드다.

이 새로운 스키마를 통해 구독자 모델을 익스포트하는 것으로 애플리케이션 내 다른 메소드에서 액세스가 가능해진다.

Listing 21.1 subscriber.js에서의 Subscriber 수정

```
const mongoose = require("mongoose"),
  { Schema } = mongoose,              ←── Mongoose의 요청
  subscriberSchema = new Schema({
  name: {
    type: String,        ←── 스키마 속성의 추가
    required: true
  },
  email: {
    type: String,
    required: true,
    lowercase: true,
    unique: true
  },
  zipCode: {
    type: Number,
    min: [10000, "Zip code too short"],
    max: 99999
  },
  courses: [{type: Schema.Types.ObjectId, ref: "Course"}]   ←── 복수 강좌의 연계
}, {
  timestamps: true
});

subscriberSchema.methods.getInfo = function () {
  return `Name: ${this.name} Email: ${this.email}
➥ Zip Code: ${this.zipCode}`;        getInfo 인스턴스
};                                    메소드 추가
```

```
module.exports = mongoose.model("Subscriber",
➥ subscriberSchema);
```
Subscriber 모델의 export

꽤 괜찮아 보이는 모델이다. 그래서 이를 각각 course.js와 user.js에 있는 Course와 User 모델에도 적용할 것이다. 모든 강좌는 제목과 입력 제한이 없는 설명을 필요로 한다. 각 강좌는 maxStudents와 cost 속성이 있고 초깃값은 0이며 음수는 입력될 수 없다. 만일 음수가 오면 에러 메시지가 뜰 것이다.

Course 스키마는 다음 Listing과 같은 속성을 포함한다.

Listing 21.2 course.js에서 Course의 수정

```
const mongoose = require("mongoose"),
  { Schema } = require("mongoose"),
  courseSchema = new Schema(
    {
      title: {
        type: String,
        required: true,
        unique: true
      },
      description: {
        type: String,
        required: true
      },
      maxStudents: {

        type: Number,
        default: 0,
        min: [0, "Course cannot have a negative number of students"]
      },
      cost: {
        type: Number,
        default: 0,
        min: [0, "Course cannot have a negative cost"]
      }
    },
```

제목(title)과
설명(description) 요청

maxStudents와 cost는
초깃값이 0이며 음수가 올 수 없다.

```
  {
    timestamps: true
  }
);
module.exports = mongoose.model("Course", courseSchema);
```

User 모델의 대부분 처음부터 사용자 입력 시 비유효값을 차단하기 위해 필드들은 유효성 체크를 거치고 있다. 이 모델은 Course와 Subscriber 모델과 둘 다 연결돼 있다. 사용자 스키마는 Listing 21.3과 같다.

각 사용자의 이름은 `first` 및 `last` 이름 속성으로 저장된다. `email`과 `zipCode` 속성은 Subscriber와 동일하게 동작한다. 각 사용자는 패스워드가 필요하다. 구독자를 위해 사용자는 여러 개의 강좌와 연결된다. 구독자들은 갑자기 사용자 계정을 만들기 때문에 이 두 개의 계정을 연결해야 한다. 또한 `timestamps` 속성을 두어 데이터베이스에서의 사용자 레코드 변경 이력을 남기도록 한다.

Listing 21.3 user.js에서 User 모델 생성

```
const mongoose = require("mongoose"),
  { Schema } = require("mongoose"),
  Subscriber = require("./subscriber"),
  userSchema = new Schema(
    {
      name: {                    ←──── first 및 last 속성 추가
        first: {
          type: String,
          trim: true
        },
        last: {
          type: String,
          trim: true
        }
      },
      email: {
        type: String,
        required: true,
```

```
      unique: true
    },
    zipCode: {
      type: Number,
      min: [10000, "Zip code too short"],
      max: 99999
    },
    password: {
      type: String,
      required: true
    },                    ◀─── 패스워드 요청
    courses: [
      {
        type: Schema.Types.ObjectId,
        ref: "Course"
      }
    ],                        복수의 강좌와
                              사용자의 연결
    subscribedAccount: {
      type: Schema.Types.ObjectId,
      ref: "Subscriber"
    }                     ◀─── 사용자와 구독자의 연결
  },
  {
    timestamps: true
  }                           timestamps 속성 추가
);
module.exports = mongoose.model("User", userSchema);
```

사용자 모델에 더 추가한 것은 사용자의 풀 네임을 돌려주기 위한 가상 속성과 구독자와 사용자를 동일한 이메일 주소로 연결하기 위한 Mongoose의 pre("save") 훅이다. 이 추가는 Listing 21.4와 같이 user.js 내 스키마 정의하에서 직접 수행 가능하다.

이 첫 번째 가상 속성은 사용자의 first와 last 값을 하나의 값처럼 불러오기 위한 full Name을 호출할 수 있게 한다. pre("save") 훅은 사용자가 데이터베이스에 저장되기 직전에 수행된다. 그리고 next 파라미터를 전달해 이 함수가 완료되면 다음 단계의 미들웨어 체인을 호출할 수 있도록 하고 있다. 현재 사용자와 연결하기 위해 사용자를 다음 쿼리 범위 밖의 새로운 변수에 저장한다. 이 쿼리는 사용자가 연결된 subscribedAccount 값

을 갖고 있지 않은 경우에만 실행한다. 도큐먼트에서 구독자 모델 중 사용자 이메일 주소가 있는 것을 찾는다. 일치하는 구독자가 있다면 찾은 구독자를 저장하기 전에 사용자의 subscribedAccount 속성에 반환하고 미들웨어 체인에 있는 다음 함수를 호출한다.

Listing 21.4 user.js에 가상 속성과 pre("save") 훅 추가

```
                                              fullName 가상 속성 추가
userSchema.virtual("fullName").get(function() {  ◄
  return `${this.name.first} ${this.name.last}`;
});

                                      구독자와의 링크를 위해
                                      pre("save") 훅을 추가
userSchema.pre("save", function (next) {  ◄
  let user = this;
  if (user.subscribedAccount === undefined) {  ◄
    Subscriber.findOne({                          링크된 subscribedAccount
      email: user.email                           정의 여부 확인
    })  ◄
                                        사용자 email을 포함하는
      .then(subscriber => {             구독자 도큐먼트 검색
        user.subscribedAccount = subscriber;
        next();  ◄
      })                             다음 미들웨어 함수 호출
      .catch(error => {
        console.log(`Error in connecting subscriber:
 ${error.message}`);
        next(error);
      });
  } else {
    next();
  }
});
```

이 모델 설정을 갖고 이제 CRUD 기능을 만들어야 한다. 우선 index.ejs, new.ejs, show. ejs, edit.ejs로 뷰를 각각 만든다.

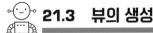

21.3 뷰의 생성

구독자 모델을 위해 index.ejs는 데이터베이스에서 가져온 모든 구독자 목록을 Listing 21.5와 같이 HTML 테이블 형식으로 출력한다. 이 뷰는 5개의 칼럼을 가진 테이블이며 처음 3개의 칼럼은 구독자 데이터를, 마지막 2개의 칼럼은 각각의 구독자에 대한 편집과 삭제 링크를 보여준다. 이 애플리케이션에서는 기본 테이블 외에 좀 더 새로운 스타일을 추가했다(그림 21.2).

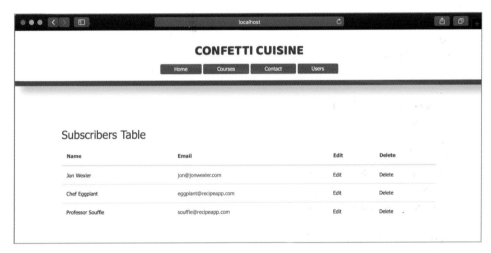

그림 21.2 구독자 인덱스 페이지

> **노트** 이 3개의 뷰는 다른 모델 간에 같은 이름을 갖고 있어 모델 이름별 폴더로 분리, 관리해야 한다. 예를 들어 views/users 폴더는 자체 index.ejs를 갖고 있다.

각 구독자에 매치되는 열을 만들기 위해 구독자 객체의 배열로 돼 있는 subscribers 변수를 반복해 루프를 돈다. 구독자 이름은 앵커 태그로 싸여 있으며 링크는 사용자 _id에 해당하는 구독자 show 페이지로 연결된다. 삭제 링크는 경로 뒤에 쿼리 파라미터 ?_method=DELETE를 붙여 method-override 미들웨어가 DELETE 요청으로 이를 처리할 수 있도록 한다. EJS의 코드 블록에서 이를 클로징해주는 것도 잊지 말길 바란다.

Listing 21.5 index.ejs에서 구독자 목록 출력

```
<h2 class="center">Subscribers Table</h2>
<table class="table">
  <thead>
    <tr>
      <th>Name</th>
      <th>Email</th>
      <th>Edit</th>
      <th>Delete</th>
    </tr>
  </thead>
  <tbody>
    <% subscribers.forEach(subscriber => { %>
    <tr>
     <td>
     <a href="<%= `/subscribers/${subscriber._id}` %>">
       <%= subscriber.name %>
     </a>
     </td>
      <td><%= subscriber.email %></td>
      <td>
      <a href="<%=`subscribers/${subscriber._id}/edit` %>">
        Edit
      </a>
      </td>
      <td>
        <a href="<%= `subscribers/${subscriber._id}/delete?_method=DELETE` %>"
    onclick="return confirm('Are you sure you want to delete this
    record?')">Delete</a>
      </td>
    </tr>
    <% }); %>
  </tbody>
</table>
```

인덱스 페이지에
테이블 추가

구독자 각각에 대한 열 출력

구독자명을 앵커 태그 처리

DELETE 링크 추가

이와 동일한 구조를 강좌와 사용자 인덱스 페이지에도 적용해 변수명과 속성만 변경하면 관련 모델과 매치되도록 할 것이다.

이 인덱스 페이지가 설치되면 이제 새로운 레코드 생성 방법을 찾아야 한다. Listing 21.6 의 구독자 new.ejs 폼으로 시작하자. 이 폼은 /subscribers/create 경로로 데이터를 전달하며, 이를 통해 구독자 컨트롤러에서 새로운 구독자를 생성한다. 폼에서 POST 요청으로 데이터를 전달하는 것에 주목하라. 각 입력 값은 모델의 속성을 나타낸다. 각 폼의 name 속성값은 매우 중요하며 이를 갖고 새로운 레코드 저장 시 필요한 데이터를 수집할 것이다. 폼의 끝 부분에는 제출^{Submit} 버튼이 있다.

Listing 21.6   new.ejs에서의 새로운 구독자 생성 폼

```
<div class="data-form">
  <form action="/subscribers/create" method="POST">      ←  새로운 구독자 생성을
    <h2>Create a new subscriber:</h2>                        위한 폼 추가
    <label for="inputName">Name</label>
    <input type="text" name="name" id="inputName" placeholder="Name"
➥ autofocus>
    <label for="inputEmail">Email address</label>
    <input type="email" name="email" id="inputEmail"
➥ placeholder="Email address" required>
    <label for="inputZipCode">Zip Code</label>
    <input type="text" name="zipCode" id="inputZipCode"
➥ pattern="[0-9]{5}" placeholder="Zip Code" required>
    <button type="submit">Create</button>
  </form>
</div>
```

사용자와 강좌를 위해 이 폼을 다시 만들며, 이를 통해 폼의 액션과 입력 값들이 생성되는 모델의 속성에 반영토록 한다. 구독자 편집 폼은 그림 21.3과 같을 것이다.

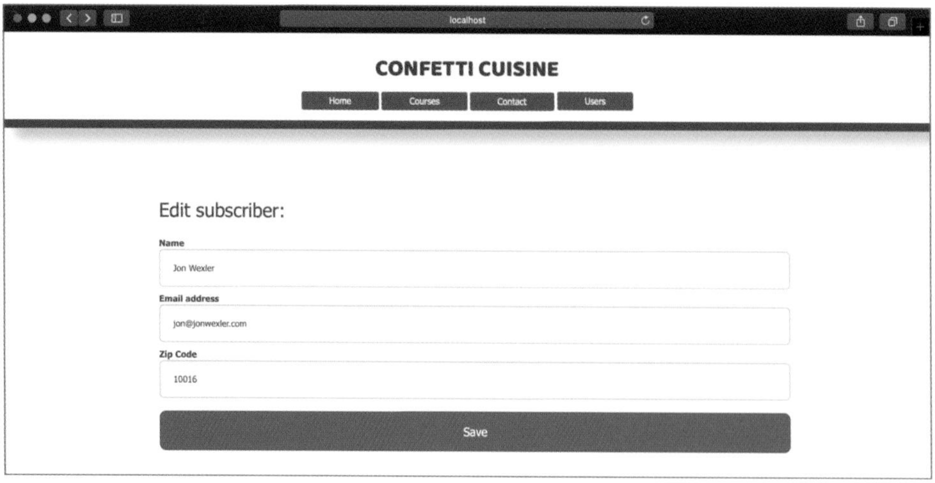

그림 21.3 구독자 편집 페이지

폼으로 작업하면서 new.ejs와 비슷한 폼을 가진 edit.ejs 뷰를 만든다. 달라진 점은 다음 과 같다.

- **편집 폼**: 이 폼은 편집하고 있는 레코드로 액세스해야 한다. 이 경우에는 구독자는 구독자 컨트롤러에서 가져온다.
- **폼 액션**: 이 액션은 create 액션 대신 /subscribers/${subscriber._id}/update?_method =PUT으로 동작한다.
- **속성**: 각 입력 값 속성은 구독자 변수의 속성으로 <input type="text" name="name" value="<%=subscriber.name %>"> 형태로 설정된다.

사용자와 강좌들에 대한 edit.ejs에도 동일하게 적용한다. 다음 Listing은 구독자 편집 페 이지의 전체 버전을 보여준다.

Listing 21.7 edit.ejs에서 구독자 편집 페이지

```
<form action="<%=`/subscribers/${subscriber._id}/update
?_method=PUT` %>" method="POST">          ◀──── 구독자 편집 폼 표시
  <h2>Create a new subscriber:</h2>
```

```
  <label for="inputName">Name</label>
  <input type="text" name="name" id="inputName" value="<%=
➡ subscriber.name %>" placeholder="Name" autofocus>
  <label for="inputEmail">Email address</label>
  <input type="email" name="email" id="inputEmail" value="<%=
➡ subscriber.email %>" placeholder="Email address" required>
  <label for="inputZipCode">Zip Code</label>
  <input type="text" name="zipCode" id="inputZipCode"
➡ pattern="[0-9]{5}" value="<%= subscriber.zipCode %>"
➡ placeholder="Zip Code" required>
  <button type="submit">Save</button>
</form>
```

마지막으로 각 모델에 대한 뷰 페이지를 만든다. 구독자 영역에서 이 페이지는 프로필 페이지의 역할을 하며 각 구독자들의 세부 정보를 인덱스 페이지에 열로 보여준다. 이 페이지는 매우 간단하며, 단일 구독자 레코드를 요약한 데이터를 포함하고 있다. 구독자 뷰 페이지는 다음 Listing에서와 같은 EJS 템플릿으로 생성된 테이블을 포함하고 있다. 이 페이지는 name, email, zipCode를 보여주기 위해 구독자 변수의 속성 값들을 사용하고 있다.

Listing 21.8   show.ejs에서의 구독자 보기 뷰

```
<h1>Subscriber Data for <%= subscriber.name %></h1>          ◄─── 구독자 속성의 출력

<table>
  <tr>
    <th>Name</th>
    <td><%= subscriber.name %></td>
  </tr>
  <tr>
    <th>Email</th>
    <td><%= subscriber.email %></td>
  </tr>
  <tr>
    <th>Zip Code</th>
    <td><%= subscriber.zipCode %></td>
  </tr>
</table>
```

여기에 추가하려고 한 또 다른 것은 레코드가 데이터베이스상에서 다른 레코드와 연계돼
있는지를 보여주는 코드다. 사용자 영역에서 그 코드는 사용자가 subscribedAccount 또는
연계 courses가 있는지를 보여주는 추가 태그를 아래에 위치시켜 보여준다. 구독자 영역
에서는 구독하는 강좌 수를 보여주는 열을 Listing 21.9와 같이 추가할 것이다.

이 열은 Confetti Cuisine에게 사람들이 구독 중인 강좌 수의 인사이트를 준다. 이 라인
을 좀 더 발전시켜 Mongoose의 populate 메소드를 사용해 관련 강좌의 세부 정보로 연
결시킬 수도 있다.

Listing 21.9   show.ejs에서 구독 강좌 수 보기

```
<p>This subscriber has <%= subscriber.courses.length %> associated
➥course(s)</p>                    ◄──── 구독 강좌 수 출력
```

마지막 단계는 모델과 뷰를 같이 컨트롤러 액션과 라우트로 연결하는 것이다.

21.4   라우트 구조화

Confetti Cuisine을 위한 폼과 링크가 준비됐다. 하지만 브라우저를 통해 어떻게 연결해
야 할지 방법이 없다. main.js에서 필요한 CRUD 라우트를 추가하고 모든 것이 작동되기
위해 필요한 컨트롤러를 요청할 것이다.

먼저 main.js에 Listing 21.10으로부터의 구독자를 위한 라우트를 추가한다. 다른 컨트롤
러와 함께 상단에 subscribersController를 요청하기 위해 const subscribersController =
require("./controllers/subscribersController")를 추가한다.

또한 프로젝트에 Express.js Router를 적용해, main.js에서의 다른 설정으로부터의 애플
리케이션 라우터와 구별을 하도록 하는데 이는 const router = express.Router()를 추가
해 적용한다. 이 라우터 객체의 작성으로, 앱 객체에 의해 처리되는 모든 라우트와 미들

웨어를 이 라우트 객체를 사용하기 위해 변경한다. 그 후 애플리케이션에 main.js에 app. use("/", router)를 추가해 이 라우터의 사용을 알려준다.

/subscribers 경로로의 GET 요청은 subscribersController상의 인덱스 액션으로 이어진다. 그 후 indexView라고 하는 또 다른 액션의 호출을 통해 index.ejs 페이지를 렌더링한다. 동일한 전략은 다른 GET 라우트에서도 적용된다. 첫 번째 POST 라우트는 생성을 위한 것이다. 이 라우트는 새로운 구독자 데이터를 저장하는 폼으로부터의 요청을 처리한다. create 액션에서는 새로운 구독자를 저장하기 위한 로직이 필요하다. 그 후 redirectView 라는 액션을 사용해 구독자 레코드 생성에 성공하면 뷰 중 하나로 리디렉션시킬 것이다.

show 라우트는 경로로부터 구독자 ID를 받아야 하는 첫 번째 케이스다. 이 케이스에서 :id는 구독자의 ObjectId를 나타내며 show 액션에서 특정 구독자를 데이터베이스로부터 찾는 역할을 한다. 그 후 뷰에서 구독자 데이터를 출력하기 위해 showView를 사용한다. update 라우트는 create 라우트와 비슷하게 동작한다.

그런 다음 구독자 데이터를 뷰에서 출력하기 위해 showView를 사용한다. update 라우트는 create 라우트처럼 동작하지만 PUT 요청에 대해서만 이 라우트를 특정하고 있으며 이는 요청이 기존 레코드의 업데이트를 위해 만들어진 것임을 가리키고 있다. 비슷하게 이를 뷰에 출력하기 위해 이어서 redirectView를 사용한다. 마지막 라우트인 delete는 DELETE 요청만 받는다. 요청은 index.ejs에서의 링크를 통해 전달되며 redirectView를 사용해 인덱스 페이지로 다시 돌아간다.

Listing 21.10 main.js로의 구독자 CRUD 라우트 추가

보기 뷰를 위한 GET 라우트 추가

```
router.get("/subscribers", subscribersController.index,
    subscribersController.indexView);
router.get("/subscribers/new", subscribersController.new);
router.post("/subscribers/create", subscribersController.create,
    subscribersController.redirectView);
router.get("/subscribers/:id", subscribersController.show,
    subscribersController.showView);
router.get("/subscribers/:id/edit", subscribersController.edit);
```

생성을 위한 첫 번째
POST 라우트 추가

ObjectId에 기초한
구독자 보기 라우트 추가

```
router.put("/subscribers/:id/update", subscribersController.update,
➡ subscribersController.redirectView);
router.delete("/subscribers/:id/delete",
➡ subscribersController.delete,
➡ subscribersController.redirectView);
```

구독자 업데이트를 위한
라우트 추가

구독자 삭제를 위한
라우트 추가

동일한 7개의 라우트들이 사용자와 강좌에도 적용돼야 한다. 또한 내비게이션 링크를 업데이트하는데 이때 연락처 링크는 구독자의 새로운 뷰로, 강좌 목록 링크는 강좌의 인덱스 뷰로 걸리게 된다.

> **노트** 이 시점에서 이제 사용하지 않는 라우트들을 정리할 수 있다. 구독자 컨트롤러에서 getAllSub
> scribers, getSubscriptionPage, saveSubscriber 그리고 홈 컨트롤러에서의 showCourses로 연결
> 되는 라우트 같은 것들이다. 또한 홈페이지 라우트를 홈 컨트롤러의 인덱스 액션으로 이동시킬 수 있
> 다. 마지막으로 내비게이션 링크를 /contact 대신 /subscribers/new로 수정하는 것을 잊지 말자.

이제 남은 것은 연결될 컨트롤러를 만드는 일이다.

 ## 21.5 컨트롤러 제작

main.js에서 만든 라우트들은 subscribersController, coursesController 그리고 users
Controller가 필요하다. 이들을 controllers 폴더에 만들 것이다.

> **노트** 앞의 애플리케이션 예제에서와 같이 http-status-codes 및 error.ejs를 사용하기 위해 에러
> 컨트롤러를 정리했다.

다음으로 구독자 컨트롤러를 위해 Listing 21.11에서와 같은 액션을 추가해 기존 라우트로의 요청을 처리한다. 이 파일로 Subscriber 모델을 요청한 뒤, 데이터베이스에 있는 모든 구독자 도큐먼트를 찾기 위한 인덱스 액션을 만들고 이들을 subscribers 변수를 통해 indexView 액션으로 index.ejs로 전달한다. new와 edit 액션은 제출 및 구독자 데이터 수정을 위해 뷰를 렌더링한다.

create 액션은 사용자 정의 getSubscriberParams 함수 내에서 요청 본문(body) 파라미터를 수집하며. 이는 새로운 구독자 레코드를 생성하기 위해 Listing에서 두 번째 상수로 리스트됐다. 성공한다면 사용자 객체를 응답 내의 지역 변수 객체를 통해 전달할 것이다. 그 후 redirectView 액션에서 인덱스 페이지로 리디렉션이 되도록 지정할 것이다.

show 액션은 req.params.id로 URL로부터 구독자 ID를 추출한다. 이 값은 데이터베이스에서 매치되는 레코드를 찾는 데 사용하며 그 결과를 응답 객체를 통해 다음 미들웨어 함수로 전달한다. showView에서 show 페이지는 구독자 변수의 내용을 출력한다. update 액션은 create와 비슷하게 작동하며 findByIdAndUpdate라는 Mongoose 메소드를 사용해 기존 구독자 도큐먼트를 위한 새 값들을 설정한다. 여기서 수정된 사용자 객체는 응답 객체를 통해 전달하며 redirectView 액션에서 리디렉션될 뷰를 특정한다.

delete 액션은 요청 파라미터 중 구독자 ID를 사용해 데이터베이스로부터 매칭되는 도큐먼트를 findByIdAndRemove를 한다. getSubscriberParams 함수는 코드의 반복을 줄이기 위해 만든 것이다. create와 update 액션은 폼 파라미터를 사용하기 때문에 이 함수를 대신에 호출할 수 있다. redirectView 액션 역시 delete 액션을 포함해 코드 반복을 줄이기 위한 것이며 메인 함수가 완료되면 어떤 뷰를 렌더링할 것인지를 특정한다.

Listing 21.11　**subscribersController.js에서 구독자 컨트롤러 액션 추가**

```
const Subscriber = require("../models/subscriber"),
  getSubscriberParams = (body) => {
    return {
      name: body.name,
      email: body.email,
      zipCode: parseInt(body.zipCode)
    };
  };

module.exports = {
  index: (req, res, next) => {
    Subscriber.find()
      .then(subscribers => {
        res.locals.subscribers = subscribers;
        next();
```

요청으로부터 구독자
데이터를 추출하기 위한
사용자 정의 함수 제작

모든 구독자 도큐먼트를 찾기
위한 index action 생성

```
    })
      .catch(error => {
        console.log(`Error fetching subscribers: ${error.message}`);
        next(error);
      });
  },
indexView: (req, res) => {
  res.render("subscribers/index");
},

  new: (req, res) => {
    res.render("subscribers/new");
  },

  create: (req, res, next) => {
    let subscriberParams = getSubscriberParams(req.body);
    Subscriber.create(subscriberParams)
      .then(subscriber => {
        res.locals.redirect = "/subscribers";
        res.locals.subscriber = subscriber;
        next();
      })
      .catch(error => {
        console.log(`Error saving subscriber:${error.message}`);
        next(error);
      });
  },

  redirectView: (req, res, next) => {
    let redirectPath = res.locals.redirect;
    if (redirectPath) res.redirect(redirectPath);
    else next();
  },

  show: (req, res, next) => {
    var subscriberId = req.params.id;
    Subscriber.findById(subscriberId)
      .then(subscriber => {
        res.locals.subscriber = subscriber;
        next();
```

새로운 구독자 생성을 위한
create action 생성

구독자 데이터를 출력하기
위한 show 액션 생성

```javascript
      })
      .catch(error => {
        console.log(`Error fetching subscriber by ID:
${error.message}`)
        next(error);
      });
  },

  showView: (req, res) => {
    res.render("subscribers/show");
  },

  edit: (req, res, next) => {
    var subscriberId = req.params.id;
    Subscriber.findById(subscriberId)
      .then(subscriber => {
        res.render("subscribers/edit", {
          subscriber: subscriber
        });
      })
      .catch(error => {
        console.log(`Error fetching subscriber by ID:
${error.message}`);
        next(error);
      });
  },

  update: (req, res, next) => {
    let subscriberId = req.params.id,
      subscriberParams = getSubscriberParams(req.body);

    Subscriber.findByIdAndUpdate(subscriberId, {
      $set: subscriberParams
    })
      .then(subscriber => {
        res.locals.redirect = `/subscribers/${subscriberId}`;
        res.locals.subscriber = subscriber;
        next();
      })
      .catch(error => {
```

기존 구독자 도큐먼트의
새로운 값으로 설정하기
위한 update 액션 생성

```
      console.log(`Error updating subscriber by ID:
  ${error.message}`);
      next(error);
    });
  },

  delete: (req, res, next) => {
    let subscriberId = req.params.id;
    Subscriber.findByIdAndRemove(subscriberId)
      .then(() => {
        res.locals.redirect = "/subscribers";
        next();
      })
      .catch(error => {
        console.log(`Error deleting subscriber by ID:
  ${error.message}`);
        next();
      });
  }
};
```

구독자 도큐먼트를 삭제하기
위한 delete 액션 생성

각 모델을 위한 이들 컨트롤러 액션의 설정으로, 애플리케이션은 레코드를 관리할 수 있
는 기반을 마련했다. 각 모델에 대한 보기 뷰를 로딩하고, 새로운 구독자, 강좌, 사용자를
생성한다. 5부에서는 인증 및 로그인 폼을 추가해 Confetti Cuisine 사이트를 개선한다.

21.6 요약

이 캡스톤 프로젝트에서 3개 모델에 대한 CRUD 기능의 추가를 통해 Confetti Cuisine
애플리케이션을 개선했다. 이 모델들을 통해 구독자는 Confetti Cuisine에서 제공될 강
좌를 등록하고 강좌를 위한 사용자 계정을 만들 수 있게 됐다. 5부에서는 플래시 메시
징, 패스워드 보안 및 passport 모듈을 사용한 사용자 인증을 추가해 이들 뷰를 개선할 것
이다.

사용자 계정 인증

4부에서는 사용되는 모델에 대한 CRUD 함수를 만들었다. 또한 참조 모델로부터 어떻게 Mongoose와 외부 패키지들이 관계 정의를 모델과 데이터 출력을 손쉽게 해주는지도 봤다.

5부에서는 세션의 플래시 메시징과 쿠키, 데이터 암호화 및 사용자 인증에 대해 배운다. 우선 요청 간 플래시 메시지라고 하는 작은 메시지를 처리하기 위한 기본 세션 저장소 구현으로 시작한다. 그 후 User 모델을 수정해 bcrypt 패키지를 사용해 패스워드 암호화를 처리할 것이다. 첫 로그인 폼을 만들고 나서 bcrypt를 사용해 로그인 데이터와 데이터베이스 내 암호화된 데이터를 비교할 것이다. 마지막 장에서는 사용자 인증을 다시 구성해 사용자가 애플리케이션에 액세스를 허가하기 전에 계정이 유효 계정인지 확인하는 프로세스를 추가할 것이다. 계정 인증 과정과 패스워드 암호화를 통한 보안을 살펴보고 Passport.js에서 제공하는 도구들을 사용해 일반 사용자가 애플리케이션 내에서 보안성을 유지할 도구의 제공도 아울러 살펴볼 것이다. 5부가 끝나면 새로운 사용자를 등록할 수 있으며, 데이터베이스 내 사용자 데이터를 기반으로 로직 구축을 시작할 수 있을 것이다.

5부에서는 다음과 같은 주제를 다룬다.

- 22장에서는 세션에 대해 논의하며 어떻게 클라이언트 사이드에 정보를 저장해 사용자의 로그인 상태를 유지하는지 보여줄 것이다. 플래시 메시지를 어떻게 적용할지도 배울 예정이다. 플래시 메시지란 페이지 간에 전달되고 서버 수행이 성공적이었는지를 알려주는 짧은 메시지를 의미한다.

- 23장에서는 가입 폼의 제작 과정을 가이드한다. 이미 폼은 만든 적이 있지만, 이 폼은 사용자의 이메일과 패스워드를 다루고 있어 데이터의 안전성과 일관성을 위해 조금 다른 접근 방식이 필요하다. bcrypt 패키지를 이용해 비평문 패스워드가 데이터베이스에 저장되도록 할 것이다. 23장 마지막에서는 express-validator를 통해 추가적인 유효성 검증을 추가할 것이다.

- 24장에서는 사용자를 위한 애플리케이션 인증을 어떻게 추가하는지 가르친다. Passport.js라는 미들웨어와 몇몇 npm 패키지를 통해 시큐리티 레이어를 애플리케이션 및 User 모델에 추가한다. 또한 뷰 레이아웃을 수정해 로그인 폼에 바로 접근하게 하고 현재 로그인 사용자들을 출력하고 로그아웃 기능도 제공한다.

- 25장에서는 Confetti Cuisine 애플리케이션에 필요한 사용자 암호화와 인증 구축을 통해 5부의 내용 정리를 할 것이다. 여기서는 플래시 메시지, 미들웨어의 유효성 검사, 암호화, 인증 프로세스를 추가한다.

먼저 22장의 애플리케이션 쿠키 추가부터 보도록 하자.

세션과 플래시 메시지의 추가

22장에서는 페이지 간에 메시지 전달을 통해 CRUD 사이의 흐름을 정리해 서버 동작이 성공했는지 아니면 어떤 에러가 발생했는지 찾아낸다. 지금 버전은 에러 메시지가 콘솔로 출력되며 애플리케이션 사용자들은 에러 발생 시 어떻게 행동을 해야 할지 알 수가 없다. connect-flash 패키지를 통한 세션과 쿠키를 사용해 메시지를 뷰에 전달한다. 22장이 끝나면 사용자가 동작의 성공 또는 실패를 알 수 있는 애플리케이션을 만들 수 있을 것이다.

22장에서 다루는 내용은 다음과 같다.

- 세션과 쿠키 설정
- 컨트롤러 액션에서 플래시 메시지 생성
- 유입 데이터상에서 유효성 체크 미들웨어 설정

고려 사항

우리가 만든 레시피 애플리케이션은 4부에서 만든 폼을 통해 데이터를 수집하기 시작했다. 하지만 사용자들은 애플리케이션 내부에 어떤 유효성 평가 기준이 있는지 몰라서 혼동하고 있다. 유효성 예외 에러 발생 시 갑자기 안내 문구 없이 다른 페이지로 이동해버린다. ⫸

이를 위해 관련 패키지들을 사용해 애플리케이션 내에서 사용자에게 에러를 안내할 수 있는 플래시 메시지를 적용할 수 있다.

22.1 플래시 메시지 모듈 설정

플래시 메시지Flash Message는 애플리케이션 사용자에게 정보를 보여주는 반영구 데이터다. 이 메시지들은 애플리케이션 서버에서 생성돼 세션의 일부로서 사용자 브라우저에 전달된다. 세션은 최근 사용자와 애플리케이션 간 대부분의 연동 관련 데이터를 갖고 있다. 여기에는 현재 로그인 중인 사용자, 페이지 타임아웃 전까지의 남은 시간, 또는 출력돼야 할 일회성 메시지 등이 있다.

이 플래시 메시지로 애플리케이션에서 작업을 할 수 있는 방법은 많다. 22장에서는 connect-flash라는 npm에서 제공하는 미들웨어를 사용할 것이다. 설치는 터미널에서 npm i connect-flash -S를 통해 종속성을 유지하며 설치한다.

> **노트** Express.js에도 Sessions가 있으나, Express.js가 항상 쓰이는 것도 아니고 메인 패키지에 대한 의존성 관리도 쉽지 않다. 이 때문에 독립 패키지인 cookie-parser와 cookie-session을 설치해 사용한다.

이제 터미널에서 npm i cookie-parser express-session -S 명령을 통해 2개의 패키지를 더 설치한다. 그런 다음 main.js 파일에서 connect-flash, cookie-parser 그리고 express-session을 이 모듈들을 사용하는 코드에서 요청한다(Listing 22.1).

애플리케이션과 클라이언트 사이에 메시지를 전달하기 위해서는 express-session 모듈을 설치해야 한다. 이 메시지들은 사용자의 브라우저에 유지되지만 궁극적으로는 서버에 저장된다. express-session는 사용자 브라우저에 여러 가지 방식으로 메시지를 저장하게 한다. 쿠키는 세션 저장소 형태 중 하나이며 세션에서 브라우저에서 서버로 전달되는 쿠키 데이터를 해석하기 위해 cookie-parser 패키지가 필요하다.

플래시 메시지를 생성하기 위해 connect-flash 패키지를 사용한다. 이 패키지는 세션과 쿠키에 종속되며 요청 간에 플래시 메시지를 전달한다. Express.js에 cookie-parser의 미들웨어로의 사용 및 여러분이 선택한 비밀 암호^{secret passcode}의 사용을 선언한다. cookie-parser는 이 코드를 브라우저도 전달되는 쿠키 데이터의 암호화에 사용한다. 이를 통해 해당 데이터가 어떤 데이터인지 추측이 어렵게 만든다. 다음으로 express-session 선언을 통해 애플리케이션이 세션을 사용하게 함으로써 스토리지 메소드로 cookie-parser를 사용하고 1시간 후 쿠키를 만료시킨다.

또한 세션 데이터의 암호화를 위해 비밀 키의 제공도 필요하다. saveUninitialized를 false로 설정해 메시지가 전혀 세션에 추가되지 않았다면 쿠키를 사용자에게 보내지 않도록 지정한다. 또 기존 세션에서 변경이 없다면 서버에 있는 데이터를 업데이트하지 않도록 지정한다. 마지막으로 connect-flash를 미들웨어로 사용하도록 한다.

> **노트** 이 예제에서 비밀 키는 평문으로 된 애플리케이션 서버에 있는 파일이다. 여기서 비밀 키를 보여주는 것은 추천하지 않는다. 보안 취약점을 드러내는 계기가 될 수 있기 때문이다. 대신 환경변수로 비밀 키를 저장하고 process.env로 해당 변수에 액세스한다. 자세한 것은 8부에서 다룬다.

Listing 22.1 main.js에서의 플래시 메시징 요청

```
const expressSession = require("express-session"),        ◀── 3가지 모듈 요청
  cookieParser = require("cookie-parser"),
  connectFlash = require("connect-flash");
router.use(cookieParser("secret_passcode"));
router.use(expressSession({                           cookie-parser를
  secret: "secret_passcode",                          미들웨어로 사용하도록
  cookie: {                                           Express.js를 설정
    maxAge: 4000000
  },
  resave: false,
  saveUninitialized: false        cookie-parser의 사용을 위한
}));                              express-session의 설정
router.use(connectFlash());
                                 connect-flash를 미들웨어로
                                 사용하기 위한 애플리케이션 설정
```

이 세 가지 패키지는 모두 모아서 요청을 처리하고 필요한 쿠키 데이터로 응답을 보내주는 미들웨어를 제공한다.

쿠키 파싱

서버와 클라이언트 사이에서의 각 요청과 응답으로 HTTP 헤더는 전송 데이터와 같이 묶여 처리된다. 이 헤더에는 전달되는 데이터에 대한 많은 정보들이 담겨 있다. 데이터의 사이즈, 데이터 유형 그리고 데이터를 보낸 브라우저 등이 그 예다.

헤더에서 또 다른 중요한 요소는 쿠키다. 사용자의 브라우저에서 보내는 쿠키는 작은 데이터 파일이며 사용자와 애플리케이션 간의 상호작용에 대한 정보가 들어 있다. 쿠키는 어떤 사용자가 마지막으로 애플리케이션에 액세스했는지, 사용자가 로그인에 성공했는지 여부, 사용자가 어떤 요청을 보냈는지(예: 성공적으로 계정을 만들었는지 혹은 계정 생성에 여러 번 실패했는지 여부) 등을 나타낼 수 있다.

이 애플리케이션에서는 암호화된 쿠키를 사용해 응용프로그램에 대한 각 사용자의 활동과 사용자가 로그인돼 있는지 여부와 가장 최근의 요청에 오류가 발생했는지를 알리기 위해 사용자의 브라우저에 표시할 짧은 메시지를 저장한다.

노트 요청들은 서로 독립적이기 때문에 만약 하나의 사용자 생성 요청이 실패한다면 홈페이지로 리디렉션되며, 리디렉션 자체가 또 하나의 요청이 된다. 하지만 사용자 생성이 실제로 성공했는지 여부는 사용자가 알 수 없다. 이런 경우 쿠키는 상당한 도움이 된다.

사용자 정의 비밀 키를 만들었기 때문에 이들을 정의할 때 다른 이들의 추측이 어렵게 만들어야 함을 기억하라. 다음으로 컨트롤러 액션상에서 추가된 모듈을 플래시 메시징 설정을 통해 사용한다.

퀵 체크 22.1 쿠키의 비밀 키는 브라우저에 데이터를 보내고 저장하는 방법을 어떻게 바꾸는가?

퀵 체크 22.1 정답 쿠키와 같이 사용되는 비밀 키는 데이터를 암호화하는 데 사용된다. 암호화는 데이터 보안을 유지하며 인터넷상으로 전달하는 데 중요하며 전달 도중 변형 없이 사용자의 브라우저로 도달하는 것을 보장한다.

22.2 컨트롤러 액션에 플래시 메시지 추가

플래시 메시지를 작동시키려면 사용자에게 뷰를 렌더링해주기 전에 만들어지는 요청에 추가해줘야 한다. 일반적으로 사용자가 페이지 GET 요청을 보내면 (예를 들어 홈페이지를 읽어들인다고 하면) 플래시 메시지를 보낼 필요는 없다.

플래시 메시지는 사용자에게 성공 또는 실패를 알려주는 데 제일 유용한 도구이며, 데이터베이스와 연동된다. 사용자 생성 같은 요청에서 보통은 다른 페이지로 리디렉션하며, 이는 어떤 결과냐에 따라 대상은 달라진다. 만일 사용자가 정상적으로 생성됐다면 /users 라우트로 리디렉션될 것이다. 그렇지 않다면 /users/new로 리디렉션할 수 있다. 플래시 메시지는 뷰를 위해 만들어진 로컬 변수와 다르지 않다. 이 때문에 Express를 위한 다른 미들웨어 설정을 해야 하며, 이를 통해 Listing 22.2에서처럼 응답상에서 conectFlash를 로컬 변수처럼 취급할 수 있다.

이 미들웨어 함수의 추가를 통해 Express가 flashMessages라고 부르는 로컬 객체를 뷰로 전달시키고 있다. 이 객체의 값은 connect-flash 모듈로 생성한 플래시 메시지와 동일하다. 이 과정에서 메시지를 요청 객체에서 응답으로 전달시킨다.

Listing 22.2 응답상에서 connectFlash와 미들웨어와의 연계

```
router.use((req, res, next) => {
  res.locals.flashMessages = req.flash();
  next();
});
```

응답 객체상에서 플래시 메시지의
로컬 flashMessages로의 할당

이 미들웨어로 컨트롤러 레벨에서 req.flash 메시지를 추가할 수 있으며, flashMessages를 사용해 뷰에서 메시지로의 접근이 가능하다. 다음으로 플래시 메시지를 Listing 22.3의 코드처럼 userController의 액션 코드를 수정해 플래시 메시지를 create 액션에 추가한다.

이 액션에서는 catch 블록에서의 에러 처리 방법을 수정하고 있다. error-handler 액션으로 에러를 전달하는 대신 에러 플래시 메시지를 설정하고 redirectView 액션으로 하여금 사용자의 new.ejs 페이지를 다시 보여준다. 첫 번째 플래시 메시지는 success 타입이며 사용자 계정이 생성됐다는 메시지를 보여준다. 계정 생성 실패 시에는 error 타입의 플래시 메시지를 보여준다.

> **노트** getUserParams는 이전 캡스톤 프로젝트(21장)에서 사용돼 왔다. 이 함수는 컨트롤러를 통해 재사용돼 사용자 속성을 하나의 객체로 구성한다. 동일한 함수를 다른 모델 컨트롤러에도 구성해야 한다.

Listing 22.3 **userController.js에서 create 액션에 플래시 메시지 추가**

```
create: (req, res, next) => {
  let userParams = getUserParams(req.body);
  User.create(userParams)
    .then(user => {
      req.flash("success", `${user.fullName}"s account created
➡ successfully!`);                          ⟵ 성공 플래시 메시지 출력
      res.locals.redirect = "/users";
      res.locals.user = user;
      next();
    })
    .catch(error => {
      console.log(`Error saving user: ${error.message}`);
      res.locals.redirect = "/users/new";
      req.flash(
        "error",
        `Failed to create user account because:
➡ ${error.message}`.                        ⟵ 실패 플래시 메시지 출력
      );
      next();
    });
},
```

> **노트** 플래시 메시지를 임시로 저장하기 위해 요청 객체를 사용했지만, 응답에서의 로컬 변수와 이 메시지들을 연결했기 때문에 메시지들은 결국 응답 객체로 연결된다.

페이지가 /users에서 /users/new로 리디렉션되자마자 플래시 메시지가 뷰에서 사용 가능하게 된다.

노트 error와 success는 플래시 메시지를 위해 만든 2가지 타입이다. 이 타입들은 원하는 대로 커스터마이징이 가능하다. 만일 superUrgent 타입이 필요하면 req.flash("superUrgent", "Read this message ASAP!")를 사용할 수 있다. 그러면 superUrgent는 여러분이 무슨 메시지를 추가하든지 이를 얻기 위한 키로 사용될 것이다.

플래시 메시지 작업의 마지막 단계는 뷰에서 이를 수신하고 표현하기 위한 코드 추가다. 모든 뷰 화면에서 성공/실패 여부를 보여줘야 하기 때문에 Listing 22.4의 코드를 layout. ejs에 추가한다. 또한 public/css 폴더에 사용자 정의 스타일을 추가해 기존 뷰 콘텐츠와는 다른 디자인으로 보이도록 한다.

먼저 `flashMessages`가 존재하는지 체크한다. 만일 success 메시지가 존재하면 div에 성공 메시지를 뿌려준다. 만일 error 메시지가 존재하면 다른 스타일의 클래스로 이 메시지를 뿌려준다.

Listing 22.4 layout.ejs에서 플래시 메시지 추가

```
<div class="flashes">
  <% if (flashMessages) { %>
    <% if (flashMessages.success) { %>
      <div class="flash success"><%= flashMessages.success %></div>
    <% } else if (flashMessages.error) { %>
      <div class="flash error"><%= flashMessages.error %></div>
    <% } %>
  <% } %>
</div>
```

flashMessages가 있는지 체크

success 메시지 출력

error 메시지 출력

노트 만일 어떤 메시지도 화면에 보이지 않는다면 메시지에 적용한 스타일링을 제거한 평문(plain-text) 메시지로 우선 출력되는지 확인하라.

이 코드의 테스트를 위해 Node.js 애플리케이션을 시작시키고 /users/new를 방문해 폼에 내용을 입력하고 새로운 사용자를 생성해보자. 새로운 사용자가 성공적으로 생성됐다면 리디렉션된 페이지는 그림 22.1과 같을 것이다.

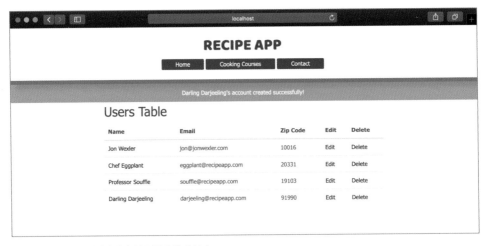

그림 22.1 /users 페이지에서 성공 플래시 메시지

사용자 등록 시 이미 등록돼 있는 이메일 주소로 등록하려고 시도하면 그림 22.2와 같은 화면으로 리디렉션될 것이다.

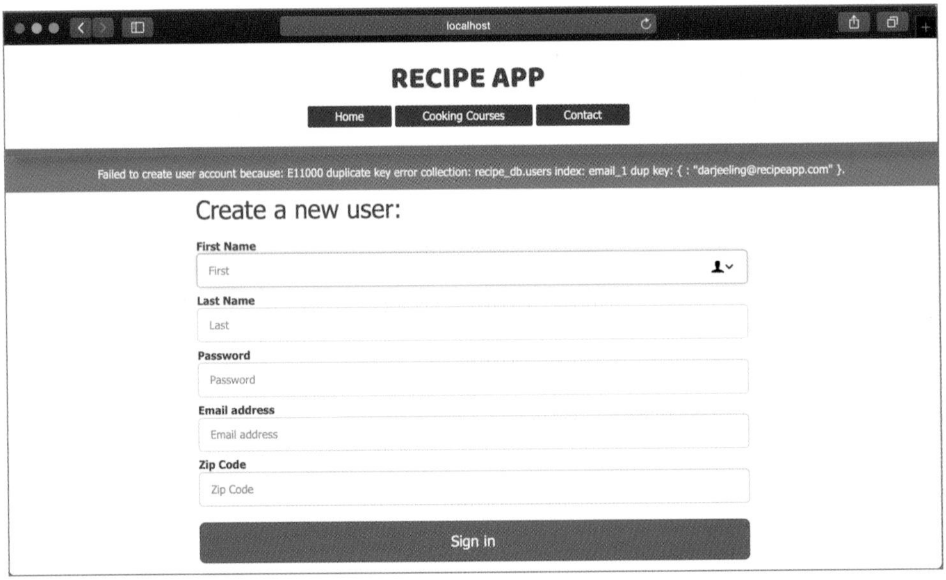

그림 22.2 홈페이지상 보이는 에러 플래시 메시지

페이지를 리프레시하거나 다른 새로운 요청을 만들 때, 이 메시지는 사라진다. 여러 개의 success나 error 메시지를 보여주려고 하는 경우에는 뷰에 있는 모든 error나 success 키들을 한 번에 보여주기보다는 루프를 돌면서 하나씩 보여주는 게 더 유용할 것이다.

이 플래시 메시지를 렌더링하는 뷰에서 보여주고 싶다면 메시지를 로컬 변수로 바로 전달한다. 다음 Listing은 사용자의 인덱스 페이지에 어떻게 성공 메시지를 전달하는지 보여준다. flashMessages 객체를 바로 뷰에 전달 시에는 리디렉션을 기다리거나 connect-flash를 사용할 필요가 없다.

Listing 22.5 렌더링된 인덱스 뷰에서 플래시 메시지 추가

```
res.render("users/index", {
  flashMessages: {
    success: "Loaded all users!"
  }
});        ◀──── 렌더링된 뷰로 플래시 메시지 전달
```

> **퀵 체크 22.2** req.flash 메소드를 위해 필요한 2개의 매개변수는 무엇일까?

22.3 요약

22장에서는 세션과 쿠키를 배웠다. 또 어떻게 서버와 클라이언트 사이의 데이터 전달에서 핵심이 되는지 살폈다. 또한 connect-flash의 설정으로 쿠키를 사용하고 성공 및 실패 메시지를 일부 뷰에서 보여줬다. 23장에서는 사용자 패스워드 암호화를 기초로 어떻게 쿠키 데이터를 암호화할지 알아본다.

퀵 체크 22.2 정답   req.flash는 플래시 메시지 타입과 메시지가 필요하다.

해보세요

이제 플래시 메시지의 설정이 완료됐다. 이를 CRUD 액션에 추가해보자.

사용자가 구독, 계정 생성, 계정 삭제, 사용자 정보 수정 등의 액션 시 성공 여부에 대해 궁금해할 것이다. 4장에서 만든 사용자, 강좌, 구독자 모델 모두 데이터베이스를 포함한 모든 액션에 대해 플래시 메시지를 추가하자.

사용자 로그인 폼 생성과 패스워드 해시

22장에서는 컨트롤러 액션과 뷰에 플래시 메시지를 추가했다. 23장에서는 사용자 등록과 로그인 폼을 통해 사용자 모델에 좀 더 깊숙이 들어가본다. 그 후 사용자 패스워드 및 로그인 저장 상태 정보의 해싱을 통해 애플리케이션에 보안 계층을 추가한다. 다음으로 컨트롤러 계층에 express-validator 패키지를 이용해 유효성 체크를 추가한다. 23장이 끝나면 사용자는 계정을 생성, 암호화된 패스워드를 데이터베이스에 저장하며 로그인 또는 로그아웃을 할 수 있게 된다.

23장에서 다루는 내용은 다음과 같다.

- 사용자 로그인 폼 생성
- bcrypt를 통한 데이터베이스 내 데이터 해싱

23.1 사용자 로그인 폼

레시피 애플리케이션에 사용자 로그인 처리 로직을 알아보기 전에, 등록과 로그인 폼의 형태를 먼저 확정하도록 하자.

등록 폼은 news.ejs의 폼과 비슷하다. 대부분 사용자들이 등록 폼을 통해 계정을 생성하므로 신규 사용자 등록을 위한 뷰 생성과 create 액션을 참조할 것이다. 필요하지만 아직 만들어지지 않은 것은 로그인 폼이다. 이 폼은 2개의 입력을 받는다. email과 password다.

먼저 기본 사용자 로그인 뷰를 만들고 새로운 라우트와 컨트롤러 액션과 연결한다. 그 후 users 폴더에 다음 Listing에서의 코드를 갖고 login.ejs 뷰를 작성한다. 주목해야 할 중요한 점은 폼 태그 내의 /users/login 액션이다. 이 경로에의 POST 요청의 처리를 위한 라우트를 만들어야 한다.

Listing 23.1 login.ejs에서의 로그인 폼 생성

```
<form action="/users/login" method="POST">
  <h2>Login:</h2>
  <label for="inputEmail">Email address</label>
  <input type="email" name="email" id="inputEmail"
  placeholder="Email address" required>
  <label for="inputPassword">Password</label>
  <input type="password" name="password" id="inputPassword"
```

사용자 로그인을 위한
로그인 폼 추가

```
➥ placeholder="Password" required>
  <button type="submit">Login</button>
</form>
```

다음으로 main.js에 Listing 23.2의 코드를 추가해 로그인 라우트를 추가한다. 첫 번째 라우트는 GET 요청이 /users/login 경로로 만들어질 때 로그인 폼이 보이게 한다. 두 번째 라우트는 동일 경로의 POST 요청을 처리한다. 이 경우에서는 authenticate 액션으로 요청을 라우팅하며 그다음에 redirectView 액션으로 페이지를 읽어들인다.

> **노트** show 및 edit 라우트 라인 위에 login 라우트를 추가하라. 순서가 바뀌면 Express.js는 경로에 있는 login이라는 단어를 사용자 ID로 인식하고 이에 해당하는 사용자를 찾으려 할 것이다. 바른 순서로 라우트를 추가하면 애플리케이션은 사용자 ID를 URL에서 찾기 전에 login 라우트를 전체 경로로 인식한다.

Listing 23.2 main.js로 로그인 라우트 추가

```
router.get("/users/login", usersController.login);
router.post("/users/login", usersController.authenticate,
➥ usersController.redirectView);
```

← /users/login으로 GET 요청 처리를 위한 라우트 추가

← 동일 경로로 POST 요청 처리를 위한 라우트 추가

필요한 컨트롤러 액션을 사용자 컨트롤러에 만들어 로그인 폼이 동작하도록 해보자. userController.js에 Listing 23.2의 코드를 추가한다.

login 액션은 사용자 로그인을 위한 login 뷰를 렌더링한다. authenticate 액션은 이메일 주소와 일치하는 사용자를 찾는다. 이 속성은 데이터베이스에서 고유하기 때문에 검색 결과는 한 명이거나 없어야 한다. 그런 다음 패스워드 폼의 내용을 데이터베이스 패스워드와 비교하고 결과가 일치하면 사용자의 show 페이지로 리디렉션시킨다.

앞의 액션에서처럼 res.locals.redirect 변수를 redirect-View 액션이 처리할 경로로 설정한다. 또 플래시 메시지를 사용자가 로그인에 성공함을 알려주도록 설정하고 사용자 객체를 로컬 변수로서 사용자의 show 페이지로 전달한다. 여기에서 next를 호출해 다음 미들웨어 함수인 redirect-View를 수행시킨다. 사용자 찾기에 실패했지만 아무 에러가 발

생하지 않았다면 error 플래시 메시지를 설정하고 사용자가 다시 시도하기 위한 로그인 폼으로 돌아갈 리디렉션 경로를 설정한다.

에러가 발생하면 콘솔에 이를 로깅하고 에러를 다음 미들웨어 함수(에러 컨트롤러가 될 것이다)로 전달해 에러 처리를 한다.

Listing 23.3 userController.js로의 로그인과 인증 액션 추가

```
login: (req, res) => {          ◀──── 로그인 액션 추가
  res.render("users/login");
},

authenticate: (req, res, next) => {     ◀──── 인증 액션 추가
  User.findOne({
    email: req.body.email              데이터베이스의
  })                                   패스워드와 비교
      .then(user => {
        if (user && user.password === req.body.password){
          res.locals.redirect = `/users/${user._id}`;
          req.flash("success", `${user.fullName}'s logged in successfully!`);
          res.locals.user = user;
          next();
      } else {
        req.flash("error", "Your account or password is incorrect.
  Please try again or contact your system administrator!");
        res.locals.redirect = "/users/login";
        next();
      }
  })
      .catch(error => {          에러를 콘솔에 로깅하고
        console.log(`Error logging in user: ${error.message}`);    리디렉션
        next(error);
      });
}
```

이 시점에서 Node.js 애플리케이션을 띄우고 users/login URL을 다시 방문해 그림 23.1이 나오는지 확인해보자. 데이터베이스에 있는 사용자의 이메일과 패스워드로 로그인을 시도해보자.

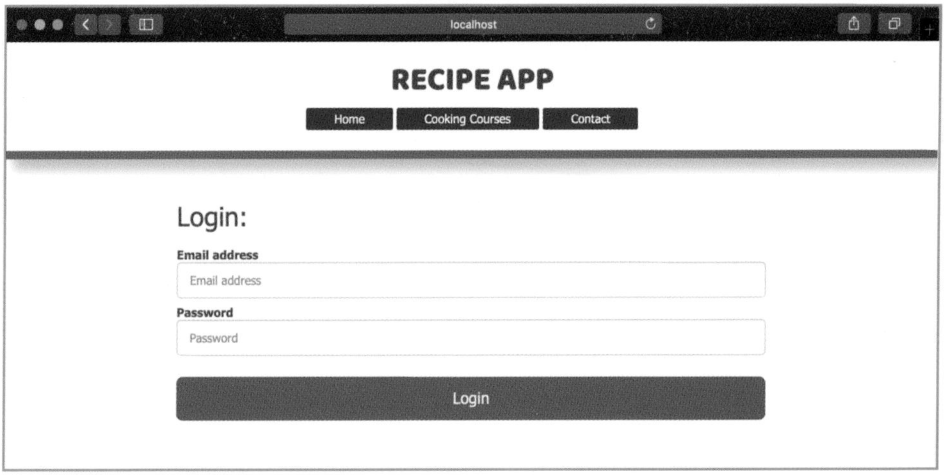

그림 23.1 사용자 로그인 페이지

틀린 이메일이나 패스워드를 입력했다면 그림 23.2와 같이 로그인 화면에 플래시 메시지가 뜨는 로그인 화면으로 리디렉션될 것이다. 로그인에 성공했다면 화면은 그림 23.3과 같이 바뀔 것이다.

하지만 이것으로 끝난 게 아니다. 여전히 패스워드는 평문으로 저장되고 있다. 다음 절에서는 이런 정보들을 어떻게 해시 처리를 하는지 이야기한다.

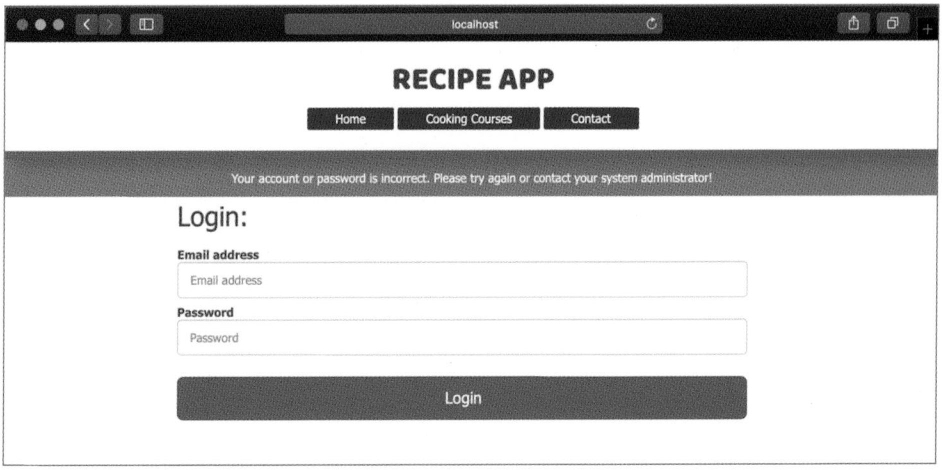

그림 23.2 로그인 실패 페이지

그림 23.3 로그인 성공 페이지

User Data for Jon Wexler

Name	Jon Wexler
Email	jon@jonwexler.com
Zip Code	10016
Password	··························

This user has a **subscribed** account.

View all users
Edit User Details
Delete

퀵 체크 23.1 왜 main.js에서 /users/login 라우트의 위치가 문제될까?

23.2 패스워드의 해싱

암호화는 민감한 데이터를 고유 키나 암호를 결합해 오리지널 데이터를 표현하지만 사용할 수 없는 값을 만드는 것이다. 이 과정에는 데이터 해싱이 포함돼 있으며, 해싱된 데이터는 해시 함수를 위한 개인 키를 사용하면 데이터를 읽어들일 수 있다. 이렇게 해싱된 값은 데이터베이스 내 공개에 민감한 데이터 대신 저장된다. 새로운 데이터를 암호화하려면 암호 알고리즘에 데이터를 통과시켜야 한다. 데이터를 읽어들이거나 비교 하려면

퀵 체크 23.1 정답 URL 내 파라미터를 처리하는 라우트들을 갖고 있어서, 만일 이 라우트들(예를 들어 /users/:id)가 먼저 온다면 Express.js는 /users/login으로의 요청을 사용자의 show 페이지로 처리할 것이며 여기에서 로그인은 :id로 인식된다. 순서는 중요하다. /users/login 라우트가 먼저 온다면 Express.js는 파라미터를 처리하는 라우트를 체킹하기 전에 그 라우트를 매칭할 것이다.

(사용자 패스워드의 경우를 생각하면) 애플리케이션은 동일한 고유 키와 알고리즘을 복호화 데이터에 사용할 수 있다.

bcrypt는 잘 만들어진 해시 함수이며 패스워드 등의 데이터를 데이터베이스에 저장 시 고유 키와 조합하게 해준다. 다행히도 Node.js 패키지에서 이를 제공한다. 먼저 bcrypt 패키지를 터미널 윈도우에 `npm i bcrypt@3.0.0 -S` 명령으로 설치한다. 다음으로 해싱을 진행해야 할 모듈에서 bcrypt 모듈을 요청한다. 해싱은 userController에서 수행할 수 있지만 User 모델에서 Mongoose의 pre-save 훅을 생성하는 것을 추천한다. user.js에서 `const bcrypt = require("bcrypt")`로 요청한다. 그 후 Listing 23.4의 코드를 User 모델에 추가하며 위치는 module.exports 라인 및 스키마 정의 부분 사이이다.

> **노트** 패스워드의 원래 값을 기술적으로 끄집어낼 필요는 없기 때문에 패스워드는 해싱만 하며 암호화는 하지 않는다. 사실 애플리케이션은 사용자가 어떻게 패스워드를 정했는지 알 수는 없다. 애플리케이션은 해싱된 패스워드만 갖고 있다. 나중에 (로그인 등에서) 패스워드 값을 입력받으면 이를 해싱하고 (애플리케이션이 갖고 있는) 해싱된 값과 비교하게 된다. 이 절의 후반부에서 자세히 언급한다.

Mongoose의 pre 혹은 post 훅은 사용자가 데이터베이스에 저장되기 전후로 User 인터페이스에 코드를 실행시키기 좋은 방법을 제공한다. 훅을 userSchema에 추가한다. 이는 (다른 미들웨어와 마찬가지로) next를 파라미터로 받는다. bcrypt.hash 메소드는 패스워드와 숫자를 파라미터로 받는다. 이는 패스워드 해싱에서의 복잡도를 의미하며 보통 10을 준다. 패스워드 해싱이 완료되면 프라미스 체인의 다음 파트에서 결과인 hash(해싱된 패스워드)를 받게 된다.

hash에 사용자 패스워드를 할당하고 next를 호출하며 이를 통해 사용자를 데이터베이스에 저장한다. 에러가 발생하면 로깅 후 다음 미들웨어에 전달된다.

> **노트** bcrpyt.hash 실행 시 이 pre-hook에서는 context를 잃어버리기 때문에 this를 변수에 보존시켜 해시 함수 내에서 액세스할 수 있도록 한다.

passwordComparison은 userSchema에서의 사용자 정의 메소드이며, 폼의 input에서 받은 패스워드 값과 해싱된 패스워드를 비교한다. 이 체크를 비동기로 수행하려면 bcrypt로 프라미스 라이브러리를 사용한다. bcrypt.compare는 사용자의 패스워드와 inputPassword와의 비교 결과를 참/거짓으로 돌려준다. 그 후 passwordComparison 메소드를 호출한 사람들에게 프라미스를 전달한다.

Listing 23.4 user.js에서의 pre 훅 해싱

```
userSchema.pre("save", function(next) {          ← 사용자 스키마에
  let user = this;                                  pre hook 추가

  bcrypt.hash(user.password, 10).then(hash => {   ← 사용자 패스워드의 해싱
    user.password = hash;
    next();
  })
    .catch(error => {
      console.log(`Error in hashing password: ${error.message}`);
      next(error);
    });
});
                                                  해싱된 패스워드와 비교하는
                                                  함수 추가
userSchema.methods.passwordComparison = function(inputPassword){
  let user = this;
  return bcrypt.compare(inputPassword, user.password);   ← 저장된 패스워드와의 비교
};
```

> **노트** save에서의 pre 훅은 사용자가 저장될 때마다 실행된다. 다시 말하면 Mongoose의 save 메소드를 통해 생성 또는 업데이트 후에 실행된다.

마지막 단계는 userController.js에 있는 **authenticate** 액션을 재작성해 패스워드와 bcrypt.compare의 비교를 하는 것이다. authentificate 코드 블록 부분을 Listing 23.5의 코드로 교체한다.

먼저 사용자에 대한 명시적 쿼리를 요청한다. 만일 사용자가 있다면 이를 user에 할당한다. 먼저 email로 사용자 쿼리를 한다. 이 쿼리로 사용자 검색이 되면 그 결과를 user에 할당한다. 그런 후에 이 값이 사용자인지 null인지 확인한다. 이메일에 매치되는 사용자를 찾았다면 사용자 정의 passwordComparison 메소드를 사용자 인스턴스에서 호출하며 폼에서의 input 패스워드를 매개변수로 전달한다.

passwordComparison이 true 또는 false로 해석되는 프라미스를 돌려주기 때문에 결과를 기다리기 위해 다른 then을 하위로 포함시킨다. passwordsMatch가 true라면 사용자의 show 페이지로 리디렉션한다. 이메일이 일치하는 사용자가 없거나 패스워드가 일치하지 않으면 로그인 화면으로 되돌아간다. 그 외의 경우에는 에러를 발생시켜 next 객체로 이를 전달한다. 프로세스 중에 발생하는 모든 에러는 캐치되고 로깅된다.

Listing 23.5 userController.js에서 authenticate 액션 수정

```
authenticate: (req, res, next) => {
  User.findOne({email: req.body.email})          // 이메일로 사용자를 찾는 쿼리
      .then(user => {
        if (user) {                               // 사용자를 찾았는지 체크
          user.passwordComparison(req.body.password)   // User 모델에서 패스워드 비교 메소드 호출
              .then(passwordsMatch => {
                if (passwordsMatch) {             // 패스워드가 일치하는지 체크
                  res.locals.redirect = `/users/${user._id}`;
                  req.flash("success", `${user.fullName}'s logged in
successfully!`);
                  res.locals.user = user;
                } else {
                  req.flash("error", "Failed to log in user account:
Incorrect Password.");
                  res.locals.redirect = "/users/login";
                }
                next();                           // 리디렉션될 경로와 플래시 메시지 셋을 포함한 next 미들웨어 함수의 호출
              });
        } else {
          req.flash("error", "Failed to log in user account: User
account not found.");
          res.locals.redirect = "/users/login";
          next();
        }
      })
      .catch(error => {                           // 에러의 콘솔 로깅 및 next 에러 핸들러 미들웨어로 전달
        console.log(`Error logging in user: ${error.message}`);
        next(error);
      });
}
```

Node.js 애플리케이션을 다시 띄우고 새로운 사용자를 생성한다. 이전 계정에서의 패스워드는 bcrypt로 해싱이 돼 있지 않기 때문에 테스트 전에 새로 사용자를 만들어야 한다 (이렇게 되면 기존 평문으로 저장된 패스워드와 해싱된 입력 패스워드와 비교하기 때문이다). 계정이 생성된 다음 동일한 패스워드로 로그인을 /users/login에서 시도한다. 그 후 사용자의 show 페이지에서 패스워드 필드를 변경해 화면에 패스워드를 출력하도록 한다. 사용자 show 페이지를 방문해 예전의 평문 패스워드에서 해시된 패스워드로 바뀐 것을 확인하자 (그림 23.4).

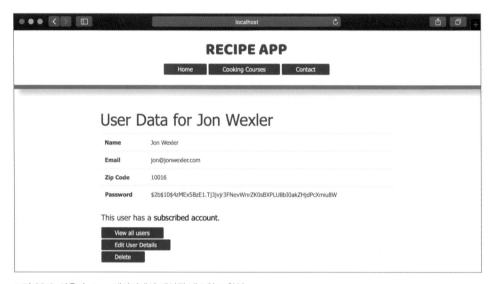

그림 23.4 사용자 show 페이지에서 해싱된 패스워드 확인

> **노트**　화면이 아닌 데이터베이스 레벨에서도 몽고DB 셸의 mongo를 통해 해싱된 패스워드를 확인할 수 있다. 새로운 터미널에서 mongo 명령 입력 후에 use recipe_db와 db.users.find({})를 입력한다. 다른 방법으로 몽고DB의 Compass를 사용해 데이터베이스의 레코드를 확인할 수도 있다.

이제 해싱된 패스워드로 로그인을 하면 사용자의 show 페이지로 인증 성공으로 리디렉션 될 것이다. 패스워드 불일치의 경우 그림 23.5와 같은 화면이 뜰 것이다.

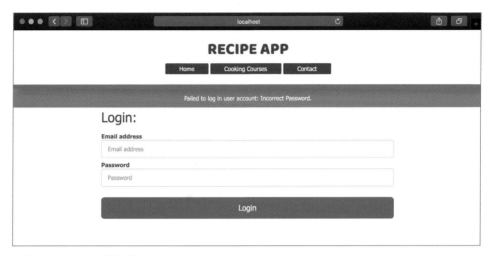

그림 23.5 패스워드 불일치 화면

다음 절에서는 create와 update 액션이 호출되기 전에 유효성 체크를 위한 미들웨어를 추가해 보안성을 확보하는 작업을 하겠다.

> **퀵 체크 23.2** 참 또는 거짓! bcrypt의 compare 메소드는 데이터베이스의 평문 패스워드와 사용자 input에서의 평문을 비교한다.

 ## 23.3 express-validator로 유효성 체크 미들웨어 추가

지금까지 애플리케이션은 뷰 및 모델 수준에서 유효성 검사를 제공했다. 이메일 주소 없이 사용자 계정을 만들려고 하면 경고의 HTML 폼이 뜨며 진행이 되지 않았다. 6부에서도 볼 수 있듯이 폼을 우회하거나 누군가가 API를 통해 계정을 만들려고 하면 모델 스키

퀵 체크 23.2 정답　거짓이다. 데이터베이스에 저장된 패스워드의 값은 해싱된 것밖에 없다. 따라서 비교할 평문 값은 존재하지 않는다. 비교 작업은 사용자 입력 값의 해싱을 통해 시작되며 새로 데이터베이스에 저장된 해싱된 값과 이를 비교한다. 이렇기 때문에 애플리케이션은 사용자의 실제 패스워드를 알 수는 없지만 해싱된 값들이 일치하면 패스워드가 안전하게 일치한다고 볼 수 있다.

마의 제한으로 더 많은 유효성 체크가 작동하기 전에 데이터가 데이터베이스에 유입되는 것을 막을 수 있다. 실제로 애플리케이션에서 모델에 도달하기 전에 더 많은 유효성 검사를 추가할 수 있으면 Mongoose 쿼리 및 페이지 리디렉션에 소요되는 많은 컴퓨팅 시간과 에너지를 절약할 수 있다.

이러한 이유로 미들웨어의 유효성을 체크할 것이다. Node.js에서 이 기능을 빌드하는 데 도움이 되는 패키지가 있는데 바로 express-validator이다. 이는 유입 데이터가 특정 형식을 따르는지 확인하는 방법과 해당 데이터를 수정해 원하지 않는 문자를 제거하는 라이브러리를 제공한다. 예를 들어 express-validator를 사용해 입력 데이터가 미국 전화번호 형식으로 입력됐는지 확인할 수 있다.

이 패키지는 프로젝트 폴더 내 터미널에서 npm i express-validator -S 명령을 통해 설치한다. 패키지가 설치되면 main.js에서 const expressValidator = require("express-validator")를 통해 요청하고 router.use(expressValidator())로 Express.js에 사용을 선언한다. 이는 express.json() 및 express.urlencoded() 다음에 추가해야 한다. 유효성 체크 전에 요청 본문에 먼저 파싱돼야 하기 때문이다.

그 후 이 미들웨어를 추가해 userController에서 create 액션을 호출하기 전에 직접 수행시킬 수 있다. 이 작업을 수행하기 위해 Listing 23.6에서 보여주는 바와 같이 main.js에서 /users/create로 전달하는 POST 라우트에서의 create 액션과 경로 사이에서 validate 액션을 생성해야 한다. 경로 /users/create와 usersController.create 액션 사이에 validate 라고 하는 미들웨어 함수를 도입한다. 이 validate 함수를 통해 create 액션을 이어 가기 위한 데이터와 요구 사항이 부합하는지를 결정한다.

Listing 23.6   main.js에서 사용자 생성 라우트에 유효성 체크 미들웨어 추가

```
router.post("/users/create", usersController.validate,
  usersController.create, usersController.redirectView);
```

사용자 생성 라우트에
유효성 체크 미들웨어 추가

마지막으로 create 액션에 도달하기 전에 요청을 처리하기 위한 validate 액션을 user Controller.js에서 만들어야 한다. 이 액션에서 다음 사항을 추가한다.

- **밸리데이터**^{Validator}: 유입 데이터가 일정 기준을 만족하는지 체크
- **새니타이저**^{Sanitizer}: 데이터베이스로 저장하기 전에 불필요한 데이터의 삭제나 데이터 타입 캐스팅 수행

Listing 23.7의 코드를 userController.js에 추가한다.

첫 번째 유효성 체크 함수는 요청과 응답을 사용하며 미들웨어 체인에서 다음 함수로 전달될 수도 있기 때문에 next 파라미터가 필요하다.

먼저 모든 이메일 주소를 소문자화시키고 스페이스를 없애기 위해 express-validator의 nomalizeEmail 메소드를 이용해 email 필드를 새니타이징^{Sanitizing}시킨다. express-validator에 의해 설정된 이메일 요청 포맷에 맞는지 확인하기 위해 email 유효성 체크를 따른다.

zipCode 체크는 값이 비어 있거나 정수 유무임을 확인하고, 정수이면 5자리인지까지 확인한다. 마지막 유효성 체크는 패스워드 필드가 값의 유무다. reg.getValidationResult는 이전의 유효성 체크 결과를 수집하고 에러 결과들과 함께 프라미스를 돌려준다.

에러가 발생하면 요청의 플래시 메시지로 에러를 모아서 전달할 수 있다. 여기에서 메시지들을 "and"를 구분자로 붙여서 하나의 스트링으로 만든다. 유효성 체크에서 에러가 발생하면 req.skip=true로 설정한다. 이때 set은 새로운 사용자 정의 속성으로 요청 객체에 추가한다. 이 값은 다음 미들웨어 함수인 create에게 에러가 발생했으니 처리를 하지 말고 그 대신 redirectView 액션으로 건너뛰라고 선언한다. 이렇게 해서 req.skip이 true이면 즉시 다음 미들웨어로 이동한다.

유효성 에러 이벤트에서 new 뷰를 다시 렌더링한다. flashMessages 역시 input 데이터에서 오류를 발생시킨 사용자를 가리킨다.

Listing 23.7 userController.js에서 validate 컨트롤러 생성

```
validate: (req, res, next) => {            ◀── validate 함수 추가
  req.sanitizeBody("email").normalizeEmail({
    all_lowercase: true                           trim()으로 whitespace 제거
    }).trim();
  req.check("email", "Email is invalid").isEmail();
  req.check("zipCode", "Zip code is invalid")
.notEmpty().isInt().isLength({                           password 필드 유효성 체크
    min: 5,
    max: 5                          zipCode 값의 유효성 체크
  }).equals(req.body.zipCode);
  req.check("password", "Password cannot be empty").notEmpty();

  req.getValidationResult().then((error) => {       ◀── 앞에서의 유효성 체크
    if (!error.isEmpty()) {                             결과 수집
      let messages = error.array().map(e => e.msg);
      req.skip = true;                          ◀── skip 속성을 true로 설정
      req.flash("error", messages.join(" and "));   ◀── 에러를 플래시 메시지로 추가
      res.locals.redirect = "/users/new";
      next();                                   new 뷰로 리디렉션 설정
    } else {
      next();
    }                    ◀── 다음 미들웨어 함수 호출
  });
}
```

> **노트** 폼 데이터를 다시 채우기 위해 다양한 방법을 선택할 수 있다. (연구해보면) 어떤 패키지가 효과적인지 알게 될 것이다. 자신에게 가장 적합한 방법을 찾으면 데이터를 다시 처리하도록 애플리케이션의 모든 폼을 변경하라.

이제 이 유효성 체크를 시도해볼 준비가 됐다. 애플리케이션을 시작하고 유효성 체크에 실패할 수 있는 방법으로 새 사용자를 생성하자. notEmpty 유효성 체크를 테스트하려면 먼저 HTML 폼에서 필요한 태그를 제거해야 할 수도 있다. 실패한 password와 zipCode 유효성 체크는 그림 23.6과 비슷한 화면을 결과로 보여준다.

express-validator는 validator 패키지를 사용하므로, 새니타이저에 관한 더 자세한 정보는 https://github.com/chriso/validator.js#sanitizers를 참조하기 바란다.

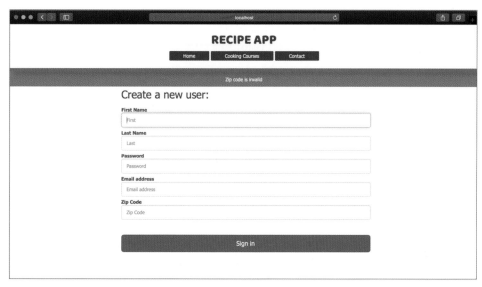

그림 23.6 실패한 express-validator 메시지

퀵 체크 23.3 밸리데이터(validator)와 새니타이저(Sanitizer)의 차이점은 무엇인가?

퀵 체크 23.3 정답   밸리데이터는 데이터베이스의 요구에 데이터가 부합하는지 여부 판단을 위해 데이터 품질을 체크한다. 새니타이저는 스페이스를 트리밍이나 대소문자의 변환, 필요 없는 캐릭터의 삭제를 통해 데이터를 정리한다.

23.4 요약

23장에서는 사용자 패스워드를 위한 해싱 함수를 구현했다. 그런 다음 `bcrypt.compare` 메소드를 사용해 로그인 폼과 액션을 만들어 로그인 시 사용자의 입력값과 해싱된 패스워드를 비교하게 했다. 마지막으로 데이터베이스에 저장되기 전에 데이터의 새니타이징을 위한 추가 미들웨어 함수를 통해 입력 데이터의 유효성 검증을 추가했다. 24장에서는 Passport.js를 통해 또 다른 암호화 및 인증을 살펴볼 것이다. Passport.js는 사용자 계정의 보안을 쉽게 강화시켜준다.

해보세요

사용자 패스워드의 해싱은 해싱 함수 사용에 있어서 주요 기능일 것이다. 모델에서 다른 영역으로 해싱 함수들을 사용할 수 있다. 예를 들어 사용자의 이메일 주소를 해싱해 해당 데이터가 잘못된 곳으로 사용되는 것을 막을 수 있다. 무엇보다 이메일을 취득한다는 것은 사용자 계정 해킹에 반쯤 다가간 것이다. 패스워드에 추가해 이메일을 해싱해보자.

> **노트** 사용자 이메일을 해싱할 때 이를 화면에 출력할 수는 없을 것이다. 사용자 이메일을 평문으로의 유지를 선택하더라도 이 연습은 다른 개인정보에 민감한 데이터가 애플리케이션에 취급될 때 빛을 발휘할 것이다.

사용자 인증 추가

23장에서 사용자 데이터 보안의 중요성과 패스워드의 해싱 사용법을 배웠다. 24장에서는 해싱 프로세스를 조금 더 쉽게 해주는 도구를 알아본다. 먼저 해싱 메소드를 passport-local-mongoose 패키지를 사용하도록 수정한다. 이 패키지는 passport와 mongoose를 같이 사용해 보이지 않는 곳에서 해싱을 수행한다. 다음으로 Password.js가 어떻게 사용자 계정을 애플리케이션상에서 인증하는지 알아볼 것이다. 이 프로세스는 세션 쿠키를 포함하며 플래시 메시지가 사용하는 방식과 비슷하다. 마지막으로 진짜 사용자가 애플리케이션에 액세스할 수 있는 허가를 위한 등록Sign-up과 로그인 폼을 만들 것이다.

24장에서 다루는 내용은 다음과 같다.

- passport 패키지를 사용해 애플리케이션에서 사용자 인증
- 모델에 passport-local-mongoose 플러그인 적용
- 사용자 로그인 전에 인증 액션 추가

24.1 Passport.js의 실행

Passport.js는 Node.js에서 사용되는 미들웨어이며 새로운 사용자의 패스워드 해싱과 애플리케이션상에서의 인증 활동을 수행한다. Passport.js는 사용자 계정에서 생성과 로그인에 다른 메소드를 사용하며 이는 사용자 이름과 패스워드로 하는 기본 로그인부터 페이스북과 같은 제삼자 로그인 서비스를 활용하는 것까지 가능하다. 이들 로그인 메소드를 스트래티지Strategy라고 부르며 레시피 애플리케이션에서 사용하는 스트래티지는 외부 서비스를 이용하지 않기 때문에 로컬 스트래티지다.

이 스트래티지는 사용자 로그인 상태와 관련된 데이터와 패스워드의 비교와 해싱 관리를 통해 유입 데이터가 인증됐는지 체크한다. Passport.js 스트래티지에 대한 더 자세한 정보는 http://www.passport.org를 참조하기 바란다.

애플리케이션에 필요한 패키지를 설치한다. npm i passport passport-local-mongoose -S 명령을 통해 passport-local-mongoose 패키지와 함께 passport 패키지를 설치한다. 이들 패키지의 모듈은 서로 협업해 Mongoose 스키마와 직접 연동하기 위한 지원과 인증 메소드 그리고 해싱을 제공한다. 종속 모듈로 이들 패키지를 설치한 후 애플리케이션 중 필요한 곳에서 요청한다. Listing 24.1을 main.js에 추가하자.

우선 passport 모듈부터 요청한다. Passport.js는 사용자 로그인을 위한 스트래티지라고 부르는 메소드를 사용한다. local 스트래티지는 사용자명과 패스워드를 사용하는 로그인 메소드를 참조한다. 패스포트 모듈을 initialize해 Express.js 앱이 이를 사용하도록 한다.

이제 passport가 애플리케이션에서 미들웨어로서 동작하도록 할 준비가 됐다. passport.session은 passport에 애플리케이션과 이미 설정된 세션을 사용하도록 지시한다.

Listing 24.1 main.js에서 passport의 요청과 초기화

```
const passport = require("passport");          ◀──── passport 모듈 요청
router.use(passport.initialize());        ◀──── passport 초기화
router.use(passport.session());     ◀──┐
```
passport가 Express.js 내
세션을 사용하도록 설정

다음으로 사용자 모델에 로그인 스트래티지를 설정하고 이를 passport에 세션 내 사용자 데이터를 해싱하도록 한다. passport-local-mongoose는 이 프로세스를 간단하면서도 자동으로 진행되도록 한다. main.js에 Listing 24.2를 추가하자.

> **노트** passport.sesson은 passport가 사전에 Express.js에서 사용된 세션들을 사용하게 한다. 세션은 Listing 24.2 전에 정의돼야 한다.

확인해야 할 점은 모델이 main.js 내에서 passport와 연동되기 전에 사용 가능한지 여부다. 보통 모델에서의 로그인 스트래티지 생성을 위해 일부 설정이 필요하다. 하지만 기본 로컬 로그인 스트래티지를 사용하고 있기 때문에 passport로 하여금 사용자 모델을 위한 스트래티지를 사용하도록 하기만 하면 된다. 그다음 두 개 라인은 passport가 사용자 모델을 통해 사용자를 직렬화^{serialize} 또는 역직렬화^{deserialize}하도록 한다. 이 라인들은 프로세스가 세션에 저장된 사용자 데이터를 암호화 또는 복호화하도록 지시한다.

Listing 24.2 main.js에서 passport 직렬화 설정

```
const User = require("./models/user");          ◀──── User 모델의 요청
passport.use(User.createStrategy());
passport.serializeUser(User.serializeUser());     ◀──┐
passport.deserializeUser(User.deserializeUser());
```
사용자의 로그인
스트래티지 설정

passport가 사용자
데이터의 직렬화 및 역직렬화
작업을 하도록 설정

패스포트는 사용자 데이터를 직렬화하거나 역직렬화해 세션에 전달한다. 세션은 압축된 형태의 직렬화된 사용자 데이터를 저장하고 클라이언트로부터 마지막에 로그인한 사용자를 확인하기 위해 이 데이터는 다시 서버로 이동한다. 역직렬화는 사용자 데이터를 압축 버전으로부터 복구하며 이 데이터를 통해 사용자 정보를 확인할 수 있다.

데이터의 직렬화

애플리케이션 내 데이터를 갖고 작업할 때, 액세스 및 수정이 쉬운 구조가 편하다. 예를 들어 사용자 객체의 경우 이메일 같은 정보를 찾아주며 사용자 모델의 가상 속성인 fullName도 사용하게 해야 한다. 이런 모델이 애플리케이션에서는 특히 유용하지만 이 사용자 객체를 메소드와 Mongoose ODM과 함께 보내기는 쉽지 않다. 따라서 사용자 데이터를 직렬화시킬 필요가 있는 것이다.

직렬화(Serialization)는 압축된 가독 형식으로 데이터 구조를 바꾸는 프로세스다. 이 데이터는 JSON, YAML, XML과 같은 다양한 포맷을 취할 수 있다. 사용자 데이터는 단일 데이터(때로는 문자열)로 변환돼 HTTP 트랜잭션 내에서 전달될 수 있다

Passport.js는 이 직렬화 프로세스를 수행하고 사용자 데이터를 암호화해 클라이언트 브라우저에 이 데이터가 세션 쿠키 중 일부로서 저장시킨다. 이 쿠키는 사용자 정보를 포함하고 있기 때문에 다음번에 요청이 발생할 때, 이 사용자가 이전에 로그인했다는 것을 (애플리케이션에서 결정한 사용자 상태의 유효성 검증 방식으로) 애플리케이션 서버에 알려준다.

동일한 사용자가 애플리케이션에서 다른 요청을 보냈다면 Passport.js는 사용자를 원래 모델 객체 형식으로 복원하기 위해 역직렬화를 시도한다. 작업이 완료되고 사용자가 유효한지 확인되면 이전과 같이 사용자 객체를 사용해 모델 메소드를 적용하고 Mongoose 쿼리를 사용할 수 있다.

애플리케이션에 사용자 로그인을 위한 인증 액션 사전 작업의 마지막 단계로서 사용자 모델을 passport-local-mongoose 모듈과 연동시킨다. user.js 첫 부분에 const passportLocalMongoose = require("passport-local-mongoose")를 추가한다. 이곳에서 Listing 24.3에서 보는 것과 같이 사용자 스키마에 Passport.js 플러그인 추가가 일어난다. Mongoose 플러그인 메소드를 사용해 userSchema가 passportLocalMongoose를 패스워드의 해싱과 저장에 사용한다. 또한 passportLocalMongoose가 이메일 필드를 사용자 이름 대신 로그인 파라미터로 사용하게 한다. 사용자 이름이 이 모듈에서 기본 필드이기 때문이다.

노트 이 라인은 사용자 모델의 등록 전에 위치해야 한다.

Listing 24.3 passport-local-mongoose 플러그인을 사용자 스키마에 추가

```
userSchema.plugin(passportLocalMongoose, {
  usernameField: "email"
});
```

passport-local-mongoose
플러그인을 사용자 스키마에 추가

이 코드가 추가되면 Passport.js는 자동적으로 패스워드 저장에 관여를 하며 userSchema
에서 패스워드 속성은 없애버릴 수 있다. 이 플러그인은 스키마를 수정해 hash와 salt 필
드를 사용자 모델이 일반 password 필드 대신 추가시킨다.

해시와 솔트

24장에서 해싱은 배웠으나 bcrypt가 알고리즘을 통해 수행하는 해싱 프로세스 수행까지 이해할 필요는 없었
다. 정확히 어떻게 bcrypt와 Passport.js가 사용자 패스워드를 해싱하는 것일까?

현대 해싱 기술은 사용자 패스워드를 받아 이를 원래로 복원할 수 없는 해시(hash)로 변환한다. 이 해시는 무
작위의 숫자와 문자로 돼 있어 평문 데이터보다 더 안전하게 데이터베이스에 저장할 수 있다. 누군가가 데이
터베이스를 해킹해도 이 해싱된 데이터만 가져갈 수 있다. 해커가 이 데이터로 할 수 있는 일은 그가 예상한
패스워드를 해싱해 그가 빼낸 해시 데이터와 일치하는지 비교하는 것밖에 없다. 이는 상당히 지겹고 오래 걸
리는 작업이지만, 언젠가는 오리지널 패스워드를 알아낼 가능성이 있다는 것은 부정할 수 없다. 솔트는 이런
취약점과 싸우기 위해 도입됐다.

솔트(salt)는 짧은 랜덤 문자열이며 평문 패스워드가 해싱되기 전에 패스워드 뒤에 덧붙여진다. 이렇게 하면
해커가 독자의 패스워드를 정확히 추측했다고 해도 오리지널 패스워드에 추가된 솔트 값도 역시 같이 추측을
해야 하는 수고가 발생한다. 해킹은 더 어려워진다.

Passport.js는 해싱된 패스워드와 솔트 값을 데이터베이스에 저장해 애플리케이션 내에서 해싱을 항상 수행
할 수 있도록 한다. Passport.js를 사용해 첫 번째 사용자를 등록할 때 몽고DB에서 어떻게 저장되는지 다음
단계를 따라 살펴보자.

- 터미널을 띄워 mongo 실행
- 레시피 데이터베이스를 읽어들이기 위한 use recipe_db 수행
- 모든 사용자의 패스워드를 열람하기 위한 db.users.find({}, {password: 1}) 수행
- 해싱된 패스워드와 해싱되지 않는 패스워드의 비교

다음 절에서는 passport 패키지를 활용해 인증 프로세스를 좀 더 심플하게 만들어본다.

 ## 24.2　패스포트 등록 사용을 위한 Create 액션 수정

Passport.js의 사용으로 해시와 인증을 사용을 하려고 하는 특정 모델에서 좀 더 쉽게 작업을 할 수 있게 됐다. 다음 단계는 create 액션의 수정이며 사용자 계정 생성 전에 수행했던 bcrypt 해싱 함수 대신에 Passport.js를 사용할 것이다. Passport.js 모듈과 통합하면 계정 등록 과정을 간소화하기 위한 메소드 라이브러리에 액세스할 수 있다. userControllers.js에서의 create 액션을 변경해 Listing 24.4와 같이 등록 메소드를 사용한다.

register 메소드는 Passport.js에 딸린 것이다. passport-local-mongoose를 사용자 모델의 플러그인으로서 사용하고 있기 때문에 이 메소드를 사용해 사용자 등록을 할 수 있다. 사용자 저장에 성공하면 플래시 메시지를 생성하고 /users 라우트로 리디렉션한다. 그렇지 않으면 users/new 라우트로 리디렉션해 발생하는 에러를 처리해 사용자 계정 생성을 위해 할 수 있는 다른 시도를 한다.

Listing 24.4 **main.js 내 create 액션에서의 새로운 사용자 등록**

```
create: (req, res, next) => {
  if (req.skip) next();

  let newUser = new User( getUserParams(req.body) );

  User.register(newUser, req.body.password, (error, user) => {      ◀─────  새로운 사용자 등록
    if (user) {
      req.flash("success", `${user.fullName}'s account created
➥ successfully!`);
      res.locals.redirect = "/users";                               사용자 등록이 성공할 경우를
      next();                                                       위한 리디렉션 설정
    } else {
      req.flash("error", `Failed to create user account because:
➥ ${error.message}.`);
      res.locals.redirect = "/users/new";
      next();
    }                          실패 시 리디렉션 설정 및 에러를
  });                          플래시 메시지로 로깅
}
```

이 액션이 설정되면 /users/new.ejs에 있는 폼을 사용해 Passport.js를 통해 사용자 계정을 만들 수 있다. 애플리케이션을 띄워 새로운 사용자를 만들어보자. 안쪽에서는 어떤 작업이 일어나는지도 모르게 사용자 계정 작업이 진행될 것이며 성공하면 성공했다는 플래시 메시지를 보게 될 것이다.

새로운 터미널 윈도우에서 mongo를 입력해 몽고DB 내의 도큐먼트를 본다면 use recipe_ db와 db.users.find({})를 입력해 데이터베이스에 입력된 사용자를 열람해본다. bcrypt로 저장된 사용자들은 여전히 패스워드 필드에 해싱된 패스워드로 저장돼 있을 것이다. 하지만 방금 추가한 사용자는 salt와 hash라는 2개의 속성이 Passport.js에 의해 추가됐을 것이다.

> **팁** seed.js 파일을 업데이트해 사용자 계정을 Mongoose의 create 메소드 대신 passport로 생성하자. 이 작업은 개발 과정에서 애플리케이션의 사이즈가 커질 때 쉽게 데이터를 다시 채울 수 있게 한다.

사용자들은 이제 보안적으로는 문제가 없어 보인다. 하지만 로그인 부분의 처리가 아직 남아 있다. 다음 절에서는 Passport.js를 이용해 로그인 폼을 어떻게 수정할지 알아본다.

> **퀵 체크 24.2** 왜 Passport.js는 hash와 salt를 데이터베이스에 저장하게 할까?

 ## 24.3 로그인 시 사용자 인증

사용자가 애플리케이션에 로그인하기 위한 마지막 작업은 bcrypt 인증 메소드를 passport 미들웨어로 바꾸는 일이다. userController.js에 있는 authenticate 액션을 새로운 액션으로 Listing 24.5와 같이 변경한다. 또한 사용자 컨트롤러에 const passport=require ("passport")를 파일 최상단에 추가해 passport를 요청하도록 한다.

이 authenticate 액션은 passport 리디렉션 및 플래시 메시지 옵션으로 passport. authenticate를 직접 호출하도록 설정돼 있다. usersController.authenticate를 호출하면 passport.authenticate를 호출하는 것이다. 이 함수에서 passport는 유입 요청 데이터와 사용자에 대한 정보를 데이터베이스의 레코드와 비교를 시도한다. 만일 사용자 계정이 존재하고 입력된 패스워드가 해싱된 패스워드와 일치하면 이 액션으로부터 리디렉션된다.

Listing 24.5 **userController.js에서 passport 인증 미들웨어 추가**

```
authenticate: passport.authenticate("local", {
  failureRedirect: "/users/login",
  failureFlash: "Failed to login.",
  successRedirect: "/",
  successFlash: "Logged in!"
}),
```

local strategy로
사용자를 인증하기 위해
passport 호출

성공, 실패의 플래시 메시지를 설정하고
사용자의 인증 상태에 따라 리디렉션할
경로를 지정한다.

퀵 체크 24.2 정답 Passport.js가 salt와 hash를 저장함으로써 각 사용자들은 자신들의 고유한 해싱 팩터를 가질 수 있다. 모든 사용자들이 동일한 salt 값을 가질 수도 있지만 보안적인 면에서는 덜 안전하다.

시 메시지를 통해 사용자는 로그아웃됐다는 것을 나타내며 redirectView 액션을 통해 홈페이지로 리디렉션하게 된다.

```
logout: (req, res, next) => {          ◀—— 로그아웃을 위한 액션 추가
  req.logout();
  req.flash("success", "You have been logged out!");
  res.locals.redirect = "/";
  next();
}
```

이 액션을 추가하고 전체 로그인 프로세스를 테스트해야 한다. 애플리케이션을 재시작후, 로그인을 하고 내비게이션 바의 로그아웃 링크를 클릭한다(그림 24.2). 세션이 깨끗이 지워지고 계정은 성공적으로 로그아웃될 것이다.

25장에서는 캡스톤 프로젝트가 사용자 인증을 추가한다.

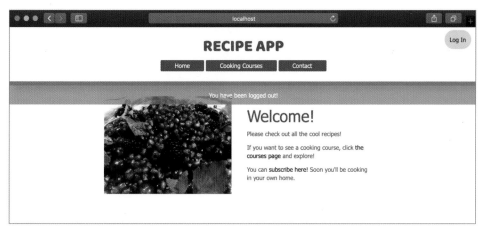

그림 24.2 로그아웃 성공 페이지

퀵 체크 24.3 애플리케이션 내에서는 어떻게 Passport.js 메소드에 액세스를 할까?

 24.4 요약

24장에서는 Passport.js에서 지원하는 몇 가지 패키지를 추가해 사용자 데이터의 인증과 암호화를 수행했다. 사용자 로그인 미들웨어 체인에 유효성 검증 액션을 연결해 사용자 패스워드의 보안과 로그인을 안전하게 유지할 수 있었다. 다음 캡스톤 프로젝트(25장)에서는 이 유효성 검증, 해싱, 암호화 및 인증 기술들을 Confetti Cuisine 애플리케이션에서의 사용자 경험을 개선하는 데 적용할 것이다.

> **해보세요**
>
> 성공적으로 Passport.js를 사용자 모델 및 Mongoose ODM과 같이 실행시켰다. Passport.js는 이미 많이 발전됐으며 로그인 프로세스를 위해 더 추가할 만한 것들은 없어 보이지만 아직 미들웨어를 위한 여지는 많이 남아 있다. 유효성 검증과 암호화 사이에 logEmail이라는 미들웨어 함수를 추가해 보자. 이 미들웨어는 콘솔에 (gmail, yahoo 또는 live와 같은) 이메일 주소 도메인을 로깅하고 다음 미들웨어 함수로 전달한다.

퀵 체크 24.3 정답   Express.js 내의 미들웨어로서 passport 모듈을 추가했기 때문에 Passport.js에서 제공하는 라이브러리에 액세스할 수 있다. 이 메소드들은 애플리케이션에 진입 시 요청으로 유입된다. 이 요청들이 미들웨어 체인을 통해 전달되면 어디에서나 이 passport 메소드를 호출할 수 있다.

캡스톤 프로젝트:
Confetti Cuisine에 사용자 인증 추가

Confetti Cuisine 담당자는 애플리케이션 진행 상황에 매우 만족하고 있다. 새로운 강좌 제공을 추가하고 신규 구독자를 관리하고 사용자를 만드는 것을 널리 알리기 시작했다. 나는 사용자 계정 생성은 가능하지만 이들의 보안 처리에 대해서는 아직 준비가 돼 있지 않다고 이야기했다.

고객과 나는 데이터의 암호화와 적절한 사용자 인증이 앞으로 필요하단 점에 동의했다. 이에 다음 개선할 작업은 Passport.js를 사용하는 몇 가지 패키지를 추가해 사용자 로 그인 프로세스의 보안을 설정하는 것이다. 또한 플래시 메시지를 추가해 사용자들이 리 디렉션 및 페이지 렌더링 후 마지막 작업의 성공 여부를 알 수 있도록 할 것이다. 그 후 express-validator 미들웨어 패키지의 도움으로 몇 가지 유효성 체크를 추가할 것이다. 이 개발의 종반부에서는 Confetti Cuisine이 좀 더 안심하고 사용자 등록을 하게 할 수 있을 것이다. 하지만 아직 애플리케이션이 외부 서버로 포팅돼 있지 않아 고객은 사용자 등록을 로컬 머신에서 수행해야 할 것이다.

이번 캡스톤 작업에서는 다음 항목의 작업이 필요하다.

- 페이지 요청 간의 세션과 쿠키 추가
- 뷰에서 로컬 변수 설정과 유효성 체크를 위한 새로운 사용자 정의 미들웨어 추가
- 로그인 폼 생성
- 사용자 모델을 위한 passport 인증과 암호화 추가
- 어떤 사용자가 로그인됐는지 보여주는 표시 추가

 ## 25.1 준비 작업

마지막 캡스톤 작업에서 작성한 코드(21장)에서 CRUD 작업으로 3가지 모델을 구현했다. Confetti Cuisine의 응용프로그램 개선을 진행하려면 몇 가지 패키지를 더 설치해야 한다.

- express-session은 애플리케이션과 사용자의 연동에 대한 임시 데이터를 저장할 수 있게 한다. 여기서 저장된 세션을 통해 최근에 로그인한 사용자에 대한 정보를 알 수 있다.
- cookie-parser는 클라이언트에 세션 데이터를 저장하게 한다. 결과 쿠키는 각 요청과 응답과 같이 보내지며 마지막으로 클라이언트를 사용한 사용자를 나타내는 데이터와 메시지 안에 담긴다.
- connect-flash는 사용자의 브라우저에서 플래시 메시지를 생성하는 쿠키나 세션을 쓸 수 있게 한다.
- express-validator는 미들웨어 함수를 통해 유입되는 데이터의 유효성 체크 계층을 추가할 수 있게 한다.
- passport는 사용자 모델을 위한 암호화와 인증 프로세스를 설정한다.
- passport-local-mongoose는 사용자 모델에서 사용할 수 있는 플러그인을 통해 작성해야 하는 코드를 간결화시켜 passport와 더 깊숙이 연계되도록 한다.

이 패키지 설치를 위해 npm i express-session cookie-parser connect-flash express-validator passport passport-local-mongoose -S를 프로젝트의 터미널 윈도우에서 실행할 것이다. 우리는 이미 create 액션과 new 폼을 사용자를 위해 만들었다. 이것들을 이제 수정해야 한다. 하지만 먼저 애플리케이션에서 사용자들이 로그인을 할 수 있는 로그인 폼을 만들 것이다.

 ## 25.2　로그인 폼의 생성

만들어질 로그인 폼은 email과 password를 입력받게 하려고 한다. login.ejs 뷰를 users 폴더에 생성하고 다음 Listing에 있는 코드를 추가한다. 이 폼은 POST 요청을 /user/login 라우트로 보낸다. 이 폼의 input은 사용자의 email과 password를 처리한다.

Listing 25.1　/users/logine.js에 로그인 폼의 추가

```
<form class="form-signin" action="/users/login" method="POST">      ◀———— 로그인 폼 생성
  <h2 class="form-signin-heading">Login:</h2>
  <label for="inputEmail" class="sr-only">Email</label>
  <input type="text" name="email" id="inputEmail" class="form-
  control" placeholder="Email" autofocus required>
  <label for="inputPassword" class="sr-only">Password</label>
  <input type="password" name="password" id="inputPassword"
  class="form-control" placeholder="Password" required>
  <button class="btn btn-lg btn-primary btn-block" type="submit">
  Login</button>
</form>
```

이 폼을 작동시키기 전에 login 라우트와 액션을 추가해야 한다. login은 다음 Listing과 같이 GET과 POST 메소드를 모두 받는다.

> **노트**　router 객체에 모든 라우팅 관련 코드들을 추가한다.

Listing 25.2 main.js에서 로그인 라우트 추가

```
router.get("/users/login", usersController.login);          ◄── login 라우트 추가
router.post("/users/login", usersController.authenticate);
router.get("/users/logout", usersController.logout,
➡    usersController.redirectView );  ◄──
```

authenticate 액션으로
POST 데이터 전달

logout 라우트 추가 및
뷰로 리디렉션

이 라우트들을 추가함에 따라 폼이 /users/login에 보여지기 전에 여기에 맞는 액션을 만들어야 한다. 먼저 login 액션을 다음 Listing에 있는 코드를 usersController.js로 추가해 만든다.

Listing 25.3 userControllers.js에 login 액션 추가

```
login: (req, res) => {
  res.render("users/login");  ◄──   브라우저에서 폼의
}                                    렌더링을 위한 액션 추가
```

다음 절에서 passport 패키지를 사용해 사용자 데이터를 암호화해 이 로그인 폼을 암호화할 것이다.

25.3 Passport.js를 이용한 암호화 추가

Passport.js를 사용하려면 먼저 passport 모듈을 main.js와 usersController.js에서 const passport = require("passport")로 요청해야 한다. 이 파일들은 해싱과 인증을 설정할 파일이다. 다음으로 미들웨어로 Express.js 내에서 passport를 초기화하고 사용을 해야 한다. passport는 세션과 쿠키를 사용하기 때문에 express-session과 cookie-parser도 main.js에서 요청해야 하고 이를 위해 Listing 25.4의 코드를 추가한다.

passport를 사용하기 위해 먼저 cookieParser를 비밀 키로 설정해 클라이언트에 저장된 쿠키를 암호화해야 한다. 그런 다음 Express.js에서 세션을 사용하게 할 것이다. 설정 프로세스에서 이 단계는 passport가 시작돼 애플리케이션의 유효 사용자에 대한 정보를 저

장한다. passport는 공식적으로 Express.js에 선언을 해 이 코드에서 초기화 및 사용이 되는 것으로 미들웨어가 된다. 이 코드 전에 세션이 설정됐으므로, Express.js로 하여금 passport가 기존 세션을 사용자 데이터 저장을 위해 사용하게 할 것이다.

기본 로그인 스트래티지를 설정한다. 이는 passport-local-mongoose 모듈을 통해 제공되며, passport로 사용자 인증을 하기 위해 나중에 사용자 모델이 추가될 것이다. 마지막 2개 라인은 passport가 서버와 클라이언트 사이로 전달되는 사용자 데이터를 압축 및 암호화, 복호화를 하게 한다.

Listing 25.4 passport를 Express.js와 main.js에 추가

```
const passport = require("passport"),
  cookieParser = require("cookie-parser"),
  expressSession = require("express-session"),
  User = require("./models/user");                      비밀 키로
                                                        cookieParser 설정

router.use(cookieParser("secretCuisine123"));
router.use(expressSession({
  secret: "secretCuisine123",
  cookie: {
    maxAge: 4000000
  },                          세션 사용을 위한
  resave: false,              Express.js 설정
  saveUninitialized: false                      passport 사용 및 초기화를
}));                                             위한 Express.js 설정

                                                passport에게 세션을
                                                사용하도록 함
router.use(passport.initialize());
router.use(passport.session());
passport.use(User.createStrategy());          기본 로그인 스트래티지 설정
passport.serializeUser(User.serializeUser());
passport.deserializeUser(User.deserializeUser());
                                        사용자 데이터의 암호화, 복호화,
                                        압출을 위한 passport의 설정
```

노트 여기서 주의해야 할 점은, 사용자 모델은 createStrategy 메소드를 사용할 수 있기 전에 main.js에서 요청돼야 한다는 것이다. 이 메소드는 passport-local-mongoose 모델로 사용자 모델이 설정된 후에 동작한다.

이 설정이 끝나면 사용자 모델을 user.js에서 삭제할 수 있어 passort-local-mongoose를 추가할 수 있다. user.js의 최상단에 const passportLocalMongoose = require("passport-local-mongoose")를 추가해 사용자 모델에 passport-local-mongoose를 요청해야 한다.

이 파일에서 userSchema에 이 모듈을 플러그인으로서 추가하며 이는 Listing 25.5에 나와 있다. 이 코드는 passportLocalMongoose를 설정해 salt와 hash 필드를 데이터베이스 내 사용자 모델을 위해 만든다. 또 여기서는 email 속성을 로그인 시 인증을 위한 유효성 평가 필드로 사용한다. 이 코드는 module.export 라인 전에 위치해야 한다.

Listing 25.5 User 모델에 플러그인으로서 passport-local-mongoose의 추가

```
userSchema.plugin(passportLocalMongoose, {
  usernameField: "email"
});
```
사용자 스키마 플러그인으로서
passport-local-mongoose의 추가

> **노트** User 모델 추가를 통해 더 이상 사용자 스키마에 평문 패스워드 속성을 사용할 필요가 없어졌다. 이에 사용자의 show 페이지에서 패스워드 행뿐만 아니라 속성 자체에 패스워드를 삭제하도록 하겠다.

다음 절에서는 userController.js에 있는 create 액션을 수정해 passport를 새로운 사용자 등록을 위해 사용하게 하며, 플래시 메시지를 설정해 사용자들이 계정 생성의 성공 여부를 알 수 있게 할 것이다.

25.4 플래시 메시징 추가

사용자로의 응답과 요청에 데이터를 추가할 쿠키와 세션이 준비됨에 따라, 이를 connect-flash를 사용해 플래시 메시지와 연결할 준비가 됐다. connect-flash 설정을 위해서는 main.js 내에 const connectFlash = require("connect-flash")를 추가해 connectFlash라는 상수로서 이를 요청해야 한다. 그 후 main.js에 router.use(connectFlash())를 추가해 Express.js로 하여금 이를 미들웨어로 사용하게 한다.

이제 미들웨어가 세팅돼 애플리케이션에서 어떤 요청상에서도 플래시 메시지를 쓸 수 있게 됐다. 다시 말하면 어떤 요청에서도 메시지를 추가할 수 있다는 의미다. 응답에서 이 요청에 추가된 플래시 메시지를 받기 위해 main.js에 사용자 정의 미들웨어를 Listing 25.6과 같이 추가할 것이다. Express.js 앱이 이 사용자 정의 미들웨어를 갖고 컨트롤러 액션에서 생성된 플래시 메시지를 내포하고 있는 객체들에 flashMessages라고 하는 로컬 변수를 할당할 수 있다. 그러면 뷰 페이지가 flashMessages 객체에 접근할 수 있게 된다.

```
router.use((req, res, next) => {
  res.locals.flashMessages = req.flash();
  next();
});
```

로컬 변수로
플래시 메시지 추가

모든 페이지에 플래시 메시지를 보여주고 싶기 때문에 메시지가 존재한다면 이를 찾아 보여주기 위해 layout.ejs에 코드를 추가할 것이다. layout.js 내 <%- body%> 앞에 Listing 25.7의 코드를 추가한다.

메시지는 모든 메시지가 아닌 success와 error 메시지만 보여주려 한다. 먼저 flash Messages가 정의됐는지 체크한다. 그 다음에 객체에 추가된 success 또는 error 메시지를 보여준다.

```
<div class="flashes">
<% if (flashMessages) { %>
  <% if (flashMessages.success) { %>
    <div class="flash success"><%= flashMessages.success %></div>
  <% } else if (flashMessages.error) { %>
    <div class="flash error"><%= flashMessages.error %></div>
  <% } %>
<% } %>
</div>
```

뷰에서
플래시 메시지 출력

마지막으로 userController.js에 Listing 25.8의 코드를 추가해 사용자의 create 액션을 수정, passport와 플래시 메시지를 사용해 추가된 코드를 테스트한다. create 액션은 Passport.js에서 제공하는 register 메소드를 사용해 새로운 사용자 계정을 만든다. 그 결과는 해싱된 패스워드와 솔트가 같이 데이터베이스에 사용자 도큐먼트로 저장된다. 사용자 저장에 성공하면 index 뷰에 출력할 success 플래시 메시지를 추가한다. 실패하면 사용자 생성 페이지에 error 메시지를 보여준다.

Listing 25.8 create 액션에서 passport 등록과 플래시 메시지 추가

```
create: (req, res, next) => {
  if (req.skip) next();                    사용자 등록을 위한
                                           create 액션 추가

  let newUser = new User(getUserParams(req.body));

  User.register(newUser, req.body.password, (e, user) => {
    if (user) {
      req.flash("success", `${user.fullName}'s account
  created successfully!`);                 플래시 메시지로 응답
        res.locals.redirect = "/users";
      next();
    } else {
      req.flash("error", `Failed to create user account
  because: ${e.message}.`);
      res.locals.redirect = "/users/new";
      next();
    }
  });
}
```

이 액션이 완성되면 플래시 메시지를 포함한 새로운 Passport.js 등록 프로세스를 보여줄 준비가 된 것이다. 다음으로 사용자가 생성되기 전에 몇 가지 사용자 정의 유효성 체크를 추가한다.

25.5　express-validator로 유효성 체크 미들웨어 추가

express-validator 모듈은 데이터가 애플리케이션에 쓰이기 전에 유효성 체크 및 세니타이징을 위한 쓸 만한 메소드를 제공한다. 우선 main.js에 const expressValidator = require ("express-validator")를 추가하고 Express.js 애플리케이션으로 하여금 이 모듈을 미들웨어로 사용하도록 하기 위해 같은 파일에 router.use(expressValidator())를 추가한다.

데이터가 userController에 있는 create에 도달하기 전에 몇 개의 미들웨어를 통과시켜 유효성 체크를 하려 한다. 따라서 /users/create 라우트를 Listing 25.9에 있는 것과 같이 해당 요구 사항을 고려해 변경한다. 이 validate 액션은 userController에 존재하며 create 액션 전에 실행된다. 이 사용자 정의 유효성 체크 미들웨어는 잘못된 데이터가 사용자 모델에 도달하기 전에 필터링을 해준다.

Listing 25.9　main.js에서 create 전에 유효성 체크 추가

```
router.post("/users/create", usersController.validate,
    usersController.create, usersController.redirectView);
```

사용자 생성 라우트에
유효성 체크 미들웨어 추가

그 후 validate 액션을 Listing 25.10에 있는 코드를 추가해 userController.js 내에서 만든다.

이 validate 액션은 유입 요청들을 파싱하고 요청 본문 내 데이터를 체크한다. 이번 경우에는 first 및 last 이름 필드 값 내에 있는 공백을 삭제한다.

이메일의 데이터베이스와의 일관성과 우편번호에 요구되는 길이 유지를 위해 express-validator에서 제공하는 메소드 일부를 사용한다. 사용자가 등록 시 패스워드 입력 여부를 체크할 것이다. 그리고 유효성 체크 과정에서 발생하는 오류들을 모은다. 그런 다음 에러 메시지들을 하나의 문자열로 이어 붙인다. 요청 객체의 설정을 req.skip=true로 해 create 액션을 건너뛰고 바로 뷰로 되돌아간다. 모든 플래시 메시지는 users/new 뷰에서 나타난다.

에러가 없다면 next를 호출해 create 액션으로 이동한다.

```
validate: (req, res, next) => {        ◄──── validate 액션 추가
  req
    .sanitizeBody("email")
    .normalizeEmail({
      all_lowercase: true
    })
    .trim();
  req.check("email", "Email is invalid").isEmail();
  req
    .check("zipCode", "Zip code is invalid")
    .notEmpty()
    .isInt()
    .isLength({
      min: 5,
      max: 5                                     input 필드 데이터 체크 및
    })                                           새니타이징
    .equals(req.body.zipCode);     ◄────
  req.check("password", "Password cannot be empty").notEmpty();
  req.getValidationResult().then((error) => {
    if (!error.isEmpty()) {
      let messages = error.array().map(e => e.msg);
      req.skip = true;
      req.flash("error", messages.join(" and "));
      res.locals.redirect = '/users/new';    ◄──
      next();                                      에러를 수집하고
    } else {                                       플래시 메시지로 출력
      next();
    }
  });
}
```

이제 애플리케이션은 사용자 생성 시 유효성을 체크할 수 있게 됐다. 마지막 단계는 이전에 설정한 인증 액션과 로그인 폼을 연결하는 일이다.

25.6 Passport.js로 인증 추가

Passport.js는 요청에서의 미들웨어처럼 사용하기 위한 기본 메소드들을 제공함으로써 개발을 쉽게 해준다. passport-local-mongoose를 추가하면 사용자 모델은 passport가 단독으로 제공했던 것보다 더 유용한 메소드를 상속받는다. passport-local-mongoose 모듈이 플러그인으로서 사용자 모델에 추가됐기 때문에 많은 인증 설정이 보이지 않게 수행할 수 있다.

register 메소드는 passport가 제공하는 메소드들 중 가장 직관적이고 파워풀한 것 중 하나다. 이를 사용하기 위해 passport.register를 호출해야 하며 사용하기로 한 로그인 스트래티지를 전달해야 한다. 여기서는 기본 로컬 스트래티지를 사용하기 때문에 Listing 25.11에서와 같이 passport.authenticate 메소드를 사용하기 위한 authenticate 액션을 userController.js에서 생성할 수 있다.

> **노트** const passport = require("passport")가 사용자 컨트롤러의 제일 위에 위치하는지 확인해야
> 한다.

이 액션은 곧바로 passport.register 메소드를 가리킨다. 이미 main.js에서 사용자 모델을 위한 로컬 스트래티지를 생성했고 passport가 사용자 데이터를 인증 성공 여부에 따라 직렬화와 역직렬화를 하도록 했다. 여기서 추가한 옵션들은 플래시 메시지와 함께 인증이 성공 또는 실패했는지에 따라 경로를 결정한다.

Listing 25.11 userController.js에서 authenticate 액션의 추가

```
authenticate: passport.authenticate("local", {
  failureRedirect: "/users/login",
  failureFlash: "Failed to login.",
  successRedirect: "/",
  successFlash: "Logged in!"
})
```

플래시 메시지와
리디렉션을 포함한
인증 미들웨어 추가

이제 /users/login에 있는 로그인 폼으로 인증 테스트를 할 수 있게 됐다. 이 시점에서 기존 사용자가 애플리케이션으로 로그인하는 기능은 모두 정상이어야 한다. 이제 남은 것은 레이아웃 파일의 마무리 작업과 로그아웃 링크를 추가하는 것이다.

 ## 25.7　로그인과 로그아웃

우리는 이미 로그인 프로세스를 정상 동작시켰고 이제 사용자가 로그인됐다는 시각적 표시를 추가하려 한다. 먼저 로그인된 사용자를 위한 만료되지 않은 세션이 있는지 알 수 있는 변수들을 설정한다. 이를 위해 Listing 25.12에 있는 코드를 사용자 정의 미들웨어에 추가한다. 여기서 main.js에서 flashMessages 로컬 변수를 추가했다.

이 미들웨어 함수로 loggedIn에 액세스해 요청이 전달된 클라이언트로부터 로그인된 계정인지를 결정한다. isAuthenticated는 사용자의 활성화된 세션이 있는지 여부를 알려준다. currentUser는 사용자가 존재한다면 로그인된 사용자로 설정된다.

Listing 25.12　미들웨어를 통한 로컬 변수를 응답으로 추가

```
res.locals.loggedIn = req.isAuthenticated();
res.locals.currentUser = req.user;
```
로그인 상태를 나타내기 위한
loggedIn 변수의 설정

로그인한 사용자를
나타내기 위한
currentUser 변수의 설정

이제 레이아웃에 있는 내비게이션 바에 Listing 25.13의 코드를 추가해 이들 변수를 사용할 수 있게 됐다. loggedIn이 true인지를 체크해 사용자가 로그인 중이라면 해당 사용자의 show 페이지의 링크가 걸려 있는 currentUser의 fullName를 출력한다. 그렇지 않으면 로그인 링크를 출력한다.

Listing 25.13 layout.ejs 내 내비게이션 바에 로그인 상태 추가

```
<div class="login">
  <% if (loggedIn) { %>        ◀── 사용자의 로그인 여부 체크
    <p>Logged in as
      <a href="<%=`/users/${currentUser._id}`%>">
  <%= currentUser.fullName %></a>
      <a href="/users/logout">Log out</a>
    </p>
  <%} else {%>
    <a href="/users/login">Log In</a>
  <% } %>
</div>
```

사용자의 fullName과
로그아웃 링크 출력

마지막으로 /users/logout 라우트가 이미 설정돼 있으면 Listing 25.14와 같이 logout 액션을 userController에 추가해야 한다. 이 액션은 유입 요청상에서 logout 메소드를 사용한다. passport가 제공하는 이 메소드는 활성 중인 사용자 세션을 삭제한다.

홈페이지로 리디렉션할 때 currentUser는 존재하지 않게 되며 사용자는 성공적인 로그아웃 상태로 된다. 그 후 다음 미들웨어 함수를 호출해 홈페이지를 출력한다.

Listing 25.14 userController.js에 로그아웃 액션 추가

```
logout: (req, res, next) => {
  req.logout();
  req.flash("success", "You have been logged out!");
  res.locals.redirect = "/";
  next();
}
```

사용자 로그아웃을
위한 액션 추가

이 마지막 퍼즐의 조각으로 Confetti Cuisine 담당자가 사용자의 계정을 홍보할 수 있게 됐다. 사용자들이 로그인에 성공하면 보이는 화면은 그림 25.1과 같을 것이다. 확신하건대 로그인 프로세스가 이전보다 더 신뢰성 있고 직관적이며 안전할 것이다.

그림 25.1 Confetti Cuisine의 로그인 후 화면

 ## 25.8 요약

이번 캡스톤 프로젝트에서는 Confetti Cuisine 애플리케이션의 유입 데이터를 좀 더 안전하고 투명하게 사용자들에게 보이게 하기 위한 개선 작업을 했다. sessions와 cookie의 설치로 passport나 connection-flash 같은 Confetti Cuisine 애플리케이션과 사용자 상호작용에 대한 클라이언트와 서버의 정보 공유를 위한 패키지를 사용할 수 있게 됐다. 사용자 패스워드에 암호화를 추가했고 두 가지 새로운 사용자 속성을 passport-local-mongoose 플러그인을 사용자 모델에 설정했다. 내가 만든 사용자 정의 유효성 체크를 좀 더 엄격하게 만들어 필요 없는 데이터를 필터링하는 미들웨어로서 동작하게 했다. 마지막으로 인증의 설치로 passport는 로그인한 사용자를 추적할 방법을 제공하고 실제로 연관된 등록 사용자들을 위한 콘텐츠를 제공할 수 있게 한다. 6부에서는 애플리케이션 내에서 콘텐츠 검색 기능을 추가할 것이며, 이를 통해 API를 서버에 빌드할 것이다.

API 빌드

5부에서는 사용자들이 애플리케이션에 몇 가지 새로운 기능을 추가해 안전하게 로그인을 할 수 있게 했다. 이 추가된 기능은 로그인된 사용자용 콘텐츠와 비회원 사용자용 콘텐츠를 구분해 제공할 수 있게 한다. 그리고 사용자는 (다른 사용자의 것들이 아닌) 자신이 소유한 콘텐츠를 삭제하기를 원할 것이다. 이런 개선 작업은 사용자의 브라우저 작업을 증가시키지만, 인터넷 브라우저는 데이터와 연동하기를 원하는 많은 클라이언트 유형 중 하나일 뿐이다.

6부에서는 애플리케이션 프로그래밍 인터페이스(APIs) 활용 방안을 논의한다. API는 애플리케이션 데이터를 클라이언트가 연동할 수 있게 하는 메소드다. 현재 이러한 상호 작업은 렌더링된 HTML 페이지를 통해 이뤄지며 웹 클라이언트에서만 사용할 수 있지만, 컨트롤러 액션을 수정해 다양한 형식의 동일한 데이터로 다양한 유형의 요청에 응답할 수 있다. XML 또는 JSON을 통해 다른 데이터 형식을 사용할 수 있다. 예를 들어 뷰를 전환하지 않고 사용자의 편집 페이지에서 코스 목록에 액세스 하기를 원할 수도 있으며, 수정 페이지에서 사용자 데이터를 업데이트하지 않고 과정 목록을 빠르게 보고 싶을 수도 있다.

첫 번째 장에서는 기본 RESTful API를 설정해 코스 목록을 JSON 형태로 응답하게 한다. 그 후 클라이언트 사이드 JavaScript를 통해 응답 데이터를 출력해본다. 6부의 마지막에는 몇 가지 보안 장치를 API에 적용해 원치 않은 요청이 데이터베이스에 액세스하는 것을 방지할 것이다.

6부에서는 다음과 같은 주제를 다룬다.

- 26장에서는 IT 업계에서 API가 어떻게 사용되는지 소개하고, 서로 다른 데이터 포맷으로 응답을 보내는 방법을 살펴본다. 유지 보수가 가능한 API를 위해 라우트를 정리하고 어떤 응답 방식으로 데이터를 보낼지 정하는 쿼리 파라미터를 사용한다.

- 27장에서는 클라이언트 사이드 JavaScript를 통해 어떻게 AJAX를 사용해 페이지의 새로 고침 없이 데이터를 읽어들이는지 보여준다. 27장에서는 new 라우트를 생성하고 유입 요청들을 /api 네임스페이스로 처리한다.

- 28장에서는 사용자가 로그인을 하지 않은 경우 API 보안을 유지하는 기본 방법을 가이드한다.

29장에서는 사용자 프로필 페이지로부터의 Confetti Cuisine 강좌 데이터를 읽어들이기 위한 AJAX 요청을 만들어야 하는 단계를 제공하는 것으로 6부 전체를 정리한다. 그 후 프로필 페이지의 변화 없이 사용자가 강좌에 신청할 수 있게 한다.

애플리케이션에 API 추가

26장에서는 라우팅 구조 및 데이터 응답에 대한 재구성에 대해 한번 살펴볼 것이다. 먼저 main.js에 만들어진 라우트들을 저장하기 위한 새로운 폴더들을 만든다. 새로운 구조는 앞장에서 설정했던 API의 규칙의 일부를 따른다. 다음으로 EJS^{Embedded JavaScript}와 JSON으로 응답하기 위해 컨트롤러 액션 일부를 수정하며 이는 쿼리 파라미터에 따른다. 마지막으로 새로운 API 연결을 클라이언트 사이드 JavaScript로부터의 Ajax GET 요청을 통해 테스트한다.

26장에서 다루는 내용은 다음과 같다.

- 라우트와 네임스페이스의 구성
- JSON으로 응답하기 위한 API 엔드포인트 생성
- 뷰로부터 Ajax 요청 생성

26.1 라우트의 구성

애플리케이션이 확장됨에 따라 main.js 내에 있는 라우트들은 다른 미들웨어와 설정들만으로 커버할 수 없게 돼 버렸다. 라우트는 애플리케이션의 중요한 부분이며 여러 개발자가 관리하고 이해할 수 있는 방식으로 경로를 구성하는 것이 중요하다.

26장을 시작하기 위해 따라가기 쉬운 디렉터리 구조 형식으로 라우트의 구조를 살펴본다. 4부와 5부에서 REST 아키텍처로 부르는 CRUD 기능을 반영하기 위한 라우트를 만들었다. REST^{Representational state transfer}는 웹에서 해당 리소스의 상태를 주고받기 위해 애플리케이션을 프로그래밍하는 방법이다. 애플리케이션의 리소스는 데이터베이스에 저장되고 뷰에서 보이는 사용자, 구독자 그리고 강좌들이다. 모델명, HTTP 메소드, 수행 중인 액션 및 필요한 경우 모델 ID를 포함하도록 라우트를 구성해 RESTful 구조를 구현했다. 예를 들어 router.get("users/:id/edit", usersController.edit)는 HTTP GET 요청이 users/:id/edit 경로로 만들어졌음을 의미한다.

이 라우트들은 원하는 정보에 액세스하려할 때 어떤 정보들이 필요로 하는지를 사용자들에게 쉽게 알려준다(위 경우는 기존 사용자를 위한 편집 폼이다). 경로 하나만으로 특정 사용자 레코드를 편집하려고 하는 것을 알 수 있다. 여기서부터 적절한 액션에 연결하고 다른 RESTful 라우트로 리디렉션할 수 있다.

노트 리디렉션은 종종 데이터베이스 내 데이터를 생성하거나 업데이트할 때 보조 작업으로 사용된다. 데이터 수정을 위한 초기 컨트롤러 액션에 도달 후 사용자를 다른 페이지 뷰로 전달하기 위해 다른 라우트로 리디렉션한다.

이번 절에서는, 개별 모듈로 라우트들을 재구성하고 사용하는 모델을 반영한다. 이 구조는 애플리케이션 내 라우트 및 응답 데이터의 유형의 확장 시 유용하다.

프로젝트 루트 레벨에 routes라는 새로운 폴더를 우선 만들어 이 폴더 내에 다음과 같은 새로운 모듈을 생성한다.

- userRoutes.js
- courseRoutes.js
- subscriberRoutes.js
- errorRoutes.js
- homeRoutes.js
- index.js

이 6개의 모듈들은 main.js에서 제공하는 라우트를 나누는 기준이 될 것이다. 지금은 우선 사용자 라우트에 집중한다.

Express.js Router와 usersController를 모듈의 최상단에서 요청하는 것으로부터 시작한다. 그리고 로그인 라우트와 CRUD 라우트를 임포트하고 이들을 로컬 router 객체에 추가한다. 이렇게 해 이 라우트들이 동일한 라우터에 의해 처리된다. 모든 동작 라우트가 router에 추가됨으로 라우터 객체를 익스포트할 수 있다. 이 예제에서 주목할 것은 경로에서 users를 뺐다는 것이다. 이 부분의 경로는 나중에 index.js에서 정의할 것이다.

main.js에 있는 모든 사용자와 관련된 (CRUD 처리, 로그인, 인증) 라우트를 복사해 userRoutes.js로 다음 Listing과 같이 옮긴다.

Listing 26.1 User 라우트의 userRoutes.js로의 이동

```
const router = require("express").Router(),
  usersController = require("../controllers/usersController");
```

users controller와
Express.js의 요청

```
router.get("/", usersController.index,
➥ usersController.indexView);
```
◄──── CRUD 라우트 추가
```
router.get("/new", usersController.new);
router.post("/create", usersController.validate,
➥ usersController.create, usersController.redirectView);
router.get("/login", usersController.login);
```
◄──── 로그인 및 인증 라우트 추가
```
router.post("/login", usersController.authenticate);
router.get("/logout", usersController.logout,
➥ usersController.redirectView);
router.get("/:id/edit", usersController.edit);
router.put("/:id/update", usersController.update,
➥ usersController.redirectView);
router.get("/:id", usersController.show,
➥ usersController.showView);
router.delete("/:id/delete", usersController.delete,
➥ usersController.redirectView);

module.exports = router;
```
◄──── 모듈 라우터 export

네임스페이스

네임스페이스는 라우트, 경로 그리고 다른 애플리케이션 아이템을 다른 문자열이나 경로 아래에 정의하는 방식이다. 동일한 /users 접두를 가지는 수 개의 라우트를 정의하는 대신, 이들 라우트를 위해 사전 정의된 네임스페이스를 만들 수 있다.

네임스페이스는 콘텐츠가 보여주는 포맷에 기초한 API의 라우트를 분리하는 데 효과적이다. 만일 iOS 애플리케이션에서 레시피 애플리케이션에 있는 데이터에 액세스한다면 여러분은 네임스페이스 /ios를 먼저 만들고 여기에 정의된 경로를 붙여 /ios/course나 /ios/subscribers와 같이 주요 경로를 만들 것이다. 이 네임스페이스하에서의 라우트를 통해 iOS 애플리케이션은 데이터에 액세스할 수 있다.

다른 라우트 파일들도 동일한 전략을 따른다. 구독자 라우터는 subscriberRoutes.js에서 실행되며 error 라우트는 errorRoutes.js에서 실행된다.

index.js 모듈은 한곳에서 모든 라우트 모듈들을 요청한다. 이 방식은 모든 라우트 타입을 하나의 파일에서 쉽게 정의하게 하며 main.js라는 단일 파일에서만 요청한다. 라우트 모듈들로 Express.js Router를 index.js에서 요청한다. 다음으로 관련된 라우트 모듈을 요청한다. 이 모듈들의 추가로 로컬 라우터 객체가 특정 네임스페이스와 같이 이들 라우트들을 사용하게 된다.

home과 error 라우트는 네임스페이스가 필요 없다. /users 네임스페이스를 user 라우트를 위해 Listing 26.1에서 정의하고 원래 라우트의 기능을 그대로 돌려준다. 마지막 단계는 main.js에서 index.js를 요청하는 것이다. main.js의 상단에 const router = require("./routes/index")를, 미들웨어 함수들 다음에 app.use/("/",router)를 추가한다.

이들 라우트를 애플리케이션에서 사용되는 동일한 라우터로 묶으려면 다음 Listing의 코드를 index.js에 추가한다.

Listing 26.2 index.js에 모든 라우트 임포팅

```
const router = require("express").Router(),        ◀─── Express.js Router의 요청
  userRoutes = require("./userRoutes"),
  subscriberRoutes = require("./subscriberRoutes"),        같은 디렉터리 내
  courseRoutes = require("./courseRoutes"),                모든 모듈의 요청
  errorRoutes = require("./errorRoutes"),
  homeRoutes = require("./homeRoutes");


router.use("/users", userRoutes);
router.use("/subscribers", subscriberRoutes);
router.use("/courses", courseRoutes);                네임스페이스가 적용된
router.use("/", homeRoutes);                         관련 라우트 모듈로부터의
router.use("/", errorRoutes);                        라우트 사용


module.exports = router;
                                    index.js로부터
                                    라우터 익스포트
```

노트 순서가 중요하다. 더 세부적인 경로의 라우터가 index.js의 상단에 와야 한다. 그렇지 않으면 error 라우터가 모든 유입 요청이 원하는 라우터로 도달하기 전에 처리해버릴 것이다.

Express.js router 객체는 미들웨어를 통해 관리되며 유입 요청에서 수행시킬 특정 태스크를 정의할 수 있다. 이 경우에는 router를 사용해 다른 네임스페이스하에 있는 라우터를 읽어들인다. 다른 미들웨어와 마찬가지로 라우터 미들웨어가 메인 애플리케이션의 미들웨어 플로우 중 일부가 되기를 원한다면 이를 app.use에 추가해야 한다. main.js에서 모든 컨트롤러 요청 구문들을 express.Router() 구문과 같이 삭제한다. main.js에 남아 있는 미들웨어는 app 객체에서 사용된다.

노트 main.js에 남아 있는 모든 미들웨어를 라우터 대신 앱에서 사용하도록 변경하는 것이 중요하다. 요청이 파일 하단의 라우터에 도달하기 전에 app이 요청을 구문 분석하고 템플릿 엔진을 사용해야 하기 때문이다. 이때 역시 미들웨어 순서가 중요하다.

애플리케이션을 재시작하고 애플리케이션의 원래 기능이 정상적으로 동작하는지 확인한다. 만일 에러가 발생하거나 일부 라우트가 유실됐다면 네임스페이스가 각각 정확히 정의됐는지 확인하고 접두 부분이 빠지지 않았는지 체크한다. 새로운 네임스페이스하에서는 사용자 인덱스를 라우트하면 router.get("/users", usersController.index, usersController.indexView)대신 router.get("/", usersController.index, usersController.indexView)를 읽어야 한다.

다음 절에서는 두 가지 데이터 포맷을 돌려주도록 어떻게 기존 라우트를 사용해야 하는지 배울 것이다.

퀵 체크 26.1 왜 main.js에 app.use("/", router)를 추가할까?

퀵 체크 26.1 정답   main.js에서 이 라우터가 정의될 때 Expres.js 애플리케이션이 미들웨어로서 이를 인식시켜야 하기 때문이다.

26.2 API의 생성

API는 외부 소스가 애플리케이션 데이터에 액세스할 수 있도록 애플리케이션 내에 설정된 구조다. 사실상 Express.js 웹 서버를 만들어 이미 API를 구축했다. HTML과 EJS를 제공함으로써 애플리케이션 사용자가 웹 브라우저와 같은 데이터에 액세스할 수 있는 방법을 제공했다. 그러나 모든 사용자가 적용한 스타일과 서식이 있는 웹 페이지의 브라우저를 통해서만 애플리케이션 데이터를 보고 싶어 하는 것은 아니다.

현재 Express.js 응용프로그램을 식당 메뉴처럼 생각해보자. 대부분의 사람들은 식당이 제공하는 메뉴를 찾기 위해 인쇄된 메뉴판을 참조할 것이다. 하드 카피 메뉴판에 액세스하려면 레스토랑으로 이동해야 한다. 하지만 굳이 직접 보지 않고도 메뉴에 대해 문의하기 위한 전화번호와 레스토랑 메뉴를 표시하는 웹사이트를 제공해 고객에게 필요한 정보를 얻게 할 수 있는 방법도 제공한다. 마찬가지로 강력한 API는 다양한 방식으로 액세스할 수 있는 다양한 형식의 애플리케이션 데이터를 제공한다.

이 절에서는 랜더링된 EJS 뷰 외에도 JSON 형식의 데이터로 응답하도록 일부 애플리케이션 라우트 및 액션을 재구성한다. JSON으로 응답하는 일은 Express.js에서는 간단하다. courseController.js의 indexView 액션에서 res.render ("courses/index") 행을 res.json(res.locals.courses)로 변경한다. 애플리케이션을 다시 시작하고 http://localtlhost:3000/courses를 접속하면 브라우저는 데이터베이스의 모든 코스를 JSON 형식으로 표시할 것이다(그림 26.1).

[{"items":["Persimmons","Markelle malts","Embiid spices"],"_id":"5a96588c99a81afa25b9e4a4","title":"Trust the process","description":"You will be given top quality ingredients -- aged for a year at great loss -- and used to build the potential of the meal.","zipCode":19025,"__v":0},{"items":["Orange","Vanilla","Sour cream"],"_id":"5a96588c99a81afa25b9e4a6","title":"Democracy muffins","description":"Although this course does not always have the popular vote, results are bittersweet.","zipCode":23512,"__v":0},{"items":["Lotus root","Lemon grass","Tofu"],"_id":"5a96588c99a81afa25b9e4a7","title":"One with everything","description":"This class teaches you a recipe that includes multiple techniques. At the end, you will find enlightment in just ordering food in.","zipCode":43234,"__v":0}]

그림 26.1 강좌의 JSON 형식 표시

이 출력은 새 터미널 창에서 mongo 환경에서 그림 26.2와 같이 recipe_db 및 db.courses. find ({})를 실행할 때 몽고DB 서버의 출력과 유사해야 한다. 이 명령을 실행하면 MongoDB 환경이 시작되고 레시피 데이터베이스의 모든 과정이 나열된다. 애플리케이션에서는 기본적으로 브라우저에 전체 데이터베이스 도큐먼트들이 표시된다.

```
⬆ wexler — mongo — mongo — mongo — 84×14
> db.courses.find({})
{ "_id" : ObjectId("5a96588c99a81afa25b9e4a4"), "title" : "Trust the process", "desc
ription" : "You will be given top quality ingredients -- aged for a year at great lo
ss -- and used to build the potential of the meal.", "items" : [ "Persimmons", "Mark
elle malts", "Embiid spices" ], "zipCode" : 19025, "__v" : 0 }
{ "_id" : ObjectId("5a96588c99a81afa25b9e4a6"), "title" : "Democracy muffins", "desc
ription" : "Although this course does not always have the popular vote, results are
bittersweet.", "items" : [ "Orange", "Vanilla", "Sour cream" ], "zipCode" : 23512, "
__v" : 0 }
{ "_id" : ObjectId("5a96588c99a81afa25b9e4a7"), "title" : "One with everything", "de
scription" : "This class teaches you a recipe that includes multiple techniques. At
the end, you will find enlightment in just ordering food in.", "items" : [ "Lotus ro
ot", "Lemon grass", "Tofu" ], "zipCode" : 43234, "__v" : 0 }
> ▮
```

그림 26.2 몽고DB에서의 강좌 출력

요청이 있을 때만 JSON으로 응답해 index 액션을 더욱 향상시킬 수 있다. 여러 가지 방법으로 이 작업을 수행할 수 있는데 그중 하나는 쿼리 매개변수를 사용하는 것이다. 이 코드에서는 format 쿼리 매개변수를 확인한다. 만약 이 매개변수가 존재하고 그 값이 json이라면 JSON 형식의 코스 데이터로 응답한다. 그렇지 않으면 평소와 같이 렌더링된 EJS 보기로 응답한다. 코스 indexView 액션을 다음 Listing의 코드로 변경한다.

Listing 26.3 userController.js에서 쿼리 매개변수가 존재할 때 JSON으로 응답하기

```
indexView: (req, res) => {
  if (req.query.format === "json") {          format 쿼리 파라미터가
    res.json(res.locals.courses);             json일 때 JSON으로 응답
  } else {
    res.render("courses/index");
  }
}                                             format 쿼리 파라미터가 json이
                                              아닐 경우 EJS 뷰로 응답
```

애플리케이션을 다시 시작하고 http://localhost:3000/courses에 접속해 원래의 EJS index 뷰가 계속 렌더링되는지 확인하라. 브라우저 화면 대신 JSON 데이터를 표시하려면 http://localhost:3000/courses?format=json과 같이 URL 끝에 ?format = json을 추가한다. 이 추가 쿼리 매개변수는 강좌 컨트롤러에 데이터를 EJS 대신 JSON 형식으로 렌더링하도록 한다.

이 변경 사항을 적용하면 외부 애플리케이션이 강좌 목록에 액세스하려는 경우 쿼리 매개변수를 사용해 URL을 요청할 수 있다. 그러나 이 외부 애플리케이션은 이 구현으로 혜택을 볼 수 있는 소비자 그룹 중 하나일 뿐이다. 여러 가지 방법으로 자체 애플리케이션으로부터의 데이터 엔드포인트를 사용할 수 있다(API 엔드포인트는 라우트가 웹 요청을 수락하는 하나 또는 그 이상의 응용프로그램 경로에 대한 참조다).

퀵 체크 26.2 데이터를 JSON으로 클라이언트에 다시 전송하기 위해 응답에 어떤 방법을 사용할까?

 ## 26.3 클라이언트로부터 API 호출

앞에서의 식당 비유에서 메뉴는 인쇄물, 전화 또는 웹과 같은 다른 매체를 통해 제공될 수 있었다. 이 다양성을 통해 고객은 식당에서 제공되는 음식을 더 쉽게 알 수 있고 식당 직원도 메뉴를 좀 더 빠르게 볼 수 있다. 결국 웹 페이지에 이를 게시하는 게 바쁜 저녁에 메뉴를 볼 수 있는 편리한 대안이 된다.

애플리케이션 내 여러 부분에서 JSON 데이터를 반환하면 애플리케이션의 라우트에서 몇 가지 이점이 생긴다. 기본적으로 클라이언트에서 새로 고침을 하면 안 되는 페이지로의 Ajax 요청을 만들 수 있다. 예를 들어 사용자가 현재 페이지를 변경하지 않고 코스 목록을 볼 수 있어야 하는 경우 등이다.

퀵 체크 26.2 정답   Express.js에서 JSON 형식으로 보내려는 매개변수 뒤에 res.json을 붙여 전송할 수 있다.

이 경우 Ajax 요청을 통해 강좌 데이터를 모달에 채워 구현한다. 시작하려면 views/courses 폴더에 _coursesModal.ejs라는 부분 보기를 작성한다. 다음 Listing과 같이 간단한 부트스트랩 모달을 사용한다.

이 모달에는 모달을 닫는 버튼이 있다. 모달에는 `modal-body` 클래스가 포함된 태그가 있다. 강좌 데이터를 채우려면 이 클래스를 대상으로 한다.[1]

Listing 26.4 _courseModel.ejs에서의 간단한 부트스트랩 모달

```
<button id="modal-button" type="button" data-toggle="modal"
    data-target="#myModal">Latest Courses</button>

<div id="myModal" class="modal fade" role="dialog">
  <div class="modal-dialog">
    <div class="modal-body">          ← modal-body를
    </div>                              채울 부분 추가
    <div class="modal-footer">
      <button type="button" data-dismiss="modal">Close</button>
    </div>
  </div>
</div>
```

레이아웃 탐색에서 항목으로 `<li><%-include course/_coursesModal %></li>`를 추가해 애플리케이션의 어느 곳에서나 액세스할 수 있도록 layout.ejs 파일에 이 부분 보기를 인클루드한다. 이 모달이 작동하게 하려면 부트스트랩 클라이언트 JavaScript 및 jQuery가 있어야 한다. jQuery.min.js는 https://ajax.googleapis.com/ajax/libs/jquery/3.2.1/jquery.min.js에서, bootstrap.min.js는 https://maxcdn.bootstrapcdn.com/bootstrap/3.3.7/js/bootstrap에서 각각 최소화된 코드를 얻을 수 있다.

> **노트** 앞의 다운로드 URL로부터 파일을 public/js에 동일한 이름을 가진 파일의 코드를 로컬로 다운로드하는 것을 추천한다.

그 후 layout.ejs에서 이 JavaScript 파일들을 다음 Listing과 같이 연결한다.

---

1 원문에는 modal을 appear(나타내는) 버튼이라고 돼 있으나 소스는 disappear로 돼 있다. disappear가 정황상 맞으며, 원문에 오타가 난 것으로 생각된다. - 옮긴이

Listing 26.5 layout.ejs로 jquery와 부트스트랩 가져오기

```
<script type="text/javascript" src="/js/jquery.min.js"></script>
<script type="text/javascript" src="/js/bootstrap.min.js"></script>
```

public/js로부터 로컬
JavaScript 추가

몇 가지 스타일을 변경하고 응용프로그램을 다시 시작해보자. 그림 26.3과 같이 상단 내비게이션 바에 모달을 여는 버튼이 표시된다.

이 모달에 데이터를 제공하려면 public/js 폴더에 recipeApp.js를 작성한다. 이 Java Script 파일은 클라이언트 측에서 실행된다. `<script type = "text/javascript" src = "/js/recipeApp.js"></script>`의 추가로 이 파일이 부트스트랩 및 jQuery하의 layout.ejs 파일에 링크돼 있는지 확인한다.

recipeApp.js 내에서 Listing 26.6의 코드를 추가한다. DOM을 읽어들여 준비될 때까지 JavaScript가 실행되지 않도록 `$(document).ready`의 코드 블록을 래핑한 후, `modal-buttonID`에 `click` 리스너를 추가한다. 내비게이션 바에서 해당 단추를 클릭하면 /courses?format=json 경로에 `$.get`을 사용해 Ajax `GET` 요청을 수행하게 한다. 추가된 쿼리 매개변수를 사용하면 응답이 JSON의 배열로 데이터를 포함할 것이다. 그런 다음 해당 배열을 반복해 개별 강좌 레코드에 액세스하고 `$(".modal-body").append`를 사용해 각 강좌의 제목 및 설명과 함께 HTML을 추가한다.

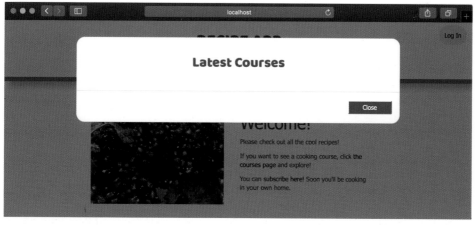

그림 26.3 내비게이션 바의 모달 버튼

Listing 26.6 recipeApp.js에서 모달에 데이터 로딩을 위한 Ajax 함수

DOM 로딩 wait

모달 버튼의 클릭 이벤트

기존 모달의 내용 지우기

```javascript
$(document).ready(() => {
  $("#modal-button").click(() => {
    $(".modal-body").html("");
    $.get("/courses?format=json", (data) => {
      data.forEach((course) => {
        $(".modal-body").append(
          `<div>
          <span class="course-title">
          ${course.title}
          </span>
          <div class="course-description">
          ${course.description}
          </div>
          </div>`
        );
      });
    });
  });
});
```

비동기로 /courses?format=js로부터
데이터 가져오기

응답 내 데이터 배열 체크

각 강좌를 모달에 붙이기

Ajax 요청을 추가했으면 애플리케이션을 다시 시작하고 코스 데이터를 모달로 로드한다.

모달 버튼을 클릭하면 그림 26.4와 같이 서버에서 새 데이터를 가져온다.

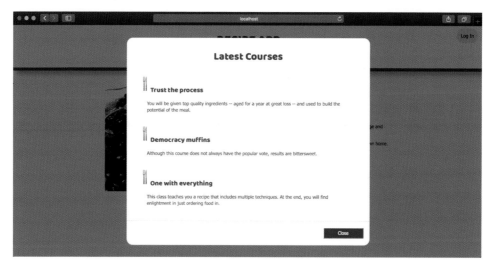

그림 26.4 모달 내 강좌 목록 반영

이제 사용자는 모든 페이지에서 코스 목록을 볼 수 있게 됐다. 새로운 강좌가 데이터베이스에 추가되더라도 모달 버튼을 클릭하면 새로운 리스트를 가져온다.

Ajax

Ajax(Asynchronous JavaScript and XML)는 애플리케이션 페이지의 동작이나 표시를 간섭하지 않고 클라이언트 쪽 요청을 비동기적으로 수행할 수 있는 기술이다. Ajax는 JSON과 XML을 사용해 데이터를 형식화하고 서버로 전송하도록 요청한다. 브라우저에서 애플리케이션의 데이터 계층만 관리함으로써 Ajax를 통해 비동기로 요청하고 콜백 함수를 통해 결과 응답에서 데이터를 처리할 수 있다.

웹 페이지를 다시 읽어들이지 않고도 Ajax가 백엔드 서버와 상호작용하기 때문에 콘텐츠를 실시간으로 업데이트하는 데 널리 사용된다. 다중 Ajax 요청이 발생해도 이론적으로는 웹 페이지를 다시 읽어들일 필요가 없다.

퀵 체크 26.3 Ajax 요청 시 데이터베이스에 강좌가 없으면 어떻게 되나?

 26.4   요약

26장에서는 광범위한 API를 위해 애플리케이션 라우트 구조 수정을 했다. 먼저 경로를 개별 모듈로 재구성했다. 다음으로 컨트롤러 작업에서 JSON 데이터로 응답하는 방법을 추가했다. 마지막으로 클라이언트 측 JavaScript를 추가해 뷰 내에서 서버에 비동기 요청을 작성했다. 27장에서는 네임스페이스를 자세히 살펴보고 모달 자체에서 사용자를 등록할 수 있는 방법을 살펴본다.

해보세요

JSON 데이터로 응답하도록 하나의 액션을 수정한 상태에서 동일한 방법을 다른 액션에도 적용하라. 다른 모델의 인덱스 액션에 쿼리 매개변수 조건을 우선 추가한다. 그런 다음 show 액션을 위해 이를 구현하라. show 액션은 배열이 아닌 개별 레코드를 반환하는 것에 주의하자.

퀵 체크 26.3 정답   Ajax 요청은 데이터베이스에서 항목의 배열을 돌려주며, 레코드가 없으면 응답에 빈 배열을 돌려준다.

애플리케이션에서 API 액세스

27장에서는 API 네임스페이스 추가를 통해 JSON 형식 데이터에 액세스하는 방법을 변경한다. 그 후 사용자가 모달에서 직접 강좌에 참여할 수 있도록 AJAX 기능을 수정한다. 마지막으로 새로운 라우트를 통해 사용자와 강좌를 연결하는 액션을 만든다.

27장에서 다루는 내용은 다음과 같다.

- API 네임스페이스 생성
- 비동기 데이터 반영을 위한 모달 UI 생성
- 몽고DB 메소드와 모델의 연결

고려 사항

독자는 이제 애플리케이션의 모든 페이지에서 강좌 목록을 볼 수 있지만 이것만 필요한 것이 아니다. AJAX 요청을 사용하면 데이터를 페이지로 비동기로 가져올 수 있을 뿐만 아니라 새 레코드 작성 및 기존 레코드 편집과 같은 다른 액션도 수행할 수 있다. 27장에서는 API를 더 잘 활용할 수 있는 방법과 AJAX가 어떻게 이를 가능하게 할 수 있는지 살펴본다.

27.1 API 네임스페이스의 적용

26장에서는 네임스페이스를 논의했다. 이제 JSON 데이터를 반환하거나 비동기적으로 작업을 수행하는 API 엔드포인트에 대한 네임스페이스를 구현하려 한다. 시작하려면 먼저 routes 폴더에 apiRoutes.js라는 새 라우트 모듈을 만든다. 이 모듈에는 JSON 응답 본문이 있는 모든 API 경로가 포함된다. index.js에서 const apiRoutes = require("./apiRoutes")를 추가해 이 새 모듈을 요청한다. 그 후 라우터가 router.use("/api", apiRoutes)와 함께 api 네임스페이스에서 이 모듈을 사용하도록 한다.

> **노트** 이 새 라우트를 Home 및 error 라우트 위에 추가해야 한다. 해당 경로는 /로 네임스페이스가 지정되므로 에러 또는 홈 라우트에 도달하기 전에 "페이지 없음 에러(404 error)"를 보여줄 것이다.

첫 번째 라우트를 작성하고 이것이 courseController.js를 가리키도록 하자. Listing 27.1의 코드를 apiRoutes.js에 추가한다. ../controllers/coursesController의 강좌 컨트롤러와 함께 Express.js 라우터를 요청한다. 그런 다음 GET 요청을 courseController.js의 index 액션에 대한 /courses 경로를 가리키고 라우터를 익스포트한 후 응답 JSON을 익스포트한다. 다른 에러 처리 미들웨어와 마찬가지로 이전에 실행된 액션이 응답을 반환하지 않는 경우 이 라우터에게 errorJSON을 사용하게 하자.

> **노트** 액션이 클라이언트에 응답하지 않으면 연결은 계속 열려 있으며 요청은 미들웨어 체인을 통해 계속 흐르게 된다. 일반적으로 이 상황은 에러가 발생했음을 의미하며 에러 처리 미들웨어가 이를 포착할 때까지 해당 에러가 체인을 통해 흘러간다.

Listing 27.1 **apiRoute.js에서 모든 강좌를 보기 위한 라우트 추가**

```
const router = require("express").Router(),
  coursesController =
➥  require("../controllers/coursesController");          ◀━━━ courseController 요청


router.get("/courses", coursesController.index,
➥  coursesController.respondJSON);
router.use(coursesController.errorJSON);


module.exports = router;
```

Express.js Router로의
API 라우트 추가

에러 처리 미들웨어
API 추가

이 코드를 작동시키려면 courseController.js에서 respondJSON 및 errorJSON 액션을 작성한다. 이 액션을 위해 강좌 컨트롤러에 Listing 27.2의 코드를 추가하자.

courseController.js의 index 액션은 이미 courses를 응답의 locals 객체에 연결한다. locals 객체를 가져와서 EJS로 데이터를 렌더링하는 대신 JSON 형식으로 표시하자. 강좌 쿼리에서 에러가 발생하면 에러를 errorJSON 액션으로 전달한다. 일반적인 에러 컨트롤러 액션은 브라우저 뷰로만 응답한다. 다른 페이지로 리디렉션하는 대신 오류가 발생하면 상태 코드 500으로 응답해 내부 오류가 발생했음을 보여준다.

Listing 27.2 coursesController.js에서 강좌를 위한 JSON 응답 추가

```
respondJSON: (req, res) => {          ← 이전 미들웨어로부터의
  res.json({                             요청 처리 및 응답 전달
    status: httpStatus.OK,
    data: res.locals
  });                        ← 로컬 데이터를
},                             JSON 포맷으로 응답

errorJSON: (error, req, res, next) => {   ← JSON 포맷으로 500 상태 코드와
  let errorObject;                           에러 메시지 응답

  if (error) {
    errorObject = {
      status: httpStatus.INTERNAL_SERVER_ERROR,
      message: error.message
    };
  } else {
    errorObject = {
      status: httpStatus.INTERNAL_SERVER_ERROR,
      message: "Unknown Error."
    };
  }

  res.json(errorObject);
},
```

노트 또한 courseController.js의 최상단에 const httpStatus = require("http-status-codes")를 추가해야 한다.

애플리케이션을 다시 시작하고 브라우저에서 http://localhost:3000/api/courses에 접속해 JSON의 강좌 데이터를 확인하라. 이런 라우트 및 컨트롤러를 웹 애플리케이션 라우트 및 컨트롤러와 분리하면 나중의 실수를 방지할 수 있다. 지금과 같이 사용자들은 /courses를 방문하면 항상 EJS를 렌더링하거나 리디렉션을 하기 원할 것이며, /api/courses에서 JSON 응답을 기대할 것이다.

이 새로운 API 네임스페이스, 라우트 및 컨트롤러 액션을 사용해 recipeApp.js에서 AJAX GET 요청을 변경해 /courses?format=json 대신 /api/courses를 호출한다. 그런 다음 강좌 indexView 액션에서 format 쿼리 매개변수에 대한 조건부 블록 체크를 제거하라. 애플리케이션을 다시 시작하고 강좌 데이터를 여전히 모달로 읽어들일 수 있는지 확인하자.

또한 여러분의 상태 코드가 포함된 또 다른 JavaScript 객체로 래핑된 데이터를 반환하고 있기 때문에 반환된 데이터를 올바르게 처리하려면 AJAX 호출을 수정해야 한다. 다음 Listing과 같이 recipeApp.js에서 AJAX 호출을 변경하라.

Listing 27.3 recipeApp.js에서 AJAX 호출의 수정

```
$.get("/api/courses", (results = {}) => {          데이터 표현을 위한
  let data = results.data;                          로컬 변수 설정
  if (!data || !data.courses) return;
  data.courses.forEach((course) => {               데이터 객체가 강좌 정보를
    $(".modal-body").append(                        포함하는지 체크
      `<div>
      <span class="course-title">                  데이터들을 루프를
      ${course.title}                               돌며 모달에 추가
      </span>
      <div class="course-description">
      ${course.description}
      </div>
      </div>`
    );
```

```
  });
});
```

애플리케이션을 다시 시작하고 모달 버튼을 클릭해 이전 절에서의 기능이 변경되지 않았음을 확인한다.

다음 절에서는 사용자가 강좌에 참여할 수 있도록 더 많은 기능을 모달에 추가한다.

퀵 체크 27.1 왜 API 컨트롤러를 위해 새로운 폴더를 만들까?

 ## 27.2 모달을 통한 강좌의 결합

모달로 강좌를 보여주는 것은 상당한 성과다. 이 절에서는 사용자가 모달을 이용해 비동기로 강좌에 참여할 수 있게 해 모달의 기능을 더 향상시킬 것이다. 이를 위해 사용자가 코스에 참여할 수 있는 버튼을 추가한다. 참여 버튼을 클릭하면 AJAX를 통해 컨트롤러 액션이 강좌에 사용자를 추가하려고 시도하고 JSON의 성공 또는 실패 메시지로 응답하는 API 엔드 포인트에 요청을 전달한다.

먼저 Listing 27.4의 HTML 코드를 recipeApp.js의 원래 AJAX 호출에서 렌더링된 HTML의 하단에 추가해 과정에 참여할 링크를 추가한다. 이 버튼은 사용자 정의 클래스 join-button이 필요하며 모달에서 코스 제목 옆에 배치할 수 있다. 또한 data-id를 ${course._id}로 설정해야 하며, 이를 통해 선택한 코스 목록을 알 수 있다.

> **노트** HTML의 데이터 속성은 이와 같은 상황에서 유용하다. 각 버튼의 고유 ID가 해당 강좌 ID와 일치하도록 data-id 속성으로 각 버튼을 표시할 수 있다.

퀵 체크 27.1 정답   API 컨트롤러 및 액션을 위한 별도의 폴더가 있으면 애플리케이션을 두 개로 쉽게 분할할 수 있다. 한 부분은 시각적인 측면에서 데이터를 제공하고, 또 다른 부분은 원시 데이터를 찾는 클라이언트에 데이터를 제공한다.

Listing 27.4 reciepApp.js에서 강좌 참가 버튼 추가

```
<button class="join-button" data-id="${course._id}">
  Join
</button>
```

target-class를 join-button으로
강좌 참가 버튼 추가

지금 애플리케이션을 다시 시작하면 그림 27.1과 같이 각 코스 항목 옆에 버튼이 표시된다. 그러나 이 버튼들은 아직 기능이 붙어 있지 않다.

그림 27.1 강좌 참여 버튼 추가

이 버튼이 동작하게 하려면 recipeApp.js의 코드를 Listing 27.5의 코드를 사용해 변경한다. 이 예제에서는 클래스 join-button을 사용해 각 버튼에 대해 클릭 이벤트 리스너를 설정하는 addJoinButtonListener라는 함수를 작성한다. 페이지에서 생성된 버튼에 리스너를 연결하려면 AJAX 요청이 완료된 직후 이 기능을 호출해야 한다. 이를 수행하려면 AJAX 요청에 then 블록을 추가하라.

> **노트** AJAX 함수는 프라미스를 사용하므로 응답을 얻은 후 코드를 실행하기 위해 then과 catch 블록을 연결할 수 있다. success 블록도 같은 방식으로 동작한다.

addJoinButtonListener에서 클릭 대상(버튼)을 잡은 다음, 강좌 ID로 이전에 설정한 데이터 ID를 가져온다. 이 정보를 사용해 /api/courses/:id/join 엔드포인트에 새로운 AJAX GET 요청을 할 수 있다. 이 요청이 작동하려면 사용자가 로그인돼 있는지 확인해야 한다. 이 경로를 통해 강좌 ID를 사용해 특정 강좌에 참여할 수 있다.

해당 요청을 처리하는 라우트와 액션은 JSON 값인 success를 반환한다. 사용자를 강좌에 참여시킬 수 있으면 true이다. 성공하면 단추의 텍스트와 색상을 변경해 새 joined-button 클래스를 추가하고 이전 결합 joined-button 클래스를 제거해 사용자가 추가됐음을 표시하자. 이 클래스 스와핑을 통해 recipe_app.css에서 다른 스타일 규칙으로 각 버튼의 스타일을 지정할 수 있으며 클릭 이벤트가 다른 요청을 트리거하지 못하게 된다. 버튼의 색상이 변경되지 않으면 올바른 버튼 클래스를 타기팅하고 있는지 확인하라. 강좌 참여 시 오류가 발생하면 버튼 텍스트를 변경해 사용자에게 다시 시도하도록 한다.

> **노트** 변수 $button은 앞에 $만 있어 jQuery 객체를 나타낸다. 이 구문은 일반적이면서도 스타일이 뛰어나지만 코드를 작동시키는 데 필요하지 않다.

Listing 27.5 recipeApp.js에서 각 버튼에 이벤트 리스너 추가

```
$(document).ready(() => {
  $("#modal-button").click(() => {
    $(".modal-body").html("");
    $.get("/api/courses", (results = {}) => {
      let data = results.data;
      if (!data || !data.courses) return;
      data.courses.forEach((course) => {
        $(".modal-body").append(
          `<div>
          <span class="course-title">
          ${course.title}
          </span>
          <button class="join-button" data-id="${course._id}">
          Join
          </button>
          <div class="course-description">
          ${course.description}
```

```
          </div>
          </div>`
        );
      });
    }).then(() => {
      addJoinButtonListener();
    });
  });
});

let addJoinButtonListener = () => {
  $(".join-button").click((event) => {
    let $button = $(event.target),
      courseId = $button.data("id");
    $.get(`/api/courses/${courseId}/join`, (results = {}) => {
      let data = results.data;
      if (data && data.success) {
        $button
          .text("Joined")
          .addClass("joined-button")
          .removeClass("join-button");
      } else {
        $button.text("Try again");
      }
    });
  });
}
```

AJAX 요청이 완료된 후 버튼에
이벤트 리스너를 추가하기 위한
addJoinButtonListener 호출

모달 버튼을 위한
이벤트 리스너 생성

버튼과 버튼 ID
데이터 잡아 놓기

참가를 위해 강좌 ID로
AJAX 요청 만들기

참가가 성공했는지
체크하고 버튼 변경

이제 애플리케이션은 AJAX 요청을 보내고 참가 버튼을 클릭할 때 응답을 처리할 준비가
됐다. 다음 절에서는 이 요청을 처리하기 위해 API 엔드포인트를 만든다.

> 퀵 체크 27.2 왜 모달 콘텐츠가 생성된 후에 addJoinButtonListener 함수를 불러야 하나?

퀵 체크 27.2 정답   addJoinButtonListener는 모달 콘텐츠 내에서 특정 클래스에 대한 이벤트 리스너를 설정한다.
리스너 설정을 위해 모달에서 먼저 콘텐츠를 생성해야 한다.

27.3 모델 간 통신을 위한 API 엔드포인트 생성

강좌 모달을 완료하려면 현재 사용자가 강좌에 참여 요청을 처리하기 위한 라우트를 만들어야 한다. 그렇게 하려면 router.get("/courses/:id/join", courseController.join, courseController.respondJSON)을 apiRoutes.js에 추가하라. 이 라우트를 사용하면 요청이 join 액션을 거쳐 결과를 respondJSON 액션으로 넘겨 클라이언트로 반환한다. courseController.js의 최상단에 const User=require("../models/user")로 User 모델을 요청한다. 그 후 courseController.js에서 Listing 27.6에 있는 join 액션을 추가한다.

이 join 액션에서 URL 매개변수로부터 현재 로그인한 사용자와 강좌 ID를 얻는다. currentUser가 존재하면 Mongoose의 findByIdAndUpdate를 사용해 사용자 오브젝트를 찾고 대상 강좌 ID를 포함하도록 강좌 배열을 업데이트하라. 여기서 몽고DB $addToSet 메소드를 사용해 배열에 중복 ID가 없는지 확인한다. 성공하면 응답의 locals 객체에 success 속성을 추가한다. 이는 차례로 responseJSON에 전달되고 클라이언트로 다시 되돌아간다. 사용자가 로그인하지 않았거나 사용자 연결을 업데이트하는 동안 에러가 발생하는 경우 에러 처리 미들웨어에서 처리할 에러를 전달하라.

Listing 27.6　courseController.js에서 강좌 참여 액션의 생성

사용자가 강좌 참여를 할 수 있도록
join 액션 추가

요청으로부터 강좌 id와
현재 사용자를 받음

```
join: (req, res, next) => {
  let courseId = req.params.id,
    currentUser = req.user;

  if (currentUser) {
    User.findByIdAndUpdate(currentUser, {
      $addToSet: {
        courses: courseId
      }
    })
      .then(() => {
        res.locals.success = true;
        next();
```

현재 사용자가
로그인 중인지 체크

참여하려는 강좌 반영을 위한
사용자의 course 필드 업데이트

success 판별자로 JSON 응답

```
      })
      .catch(error => {
        next(error);  //   ◄──── error 판별자로 JSON 응답
      });
  } else {
    next(new Error("User must log in."));
  }
}
```

다음 미들웨어 함수로
에러 전달

이 액션을 작성한 후 애플리케이션을 다시 시작하고 모달에서 강좌에 참여해보자. 로그
인하지 않은 경우 버튼 위에 "Try Again"이라는 텍스트가 표시될 수 있다. 그 외의 경우
에는 그림 27.2와 같이 사용자 정의 스타일에 따라 버튼이 녹색으로 바뀌고 클릭할 때마
다 텍스트가 변경돼야 한다.

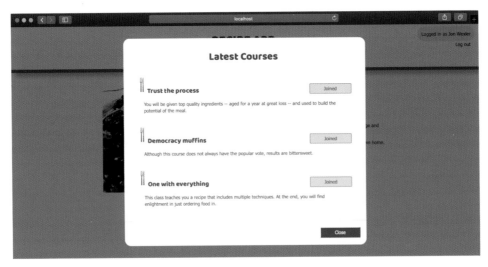

그림 27.2 강좌 참여 이후의 모달 화면

사용자가 모달 화면에서 이미 본인이 하나 이상의 코스에 속해 있는지 알려 사용자 경험
의 향상을 꾀할 수 있다.

애플리케이션 구조와 모델 스키마가 주어지면 Listing 27.7과 같이 미들웨어 함수
filterUserCourses를 courseController.js에 추가해 결과를 필터링할 수 있다. 이 코드

에서는 진행하기 전에 사용자가 로그인했는지 확인한다. 사용자가 로그인한 경우 강좌 배열에서 맵 기능을 사용한다. 이 기능 내에서 각 강좌를 보고 로그인한 사용자의 강좌에서 _id가 있는지 확인하자. some 함수는 참/거짓 값을 반환해 일치 여부를 알려준다. 예를 들어 사용자가 ID가 5a98eee50e424815f0517ad1인 코스에 참여한 경우 해당 ID는 currentUser.courses에 존재해야 하며 해당 코스의 userJoined 값은 true이다. 마지막으로 Mongoose 문서 객체 courses를 JSON으로 변환해 Object.assign을 사용해 속성을 추가할 수 있다. 이 joined 속성은 사용자 인터페이스에서 사용자가 이전에 코스에 참여했는지를 알려준다. 로그인한 사용자가 없으면 next를 호출해 수정되지 않은 강좌 결과를 전달한다.

Listing 27.7 coursesController.js에서 강좌 필터에 액션 추가

```
filterUserCourses: (req, res, next) => {
  let currentUser = res.locals.currentUser;
  if (currentUser) {                          ◀── 사용자 로그인 유무 체크
    let mappedCourses = res.locals.courses.map((course) => {
      let userJoined = currentUser.courses.some((userCourse) => {
        return userCourse.equals(course._id);   ◀──
      });
      return Object.assign(course.toObject(), {joined: userJoined});
    });
    res.locals.courses = mappedCourses;
    next();
  } else {
    next();
  }
}
```

사용자가 연계됐는지 표식을 추가하기 위한 강좌 데이터 수정

사용자 강좌 배열에 강좌가 있는지 체크

이 미들웨어 함수를 사용하려면 JSON 응답을 반환하기 전에 /courses에 대한 APU 라우트에 추가해야 한다. 경로는 router.get("/courses", coursesController.index, courseController.filterUserCourses, courseController.respondJSON)와 같이 표시되며 여기서 coursesController.filterUserCourses는 coursesController.index의 코스 쿼리 다음에 위치한다.

마지막 단계는 recipeApp.js에서 클라이언트 측 JavaScript를 변경해 현재 사용자가 이미 강좌에 참여했는지 여부를 확인하고 강좌 목록 모달 화면의 버튼을 수정하는 것이다. Listing 27.8에서 버튼의 클래스 속성과 메인 텍스트에서 기본에 삼항 연산자를 사용한다. 이 연산자들은 강좌 데이터의 joined 속성이 true인지 false인지 확인한다. 속성이 true이면 사용자가 이미 가입했음을 나타내는 버튼을 만든다. 그렇지 않으면 사용자를 초대하는 버튼을 표시한다.

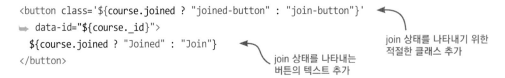

Listing 27.8 **recipeApp.js에서 동적 버튼 스타일링 추가**

```
<button class='${course.joined ? "joined-button" : "join-button"}'
    data-id="${course._id}">
  ${course.joined ? "Joined" : "Join"}
</button>
```

join 상태를 나타내기 위한 적절한 클래스 추가

join 상태를 나타내는 버튼의 텍스트 추가

이러한 변경 사항을 적용한 후 애플리케이션을 다시 시작하고 로그인해보자. 강좌 목록 단추의 색과 텍스트는 데이터베이스의 연결 상태를 올바르게 반영할 것이다.

> **노트** 로그인한 계정을 유지 관리하는 데 문제가 있으면 passport와 사용자 정의 미들웨어를 초기화하기 전에 세션과 쿠키를 사용해야 한다.

퀵 체크 27.3 왜 findByIdAndUpdate를 사용해야 하나?

퀵 체크 27.3 정답 findByIdAndUpdate Mongoose 메소드는 find 메소드와 update 메소드를 결합한다. 이를 통해 사용자 도큐먼트를 업데이트를 위한 단일 단계를 편하게 수행할 수 있다.

27.4 요약

27장에서는 JSON 데이터 응답을 위한 API를 수용하도록 네임스페이스 구조를 수정하는 방법을 학습했다. 또한 사용자가 페이지를 변경할 필요 없이 특정 코스에 참여할 수 있도록 해 강좌 모달 화면을 개선했다. 작성한 AJAX 요청 및 API 엔드포인트를 통해 더 많은 애플리케이션 기능이 단일 페이지로 이동해 각 액션에 대한 개별 뷰에서 분리됐다. 28장에서는 API 보안에 관한 몇 가지 방법을 설명한다.

> **해보세요**
>
> 이 새로운 API를 사용하면 데이터를 반환할 수 있는 모든 라우트에 대한 엔드포인트를 만들려고 한다. 예를 들어 api 디렉터리에 있는 컨트롤러에 모든 index와 show 액션의 추가를 원할 수도 있다.
>
> 이러한 액션들과 하나의 추가 액션을 사용자 생성에 만들고, 렌더링된 뷰 대신 성공 또는 실패 확인으로 JSON을 반환하라.

API 보안

28장에서는 API 라우트에 몇 가지 보안 전략을 적용한다. 브라우저에 쿠키를 저장하지 않으면 일부 외부 응용프로그램에서 사용자의 신원을 확인할 수 있는 방법 없이 API를 사용하기가 어려울 수 있다. 먼저 각 요청에 추가돼야 하는 API 토큰을 제공해 기본 보안을 구현한다. 그 후 계정을 만들 때 각 사용자에 대해 고유한 API 키를 생성해 이 전략을 향상시킨다. 마지막으로 브라우저 없이 사용자 계정을 인증하기 위해 사용자 데이터를 해싱하고 토큰을 교환하는 시스템인 JWT^{JSON Web Tokens}에 대해 알아본다.

28장에서 다루는 내용은 다음과 같다.

- 보안 토큰 유효성 체크 미들웨어 추가
- API 키 생성을 위한 pre("save") 훅 생성
- JWT 헤더 인증 구현

고려 사항

레시피 애플리케이션을 위한 강력한 API를 만들었다. 엔드포인트에는 새 사용자를 작성하고 기존 사용자를 업데이트하기 위한 라우트가 포함됐다. HTTP 요청을 보낼 수 있는 모든 장치에서 API 엔드포인트에 액세스할 수 있으므로 계정을 만들고 서버에 세션 데이터를 저장하지 않으면 누가 API를 요청했는지 알 수는 없다.

API 라우트에 보안을 설정하면 데이터가 잘못 흘러가는 것을 막아준다.

28.1 간단한 보안 구현

5부에서는 사용자 계정 작성과 인증을 소개했다. 몇 가지 패키지를 통해 사용자 데이터의 유효성을 체크하거나 암호화하고 특정 페이지에 액세스하기 전에 해당 사용자가 인증되도록 하는 프로세스를 만들었다.

외부 패키지의 도움 없이도 API를 보호하기 위한 간단한 단계를 만들 수 있다. 28장에서 사용할 첫 번째 방법은 API에 액세스하는 사용자가 사용해야 하는 API 토큰을 생성하는 것이다. 사용자는 브라우저를 사용해 API에 액세스하지 않을 수 있으므로 토큰이 필요하며 이 방식으로 인해 Passport.js, 쿠키 및 세션을 사용한 현재 구현이 클라이언트에서 작동하지 않을 수 있다.

추가적인 토큰은 요청하는 사용자만 데이터를 볼 수 있게 함으로써 이 위험을 완화시킨다. 예를 들어 app.set("token", process.env.TOKEN || "recipeT0k3n")을 main.js에 추가해 설정하면 그 후 이 애플리케이션 변수는 토큰 환경변수로 사용하는 값들로 설정되거나 설정이 안 돼 있으면 기본적으로 recipeT0k3n으로 설정된다. app.get ("token")을 사용해 토큰을 검색할 수 있다.

apiRoutes 모듈에서 API로 유입되는 요청을 모니터링하려면 const token = process.env. TOKEN || "recipeT0k3n"을 사용해 api 폴더의 usersController.js에서 상수로 토큰을 설정한다. 이 토큰은 usersController.js 내의 미들웨어에서 수신 API 요청을 확인하는 데 사용된다. usersController.js에 Listing 28.1 코드를 추가해 해당 미들웨어 함수를 작성하자.

이 미들웨어 함수인 verifyToken은 이전에 설정한 토큰과 일치하는 apiToken이라는 쿼리 매개변수를 확인한다. 토큰이 일치하면 next를 호출해 미들웨어 체인을 계속 진행하며 그렇지 않으면 사용자 정의 메시지와 함께 에러를 전달한다. 이 에러는 에러 처리 미들웨어에 도달, 메시지를 JSON으로 표시한다.

Listing 28.1 **userController.js에서 API 토큰의 검증을 위한 미들웨어 함수의 추가**

next 파라미터를 갖고 있는
verifyToken 미들웨어 함수의 생성

토큰이 일치하면
next 미들웨어 호출

```
verifyToken: (req, res, next) => {
    if (req.query.apiToken === token) next();
    else next(new Error("Invalid API token."));
}
```

일치하지 않으면
에러 메시지로 응답

모든 API 요청이 처리되기 전에 실행되도록 usersController.verifyToken 미들웨어를 추가하려면 apiRoutes.js의 첫 번째 함수로 router.use (usersController.verifyToken)를 추가할 수 있다. 또한 apiRoutes.js에 const usersController = require("../controllers/usersController")를 추가해 사용자 컨트롤러를 요청한다.

애플리케이션을 다시 시작하고 http://localhost:3000/api/courses를 방문하면 {"status": 500, "message": "Invalid API token"} 오류 메시지가 표시된다. 이 메시지는 좋은 신호다. 유효한 API 토큰을 사용해 요청하지 않았기 때문에 API 유효성 체크가 작동하고 있음을 의미하기 때문이다.

이 메시지를 무시하려면 apiToken 쿼리 매개변수를 추가한다. http://localhost:3000/api/courses?apiToken=recipeT0k3n으로 접속하면 원래 코스 데이터가 JSON 형식으로 표시된다. 이 방법으로 API 보안을 구현하기로 한 경우 이 토큰을 신뢰할 수 있는 사용자와 공유해야 한다. AJAX 요청이 작동하게 하려면 recipeApp.js에서 URL에 ?apiToken=recipeT0k3n 쿼리 매개변수를 추가하라.

이 간단한 보안 장벽은 시작이며, 더 많은 사용자가 API에 액세스하기 위해 토큰을 요구하면 점점 신뢰할 수 없는 시스템이 된다는 것을 예상할 수 있다. 동일한 토큰에 액세스할 수 있는 사용자가 많을수록 해당 토큰이 비사용자의 손에 들어갈 가능성이 높다. 보안 계층이 두꺼울 필요가 없는 애플리케이션을 빠르게 구축할 때는 이 방법으로 충분할 수 있다. 그러나 애플리케이션이 온라인 상태인 경우 API 보안 방법을 수정해 각 사용자 요청을 고유하게 처리해야 한다.

다음 절에서 사용자별 고유 토큰을 유지하는 법을 알아본다.

퀵 체크 28.1 왜 process.env.TOKEN에 보안 토큰을 저장하려 할까?

28.2 API 토큰 추가

URL에서 쿼리 매개변수로 전달된 API 토큰을 확인하기 위해 미들웨어 기능을 구성했다. 이 방법은 API를 보호하는 데 효과적이지만 비정상 사용자가 이 하나뿐인 유일한 토큰을 획득하는 것에 대해서는 무방비 상태다.

이를 개선하려면 각 사용자 계정에 사용자 정의 토큰을 추가하라. String 타입의 사용자 스키마에 새 apiToken 필드를 추가한다. 다음으로, User 모델에서 pre("save") 훅을 빌드해 계정 작성 시 해당 사용자에게 고유한 API 토큰을 생성하라. 코드를 작성하기 전에 Node.js 패키지를 토큰 생성에 활용한다.

rand-token 패키지는 원하는 길이의 새로운 영문+숫자 토큰을 만들기 위한 간단한 도구를 제공한다. npm install rand-token -S를 실행해 이 프로젝트에 rand-token 패키지를 설치하고 const randToken = require("rand-token")을 통해 user.js에서 이를 요청한다.

다음 Listing 코드를 user.js에 추가하라. 이 코드는 먼저 사용자의 apiToken 필드가 설정돼 있는지 확인한다. 그렇지 않은 경우 rand-Token.generate를 사용해 새로운 고유 16자 토큰을 생성하라.

Listing 28.2 user.js에서 API 토큰 생성을 위한 pre("save") 훅 생성

```
userSchema.pre("save", function(next) {
  let user = this;
  if (!user.apiToken) user.apiToken =
    randToken.generate(16);
```

API 토큰을 체크하고 randToken.generate로 하나를 생성

퀵 체크 28.1 정답   민감하거나 보안이 요구되는 데이터를 process.env에 환경변수로 저장할 수 있다. 이러한 변수는 보통 서버에 저장되며 코드에 표시할 필요는 없다. 이 방법으로 서버에서 직접 토큰을 쉽게 변경할 수 있으며(매번 코드를 변경할 필요가 없다) 좀 더 안전한 방법이다.

```
  next();
});
```

노트 생성된 토큰을 다른 사용자의 토큰과 비교해 중복성이 발생하지 않도록 해 고유성을 유지할
수 있다.

그런 다음 apiToken 필드를 사용자 표시 페이지의 테이블에 항목으로 추가하라. 이렇게
하면 새로운 사용자가 자신의 프로필 페이지를 방문해 API 토큰에 액세스할 수 있다. 예
를 들어 그림 28.1에서의 사용자 계정에는 2plMh5yZMFULOzpx 토큰이 있다

이 토큰을 사용하려면 verifyToken 미들웨어를 수정해 데이터베이스의 토큰에 대해
apiToken 쿼리 매개변수를 확인해야 한다. Listing 28.3의 코드를 사용하도록 /api/users
Controller.js에서 verifyToken을 변경하자.

이 수정된 미들웨어 함수에서는 토큰을 쿼리 매개변수로 가져온다. URL에 토큰이 나타
나면 사용자 데이터베이스에서 해당 API 토큰을 가진 사용자를 검색한다. 사용자가 존재
하면 다음 미들웨어 기능을 계속 진행한다. 해당 토큰을 가진 사용자가 없거나 쿼리에서
오류가 발생하거나 쿼리 매개변수가 사용되지 않은 경우 에러를 전달한다.

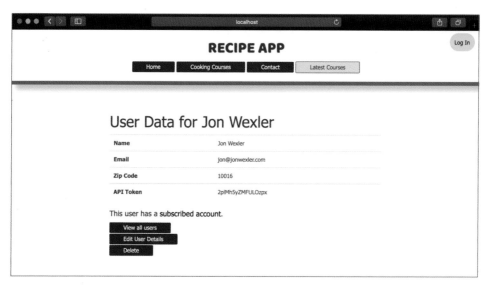

그림 28.1 사용자 페이지에서 API 토큰 열람

Listing 28.3 userController.js에서 토큰 유효성 체크 액션의 개선

쿼리 파라미터로
토큰 존재 여부 확인

```
verifyToken: (req, res, next) => {
  let token = req.query.apiToken;
  if (token) {
    User.findOne({ apiToken: token })          ← API 토큰으로 사용자 검색
      .then(user => {
        if (user) next();                       ← 사용자가 검색되면
        else next(new Error("Invalid API token."));    next 호출
      })
      .catch(error => {
        next(new Error(error.message));         ← 에러 처리기로 에러 전달
      });
  } else {
    next(new Error("Invalid API token."));
  }
}
```

애플리케이션을 다시 시작하고 새 사용자 계정을 만든다. 새로운 사용자 보기 페이지를 방문해 apiToken 값을 찾아라. 그런 다음 http://localhost:3000/api/courses?apiToken= 뒤에 사용자의 API 토큰을 붙여 접속한다. 예를 들어 jon@jonwexler.com 사용자는 http://localhost:3000/api/courses?apiToken=2plMh5yZMFULOzpx이 된다. 결과 화면은 이전과 같이 JSON으로 코스 목록이 표시돼야 한다.

이 새로운 시스템은 모든 사용자에게 단일 API 토큰을 갖는 취약점을 어느 정도 커버한다. API 토큰을 사용자 계정에 연결하면 데이터베이스에서 사용자 정보를 확인하고 해당 사용자의 API 요청 품질에 대한 메트릭을 유지할 수 있다. 클라이언트 측 JavaScript가 API 호출에서 이 토큰을 사용하도록 하려면 현재 사용자의 토큰으로 layout.ejs에 히든 엘리먼트를 추가할 수 있다. 예를 들어 블록 내에 <div id="apiToken" data-token="<%=currentUser.apiToken%>" style="display: none;">을 추가해 사용자가 로그인했는지 여부를 확인할 수 있다. 그런 다음 도큐먼트가 recipeApp.js에서 준비되면 토큰을 찾아 apiToken = $("#apiToken").data("token")으로 사용하고 Ajax 요청을 /api/courses?apiToken=${apiToken}상에서 호출한다.

여전히 웹 브라우저가 반드시 필요한 것은 아니다. API 인증을 구축하는 데 더 안전한 접근 방식을 취할 수 있는데 이는 JSON 웹 토큰^JWT을 사용하는 방식이다.

 ## 28.3 JSON 웹 토큰의 사용

쿠키를 사용해 보안 API를 구축할 수 있지만 API의 기능은 여전히 쿠키를 지원하고 저장하기 위해 클라이언트에 따라 달라진다. 터미널 창에서 API에 대한 요청을 실행하기 위해 스크립트를 작성하는 경우를 생각해보자. 이 경우 유입되는 요청에 사용자 인증을 적용하려면 요청한 사용자와 그들이 언제 최근에 로그인했는지를 추적할 수 있는 방법이 필요하다. 시각적 로그인 페이지가 없으면 해당 작업이 어려울 수 있다. 또는 JSON 웹 토큰을 사용하는 대체 솔루션으로 시도할 수 있다.

JSON 웹 토큰 즉, JWT는 인증된 사용자 요청을 나타내는 수단으로 서버와 클라이언트 간에 전달되는 서명 또는 암호화된 데이터다. 궁극적으로 JWT는 다른 형식의 세션과 유사하며 웹 통신에서 다르게 사용된다. JWT는 모든 로그인에서 재생성되는 API 토큰과 같은 것으로 볼 수 있으며 다음 세 가지가 포함된다.

표 28.1 JWT 구성

JWT 구성	설명
Header	JWT의 데이터가 준비되고 해시되는 방법을 기술하는 JSON 객체
페이로드	JWT에 저장된 데이터로, 이전에 인증한 사용자를 확인하는 데 사용된다. 페이로드에는 일반적으로 사용자의 ID가 포함된다.
Signature	Header 및 페이로드 값을 사용하는 해시 코드

노트 페이로드가 작을수록 JWT는 더 작아지며 전송 반응 속도도 더 빨라진다.

이 세 가지 값은 특정 사용자의 최근 로그인 상태를 나타내는 고유한 데이터 배열을 제공한다. 먼저 사용자가 요청을 생성하고 이메일과 비밀번호를 전달한다. 서버는 인코딩된 JWT로 응답해 사용자의 올바른 로그인 정보를 확인한다. 그런 다음 각 사용자 요청에 대해 동일한 JWT를 서버로 다시 보내야 한다. 서버는 값을 디코딩하고 페이로드에 지정된 사용자를 찾아 JWT를 확인한다. Passport.js 및 bcrypt를 사용한 비밀번호 암호화와 달리 JWT는 해싱 및 솔팅을 통해 암호화되지 않는다. JWT는 인코딩돼 있고 이는 서버가 JWT를 디코딩해 사용자가 설정한 비밀 값을 몰라도 콘텐츠를 표시할 수 있다.

이 절에서는 `jsonwebtoken` 패키지를 사용해 JWT API 보안을 적용한다. 터미널에서 `npm i jsonwebtoken -S`를 실행해 `jsonwebtoken` 패키지를 설치한다. API에서 사용자 확인을 위해 JWT를 사용하기 때문에 `usersController.js`에 `const jsonWebToken = require("json webtoken")`를 추가해 `jsonwebtoken`을 요청한다.

JWT를 사용하려면 사용자가 브라우저 없이 로그인할 수 있도록 해야 한다. Listing 28.4의 코드를 `usersController.js`에 추가해 새 API 로그인 액션을 작성하라.

노트 `jsonwebtoken`에 관한 정보는 https://github.com/auth0/node-jsonwebtoken에서 더 얻을 수 있다

이 액션은 24장에서 설정한 Passport.js 로컬 스트래티지를 사용한다. 인증 메소드를 통해 사용자 이메일 주소 및 비밀번호가 데이터베이스에 있는 사용자의 주소와 일치하는지 체크한다. 그런 다음 콜백 기능을 통해 일치하는 이메일 및 비밀번호를 가진 사용자를 찾으면 `jsonWebToken.sign`을 사용해 사용자 ID와 만료 날짜가 서명 시점에서 하루로 설정된 토큰을 작성한다. 마지막으로 `success` 태그와 서명된 토큰으로 JSON 객체화해 응답한다. 그 외의 경우는 에러 메시지로 응답한다.

Listing 28.4　usersController.js에서 API를 위한 로그인 액션 생성

passport.authenticate
메소드로 인증

```
apiAuthenticate: (req, res, next) => {
  passport.authenticate("local",(errors, user) => {
    if (user) {
      let signedToken = jsonWebToken.sign(        ◀── 이메일과 패스워드에 매칭하는
        {                                              사용자 존재 시 JWT에 Sign in
          data: user._id,
          exp: new Date().setDate(new Date().getDate() + 1)
        },
        "secret_encoding_passphrase"
      );
      res.json({
        success: true,
        token: signedToken           ◀─── JWT로 응답
      });
    } else
      res.json({
        success: false,
        message: "Could not authenticate user."     ◀─── 에러 메시지로 응답
      });
  })(req, res, next);
}
```

이제 이 토큰을 24시간 동안 사용해 보안 API 엔드포인트에 요청할 수 있다.

그런 다음 apiRoutes.js에 다음 POST 경로 router.post("/login",usersController.apiAu
thenticate)를 추가한다. 본문에 이메일과 비밀번호를 사용해 /api/login 라우트에 POST
요청을 작성해 브라우저 없이 토큰을 생성할 수 있다. 이를 위해 터미널에서 curl -d
"email=jon@jonwexler.com&password=12345" http://localhost:3000/api/login와 같은 curl
명령을 실행하라. 이 예에서 -d 플래그는 사용자가 이메일과 비밀번호를 데이터로 제공
된 URL에 포스트하고 있음을 의미한다. 이 명령을 실행한 후 다음 Listing과 유사한 응답
이 나와야 한다.

Listing 28.5   터미널에서 JWT 인증의 성공 응답 예제

```
{"success":true,"token":"eyJhbGciOiJIUzI1NiIsInR5cCI6IkpXVCJ9
➥ .eyJkYXRhIjoiNTljOWNkN2VmNjU5YjMwMjk4YzkzMjY4IiwiZXhwIjox
➥ NTA2NDk2NDMyODc5LCJpYXQiOjE1MDY0MTAwMzMzMjJ9.Gr7gPyodobTAXh1p
➥ VuycIDxMEf9LyPsbrR4baorAbw0"}
```

인증 후 JWT로 성공 응답 출력

모든 API 엔드포인트의 보안을 위해 수신 JWT를 확인하는 액션을 추가하고 모든 API 라우트마다 해당 미들웨어를 추가한다. Listing 28.6의 코드를 usersController.js에 추가한다.

먼저 요청 헤더에서 유입되는 토큰을 가져온다. 그런 다음 토큰이 존재하면 토큰과 비밀번호와 함께 jsonWebToken.verify를 사용해 토큰을 해석하고 진위 여부를 확인한다. 다음 콜백은 발생할 수 있는 모든 에러와 디코딩된 페이로드^{Payload}를 제공한다. 페이로드에 값이 있는지 확인해 값이 있다면 payload.data에서 사용자의 ID를 가져와 해당 ID를 가진 사용자의 데이터베이스를 쿼리하라. 해당 사용자가 없으면 해당 사용자의 계정이 삭제됐거나 JWT가 변조됐을 수 있으므로 오류 메시지를 리턴한다. 사용자 ID가 일치하면 next를 호출하고 API 엔드포인트로 이동한다. 이 통신 방법은 토큰이 만료되고 사용자가 새 JWT를 작성할 때까지 계속된다.

Listing 28.6   userController.js에서 API를 위한 유효성 체크 액션 생성

```
verifyJWT: (req, res, next) => {
  let token = req.headers.token;  //        요청 헤더에서 JWT 요청 추출
  if (token) {
    jsonWebToken.verify(              JWT를 검사하고
      token,                         페이로드 복호화
      "secret_encoding_passphrase",
      (errors, payload) => {                    JWT 페이로드로부터 추출한
        if (payload) {                          사용자 ID로 사용자 체크
          User.findById(payload.data).then(user => {
            if (user) {
              next();          JWT ID로 사용자가 존재하면
            } else {           next 미들웨어 호출
```

```
        res.status(httpStatus.FORBIDDEN).json({
          error: true,
          message: "No User account found."
        });
      }
    });
  } else {
    res.status(httpStatus.UNAUTHORIZED).json({
      error: true,
      message: "Cannot verify API token."       ◄──── 토큰 검증에 실패하면
    });                                                에러 메시지로 응답
    next();
  }
}
} else {
  res.status(httpStatus.UNAUTHORIZED).json({
    error: true,
    message: "Provide Token"                     ◄──── 요청 헤더에서 토큰이 발견되지
  });                                                  않으면 에러 메시지로 응답
}
}
```

마지막 단계는 API 요청이 처리되기 전에 이 verifyJWT 미들웨어 기능을 배치하는 것이다. apiRoute.js에서 login 라우트 다음 그리고 다른 모든 라우트 앞에 router.use(users Controller.verifyJWT)를 추가하라. 이 단계는 모든 라우트에서 JWT를 생성하는 데 사용되는 login 라우트를 제외하고 verifyJWT 미들웨어를 사용하게 한다.

> **노트** 이 시점에서 JWT를 사용하기 위해 더 이상 사용자 모델 또는 과거 두 API 보안 기술의 토큰 생성기 훅이 필요 없게 된다. 이렇게 구현된 API 보안 기술을 API 액세스의 대체 수단으로 유지할 수 있다. 하지만 이러한 보안 접근 방식을 함께 사용하려면 더 많은 작업이 필요하다.

터미널에서 다른 curl 명령을 실행하고 요청 헤더에서 토큰을 식별해 JWT를 테스트할 수 있다. Listing 28.5의 토큰을 사용하면 해당 커맨드는 Listing 28.7과 같이 된다.

이 커맨드에서 -H 플래그를 사용해 JWT의 헤더 키-값 쌍을 따옴표로 표시하자. 요청과 유효한 JWT를 전달하면 애플리케이션 데이터에 액세스할 수 있다.

> **노트** 이 새로운 접근 방식이 작동하려면 usersController.verifyToken 액션을 제거해야 한다. 그렇지 않으면 응용프로그램에서 JWT 헤더와 apiToken을 모두 찾는다.

Listing 28.7 userController.js에서 API를 위한 검증 액션 생성

```
curl  -H "token: eyJhbGciOiJIUzI1NiIsInR5cCI6IkpXVCJ9.eyJkY
XRhIjoiNTljOWNkN2VmNjU5YjMwMjk4YzkzMjY4IiwiZXhwIjoxNT
A2NDk2NDMyODc5LCJpYXQiOjE1MDY0MTAwMzZ9.Gr7gPyodobTAX
h1pVuycIDxMEf9LyPsbrR4baorAbw0" http://localhost:3000
/api/courses
```

헤더에서 JWT로 요청 생성

> **주의** JWT를 사용하기 위해 API를 작성하는 방법은 클라이언트 측 Ajax 요청에서 이미 수행한 작업과 충돌한다. 지금까지 레시피 애플리케이션에서 구현한 보안을 대체할 필요는 없지만 이 절을 JWT 사용을 소개하는 것으로 생각하라.

요청이 성공하면 28장의 첫 번째 절에서 JSON과 동일한 코스 목록을 보게 될 것이다. API 보안을 위해 JWT를 사용하려는 경우 API 사용자에게 토큰 인증 및 확인 방법을 정확하게 지정해야 한다. 한 가지 방법은 사용자가 이메일과 비밀번호를 게시해 API 토큰을 받을 수 있는 추가 로그인 폼 페이지를 작성하는 것이다. 해당 토큰은 이전 절의 임시 토큰과 같이 사용자 모델에 임시로 저장할 수 있다.

> **노트** JWT를 사용하려면 클라이언트가 어떤 방식으로든 토큰을 저장해야 한다. JWT를 일시적으로 저장할 수 없으면 로그인 시 토큰이 작성된 후 향후 요청을 작성할 수 없다.

JWT는 애플리케이션 데이터에 대한 공격을 방지하고 API를 통한 보안 액세스를 지원할 수 있지만 구현하려면 더 많은 단계가 필요하다. 궁극적으로 각 사용자에 대한 임의 토큰 생성과 같은 간단한 접근 방식으로 시작하는 것이 더 합리적이라는 것을 알 수 있다.

퀵 체크 28.3   왜 요청의 헤더에서 JWT를 전달할까?

 ## 28.4   요약

28장에서는 API에서 세 가지 보안 토큰을 구현하는 방법을 배웠다. 첫 번째는 모든 클라이언트가 사용할 수 있는 간단한 보안 토큰이었다. 두 번째는 생성시 각 사용자에 대해 새로운 임의의 토큰을 생성해야 했다. 세 번째 방법에서는 JWT를 사용해 사용자를 인증해 API에 액세스할 수 있는 가장 안전한 옵션을 제공했다. 29장, '캡스톤 프로젝트: API 구현'에서는 이 단원에 소개된 기능 중 일부를 사용해 API를 직접 작성해본다.

> **해보세요**
>
> 선택할 수 있는 몇 가지 기본 보안 옵션을 배웠으므로 이를 활용해 JWT가 필요한 추가 API 라우트를 작성하라. login 라우트와 같은 특정 라우트가 토큰을 요구하지 않도록 제외할 수도 있다. API 보안에서 제외할 두 경로를 선택하라.

퀵 체크 28.3 정답   요청 본문에서 JWT를 전달할 수 있지만 모든 요청이 POST가 아니기 때문이다.

캡스톤 프로젝트: API 구현

Confetti Cuisine은 애플리케이션의 사용자 지원에 대해 매우 만족해한다. 그러나 더 많은 사용자가 강의에 등록하도록 독려하기 위해 개별 페이지에 더 많은 데이터를 추가를 했으면 한다. 구체적으로 그들은 제공되는 과정과 각 과정에 등록할 수 있는 링크가 나열된 모달 창을 모든 페이지에 포함시키기를 원한다.

이 작업을 수행하기 위해 클라이언트 쪽에서 Ajax를 사용해 애플리케이션 서버에 요청한다. 백그라운드에서 서버에 비동기로 요청을 하면 사용자가 버튼을 클릭해 등록할 때까지 강좌 데이터를 따로 읽어들일 필요가 없다. 이러한 Ajax 사용으로의 변경은 초기 페이지의 로딩 시간 단축에 도움이 되고 사용자가 보는 강좌 데이터의 최신 상태를 보장한다.

먼저 모달에 내장 JavaScript를 포함하도록 애플리케이션 레이아웃 뷰를 수정한다. 다음으로 강좌 데이터를 요청하기 위해 클라이언트 측 JavaScript 코드를 작성할 것이다. 이 데이터를 표시하려면 JSON으로 강좌 데이터를 응답할 API 엔드포인트를 만들어야 한다. 엔드포인트가 작동하면 강좌에서 사용자 등록을 처리하고 완료 시 JSON으로 응답하는 조치를 추가한다. 이 엔드포인트를 통해 사용자는 현재 페이지를 떠나거나 새로 고칠 필요 없이 모든 페이지에서 수업을 등록할 수 있다.

시작하기 전에 새로운 API 엔드포인트를 위해 라우트를 재구성한다.

29.1 라우트의 재구성

애플리케이션의 개선 작업의 시작으로 기본 애플리케이션 파일을 정리하기 위해 라우트를 자체 모듈로 이동시킨다. 애플리케이션이 커지면 라우트도 증가한다. 나중에 이 프로젝트 개발자들이 필요한 라우트를 쉽게 찾을 수 있기를 바란다. 각 모델 리소스에 대한 내 라우트들은 이미 RESTful(라우트 경로가 애플리케이션의 모델 및 CRUD 기능을 고려함)을 따르고 있어 재구성 프로세스가 훨씬 간단할 것이다. 새로운 애플리케이션의 구조는 그림 29.1과 같이 컨트롤러 이름에 따라 라우트를 분리한다.

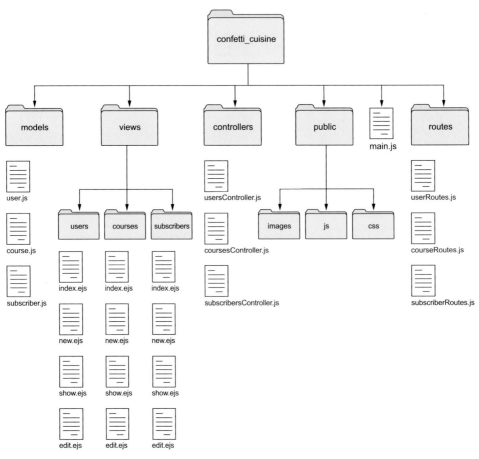

그림 29.1 라우트 폴더 중심의 애플리케이션 구조

먼저 새로운 라우트 폴더를 애플리케이션 디렉터리의 루트 레벨에서 만든다. 이 폴더에 모델을 나타내는 라우트를 포함하는 3개의 모듈을 생성한다.

- userRoutes.js
- courseRoutes.js
- subscriberRoutes.js

다음으로 모든 사용자 라우트를 main.js에서 삭제하고 userRoutes.js로 옮긴다. 이 새로운 라우트 파일은 Listing 29.1과 비슷할 것이다.

노트 또한 Home과 error 라우트를 각각 Routes.js와 errorRoutes.js로 옮길 것이다.

이 파일의 맨 위에 Express.js 라우터와 usersController.js를 요청한다. 이 두 모듈을 사용하면 애플리케이션에서 동일한 객체에 라우트를 연결하고 이 라우트들을 사용자 컨트롤러 내에서 서로 연결할 수 있다. 그 후 CRUD 작업에 대한 라우트와 등록 및 로그인 라우트를 포함하는 사용자의 get, post, put 및 delete 경로도 적용한다. 계속하기 전에 라우트 경로에서 모든 users 텍스트를 제거한다. 대신 이 경로를 나중에 users 네임스페이스 아래에 적용할 것이다. 이 라우터들은 router 객체에 묶여 있으며 프로젝트의 다른 모듈에서 사용할 수 있도록 이 모듈을 익스포트할 것이다.

Listing 29.1 userRoutes.js에서의 사용자 라우트

```
const router = require("express").Router(),
  usersController = require("../controllers/usersController");

router.get("/", usersController.index,
  usersController.indexView);
router.get("/new", usersController.new);
router.post("/create", usersController.validate,
  usersController.create, usersController.redirectView);
router.get("/login", usersController.login);
router.post("/login", usersController.authenticate);
router.get("/logout", usersController.logout,
  usersController.redirectView);
```

Express.js Router 및
userController의 요청

router 객체상에서
사용자 라우트 정의

```
router.get("/:id/edit", usersController.edit);
router.put("/:id/update", usersController.update,
➥ usersController.redirectView);
router.get("/:id", usersController.show,
➥ usersController.showView);
router.delete("/:id/delete", usersController.delete,
➥ usersController.redirectView);

module.exports = router;          모듈로부터
                                  router 객체 익스포트
```

그런 다음 다른 모델 라우트에 동일한 전략을 적용하고 각 모듈에서 라우터 객체를 익스포트한다. 라우터 객체를 익스포트하면 다른 모듈이 이 경로를 요청할 수 있다. 각 모듈마다 필요한 컨트롤러만 있도록 라우트가 이제 다 정리됐다. main.js에서 이러한 경로에 액세스할 수 있도록 routes 폴더에 index.js라는 새 파일을 만든다. 이 파일에는 한곳에서 액세스할 수 있도록 모든 관련 라우트를 요청할 것이다. 그런 다음 main.js에서 index.js를 요청한다.

> **노트** main.js에 남겨진 모든 미들웨어는 app.use에 적용돼야 하며 더 이상 router를 사용하지 않아야 한다.

모든 경로 모듈과 함께 Express.js Router를 우선 요청한다. 이 예제에서는 에러에 대한 라우트와 모델 라우트 그리고 홈 컨트롤러를 포함한다. router.use는 라우터가 첫 번째 매개변수를 네임스페이스로 사용하고 두 번째 매개변수를 해당 네임스페이스와 관련된 라우트 모듈로 사용하도록 한다. 파일의 마지막 부분에서는 라우터 객체를 익스포트한다. 이제 라우터 객체에 이전에 정의된 모든 라우트가 포함돼 있다. index.js의 코드는 다음 Listing과 같이 돼 있다.

Listing 29.2 index.js에서의 모든 라우트

```
const router = require("express").Router(),
  userRoutes = require("./userRoutes"),              route 모듈과
  subscriberRoutes = require("./subscriberRoutes"),  Express.js Router의 요청
  courseRoutes = require("./courseRoutes"),
  errorRoutes = require("./errorRoutes"),
```

```
  homeRoutes = require("./homeRoutes");

router.use("/users", userRoutes);
router.use("/subscribers", subscriberRoutes);        각 라우트 모듈을 위한
router.use("/courses", courseRoutes);                네임스페이스 정의
router.use("/", homeRoutes);
router.use("/", errorRoutes);
                                                완료된 라우터 객체의 익스포트
module.exports = router;
```

이 라우트 재구성한 후에도 /courses와 /courses/:id 경로에서 강좌 목록 및 개별 강좌
에 액세스할 수 있다. 라우트들이 좀 더 체계적으로 구성됐으므로 코드 구조를 복잡하
게 만들지 않으면서 새로운 경로 모듈을 도입할 수 있게 됐다. 이 라우트를 애플리케이
션으로 가져오려면 const router = require("./routes/index")를 사용해 main.js 상단에
index.js를 요청한다. 이 라우터 객체는 이전의 것을 대체한다. 그런 다음 app.use("/",
router)가 main.js에 있는지 확인해 라우터가 이전에 정의된 라우트들을 사용하게 한 것
과 동일한 방식으로 Express.js 앱에 이 라우터를 사용하게 한다.

> **노트**   또한 main.js에서 모든 컨트롤러 요청 라인을 전부 삭제해야 한다. 더 이상 사용되지 않기 때
> 문이다.

이 새로운 라우팅 구조를 사용하면 애플리케이션이 이전과 같이 동일하게 작동한다. 강
좌를 표시할 모달을 작성해 API 수정 작업을 시작할 수 있다.

29.2   강좌의 일부 추가

모달을 만들려면 기본 부트스트랩 모달 HTML을 사용한다. 이 HTML은 화면 중앙에 간
단한 모달을 표시하는 버튼 코드를 제공한다. 강좌 코드인 _coursesModal.ejs에 해당 코
드를 추가한다. 앞의 밑줄은 부분 뷰의 이름을 일반 뷰와 구별하기 위해서 붙인 것이다.

다음 Listing에 표시된 모달 코드만을 포함하고 있는 이 일부 강좌들은 layout.ejs 파일에
반영돼야 한다. <%- include course/_coursesModal %>과 함께 내비게이션 바에 리스트 항
목으로 이 일부 강좌들을 포함시킨다.

Listing 29.3   _coursesModal.ejs에서 모달 코드

```
<button id="modal-button" type="button"
➡ data-toggle="modal"
➡ data-target="#myModal"> Latest Courses</button>
```

모달 창을 열기 위한
버튼 추가

```
<div id="myModal" class="modal fade" role="dialog">
  <div class="modal-dialog">
    <h4 class="modal-title">Latest Courses</h4>
    <div class="modal-body">
    </div>
    <div class="modal-footer">
      <button type="button" data-dismiss="modal">Close</button>
    </div>
  </div>
</div>
```

모달 창을 위한 코드 추가

노트 또한 부트스트랩 및 jQuery용 JavaScript 파일이 public/js 폴더에 추가되고 스크립트 태그를 통해 layout.ejs로 임포트돼야 한다. 그렇지 않으면 모달이 화면에서 애니메이션으로 나타나지 않는다. https://code.jquery.com에서 최신 jQuery 코드를 다운로드하고 https://www.bootstrapcdn.com에서 부트스트랩 코드를 다운로드할 수 있다.

그림 29.2 레이아웃 내비게이션의 모달 버튼

다음 단계는 AJAX 및 새로운 API 엔드포인트로 강좌 데이터를 사용해 모달에 나타나게 하겠다.

29.3 AJAX 함수 생성

웹 페이지를 새로 고치지 않고 애플리케이션 데이터에 액세스하는 방법 중 하나는 서버에 비동기 Ajax 요청을 하는 것이다. 이 요청은 애플리케이션 사용자가 사용하는 브라우저에서 발생하며 public 폴더의 클라이언트 JavaScript 파일에서 시작된다.

이 Ajax 함수가 동작하려면 jQuery가 프로젝트에 추가되고 레이아웃 파일에서 링크돼 있어야 한다. 이의 일부 메소드를 사용해 모달을 채울 것이기 때문이다. 그런 다음 public/js 폴더 내 사용자 정의 파일 confettiCuisine.js를 통해 Listing 29.4에 코드를 추가할 수 있다. `<script type="text/javascript" src="js/confettiCuisine.js"></script>` 태그를 layout.ejs 파일에 사용해 이 파일을 참조한다.

이 Ajax 함수는 DOM^Document Object Model이 로딩되고 모달 단추를 클릭한 경우에만 실행된다. /api/courses에서 API 엔드포인트에 `GET` 요청을 작성해 클릭 이벤트를 처리한다. 이 요청은 웹 브라우저에서 http://localhost:3000/api/courses에 `GET` 요청을 하고 JSON 데이터 페이지를 수신하는 것과 동일하다. 이 라우트는 곧 만들 것이다.

다음으로 결과 객체를 통해 응답에서의 결과를 처리한다. 이 객체 내에서 데이터 객체를 찾는다. 데이터나 강좌 객체가 없으면 함수를 종료한다.

JSON을 위한 `data` 객체를 파싱하고 모달을 채우기 위해 콘텐츠 배열의 내용을 체크한다. 데이터 객체 내 각 항목의 제목, 비용 및 설명을 HTML 태그 내에 표시한다.

각 강좌 목록 옆의 버튼을 해당 강좌의 등록 경로에 연결한다. `addJoinButtonListener`라는 함수를 작성해 요소가 DOM에 추가된 후 각 강좌 목록에 이벤트 리스너를 추가한다. 이 함수는 `.join-button` 클래스로 표시된 join 버튼에서 클릭 이벤트를 수신한다. 해당 버튼을 클릭하면 선택한 특정 강좌 목록에 대해 API 네임 스페이스를 통해 `/api/courses/${courseId}/join`에 다른 AJAX 요청한다. 서버가 강좌에 사용자 추가가 성공했다는 응답을 보내주면 버튼의 색과 글자를 변경한다. 삼항 연산자 `${course.joined ?`

"joined-button" : "join-button" }을 사용해, course.joined의 값에 따라 버튼의 스타일 클래스를 결정한다. 현재 로그인한 사용자가 이미 강좌에 참가했는지 여부를 사용자 인터페이스에 알리기 위해 각 강좌 객체에 이를 적용한다.

Listing 29.4　confettiCuisine.js에서 강좌 데이터를 가져오기 위한 Ajax 함수 생성

모달 버튼의 클릭 처리

```
$(document).ready(() => {                    ◀── DOM 로딩을 기다림
  $("#modal-button").click(() => {
    $(".modal-body").html("");
    $.get(`/api/courses`, (results = {}) => {


      let data = results.data;
      if (!data || !data.courses) return;


      data.courses.forEach((course) => {
        $(".modal-body").append(
          `<div>
              <span class="course-cost">$$${course.cost}</span>
                <span class="course-title">
                  ${course.title}
                </span>
                <button class="${course.joined ? "joined-button" :
"join-button"} btn btn-info btn-sm" data-id="${course._id}">
                    ${course.joined ? "Joined" : "Join"}
                </button>
                <div class="course-description">
                  ${course.description}
                </div>
            </div>`
        );
      });
    }).then(() => {
      addJoinButtonListener();
    });
  });
});
```

모달의 본문 내용을 " "로 초기화

AJAX의 GET 요청을 통한 강좌 데이터 적용

각 강좌를 루프를 돌며 모달 본문에 이를 추가

현재 사용자를 등록하기 위한 링크

강좌 목록에 이벤트 리스너를 추가하기 위한 addJoinButtonListener 호출

```
let addJoinButtonListener = () => {
  $(".join-button").click((event) => {
    let $button = $(event.target),
      courseId = $button.data("id");
    $.get(`/api/courses/${courseId}/join`, (results = {}) => {     ←─── 선택한 강좌에
      let data = results.data;                                          참여하기 위한 API 호출
      if (data && data.success) {
        $button
          .text("Joined")
          .addClass("joined-button")
          .removeClass("join-button");
      } else {
        $button.text("Try again");
      }
    });
  });
}
```

이 코드를 동작시키려면 새로운 두 개의 API 엔드포인트를 만들어야 한다. 하나는 JSON 형식으로 강좌 데이터를 가져오기 위한 것이며, 또 하나는 사용자를 /api/course/${courseId}/join에서 등록하는 요청을 처리하기 위한 것이다. 다음 절에서 이 엔드포인트를 추가한다.

29.4 API 엔드포인트 추가

Confetti Cuisine 애플리케이션이 두 개의 새로운 API 엔드포인트와 연결하도록 구성됐으므로 이러한 요청을 처리할 라우트를 만들어야 한다. 먼저 라우트를 routes 폴더의 index.js 파일에 추가한다. AJAX 요청의 경우 요청이 /courses뿐만 아니라 /api/courses로 이동하기를 원하기 때문에 api 네임스페이스 아래에 특정 라우트가 필요하다. 이 작업을 수행하기 위해 routes 폴더 내에 apiRoutes.js를 Listing 29.5의 코드로 작성한다.

이 파일에서는 Express.js Router와 courseController를 요청한다. 그 후 해당 라우터 객체가 /courses 경로에 대한 GET 요청을 처리하게 한다. 이 라우터는 강좌 컨트롤러의 index 액션에서 강좌 목록을 가져온다. 그 후 강좌 목록은 미들웨어 함수 filterUserCourses를 통해 현재 사용자가 이미 가입한 강좌를 표시하고 그 결과는 respondJSON 함수를 통해 다시 전송된다. api 네임스페이스에서 이 경로는 /api/courses가 된다. 두 번째 라우트는 GET 요청을 join이라는 새로운 액션으로 처리한다. 이 API를 위한 미들웨어를 위해 하나를 더 만들었다. 이 API의 모든 라우트에서 발생하는 모든 오류를 처리하는 errorJSON 액션으로의 참조가 그것이며 마지막으로 이 라우터를 익스포트한다.

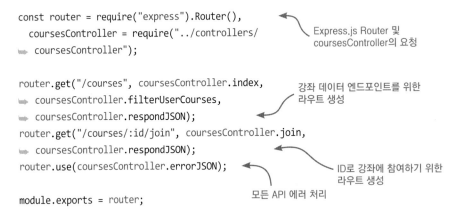

Listing 29.5 **apiRoutes에서 API 라우트 생성**

```
const router = require("express").Router(),
  coursesController = require("../controllers/
  coursesController");


router.get("/courses", coursesController.index,
  coursesController.filterUserCourses,
  coursesController.respondJSON);
router.get("/courses/:id/join", coursesController.join,
  coursesController.respondJSON);
router.use(coursesController.errorJSON);

module.exports = router;
```

Express.js Router 및 coursesController의 요청

강좌 데이터 엔드포인트를 위한 라우트 생성

ID로 강좌에 참여하기 위한 라우트 생성

모든 API 에러 처리

다음으로 index.js에 정의된 라우터에 이 라우터를 추가해야 한다. const apiRoutes = require("./apiRoutes")를 추가해 index.js에서 apiRoutes.js를 요청한다. router.use("/api", apiRoutes)를 index.js에 추가해 /api 네임스페이스 아래 apiRoutes.js에 정의된 라우트를 사용한다. 데이터베이스에서 강좌를 가져오기 위해 이미 index 액션을 만들었다. 이제 JSON 컨트롤러로 데이터를 반환할 수 있도록 강좌 컨트롤러에서 filterUserCourses, respondJSON 및 errorJSON 액션을 만들어야 한다. 이를 위해 다음 Listing의 코드를 courseController.js에 추가한다.

Listing 29.6 coursesController.js에서 사용자가 강좌에 등록하기 위한 액션 생성

```
respondJSON: (req, res) => {
  res.json({
    status: httpStatus.OK,
    data: res.locals
  });
},
errorJSON: (error, req, res, next) => {
  let errorObject;
  if (error) {
    errorObject = {
      status: httpStatus.INTERNAL_SERVER_ERROR,
      message: error.message
    };
  } else {
    errorObject = {
      status: httpStatus.OK,
      message: "Unknown Error."
    };
  }
  res.json(errorObject);
},
filterUserCourses: (req, res, next) => {
  let currentUser = res.locals.currentUser;
  if (currentUser) {
    let mappedCourses = res.locals.courses.map((course) => {
      let userJoined = currentUser.courses.some((userCourse) => {
        return userCourse.equals(course._id);
      });
      return Object.assign(course.toObject(), {joined: userJoined});
    });
    res.locals.courses = mappedCourses;
    next();
  } else {
    next();
  }
}
}
```

데이터 속성을 통한
강좌 배열을 돌려줌

에러가 발생하면 에러 메시지와 함께
500코드 에러를 돌려줌

사용자의 로그인 유무를 체크하고,
사용자와 연계를 나타내는 joined 속성으로
강좌 배열을 돌려줌

그림 29.3 모달 창을 통한 강좌 목록 보여주기

이 새로운 엔드포인트를 사용하면 애플리케이션을 다시 시작하고 탐색 버튼을 클릭할 때 강좌 목록이 모달 화면을 채우는 것을 볼 수 있다(그림 29.3).

> **노트** 이 API 엔드포인트가 작동하는지 테스트하는 동안 액션이 강좌 컨트롤러에 추가될 때까지 join으로의 라우트를 주석 처리해야 한다. 그렇지 않으면 애플리케이션에서 존재하지 않는 콜백을 찾고 있다고 에러를 표시한다.

마지막 단계는 수업에 등록하려는 사용자를 처리하고 이미 참여한 사용자의 반영을 위해 강좌 목록을 필터링하는 라우트 및 액션을 작성하는 것이다.

 ## 29.5 사용자 등록을 위한 액션 생성

요리 수업에 사용자를 등록하려면 현재 사용자의 ID와 선택한 강좌의 ID가 필요하다. passport가 제공한 요청에 따라 사용자 객체에서 사용자 ID를 얻을 수 있다. req.user._ id 또는 이 프로젝트에서 마지막으로 작업할 때 생성한 currentUser 변수(25장 참조)를 사용해야 한다. 또한 RESTful 라우트를 통해 강좌 ID에 쉽게 액세스할 수 있다. 강좌 ID는 라우트 경로의 두 번째 요소다. apiRoutes.js의 두 번째 경로인 /courses/:id/join은 강좌 컨트롤러의 join 액션을 가리킨다.

마지막 단계는 선택한 강좌에 사용자를 등록하기 위해 컨트롤러 액션을 추가하는 것이다. 먼저 join이라는 새로운 액션을 만들고 강좌 및 사용자 ID에 대한 로컬 변수를 정의한다. 이 컨트롤러에서 사용자 모델을 참조하고 있기 때문에 const User = require("../models/user")를 courseController.js에 추가해 이 모델을 요청한다. 그런 다음 사용자가 로그인했는지 확인한다. 로그인하지 않은 경우 JSON 형식으로 오류 메시지를 반환한다.

> **노트** 또한 courseController.js의 맨 위에 const httpStatus = require ("http-status-codes") 및 const User = require("../ models / user")를 추가해야 한다.

사용자가 로그인한 경우 Mongoose의 findByIdAndUpdate 쿼리 메소드를 사용해 사용자 오브젝트, currentUser 및 몽고DB 배열 업데이트 연산자 $addToSet으로 사용자를 검색해 선택한 강좌를 사용자의 강좌 목록에 삽입한다. 이 조합은 강좌 등록을 의미한다. Listing 29.7의 코드를 사용해 이 모든 작업을 수행한다.

> **노트** $addToSet은 courses 배열에 중복 값이 나타나지 않도록 해준다. 몽고DB $push 연산자를 사용해 강좌 ID를 사용자의 courses 배열에 추가할 수 있었지만 이 연산자는 사용자가 실수로 동일한 강좌에 여러 번 등록할 수 있게 해준다.

Listing 29.7 coursesController.js에서 사용자가 강좌에 등록하기 위한 액션 생성

```
join: (req, res, next) => {
  let courseId = req.params.id,          강좌와 사용자 ID를 위한
    currentUser = req.user;              로컬 변수 정의

                                         사용자 로그인 유무 체크
  if (currentUser) {
    User.findByIdAndUpdate(currentUser, {
      $addToSet: {                       선택된 강좌에 연결하기 위한
        courses: courseId                사용자의 검색과 업데이트
      }
    })
```

```
      .then(() => {
        res.locals.success = true;
        next();        ←———— 다음 미들웨어로 계속 진행
      })
      .catch(error => {
        next(error);   ←
      });                        사용자의 등록이 실패하면 에러 메시지와
  } else {                       함께 에러 처리 미들웨어로 진행
    next(new Error("User must log in."));
  }
}
```

그림 29.4 로그인하기 전에 등록 시도

이 액션을 작성하고 애플리케이션을 다시 시작한다. 로그인하기 전에 강좌에 등록하려고 하면 그림 29.4의 메시지가 표시된다.

로그인에 성공하고 버튼을 클릭해 강좌에 참여하면 보여지는 화면은 그림 29.5와 비슷하다. 또한 강좌에 참여한 후에도 창을 새로 고칠 수 있으며 여전히 joined의 상태가 모달에 유지되는 것을 볼 수 있다.

새로운 API 네임스페이스를 통해 더 많은 Ajax 요청 및 Confetti Cuisine의 원시 JSON 데이터에 액세스하려는 다른 애플리케이션에 이 애플리케이션을 열어줄 수 있다. API에 보호 장치를 추가할 수도 있지만, 이 작은 변경을 위해 그렇게까지 필요는 없다.

사용자가 강좌에 등록할 수 있는 새로운 기능을 구현했으므로, API에 대한 단일 페이지 비동기 호출의 이점을 얻을 수 있는 애플리케이션의 다른 부분의 개선 작업을 진행할 것이다.

그림 29.5 강좌 등록에 성공

 29.6 요약

이번 캡스톤 프로젝트 작업에서는 새 API 엔드포인트에 Ajax 요청을 도입해 Confetti Cuisine 애플리케이션을 개선했다. 애플리케이션 경로를 재구성하고 API 경로에서 웹 경로를 분리하는 것으로부터 시작했다. 그 후 클라이언트 측 JavaScript에서 Ajax 함수를 작성해 사용자 정의 API 엔드포인트의 강좌 목록 결과로 모달 화면을 채운다. 마지막으로, 사용자가 애플리케이션의 모든 페이지에서 강좌에 등록할 수 있도록 라우트 및 액션을 만들었다. 이 개선 작업을 통해 Confetti Cuisine의 마케팅 팀은 사용자에게 강좌를 알리고 수업에 참여하도록 유도할 수 있게 됐다.

채팅 기능 추가

이제 애플리케이션의 기본 구조가 완성됐다. 애플리케이션의 기본 기능에는 포함되지 않지만 전반적인 상호작용을 개선할 새로운 기능을 생각해야 한다. 이전 장들에서는 Node.js가 데이터 스트림을 처리하는 데 얼마나 유용한지 설명했다. 인터넷을 통해 많은 양의 데이터를 보내려면 Node.js의 데이터 청킹chunking을 통해 프로세스를 단순화할 수 있다. 데이터 청크chunk는 서버에 도착 시 연결돼 의미 있는 작업을 수행할 데이터로 충분히 쌓일 때 처리된다. 이 접근 방식은 다양한 유형의 데이터 스트림에 유용하며 Node.js의 이벤트 생성 및 이벤트 처리 기능을 통해 가능하다.

7부에서는 Node.js를 사용해 웹 소켓을 이용한 이벤트 중심 통신을 통해 실시간 채팅 애플리케이션을 만드는 방법을 살펴본다. 가장 간단한 HTML 도구를 사용해 채팅 애플리케이션을 작성하는 방법과 웹 소켓 및 socket.io가 전통적인 클라이언트-서버 통신보다 얼마나 더 효율적이고 정교한지 설명한다. 이를 통해 기존 사용자가 그룹 세트에서 통신할 수 있도록 기존 애플리케이션에 채팅 기능을 적용한다.

그런 다음 애플리케이션의 채팅 페이지를 열 때 채팅 메시지에 대한 데이터 모델을 작성하고 데이터베이스로부터의 메시지 로딩을 통해 한 단계 더 발전시킨다. 마지막으로 내비게이션 바에서 사용자가 다른 페이지에 있을 때에도 채팅 페이지가 활성화될 때 표시기 역할을 하는 아이콘을 구현한다.

7부에서는 다음과 같은 주제를 다룬다.

- 30장에서는 웹 소켓을 소개하고 실시간 채팅 애플리케이션을 통해 socket.io 패키지가 어떻게 사용자와 접속하게 하는지 보여준다.

- 31장에서는 메시지를 몽고DB 데이터베이스에 저장해 채팅 애플리케이션을 한 단계 업그레이드하는 방법을 보여준다. 또한 메시지 모델을 작성하고 메시지를 발신인에게 연결한다. 이렇게 하면 로그인한 사용자에게 속한 메시지를 식별할 수 있다.

- 32장에서는 내비게이션 바에서 채팅 활성 표시기를 구현한다. 이 아이콘은 채팅 페이지에서 메시지가 공유될 때 애니메이션 효과를 보여준다.

33장에서는 여기서 배운 개념을 사용해 Confetti Cuisine 애플리케이션에 채팅 기능을 구축한다.

socket.io로의 작업

Node.js에서 웹 애플리케이션을 구축하는 것은 흥미로운 작업이다. 그중 가장 힘든 도전은 주로 웹 개발 관점에서 애플리케이션을 설계하는 것이다. Node.js가 정상적인 요청-응답 주기 밖에서 할 수 있는 것들은 간과하기 쉽다. 30장에서는 개방형 TCP 연결을 통해 클라이언트와 서버 간의 통신을 살펴본다. 이 연결은 클라이언트와 서버 간 데이터의 실시간 스트리밍을 용이하게 하기 위해 응답을 돌려주기 전에, 서버에서 더 오랜 기간 동안 유지되는 일반 HTTP 요청을 사용해 웹 소켓 및 롱 폴링long polling에서 실행되는 socket.io 패키지를 통해 사용 가능하다. 먼저 Express.js로 socket.io를 구현하는 방법을 알아본다. 그런 다음 새 애플리케이션 보기에서 채팅 박스를 작성한다. 마지막으로 socket.io에 의해 트리거되고 처리되는 사용자 정의 이벤트를 통해 클라이언트 측 JavaScript와 서버 코드를 연결한다.

30장에서 다루는 내용은 다음과 같다.

- Node.js 애플리케이션에서의 socket.io 구현
- 컨트롤러 내에서 socket.io 구성
- 간단한 채팅 기능 생성

30.1 socket.io의 사용

클라이언트와 서버 간 통신이 가능한 Node.js 웹 애플리케이션을 구축했다. 클라이언트가 웹 페이지를 보거나 데이터를 게시하려는 경우 애플리케이션은 서버에 HTTP 요청을 생성한다. 이 인터넷 통신 방법은 2017년에 20번째 생일을 맞이했으며 기술적인 관점에서 보면 매우 오래된 기술이다. 개발자는 여전히 요청–응답 주기에 크게 의존하지만 모든 사용 사례에 가장 효과적인 의사소통 방법은 아니다.

예를 들어보자. 실시간으로 NBA 농구 경기 점수를 보려면 어떻게 해야 할까? 점수 및 통계가 포함된 페이지를 읽어들일 수 있지만 업데이트된 정보를 보고 싶을 때마다 페이지를 다시 읽어들여야 한다. 농구 경기의 경우 점수는 매초마다 빠르게 변한다. 서버에 반복적으로 GET 요청을 작성하는 것은 클라이언트에게 많은 작업을 필요로 한다. 폴링Polling은 업데이트된 서버 데이터를 예상하고 클라이언트에서 서버로 반복 요청을 생성하는 데 사용된다. 폴링은 클라이언트와 서버 사이에 데이터 전송을 위해 지금까지 사용했던 표준 기술을 사용하지만 요청을 상당히 자주 보내 두 참가자 사이에 커뮤니케이션의 채널 오픈에 마법을 생성한다(그림 30.1).

이 기술은 더욱 개선돼 업데이트된 데이터를 얻는 데 필요한 요청 수를 줄이고자 롱 폴링Long-Polling이 개발됐다. 롱 폴링은 클라이언트가 업데이트된 데이터를 서버에 반복적으로 요청한다는 점에서는 폴링과 유사하지만 요청 수가 적다는 점에서 폴링과 다르다. 수십 개의 요청이 업데이트된 데이터를 수신할 때 수백 개의 요청을 만드는 대신, 롱 폴링은 요청이 타임아웃될 때까지 HTTP가 허용하는 한 오픈 상태로 둘 수 있게 한다. (예를 들어 10초라면) 이 시간 내에 서버는 요청을 보류하고 서버가 요청을 받거나 응답할 때 업데이트된 데이터로 응답하거나 타임아웃 전에 변경 없는 채로 응답할 수 있다.

이 접근 방식으로 웹 브라우저와 관련 장치들은 수십 년 동안 크게 바뀌지 않은 프로토콜을 통해 실시간 정보 교환을 할 수 있었다.

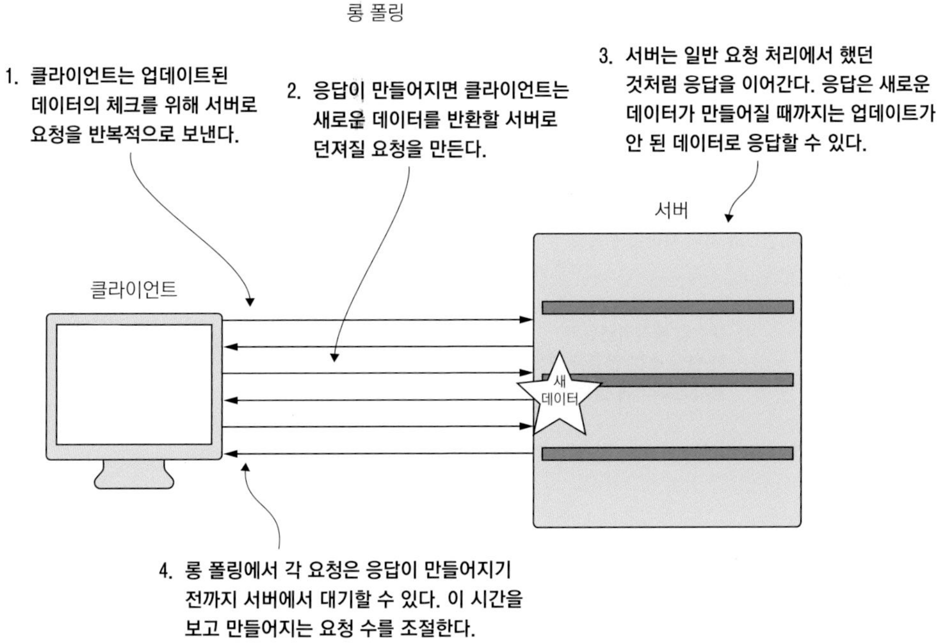

롱 폴링

1. 클라이언트는 업데이트된 데이터의 체크를 위해 서버로 요청을 반복적으로 보낸다.

2. 응답이 만들어지면 클라이언트는 새로운 데이터를 반환할 서버로 던져질 요청을 만든다.

3. 서버는 일반 요청 처리에서 했던 것처럼 응답을 이어간다. 응답은 새로운 데이터가 만들어질 때까지는 업데이트가 안 된 데이터로 응답할 수 있다.

서버

클라이언트

새 데이터

4. 롱 폴링에서 각 요청은 응답이 만들어지기 전까지 서버에서 대기할 수 있다. 이 시간을 보고 만들어지는 요청 수를 조절한다.

그림 30.1 클라이언트와 서버 사이에의 폴링

이 두 가지 방법(폴링과 롱 폴링)은 널리 사용됐지만, 최근 나온 새로운 버전은 Node.js와 같은 플랫폼상에서의 동작을 지원함으로써 더 널리 쓰이게 됐다. 웹 소켓은 2011년에 도입돼 클라이언트와 서버 간 개방된 통신 스트림을 허용해 서버 또는 클라이언트가 사용 가능한 정보가 어느 방향으로든 흐를 수 있는 오픈 채널을 만든다. 웹 소켓은 HTTP와 다른 인터넷 프로토콜을 사용하지만 일반 HTTP 서버에서도 사용을 지원한다. 대부분의 경우 웹 소켓을 사용해 실행 중인 서버는 일반적인 요청-응답에 사용하는 것과 동일한 애플리케이션 포트를 통해 오픈 채널에 도달할 수 있다(그림 30.2).

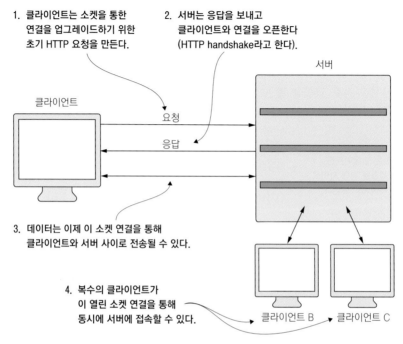

웹 소켓

1. 클라이언트는 소켓을 통한 연결을 업그레이드하기 위한 초기 HTTP 요청을 만든다.

2. 서버는 응답을 보내고 클라이언트와 연결을 오픈한다 (HTTP handshake라고 한다).

서버

클라이언트

요청

응답

3. 데이터는 이제 이 소켓 연결을 통해 클라이언트와 서버 사이로 전송될 수 있다.

4. 복수의 클라이언트가 이 열린 소켓 연결을 통해 동시에 서버에 접속할 수 있다.

클라이언트 B   클라이언트 C

그림 30.2 클라이언트와 서버 간 웹 소켓 연결

웹 소켓은 실시간 통신에 선호되는 방법이지만 아직 많은 옛날 브라우저 및 클라이언트에서 지원되지 않고 있다. 이 새로운 기술을 통해 개발자는 실시간으로 데이터를 스트리밍하는 애플리케이션을 구축할 수 있으며 기존 Node.js 애플리케이션과 통합도 가능하다. socket.io는 웹 소켓을 사용할 수 있을 때 웹 소켓을 사용하고 웹 소켓이 지원되지 않는 곳에서는 폴링을 사용하는 JavaScript 라이브러리다.

socket.io는 웹 소켓에 대한 라이브러리 지원을 제공하는 Node.js 애플리케이션 내에 설치할 수 있는 패키지이기도 하다. Node.js 및 웹 소켓에서 이벤트 구동 통신Event-driven Communication을 사용, 클라이언트와 서버가 이벤트를 트리거해 데이터를 보낼 수 있도록 한다. 예를 들어 업데이트된 농구 경기 통계를 찾는 클라이언트인 경우 서버에 의해 트리거된, updated data 이벤트를 수신하는 클라이언트 측 JavaScript가 있다고 하자. 그러면 브라우저는 웹 페이지의 내용을 수정하기 위해 전달된 데이터와 함께 updated data 이벤

트를 처리한다. 이러한 이벤트는 필요한 경우 연속 스트림 형태 또는 몇 시간 간격 형태로 진행될 수 있다. 서버에게 다른 모든 수신 대기 클라이언트에게 메시지를 보내도록 하려면 서버가 처리 방법을 알고 있는 이벤트를 트리거할 수 있다. 우리는 다행히 클라이언트 측 코드와 서버 측 코드를 모두 제어할 수 있으므로 원하는 이벤트 발생 및 처리 구현이 가능하다.

먼저 socket.io를 레시피 애플리케이션에 `npm i socket.io -S`를 프로젝트 터미널 윈도우에서 실행시켜 설치한다. 사용자와의 커뮤니케이션을 위한 라이브챗 기능을 구현하고자 이 라이브러리를 다음 절에서 사용할 것이다.

> 퀵 체크 30.1 폴링과 롱 폴링의 차이점은 무엇인가?

 ## 30.2 채팅 박스 생성

채팅 기능을 시작하려면 채팅 박스와 전달 버튼으로 구성된 기본 뷰를 작성해야 한다. 클라이언트가 서버 이벤트를 처리할 수 있도록 코드를 작성하면 이 채팅 박스가 데이터로 채워진다.

views 폴더에 chat.ejs라는 새 뷰를 만든다. 이 뷰에 Listing 30.1의 코드를 추가하라. 이 코드에는 입력과 전달 버튼이 있는 폼이 있다. 폼 코드 아래에는 채팅 박스용으로 작성된 태그가 있다. 간단한 CSS 스타일을 사용해 채팅 박스에 테두리 및 크기를 추가하고 사용자에게 입력 폼을 띄워 이를 통해 아래의 채팅 창에 내용을 추가하도록 요구할 수 있다.

퀵 체크 30.1 정답   롱 폴링은 일반 요청보다 오래 지속되는 서버 요청을 전송해 작동한다. 폴링은 많은 개별 GET 요청에 따라 지속 시간이 다르다. 롱 폴링은 단일 GET 요청을 더 오래 지속시켜 클라이언트가 다른 요청을 하기 전에 서버가 업데이트를 수신하고 응답할 수 있게 하므로 좀 더 효율적이다.

Listing 30.1　chat.js에서 채팅 박스 생성

```
<div class="container">
  <h1>Chat</h1>
  <form id="chatForm">
    <input id="chat-input" type="text">
    <input type="submit" value="Send">
  </form>
  <div id="chat"></div>
</div>
```

채팅 입력을 위한
HTML 폼 추가

채팅 콘텐츠를 위한
사용자 정의 입력 요소 추가

채팅 박스를 위한 태그 생성

이 뷰를 읽어들이려면 라우트 및 액션을 새로 추가해야 한다. routes 폴더의 home
Routes.js에 router.get("/chat", homeController.chat)을 추가한다. 이 새로운 경로는
index.js 경로 파일에 흡수돼 main.js에서 사용될 것이다. 이제 다음 Listing에 표시된 대
로 homeController.js에서 채팅 액션을 작성해야 한다. 이 작업에서는 chat.ejs 뷰를 렌
더링한다.

Listing 30.2　homrController.js에서 chat 액션 추가

```
chat: (req, res) => {
  res.render("chat");
}
```

채팅 뷰의 렌더링

다시 애플리케이션을 재시동하고 http://localhost:3000/chat에 접속해 채팅 박스가 그
림 30.3과 같은지 확인하라.

　　노트　사용자 정의 스타일링을 적용하지 않으면 채팅 페이지는 그림 30.3과는 다를 것이다.

그림 30.3 채팅 뷰 나타내기

이 채팅 페이지를 설정하면 HTML에서 사용한 태그 ID를 기억해야 한다. 다음 절에서는 채팅 메시지가 있는 #chat 박스를 타깃으로 #chat-input에 있는 새 메시지를 서버로 전송한다.

┌───┐
  퀵 체크 30.2 왜 chat ID를 가지는 HTML 요소들은 내용이 없을까?
└───┘

 ## 30.3 서버와 클라이언트의 연결

이제 채팅 페이지가 생겼으니 이를 동작시켜야 한다. socket.io를 설치하고 이를 프로젝트에서 요청한다. 소켓 서버가 기존 Express.js HTTP 서버에서 실행되도록 하려면

퀵 체크 30.2 정답　#chat 요소는 각 페이지 로딩 시 빈 상태로 시작한다. 클라이언트 측 JavaScript를 사용해 서버에서 수신한 내용으로 이를 채우게 된다.

socket.io를 요청하고 이를 Express.js 서버로 전달한다. Listing 30.3에 표시된 대로 main.js에서 앱이 지정된 포트에서 수신 대기하는 라인 아래에 요청 라인을 추가한다. 이 코드에서는 실행 중인 서버 인스턴스를 상수 server에 저장해 동일한 Express.js HTTP 서버를 socket.io에 전달할 수 있다. 이 프로세스를 통해 socket.io(io라고 칭함)를 애플리케이션 서버에 연결할 수 있다.

Listing 30.3 main.js에서 서버 io 객체 추가

```
const server = app.listen(app.get("port"), () => {
    console.log(`Server running at http://localhost: ${ app.get("port") }`);
}),              ←──── 서버 인스턴스를 server에 저장
  io = require("socket.io")(server);          서버 인스턴스를
                                              socket.io에 전달
```

이제 io를 사용해 소켓 로직을 빌드할 수 있다. 다른 코드와 마찬가지로 이 코드를 자체 컨트롤러로의 구획화^{compartmentalize}를 한다. controllers 폴더에 새로운 chatController.js를 생성하고 socket.io가 요청된 라인 다음에 이를 요청하는 코드를 위치시킨다. 컨트롤러를 요청하려면 require("./ controllers / chatController")(io)를 main.js에 추가한다. 이 라인에서 io 객체를 채팅 컨트롤러로 전달해 소켓 연결을 관리할 수 있다. 앞으로 main.js에서 이를 사용하지 않을 것이므로 이 모듈을 상수로 저장할 필요는 없으며, 필요 시 요청하면 된다.

> **노트** 객체 정의 다음에 chatController.js를 요청하는 것은 매우 중요하다. 그렇지 않으면 컨트롤러
> 에서 사용하기 위해 설정된 socket.io를 취할 수가 없다.

chatController.js 내에 Listing 30.4에 코드를 추가한다. 이 코드 블록에서는 모든 컨트롤러의 내용을 익스포트하고 main.js의 io 객체라는 단일 매개변수를 사용한다. 이 파일에서는 io를 사용해 특정 이벤트를 수신한다. 먼저 io는 연결 이벤트를 수신하며 이는 클라이언트가 소켓 채널에 연결됐음을 나타낸다. 이 이벤트를 처리할 때 특정 클라이언트 소켓을 사용해 사용자가 연결을 끊었을 때 또는 작성한 메시지 이벤트와 같은 사용자 정의 이벤트를 수신할 수 있다. 서버가 메시지 이벤트를 수신하면 io를 사용해 연결된 모든 클라이언트에 데이터 문자열을 보내고, emit 메소드를 사용한다.

Listing 30.4 chatController.js에서의 채팅 소켓 커넥션 처리

새로운 사용자 커넥션 수신

```
module.exports = io => {                          채팅 컨트롤러 콘텐츠의
  io.on("connection", client => {                 익스포트
    console.log("new connection");

    client.on("disconnect", () => {
      console.log("user disconnected");           언제 사용자가 커넥션을
    });                                           끊는지 체크

    client.on("message", () => {
      io.emit("message", {                        사용자 정의
        content: "Hello"                          메시지 이벤트 수신
      });
    });                       모든 연결된 사용자에게
  });                         메시지 브로드캐스트
};
```

> **노트** 이 코드는 각 새로운 클라이언트를 연결한 상태에서 실행될 것이기 때문에 매개변수 이름인 client를 사용하고 있다는 점에 유의하라. client는 서버와 소켓의 반대쪽에 있는 연결된 엔티티를 나타낸다. 클라이언트 리스너는 초기 io 연결이 이루어진 경우에만 실행된다.

이 코드로 데이터를 처리할 클라이언트 측 코드를 설정해 서버로 이벤트를 보내야 한다. 이 작업을 수행하려면 public 폴더의 RecipeApp.js JavaScript 코드에 몇 가지 코드를 추가하라.

이 코드에서 새 사용자가 연결됐음을 서버에서 감지할 수 있도록 클라이언트 측에서 socket.io를 초기화한다. 그런 다음 jQuery를 사용해 서버에 message 이벤트를 뿌려 전달된 폼을 처리하고, return false.socket.emit으로 자연스럽게 전송된 폼이 이벤트 이름으로 문자열 인수를 갖는 것을 방지하고 이벤트를 서버 쪽으로 되돌려 보내준다. socket.emit은 이벤트 이름으로 문자열 인수를 사용하고 이벤트를 서버로 다시 전송한다. socket.on을 사용하면 문자열 메시지와 함께 서버에서 message를 수신한다. 메시지를 #chat 요소에서 목록 항목으로 추가해 표시하자. 서버에서는 메시지 이벤트 "Hello"를

클라이언트로 보내려는 메시지 이벤트에 대해 chatController.js에 핸들러를 이미 설정
했다.

Listing 30.5　recipeApp.js에서 socket.io를 위한 클라이언트 측 JavaScript 추가

```javascript
const socket = io();                              ← 클라이언트에서 socket.io의
                                                     초기화

$("#chatForm").submit(() => {                      ←
  socket.emit("message");
  $("#chat-input").val("");                        폼이 전달됐을 때
  return false;                                    이벤트 뿌리기
});
socket.on("message", (message) => {                ←
  displayMessage(message.content);                 이벤트를 수신하고
});                                                채팅 박스에 반영

let displayMessage = (message) => {                ←
  $("#chat").prepend($("<li>").html(message));     채팅 박스에서 서버로부터
};                                                 받은 메시지 출력
```

마지막 단계는 채팅이 생성된 뷰에 스크립트 태그를 추가해 클라이언트에 socket.io 라
이브러리를 읽어들이는 것이다. 이 작업을 간소화하려면 레이아웃 파일에 태그를 추가한
다. layout.ejs에서 다른 스크립트 및 링크 태그 아래에 <script src="/socket.io/socket.
io.js"></script>를 추가한다. 이 태그는 Node.js 애플리케이션에게 node_modules 폴
더에서 socket.io 라이브러리를 찾게 한다.

애플리케이션을 다시 시작하고 http://localhost:3000/chat으로 접속해 입력 상자에 텍
스트를 입력하고 보내기를 누른다. 채팅 박스에 "Hello"가 표시돼야 한다(그림 30.4). 새로
운 텍스트를 보낼 때마다 새로운 줄이 나타나야 한다.

그림 30.4 채팅 박스에서 텍스트 표시

31장에서는 이 메시지를 데이터베이스에 저장하도록 기능을 개선할 예정이다.

퀵 체크 30.3 io.emit은 무슨 일을 하는가?

 ## 30.4 요약

30장에서는 socket.io를 알아보고 Node.js 애플리케이션에 이를 설치하는 방법을 살펴봤다. 그런 다음 Express.js 서버를 통해 웹 소켓을 사용해 클라이언트와 서버 간의 이벤트 및 데이터 교환을 실행해 첫 번째 채팅 애플리케이션을 만들었다. 이 채팅 기능이 설치되면 사용자는 실시간으로 서로 통신할 수 있다. 그러나 클라이언트가 웹 페이지를 새

퀵 체크 30.3 정답 io 객체는 서버와 클라이언트 사이의 많은 부분을 컨트롤한다. emit은 이벤트 트리깅에 의한 특정 데이터 전송 및 접속한 모든 클라이언트 소켓에 알림을 보낼 수 있게 한다.

로 고치면 채팅 기록이 지워진다. 게다가 당신은 어떤 사용자가 어떤 메시지를 보냈는지 아직은 전혀 알 수 없다. 31장에서는 새로운 데이터 모델을 생성하고 사용자 계정을 연결해 메시지 작성자를 식별하고 사용자 세션에서 채팅이 지속될 수 있도록 한다.

해보세요

채팅 기능이 구현된 상태에서 클라이언트와 서버 간에 더 의미 있는 데이터를 보내보라. 메시지 내용은 모든 클라이언트가 동일한 메시지를 동시에 볼 수 있게 해주지만, 메시지 자체보다 더 궁금한 게 있을지도 모른다. 메시지가 서버로 전송된 시기를 보여주는 날짜 스탬프를 보내보라. 그런 다음 클라이언트 측 JavaScript로 해당 날짜 스탬프를 수집해 채팅 박스의 메시지 옆에 표시하자.

채팅 메시지의 저장

채팅 기능의 모습이 점점 나타나고 있으며, 개선 방향은 여러 가지로 생각할 수 있다. 채팅 기능은 실시간 통신을 허용하지만 페이지를 새로 고치면 모든 메시지가 사라져버린다. 다음 단계에서는 데이터베이스에 이러한 메시지를 유지하는 기능을 구현한다. 이 과정에서 각 채팅 메시지를 나타내는 간단한 모델을 구현한다. 그런 다음 전송자가 자신의 메시지와 연결할 수 있도록 해당 모델을 사용자 모델에 연결한다. 마지막으로 페이지를 다시 읽어들일 때마다 가장 최근의 메시지를 데이터베이스로 쿼리해 가져온다. 이러한 단계를 완료하면 친숙한 웹사이트 및 애플리케이션에서 사용한 채팅 서비스와 유사하게 된다.

31장에서 다루는 내용은 다음과 같다.

- 메시지 모델 생성
- socket.io 이벤트 핸들러에 메시지 저장
- 새로운 소켓 커넥션에서 메시지 쿼리

31.1   사용자와 메시지의 연결

30장에서 채팅 기능을 애플리케이션에서 생성했고 이를 통해 사용자는 message 이벤트를 트리거해 서버를 띄우고 "Hello"라는 텍스트로 응답하게 됐다. 이제 이를 채팅 입력창에 입력되는 실제 내용을 서버로 전송하도록 만들 차례다. 그렇게 하려면 클라이언트 측 코드를 수정해 Listing 31.1의 폼 전송에서처럼 이벤트 핸들러를 수정한다. 이 작은 변경으로 사용자가 보내기 버튼을 클릭한 후 바로 입력된 텍스트를 캐치할 수 있다. 그런 다음 메시지 이벤트를 서버로 뿌릴 때 객체 내의 텍스트를 전송한다.

Listing 31.1   recipeApp.js에서 클라이언트로부터 이벤트 뿌리기

```
$("#chatForm").submit(() => {
  let text = $("#chat_input").val();          ← 뷰의 input field로부터
  socket.emit("message", {                       텍스트 캐치
    content: text
  });              ← 서버로 데이터 뿌리기
  $("#chat_input").val("");
  return false;
});
```

응답에서 서버가 이 폼 데이터를 모든 대기 중인 클라이언트에 뿌리도록 한다. 채팅 컨트롤러의 message 이벤트 핸들러를 수정해 데이터를 모든 클라이언트에 다시 내보내면 된다. chatController.js의 io.emit 라인 주변의 코드를 Listing 31.2의 코드로 변경하자. 여

기서 클라이언트에서 데이터를 가져다가 다시 뿌려준다. 애플리케이션을 다시 시작하고 새 대화 메시지를 입력하려고 하면 해당 특정 메시지가 대화 상자에 나타난다. 또한 두 번째 브라우저 창을 열어 두 명의 사용자로 시뮬레이션을 할 수 있으며, 이 두 개의 브라우저를 통해 복수 개의 소켓 연결을 통해 데이터를 제출하고 다른 브라우저의 채팅 상자에 새 메시지를 실시간으로 표시할 수 있다(그림 31.1).

그림 31.1 두 개의 소켓으로 메시지 표시

Listing 31.2 chatController.js에서 뿌리는 메시지를 데이터로 변경

콘텐츠로서 메시지 이벤트 내에
있는 데이터를 돌려줌

```
client.on("message", data => {
  io.emit("message", { content: data.content });
});
```

파라미터로 데이터 수집

다음으로 채팅 메시지를 보낸 사용자 정보를 추가한다. 현재는 메시지 내용만 서버에 보내고 있는데, 사용자의 이름과 ID도 같이 보낼 수 있다. Listing 31.3과 같이 채팅 폼을 수정해 이 데이터 두 개를 포함시킨다. 이 예제에서는 passport가 제공하는 응답에 대한 데이터를 사용해 currentUser가 로그인됐는지 여부를 확인한다. 로그인된 사용자가 있는 경우, 폼에 있는 사용자의 _id 속성을 hidden field로 사용하라. 그러면 메시지를 보낼 때 이 값이 서버로 전달될 수 있다.

Listing 31.3　chat.js에서 hidden field 추가

```
<% if (currentUser) { %>                          로그인된 사용자가
  <h1>Chat</h1>                                   있는지 체크
  <form id="chatForm">
    <input id="chat-input" type="text">
      <input id="chat-user-name" type="hidden"
  value="<%= currentUser.fullName %>">
      <input id="chat-user-id" type="hidden"
  value="<%= currentUser._id %>">
      <input type="submit" value="Send">          hidden field에
  </form>                                          사용자 데이터 추가
  <div id="chat"></div>
<% } %>
```

이제 채팅 폼에 사용자 필드를 포함시켰으므로 사용자가 로그인한 경우에만 대화 상자를
표시하도록 한다. 로그인하기 전에 /chat으로 접속해보라. 그런 다음 로컬 사용자 계정 중
하나로 로그인한 다음 다시 시도해보라. 두 번째 시도는 채팅 페이지 내용을 보여줄 것이다.

그런 다음 폼을 보낼 때 이 값을 가져오도록 사용자 지정 클라이언트 측 JavaScript를 수
정한다. 폼 보내기 이벤트 리스너를 다음 Listing의 코드로 교체한다. 이 수정된 코드에서
동일한 로컬 변수 이름을 사용해 사용자 ID를 가져와 서버에 값을 전달하라.

Listing 31.4　reciepApp.js에서 채팅 폼으로부터 hidden field 값을 읽어들임

```
$("#chatForm").submit(() => {
  let text = $("#chat-input").val(),
    userId = $("#chat-user-id").val();          폼에서 hiddel field 값을
  socket.emit("message", {                       읽어들임
    content: text,
    userId: userId
  });
  $("#chat-input").val("");                       메시지 본문과 사용자 데이터로
  return false;                                   이벤트를 뿌림
});
```

이제 chatController.js의 메시지 이벤트 핸들러에서 코드를 변경, 서버에 전달된 모든 개별 속성을 수집해 서버 측에서 이 데이터를 처리할 수 있다(Listing 31.5). 이러한 값을 새 객체에 저장하면 messageAttributes 객체에 지정한 값 이외의 원하지 않는 값을 모두 필터링할 수 있다. 그런 다음 메시지 내용 및 사용자 정보가 포함된 값을 다른 클라이언트로 전달한다.

> **노트** 이 코드는 io.on("connection")... 블록 내에 위치해야 한다. 특정 이벤트는 클라이언트 소켓이 연결된 상태에서만 연결할 수 있다.

Listingg 31.5 chatController.js에서 소켓 데이터의 수신

```
client.on("message", (data) => {
  let messageAttributes = {
    content: data.content,
    userName: data.userName,
    user: data.userId
  };
  io.emit("message", messageAttributes);
});
```

모든 유입 데이터 수집

사용자 데이터를
메시지로 뿌림

마지막으로 이 데이터를 정리하고 뷰에 적절히 표시해야 한다. recipeApp.js로 돌아가서, displayMessage의 코드를 Listing 31.6의 코드와 일치하도록 변경한다. 이 기능은 로그인한 사용자와 관련된 메시지에 HTML 클래스 속성을 추가한다. 폼에 있는 사용자의 ID와 채팅 메시지와 연결된 ID를 비교해 로그인한 사용자의 메시지를 필터링할 수 있다.

이 작업을 수행하려면 getCurrentUserClass를 추가해 채팅에 있는 메시지가 현재 로그인한 사용자의 메시지인지 확인하라. 현재 로그인한 사용자의 메시지라면 해당 사용자의 메시지를 시각적으로 구분하는 데 사용할 수 있는 current-user 클래스를 추가한다. 이 작업 후, 현재 서명된 사용자의 것으로 확인된 각 메시지에는 스타일 클래스가 연결된다. 여기서는 사용자의 ID와 메시지 내용을 사용하고 있기 때문에 이전처럼 메시지 내용뿐만 아니라 전체 message 오브젝트를 displayMessage로 전달해야 한다.

> **노트** displayMessage(message.content) 호출을 displayMessage(message)로 변경해 message 객체의 모든 속성을 사용하게 해야 한다.

Listing 31.6 recipeApp.js에서 채팅 폼으로부터 hidden field 값 끌어오기

```
let displayMessage = (message) => {
  $("#chat").prepend(
    $("<li>").html(`
<div class="message ${getCurrentUserClass(message.user)}">
${message.content}
</div>`)
  );
};
```

채팅 박스에서
사용자 이름과 함께
메시지 내용 출력

```
let getCurrentUserClass = (id) => {
  let userId = $("#chat-user-id").val();
  return userId === id ? "current-user" : "";
};
```

폼의 사용자 ID와 메시지의
사용자 ID가 같은지 체크

이제 이용 중인 사용자의 클래스 요소에 스타일을 추가하고 채팅 메시지를 서로 구분하자. 두 개의 브라우저 창이 나란히 있고 두 명의 사용자가 로그인한 상태에서 채팅은 그림 31.2처럼 보일 것이다.

메시지를 사용자와 연결하고 뷰에서 메시지를 구분하는 로직을 구현했다. 그러나 여전히 이 채팅은 몇 가지 부족한 점이 있다. 로그인한 사용자는 자신의 메시지를 식별할 수 있지만 다른 사용자의 신원을 알 수 없다. 다음 절에서 대화 메시지에 사용자 이름을 추가하자.

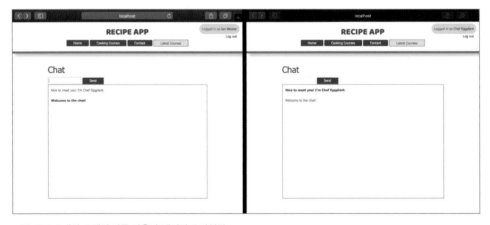

그림 31.2 2개의 소켓의 다른 사용자 메시지 스타일링

> **퀵 체크 31.1** 클라이언트 측 JavaScript에서 채팅 메시지의 사용자 ID와 채팅 폼의 사용자 ID를 비교해야 하는 이유는 무엇인가?

31.2 채팅에서 사용자 이름 표시

메시지를 만든 사용자 계정과 메시지를 같이 보여주면 사용자가 서로 통신하는 데 혼동이나 장애가 없어질 것이다. 혼동을 제거하기 위해 채팅 메시지의 식별자로 사용자 이름을 사용하려 한다. 그렇게 하려면 31.1에서의 코드 몇 가지를 바꿔야 한다.

사용자의 fullName을 보내기 위해 채팅 폼에 hidden input 필드를 이미 추가했다. 로그인한 사용자가 채팅 메시지를 보내면 작성한 이의 이름도 함께 전송된다.

다음으로 폼 제출 시 #chat_user_nameinput에서 값을 끌어와 recipeApp.js에서 이 필드 값을 가져와서 변수에 저장한다. 새로 보내진 이벤트 핸들러는 다음 Listing의 코드와 같다. 그런 다음 userName 키와 쌍을 이루는 동일한 개체 내에서 해당 값을 뿌린다. 나중에 서버에서 이 키를 사용할 것이다.

Listing 31.7 recipeApp.js에서 채팅 폼으로부터 추가 hidden field 값 끌어오기

```
$("#chatForm").submit(() => {
  let text = $("#chat-input").val(),
    userName = $("#chat-user-name").val(),          ◀─── 사용자 이름 끌어오기
    userId = $("#chat-user-id").val();
  socket.emit("message", {
    content: text,
    userName: userName,          서버로 메시지 본문과
    userId: userId               사용자 정의 이벤트 전달
  });
});
```

퀵 체크 31.1 정답　　폼의 사용자 ID는 로그인한 사용자의 ID를 반영한다. 채팅 메시지의 사용자 ID가 폼의 사용자 ID와 일치할 경우, 해당 메시지를 로그인한 사용자의 것으로 안전하게 표시하고 스타일링을 적용해 그 사실을 구분해 나타낼 수 있다.

```
  $("#chat_input").val("");
  return false;
});
```

서버에서 이 사용자 이름을 다른 클라이언트 소켓으로 뿌릴 수 있도록 수집한 메시지 속
성에 포함시켜야 한다. 사용자의 ID를 사용해 이름을 검색할 수 있으며 이런 접근 방식
은 데이터베이스와 통신해야 할 수고를 덜어준다. chatController.js의 메시지 이벤트 핸
들러에서 메시지 속성 변수 할당은 `let messageAttributes = {content: data.content,
userName: data.userName, user: data.userId}`를 읽어들여야 한다.

마지막으로 데이터를 정리하고 뷰에 이를 적절히 나타낸다. reciepApp.js로 돌아가서,
`displayMessage` 함수의 코드를 Listing 31.8로 변경한다. 이 변경은 보낸 메시지를 작성한
사용자의 이름을 나타낸다. `getCurrentUserClass` 함수를 메시지가 현재 로그인 중인 사용
자의 것인지 결정하는 데 사용할 수 있다.

Listing 31.8 recipeApp.js에서 채팅 중인 사용자 이름 보여주기

```
$("#chat").prepend($("<li>").html(`
<strong class="message ${getCurrentUserClass(
⮕ message.user )}">
${message.userName}
</strong>: ${message.content}
`));
```

현재 로그인 사용자라면
이름을 볼드 처리하고 스타일을
입혀 표시

이 변경 작업 후, 그림 31.3과 같은 화면처럼 이름이 표시되는 것을 볼 수 있을 것이다.

이 개선 작업으로 사용자는 특정 채팅 메시지가 누구의 메시지인지 식별 가능해졌다. 이
기능은 대단한 것이어서 채팅의 익명성을 감소시키고 등록된 사용자끼리 소통하게 한다.
하지만 각 페이지를 다시 읽어들일 때 여전히 메시지가 사라지는 문제를 안고 있다. 이
메시지들을 데이터베이스와 연동시켜야 하며 제일 좋은 방법은 Mongoose 데이터 모델
을 활용하는 것이다. 다음 절에서 채팅 메시지에 필요한 모델 스키마를 알아본다.

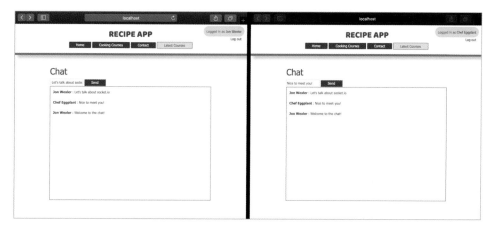

그림 31.3 두 개의 소켓으로 사용자 이름 표시

퀵 체크 31.2 왜 데이터베이스에서 사용자 ID를 전달해 찾지 않고 사용자 이름을 직접 전달할까?

 31.3 메시지 모델의 생성

이 채팅 페이지를 빠져나왔다가 다시 들어가도 그대로 남아 있게 하려면 공유될 메시지를 저장해야 한다. 이를 위해 데이터베이스를 사용하는 데 몇 가지 방법이 있다.

- 메시지의 배열을 저장하려면 사용자 스키마를 수정하는 방법이 있다. 사용자들이 보낸 각각 새로운 메시지와 같이 이 메시지는 사용자의 메시지 배열에 추가된다. 이 접근 방식은 동작은 하지만 리스트가 상당히 길어져 사용자 모델에 저장하는 데 비효율적이거나 필요치 않을 것이다.

퀵 체크 31.2 정답 사용자 ID를 전달받아 데이터베이스를 거쳐 이름을 검색해 보여주는 로직은 동작한다. 하지만 이는 데이터베이스상의 추가 동작을 필요로 한다. 데이터베이스를 갔다 오는 대신에 바로 문자열 값을 전달하는 게 더 효율적이다.

- 채팅과 그 메시지들을 표현하는 새로운 모델을 만들 수도 있다. 이 접근 방식은 새로운 모델 생성이 필요하지만 궁극적으로 어떤 데이터로 작업을 하고 저장하는지 이해하기 쉽게 하고 작업도 줄여준다.

이번 절에서는 31장에서 작업해온 값들을 포함시키는 새로운 메시지 모델을 만든다. 프로젝트 내 models 폴더에서 message.js라는 새로운 파일을 생성하고 Listing 31.9의 코드를 이 파일에 추가한다.

이 코드에서는 content, userName 그리고 user 속성을 포함한 메시지 스키마를 정의한다. 사용자의 이름과 ID와 마찬가지로 채팅 메시지의 내용도 요구된다. 다시 말하면 모든 메시지는 텍스트와 그 작성자가 필요하다. 만약 누군가가 로그인 및 인증 없이 메시지를 저장하려 한다면 데이터베이스에서는 이를 거부할 것이다. 또한 타임스탬프를 true로 설정해 채팅 메시지가 데이터베이스에 추가 시 이를 추적 가능하도록 한다. 이 기능은 독자가 원한다면 채팅 박스에 타임스탬프를 보여줄 수 있게 한다.

Listing 31.9 message.js에서 메시지 스키마 생성

```
const mongoose = require("mongoose"),
  { Schema } = require("mongoose");

const messageSchema = new Schema({
  content: {
    type: String,          // 각 메시지에서
    required: true          // 콘텐츠 요청
  },
  userName: {
    type: String,          // 각 메시지에서
    required: true          // 사용자 이름 요청
  },
  user: {
    type: Schema.Types.ObjectId,
    ref: "User",           // 각 메시지에서
    required: true          // 사용자 ID 요청
  }
```

```
}, { timestamps: true });        ◀──── 각 메시지에서 timestamp 저장

module.exports = mongoose.model("Message", messageSchema);
```

다음으로 const Message = require("../models/message")를 chatController.js의 상단에
추가해 이 새로운 모델을 요청하도록 한다.

> **노트** ../models/message/는 controllers 폴더에서 벗어나 models 폴더에서 message.js를 찾아
> 야 함을 의미한다.

우선 유입 데이터를 메시지 모델에 저장하려면 messageAttributes 모델을 새로운 메시지
객체의 속성으로서 사용해야 한다. 그 후 몽고DB 데이터베이스에 이 메시지를 저장하고,
성공했다면 이 메시지를 뿌린다. 다음 Listing의 코드를 반영해 chatController.js에 있는
client.on("message")를 변경한다.

Listing 31.10 chatController.js에서 message 저장

```
client.on("message", (data) => {            messageAttributes로
  let messageAttributes = {                 새로운 메시지 객체 생성
      content: data.content,
      userName: data.userName,
      user: data.userId
  },
  m = new Message(messageAttributes);
 m.save()                     ◀──── 메시지 저장          저장에 성공하면 메시지 값들을
    .then(() => {                                      뿌려준다. 실패하면 에러 로깅
    io.emit("message", messageAttributes);
    })
    .catch(error => console.log(`error: ${error.message}`));
});
```

메시지 저장에 필요한 것은 여기까지다. 애플리케이션을 다시 띄우고 로그인을 하고 메
시지를 보내 보이지 않게 백그라운드에서 이를 저장한다. 채팅 페이지를 새로 고치는 즉
시 메시지가 데이터베이스에 저장되더라도 대화 기록을 지우기 때문에 사용자는 어떠한
변경 사항도 발견할 수 없다. 이 문제를 개선하려면 사용자가 채팅 소켓에 접속할 때마다

최근의 일부 채팅 메시지를 읽어들여야 한다. chatController.js 내에 Listing 31.11의 코드를 추가해 최근 10개의 채팅 메시지를 찾아 이를 새로운 사용자 정의 이벤트로 보여준다. sort({createAt: -1})를 사용해 데이터베이스의 결과를 최근순으로 정렬한다. 그 후 limit(10)을 사용해 최근 결과 10개로 잘라낸다. 클라이언트 소켓에 사용자 정의 이벤트인 "load all messages"를 뿌리면 새롭게 접속한 사용자의 채팅 박스가 최근 채팅 메시지로 리프레시될 것이다. messages.reverse()를 사용해 메시지 목록을 역순으로 정렬할 수도 있으며 이 기능을 뷰 화면에 추가할 수도 있다.

Listing 31.11 chatController.js에서 최근 메시지 읽어들이기

```
Message.find({})
  .sort({ createdAt: -1 })
  .limit(10)                                최근 10개 메시지를 쿼리       새로 접속한 소켓에 최근
  .then(messages => {                                              10개 메시지를 전달한다.
    client.emit("load all messages", messages.reverse());
  });
```

마지막 단계는 클라이언트 측 JavaScript에서 이 새로운 사용자 정의 이벤트를 처리하는 것이다. recipeApp.js에서 Listing 31.12에 있는 이벤트 핸들러를 추가하자. 이 코드는 특정 소켓으로 뿌려진 "load all messages" 이벤트를 수신한다. 여기에 수신된 모든 데이터는 메시지 배열을 메시지 상자 앞에 추가하기 위해 데이터 배열의 각 메시지를 displayMessage 함수로 전송해 처리된다.

수신된 모든 데이터는 채팅 박스에 메시지 콘텐츠를 반영하기 위한 displayMessage 함수에 데이터 배열에 있는 각 메시지를 전송해 처리한다.

Listing 31.12 recipeApp.js에서 최근 메시지 표시

```
socket.on("load all messages", (data) => {                유입 데이터의 파싱으로
  data.forEach(message => {                               "load all messages" 처리
    displayMessage(message);
  });                                채팅 박스에 나타내기
});                                 위해 각각 메시지 전송
```

두 개의 소켓이 연결된 뷰를 갖고 둘 중 하나를 리프레시하기 전과 한 후의 뷰를 비교해 보자. 새로운 사용자 연결은 데이터베이스의 메시지로 채팅 박스를 리프레시한다. 사전에 저장된 공유된 메시지 이력을 갖고 사용자들이 채팅에 참여할 수 있게 됐다.

> **퀵 체크 31.3** "load all messages" 이벤트의 목적은 무엇일까?

 ## 31.4 요약

31장에서는 메시지 발신인의 정보를 표시하기 위해 어떻게 채팅 박스를 변경할 것인지 알아봤다. 또한 채팅 페이지의 투명성을 확보하려고 메시지와 함께 발신인 이름을 표시했다. 31장 마지막에서는 Message 모델을 생성하고 애플리케이션의 데이터베이스에 메시지를 저장했다. 이 구현을 통해 메시지들이 복수 개의 소켓 연결에서도 동일하게 보일 수 있게 됐다. 새로운 소켓 접속에서 최근 메시지를 읽어들임으로써 사용자들의 대화 참여를 바로 유도할 수 있다. 32장에서는 사용자들이 채팅 페이지에 접속해 있지 않아도 메시지가 왔을 때 알림을 줄 수 있는 방법 중 하나인 socket.io 이벤트에 대해 살펴본다.

해보세요

이제 데이터베이스에 메시지를 저장하고 사용자 계정과 연결시키며 컨트롤러 계층에서 보안 레이어를 추가하게 됐다. 사용자 ID를 메시지에 저장하고 있지만 이 ID가 데이터베이스에서 유효한 것인지는 확신할 수 없다. chatController.js에서 메시지가 저장되는 프라미스 체인 내에 코드를 추가해 메시지를 저장하기 전에 데이터베이스에 동일한 ID가 있는지 체크해보자. 이 작업을 위해 컨트롤러 내 사용자 모델의 요청이 필요하다.

퀵 체크 31.3 정답 "load all messages"는 사용자들이 채팅 박스에 접속하자마자 데이터베이스에 있는 메시지를 읽어들이기 위해 만든 사용자 정의 이벤트다. 사용자 정의이기 때문에 이름은 다르게 붙여도 된다. 이 고유한 이름만 보고 무슨 일을 하는지 알 수 있으면 되며, 클라이언트 측 JavaScript에서 원하는 대로 처리될 수 있다.

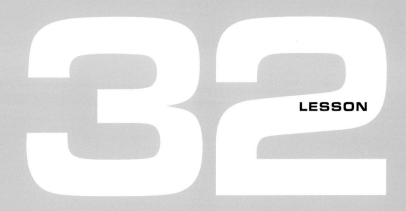

채팅 알림 표시 추가

채팅 페이지가 점점 완성돼 가고 있다. 사용자들은 로그인하고 (잠깐 이전에, 또는 몇 주 전이라도) 최근 채팅 메시지를 볼 수 있게 됐다. 채팅 페이지는 애플리케이션 채팅 기능의 모든 시각적 관점에서 만족스럽다. socket.io에서 좋은 점은 하나의 페이지에만 존재할 필요는 없다는 점이다. 채팅은 메시지 뿌리기와 이벤트 처리를 통해 동작하기 때문에 이들 이벤트를 다른 방식으로 사용할 수 있다. 32장에서는 사용자 정의 이벤트 emitter를 만들고 사용 중인 사용자들에게 채팅 메시지가 보내지면 알림을 보내게 된다. 그 후 내비게이션 바에 있는 작은 시각적 표시기를 만든다. 이는 새로운 메시지가 공유되면 애니메이션 효과로 알려주게 된다. 이 작은 기능을 통해 사용자는 서로 다른 페이지를 보고 있더라도 시각적 알림을 받을 수 있게 된다.

32장에서 다루는 내용은 다음과 같다.

- 사용자 정의 이벤트의 브로드캐스팅
- 이벤트 응답에서 아이콘의 애니메이팅

32.1 다른 소켓으로의 브로드캐스팅

socket.io의 특징 중 하나는 다른 네임스페이스와 다중의 특정 채팅 방에서도 동작하도록 설정할 수 있다는 것이다. 또한 사용자를 특정 그룹에 포함시키거나 내보낼 수도 있다. 덧붙여서 메시지는 항상 모든 클라이언트에 뿌릴 필요는 없을 것이다. 메시지를 뿌리고 있는 클라이언트가 접속이 끊긴 사용자에게까지 메시지를 뿌린다는 것은 이치에 맞지 않는 경우다.

32장에서는 사용자의 소켓 접속이 끊어졌을 때 채팅에서의 다른 모든 사용자에게 알림을 주는 새로운 기능을 구현한다. 이를 위해 Listing 32.1에 있는 코드를 chatController.js의 io.on("connect") 블록 내에 추가한다.

전달^{emitting} 대신 브로드캐스팅을 하는 이유는 전달 시에는 메시지를 받는 클라이언트가 접속이 끊겼을 때 사용자 정의 이벤트를 처리할 수가 없기 때문이다. 하지만 전달하는 소켓이 접속돼 있지 않더라도 다른 소켓에 뿌리기 위한 브로드캐스팅을 할 수는 있다.

Listing 32.1 **chatController.js에서 다른 모든 사용자로의 브로드캐스팅 이벤트**

```
client.on("disconnect", () => {
  client.broadcast.emit("user disconnected");
  console.log("user disconnected");
});
```

다른 접속된 소켓에
메시지 브로드캐스트

새로운 이벤트가 뿌려지면 클라이언트 측에서 이를 처리해야 한다. 다른 모든 이벤트와 마찬가지로 "user disconnected" 이벤트가 수신되면 채팅 박스에 이에 대한 알림 문구를 출력하라. Listing 32.2에 있는 이벤트 핸들러를 recipeApp.js에 추가한다. 이 코드에서는 displayMessage를 재사용해 하드코딩된 메시지를 게시하면 다른 사용자들이 누가 접속이 끊겼는지 알 수 있게 한다.

Listing 32.2 recipeApp.js에서 사용자 접속이 끊겼을 때 메시지 출력

```
socket.on("user disconnected", () => {
  displayMessage({
    userName: "Notice",
    content: "User left the chat"
  });
});
```

"user disconnected" 이벤트를
대기하고 사용자 정의 메시지를
출력한다.

이제 애플리케이션을 다시 띄우고 2개의 다른 브라우저를 통해 여러 개의 계정으로 로그인하거나 익명 모드^{incognito mode}로 새로운 세션으로 로그인해본다. 두 개의 채팅 박스가 나란히 열린 상태에서 한쪽에 사용자가 다른 채팅 박스로 접속이 될 때를 체크한다. 그림 32.1에서 오른쪽 윈도우가 리프레시될 때 왼쪽 채팅 윈도우는 사용자가 접속이 끊겼다는 것을 보여준다. 이 경우에서는 페이지 리프레시 이후 즉시 연결이 일어난다.

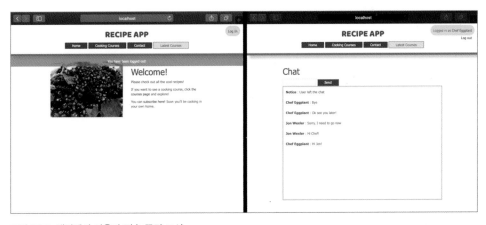

그림 32.1 채팅에서 사용자 접속 끊김 표시

32.2   내비게이션에 채팅 표시기 생성

채팅 애플리케이션의 완성을 위해 마지막으로 추가될 기능은 사용자가 애플리케이션 내 다른 페이지에 있어도 채팅 페이지에서 활동이 있을 때 이를 알려주는 것이다. 이 기능은 자신의 프로필이나 레시피를 보고 있거나 홈페이지에서 나간 사용자에게 유용할 것이다. 이들은 다른 사용자들이 채팅방에서 여전히 채팅 중임을 알 것이다. 이 기능을 추가하기 위해 내비게이션 바에 아이콘을 하나 추가한다. 채팅방에서 메시지가 전달된다면 이 아이콘을 애니메이팅시켜 사용자에게 어디에 있든지 어떤 채팅 활동이 일어나는지를 알 수 있게 한다.

먼저 layout.ejs에 `<a href="/chat" class="chat-icon"> @</a>`를 추가해 내비게이션 바에 아이콘을 추가한다. 이 아이콘의 추가로 내비게이션 바에 @을 애플리케이션을 다시 띄우면 볼 수 있다. 이 아이콘을 클릭하면 `/chat` 라우트로 이동한다.

다음으로 다른 사용자가 메시지를 보내면 이 아이콘에 플래시 애니메이션 효과를 준다. 이 작업을 위해 jQuery의 `fadeOut`과 `fadeIn` 메소드를 `"message"` 이벤트를 받을 때마다 채팅 아이콘에 사용한다.

다음 Listing의 코드와 같이 recipeApp.js에서의 `socket.on("message")` 핸들러를 수정한다. 이 예제에서는 `thedisplayMessage` 함수를 계속 사용해 채팅 뷰어에 메시지를 게시하고 있다. 그 후 간단한 `for` 루프를 통해 채팅 아이콘을 2회 플래시 애니메이팅한다.

Listing 32.3 recipeApp.js에서 메시지 수신 시 채팅 아이콘 애니메이팅

```
socket.on("message", (message) => {
  displayMessage(message);
  for (let i = 0; i < 2; i++) {
    $(".chat-icon").fadeOut(200).fadeIn(200);    ◀──  채팅 메시지 수신 시
  }                                                    채팅 아이콘 애니메이팅
});
```

애플리케이션을 다시 띄우고 다른 2개의 계정을 2개의 브라우저로 각각 로그인한다. 한 쪽 사용자가 메시지를 보내면 다른 쪽 사용자에게는 애플리케이션 내 어떤 페이지에 있더라도 내비게이션 바에 있는 채팅 아이콘이 2회 플래시되는 것을 확인한다(그림 32.2).

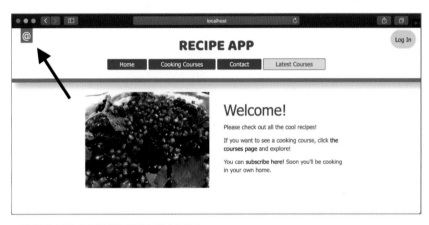

그림 32.2 내비게이션 바의 아이콘 애니메이팅

33장의 캡스톤 프로젝트에서 채팅 기능을 모두 적용해볼 것이다.

퀵 체크 32.2 참 또는 거짓! 애플리케이션 내 모든 페이지에서 socket.io 이벤트를 처리할 수 있다.

퀵 체크 32.2 정답   참이다. 예를 들어 32장에서 socket.io 라이브러리를 layout.ejs에서 임포트했고, 이는 모든 뷰에서 사용된다. 비슷하게 클라이언트 측 JavaScript는 레이아웃 파일에 임포트돼 있는 파일에 존재한다. 만일 특정 뷰에서만 socket.io를 임포트한다면 해당 페이지에서만 이벤트를 처리할 수 있다.

 **32.3 요약**

32장에서는 어떻게 밖에서 일반적인 채팅 기능을 사용하기 위한 socket.io 이벤트를 커스터마이징하는지 배웠다. socket.io 클라이언트를 갖고 있는 애플리케이션 내 모든 파트에서 이벤트들이 사용될 수 있기 때문에 커넥션이 열린 상태에서 많은 유형의 데이터 전송을 위한 이벤트들을 만들 수 있다. 먼저 새로운 이벤트를 만들어 사용자의 연결이 끊어지면 이를 알리도록 했다. 그런 다음 레이아웃의 내비게이션에 있는 비채팅 기능^{Nonchat feature}을 트리거하기 위해 기존 이벤트를 사용했다. 이 채팅 기능 구현을 통해 이제 동일한 기능의 캡스톤 프로젝트(33장)에 적용해본다. 그 후에는 배포할 것이다.

> **해보세요**
>
> 채팅 애플리케이션이 드디어 기능을 갖춰 언제 사용자들이 접속이 끊어졌는지 알게 됐다. 사용자들이 언제 접속했는지도 알면 그것도 유용할 것이다. io.on("connection")을 사용해 채팅에서 새로운 사용자가 참가했음을 알리는 새로운 이벤트를 트리거하라.
>
> 이것이 완성되면 커넥션 메시지에 사용자 이름을 다음과 같이 추가할 수 있다.
>
> `'Notice: Jon Wexler has joined the chat.'`

캡스톤 프로젝트:
Confetti Cuisine에 채팅 기능 추가

현재 애플리케이션의 기본 기능은 모두 완성했다. 여기에서 기존 기능을 개선하거나 아니면 추가 기능을 만드는 작업을 할 수 있다. 애플리케이션이 제품으로 릴리스되고 모두가 사용할 수 있게 되기 전에, Confetti Cuisine에서는 사용자를 끌어들일 수 있는 재미있는 기능들을 요청했다. 주저 없이 나는 Node.js 애플리케이션에 채팅 기능을 추가할 좋은 기회라고 말했다. 애플리케이션을 복잡하게 만들기를 원치 않기 때문에 채팅 기능도 간단하게 만들 것이다.

채팅은 계정이 있는 사용자에게 타 사용자와 소통할 수 있게 할 것이다. 메시지가 전달될 때마다 이 메시지와 관련 사용자들을 백그라운드에 저장할 것이다. 또한 socket.io의 장점을 살려 실시간 통신을 위해 연결된 클라이언트와 서버 간의 오픈 커넥션을 유지한다. 이 라이브러리의 이벤트 주도 도구를 통해 서버로부터 각 개인 클라이언트로 혹은 모든 클라이언트로 그리고 클라이언트로부터 서버로 메시지를 보낼 수 있다. 또한 메시지를 선택한 클라이언트 그룹에도 보낼 수 있다. 하지만 이 애플리케이션에서는 그런 기능까지는 필요 없다고 생각한다.

나중에 내비게이션 바의 채팅 아이콘과 연결해 채팅 메시지가 전달되면 애니메이션 효과를 줄 것이다. 모든 사용자는 메시지가 뿌려질 때마다 아이콘이 애니메이팅되는 것을 볼 것이다. 이 아이콘을 클릭하면 채팅 페이지로 연결된다. 이제 Confetti Cuisine 애플리케이션 마무리 작업을 할 때가 됐다.

 ## 33.1 socket.io 설치

우선 socket.io 패키지를 설치해야 한다. socket.io는 JavaScript 라이브러리를 제공하며 클라이언트와 서버 간에 오픈 커넥션을 유지하기 위해 웹 소켓과 롱 폴링을 사용해 실시간 커뮤니케이션 포털을 만들도록 해준다. 이 패키지의 설치는 터미널 창에서 npm i socket.io -S로 수행한다.

패키지가 설치되면 애플리케이션 파일과 클라이언트상에서 이를 요청한다.

 ## 33.2 서버에 socket.io 설정

socket.io를 요청하기 전에 main.js에서 server라고 부르는 상수에 app.listen 라인을 할당해 Express.js로 생성하는 서버 인스턴스를 저장해야 한다. 이 서버 인스턴스 다음에 const io=require("socket.io")(server)를 추가해 socket.io를 프로젝트 내에서 요청한다. 이 라인에서 동시에 socket.io 모듈을 요청하고 Express.js에서 사용되는 HTTP 서버의 인스턴스에 이를 전달한다. 이 방법은 socket.io를 사용한 접속이 애플리케이션과 동일한 HTTP 서버를 공유할 것이다. io 상수에 저장된 socket.io 인스턴스로 채팅 기능을 만드는 데 io의 사용을 시작할 수 있다.

먼저 채팅 기능을 위해 새로운 컨트롤러를 설정한다. 모든 socket.io 코드가 main.js에 들어갈 수 있으나, 자신의 컨트롤러에 있는 것이 읽기도 쉽고 유지하기도 편하다. 먼저 main.js에서 새로운 컨트롤러를 요청하고 main.js의 제일 아래에 const chatController = require("./controllers/chatController")(io)를 추가해 이 io 객체를 전달한다. 다음으로 controllers 폴더에 chatController.js 파일을 생성한다. 이 파일에 Listing 33.1의 코드를 추가한다.

특정 소켓 이벤트를 수신하기 위해 같은 io 객체를 main.js에서 사용한다. io.on("connection")은 새로운 클라이언트가 소켓 서버에 접속할 때 반응한다. client.on("message")는 클라이언트 소켓이 사용자 정의 메시지 이벤트를 서버로 보낼 때 반응한다. 이벤트의 이름은 원하는 대로 지을 수 있다. 채팅 메시지의 작업을 하고 있기 때문에 이 이벤트 이름은 적절해 보인다. 이 마지막 블록 내에서 io.emit을 사용해 모든 접속 중인 클라이언트에게 각 개인 클라이언트로부터 받은 것과 동일한 데이터를 보낸다. 이 방식으로 단독 사용자가 보낸 동일한 메시지를 모두가 받게 된다.

Listing 33.1 chatController.js에서 채팅 액션 추가

새로운 사용자 접속 수신

```
module.exports = io => {                          채팅 컨트롤러
  io.on("connection", client => {                 콘텐츠의 익스포트
    console.log("new connection");

    client.on("disconnect", () => {          ◀── 사용자의 접속 해지 수신
      console.log("user disconnected");
    });

    client.on("message", (data) => {
      let messageAttributes = {                   사용자 정의
        content: data.content,                    메시지 이벤트 수신
        userName: data.userName,
        user: data.userId
      };
      io.emit("message");
    });                                           접속 사용자에
  });                                             메시지 브로드캐스팅
};
```

코드의 마지막 라인에서는 클라이언트로부터 받았을 특정된 메시지 속성 세트를 보낸다. 클라이언트에서는 사용자 ID, 사용자 이름 그리고 메시지 내용을 메시지 이벤트와 함께 뿌렸을 것이다. 뷰로부터 이 3개의 속성을 보내야 한다.

33.3 클라이언트에서 socket.io 설정

채팅 접속을 성공적으로 완성하려면 클라이언트로부터의 소켓 커넥션을 가능하게 하는 뷰 페이지가 필요하다. chat.ejs라는 뷰에 채팅 박스를 만들려고 하며 이 뷰는 /chat URL 경로로 접속 가능하다. 이 경로를 위한 새로운 라우트를 homeRoutes.js에 router.get("/chat", homeController.chat)을 추가해 만든다.

그런 다음 컨트롤러 액션을 추가해 이 라우트와 다음 Listing에 있는 코드를 homeController.js에 추가해 매칭시킨다. 이 코드는 chat.ejs 뷰를 렌더링한다.

Listing 33.2 homeController.js에서 chat 액션 추가

```
chat: (req, res) => {
  res.render("chat");        ◀─── 채팅 뷰 렌더링
}
```

채팅 뷰 페이지를 렌더링하려면 빌드를 해야 한다. 새로운 파일을 views 폴더에 chat.ejs라는 이름으로 만들고 Listing 33.3의 코드를 추가한다. 이 내장형 JavaScript(EJS) 코드에서는 우선 뷰 페이지의 currentUser를 체크한다. 이전에 Passport.js를 통해 로그인 사용자들의 세션을 반영하기 위한 지역 변수로 currentUser를 설정했다. 사용자가 로그인한 상태라면 채팅 폼을 표시한다. 이 폼은 3개의 input을 갖고 있다. 2개는 hidden 속성이면서 사용자 이름 및 ID 값을 갖고 있다. 이 2개의 input 값을 나중에 메시지 작성자에 대한 정보를 서버에 보낼 때 사용할 것이다. 나머지 input은 실제 메시지 내용이다. 나중에 서버에 보낼 메시지 콘텐츠 값으로 이를 사용할 것이다.

Listing 33.3 chat.ejs에서의 hidden 채팅 폼 필드

```
<% if (currentUser) { %>        ◀─── 사용자의 로그인 상태 체크
  <h1>Chat</h1>
  <form id="chatForm">
    <input id="chat-input" type="text">
    <input id="chat-user-id" type="hidden" value="<%=
⤶ currentUser._id %>">
```

```
    <input id="chat-user-name" type="hidden" value="<%=
currentUser.fullName %>">                          ← 사용자 데이터를 갖고 있는
    <input type="submit" value="Send">                hidden field 추가
  </form>
  <div id="chat"></div>
<% } %>
```

이 퍼즐의 마지막 조각은 클라이언트 측 JavaScript를 추가해 채팅 페이지상의 사용자 행
동을 모니터하고 서버에 새로운 메시지를 알려주기 위한 socket.io 이벤트를 전달하는
것이다. public 폴더에 confettiCuisine.js 파일을 위치시키고 Listing 33.4의 코드를 추가
한다. 그리고 socket.io를 임포트하고 서버의 웹 소켓과 연동하기 위한 로직을 추가한다.
첫 번째 코드블록에서는 jQuery를 사용해 폼 전송을 처리하며 이를 통해 3개의 input 값
을 모두 취한다. 서버상의 client.on("message") 이벤트 핸들러에서 이 값들을 받을 것이다.

코드의 두 번째 블록은 socket 객체를 사용해 동작할 코드에서 특정 클라이언트를 나타
낸다. socket.on("message")은 클라이언트가 message 이벤트를 수신하도록 설정한다. 이
이벤트가 전달되면 각 클라이언트는 이벤트와 같이 전달된 메시지들을 수신하고 만들어
놓은 사용자 정의 함수인 displayMessage에 이를 전송한다. 이 함수는 뷰 페이지 채팅 박
스에 위치하며 메시지를 화면에 표시한다.

Listing 33.4 confettiCuisine.js에서 클라이언트상 socket.io 추가

```
const socket = io();          ← 클라이언트에 socket.io 초기화

$("#chatForm").submit(() => {
  let text = $("#chat-input").val(),          채팅 폼에서
    userName = $("#chat-user-name").val(),    전송 이벤트 수신
    userId = $("#chat-user-id").val();
  socket.emit("message", {
    content: text,
    userName: userName,
    userId: userId
  });
  $("#chat-input").val("");
  return false;
```

```
});          ◀─── 폼이 전송되면 이벤트 뿌리기          이벤트를 수신하고
                                                      채팅 박스에 이를 반영
socket.on("message", (message) => {    ◀
  displayMessage(message);
});
                                        채팅 박스에 메시지 표시
let displayMessage = (message) => {    ◀
  $("#chat").prepend( $("<li>").html(message.content));
};
```

이 파일에서 io 객체를 애플리케이션이 사용 가능하기 전에 layout.ejs에 confettiCuisine.js를 임포트하는 부분 앞에 `<script src="/socket.io/socket.io.js"></script>`를 추가해 이를 요청해야 한다. 이 라인은 `socket.io`를 node_modules 폴더로부터 클라이언트를 위해 `socket.io`를 읽어들인다.

이제 애플리케이션을 배포할 준비가 됐으며 사용자 간에 채팅 메시지가 전송되는 것을 볼 수 있게 됐다. 여기에 스타일을 입혀서 사용자들이 좀 더 쉽게 타 사용자로부터 온 메시지를 구분하기 쉽게 할 수 있다. 또 사용자들의 이름을 사용해 메시지 전송자의 이름과 전송 내용을 나란히 표시하려 한다. 이를 위해 `displayMessage` 함수를 다음 Listing과 같이 수정해 사용자의 이름을 출력하게 한다. 메시지 객체 내의 사용자 ID와 현재 로그인한 사용자 ID를 비교해 메시지가 로그인한 사용자의 것인지를 체크한다.

Listing 33.5 confettiCuisine.js에서 채팅 폼으로부터 hidden 필드 값 추출

```
let displayMessage = (message) => {
  $("#chat").prepend( $("<li>").html(`
  <div class='message ${getCurrentUserClass(message.user)}'>
  <span class="user-name">
  ${message.userName}:
  </span>
  ${message.content}
  </div>                  ◀─── 메시지와 함께 사용자 이름 표시
  `));
};

let getCurrentUserClass = (id) => {
```

```
  let userId = $("#chat-user-id").val();
  if (userId === id) return "current-user";
  else return "";
};
```

메시지가 현재 로그인한
사용자의 것인지 체크

33.4 메시지 모델 생성

Confetti Cuisine 애플리케이션에서의 사용자들에게 가치를 전달하고 애플리케이션이 쓸 만하다는 평가를 얻으려면 사용자가 페이지를 리프레시해도 메시지들이 사라지면 안 될 것이다. 이 문제를 해결하기 위해 채팅 폼에서 메시지 속성을 포함시키는 Message 모델을 만들 것이다. 프로젝트 내 models 폴더에 message.js 파일을 생성하고 Listing 33.6의 코드를 이 파일에 추가한다.

이 코드에서는 content, userName 그리고 user 속성을 포함하는 메시지 스키마를 정의하고 있다. 채팅 메시지의 내용은 사용자 이름과 ID와 마찬가지로 필수다. 본질적으로 모든 메시지에는 텍스트와 작성자가 필요하다. 만일 누군가가 로그인을 하지 않거나 인증 없이 메시지를 저장하려고 하면 데이터베이스에서 이를 막을 것이다. 또한 timestamps를 true로 설정해 데이터베이스에 채팅 메시지가 추가됐을 때 이를 추적할 수 있게 한다. 이 기능은 원한다면 채팅 박스에 타임스탬프를 표시하게 해준다.

Listing 33.6 message.js에서 메시지 스키마 생성

```
const mongoose = require("mongoose"),
  { Schema } = require("mongoose");

const messageSchema = new Schema({
  content: {
    type: String,
    required: true
  },            ◀────  각 메시지의 콘텐츠 요청
  userName: {
    type: String,
    required: true
```

```
  },
  user: {                        ← 각 메시지의 사용자 이름 요청
    type: Schema.Types.ObjectId,
    ref: "User",
    required: true               ← 각 메시지의 사용자 ID 요청
  }                                      ← 각 메시지별 timestamp 저장
}, { timestamps: true });

module.exports = mongoose.model("Message", messageSchema);
```

이 Mongoose 모델은 이제 채팅 컨트롤러를 사용할 준비가 됐다. 채팅 컨트롤러에 새로운 메시지가 도착하면 이를 저장하고 다른 사용자의 채팅에 이를 뿌린다. 이 새로운 모델을 chatController.js의 제일 위에 const Message = require ("../models/message")를 추가해 이를 통해 요청한다. chatController.js 내에 client.on("message") 관련 블록은 Listing 33.7의 코드와 같다. 이전부터 동일한 messageAttributes를 이전 컨트롤러에서 새로운 Message 인스턴스를 생성하기 위해 사용한다. 메시지가 성공적으로 저장되면 이를 모든 접속 중인 소켓에 뿌린다. 저장에 실패하면 에러를 로깅하고 이 메시지는 서버로부터 전송되지 않을 것이다.

Listing 33.7 chatController.js에서 메시지 저장

```
client.on("message", (data) => {
  let messageAttributes = {
      content: data.content,
      userName: data.userName,
      user: data.userId
  },                                         messageAttributes로
  m = new Message(messageAttributes);     ← 새로운 메시지 객체 생성
  m.save()                         ← 메시지 저장
    .then(() => {              저장에 성공하면
      io.emit("message",       메시지 값을 전달하고
  messageAttributes);       ← 실패하면 에러 로깅
    })
    .catch(error => console.log(`error: ${error.message}`));
});
```

이 코드는 메시지를 데이터베이스에 저장하지만 채팅 기록은 여전히 처음 접속하는 사용자에게는 보이지 않는다. 이 문제를 데이터베이스에서 이전 메시지를 읽어들여 해결할 것이다.

 ## 33.5   접속 시 메시지 읽어들이기

채팅 박스에 메시지를 저장하기 위한 두 번째 작업은 채팅 박스에서 일정 개수만큼 채팅 기록을 유지하는 것이다. 일단 채팅 메시지 중 최근 10개를 채팅 박스에 항상 남겨놓기로 한다. 이를 위해 최근 10개의 채팅 메시지를 데이터베이스로부터 읽어들여야 하고 사용자들이 채팅에 접속하면 바로 모든 클라이언트에게 이를 뿌려야 한다.

chatController.js 내에 Listing 33.8의 코드를 추가해 최근 10개의 채팅 메시지를 찾고 이를 새로운 사용자 정의 이벤트와 함께 뿌린다. sort({createdAt: -1})를 사용해 데이터베이스 검색 결과를 내림차순으로 정렬한다. 그 후 limit(10)을 적용해 결과를 최근 10개로 제한시킨다. 사용자 정의 이벤트 "load all messages"를 클라이언트 소켓에 뿌려 새로 접속한 사용자들이 채팅 박스를 리프레시할 때 이 메시지를 보여준다. 그 후 메시지 목록을 message.reverse()를 사용해 역순으로 바꾼 뒤 이를 뷰 화면에 뿌려준다.

Listing 33.8   chatController.js에서 최근 메시지 읽어들이기

```
Message.find({})
  .sort({
    createdAt: -1
  })
  .limit(10)                          최근 메시지들을 쿼리한다.
  .then(messages => {
    client.emit("load all messages",  새로 접속한 socket에
                                      이 10개의 메시지를 전달
  messages.reverse());
  });
```

클라이언트에서 "load all messages"를 처리하기 위해 다음 Listing의 이벤트 핸들러를 confettiCuisine.js에 추가한다. 이 코드 블록에서 "load all messages"를 수신한다. 이 코

드 블록에서 "load all messages" 이벤트 발생을 대기하고 있다. 메시지가 발생하면 클라이언트에서 수신한 메시지를 순환시켜 displayMessage 함수를 통해 채팅 박스에 개별적으로 표시한다.

```
socket.on("load all messages", (data) => {
  data.forEach(message => {
    displayMessage(message);
  });
});
```

유입 데이터 파싱으로
"load all messages" 처리

displayMessage에 각 메시지를
보내 채팅 박스에 표시

이제 채팅 기능이 완성됐으며 로컬 테스트 준비가 됐다. 분리된 2명의 사용자가 대화를 하기 위해 애플리케이션을 다시 띄우고 각각 다른 브라우저에 로그인한다. 채팅 페이지로 이동하고 socket.io로 Node.js 애플리케이션상에서 실시간으로 채팅 메시지가 전송되는지 확인한다.

 ## 33.6 채팅 아이콘 설정

이제 이 애플리케이션에 마지막 기능 추가를 하려 한다. 사용자가 애플리케이션 내 어디에 있든지 채팅이 활성화 중일 때 메시지의 수신을 알 수 있게 하는 것이다. 이 기능은 기존의 socket.io 이벤트 설정으로 쉽게 추가할 수 있다. <a href="/chat" class="chat-icon">@</a>를 layout.ejs에 추가해 내비게이션 바에 아이콘을 추가하자. 이 한 줄로 내비게이션 바에 /chat 라우트로 연결되는 아이콘을 만들었다.

다음으로, 메시지가 전송될 때마다 아이콘이 2회 플래시되는 애니메이션 효과를 준다. 이미 새로운 메시지가 보내질 때마다 서버에서 message 이벤트를 뿌리기 때문에 아이콘에 이 이벤트의 클라이언트 측 처리를 위한 애니메이션 효과를 줄 수 있다.

confettiCuisine.js에서 socket.on("message") 코드 블록을 다음 Listing과 같이 수정한다. 이 코드에서는 보통과 같이 채팅 박스에 메시지를 나타내며 추가적인 타깃으로 채팅 아이콘을 추가한다. 이는 내비게이션 바의 채팅 아이콘을 의미하며 그 후 fade out - fade in 효과를 2회 준다.

```
socket.on("message", (message) => {
  displayMessage(message);
  for (let i = 0; i < 2; i++) {
    $(".chat-icon").fadeOut(200).fadeIn(200);
  }
});
```

메시지가 전송될 때 채팅 아이콘에 애니메이션 효과 주기

이 추가 기능으로 사용자들은 채팅 페이지에서 일어나는 대화 관련 표시 장치를 갖게 됐다.

이 채팅 기능은 다양한 형태로 추가할 수 있다. Confetti Cuisine의 각 클래스별로 채팅을 분리할 수도 있고 socket.io 이벤트를 사용해 채팅에 자신이 태깅됐을 때 알려주는 기능도 추가할 수 있다. 이 기능들은 나중에 추가를 고려해볼 것이다.

 33.7 요약

이번 캡스톤 프로젝트에서는 실시간 채팅 기능을 Confetti Cuisine 애플리케이션에 추가했다. socket.io를 사용해 서버와 다중의 클라이언트와의 연결을 단순화시켰다. 내장형 및 사용자 정의 이벤트를 사용해 열린 소켓 간에 데이터를 전송했다. 마지막으로 채팅방에서 나온 사용자가 다른 이들이 대화하는 것에 대해 알림을 받는 기능을 추가했다. 이 기능의 추가로 애플리케이션 배포가 준비됐다.

프로덕션에서의
코드 배포와 관리

애플리케이션 개발의 모든 단계에서 여러분은 만들고 있는 애플리케이션을 사용자들이 언제 사용할 수 있을지 궁금해할 것이다. 이는 사용자들이 얼마나 간절하느냐에 달려 있다. 다행히도 온라인을 통해 애플리케이션에 접근할 많은 방법이 있다. 애플리케이션의 배포는 웹 애플리케이션을 구축하고 있는 신인 개발자들에게 가장 어려운 일 중 하나다. 이에 필요한 작업은 우선 배포를 지원하는 리소스와 서비스를 이해하는 일이다. 배포 프로세스는 적어도 처음 하는 시도에서는 코드를 어딘가에 단순히 업로드하는 것 이상이다. 만일 성공했다면 프로덕션에 올라간 애플리케이션을 변경하는 일은 어렵지 않다. 프로덕션 애플리케이션 변경 작업 시에 발생하는 문제들은 독자가 수정할 수 있는 데이터베이스 콘텐츠의 제한하에서 실행하는 것과, 실수로 유입 데이터 유효성 검증에 사용되는 코드를 제거하는 것, 로컬 환경에서 환경이 바뀌었지만 프로덕션에서는 적용되지 않는 (예를 들어 설정 변경 같은) 것이다.

8부에서는 애플리케이션을 Heroku(https://www.heroku.com)에 배포하도록 설정한다. Heroku는 클라우드 서비스로 애플리케이션을 호스팅하고 실행 서비스를 제공한다. 먼저 애플리케이션의 설정 파일을 준비해 로컬 및 프로덕션 환경에서 작동하는지 확인한다. 그 후 Heroku에 올리기 위한 몇 가지 단계를 밟고 몽고DB 데이터베이스를 설정한다. 이 짧은 과정을 통해 여러분의 가족과 친구들에게 공유할 수 있는 URL에서 레시피 애플리케이션이 구동될 것이다. 이어지는 장에서는 향후 개선을 위해 어떻게 코드를 수정할 것인지 그 방법을 알아본다. 그리고 코드 린팅linting에 대해 이야기할 것이다. 린팅이란 외부 패키지를 통해 비효율적인 코드를 찾아내는 데 사용되는 작업을 의미한다. 8부 마지막에서는 코드를 위한 단위 테스팅과 통합 테스팅을 적용해볼 것이다. 이 테스트들은 앞으로 여러분의 코드가 실수로 손상되는 일을 방지한다. mocha와 chai 패키지를 설치해 Express.js 액션 및 라우트의 테스트를 설정한다.

8부에서는 다음과 같은 주제를 다룬다.

- 34장에서는 프로덕션에 올라가기 전까지의 준비 단계를 가이드한다. Heroku 서비스의 플러그인으로 제공되는 몽고DB 데이터베이스와 같이 배포하기 위한 애플리케이션을 설정한다.

- 35장은 린팅 프로세스를 통해 자잘한 버그들을 어떻게 잡아내는지와 어떻게 이 버그들을 디버깅 도구를 통해 수정하는지 보여준다. 35장이 끝나면 코드를 정리할 필요가 있을 때 바로 활용할 수 있는 트릭을 얻을 수 있을 것이다.

- 36장에서는 Node.js에서의 테스트 개념을 소개한다. 여기서는 애플리케이션이 오작동을 발생시키지 않도록 여러분이 작성 가능한 테스트 코드를 간단히 다룰 것이다.

37장(캡스톤 프로젝트)에서는 8부에서 배운 배포 단계들을 사용해 Confetti Cuisine 애플리케이션을 배포할 것이다.

애플리케이션 배포

몇 번의 개발 이터레이션을 완료했고 이제 인터넷상에 이를 사용 가능하게 배포할 때가 됐다. 34장에서는 Heroku로 배포하는 것을 소개한다. 먼저 Heroku에서 제공하는 서비스와 플러그인으로 애플리케이션 설정을 한다. 몇 단계를 거쳐 친구들에게 공유할 수 있는 고유한 URL로 애플리케이션을 띄울 수 있다. 다음으로 몽고DB 데이터베이스를 어떻게 설정하고 그 콘텐츠를 애플리케이션에 반영하는지 볼 것이다. 마지막으로 향후 프로덕션 상태의 코드 변경에 대한 가이드라인과 Heroku에서 제공하는 플러그인과 함께 프로덕션 상태의 애플리케이션을 Heroku로 모니터링할 수 있는 도구들에 대해 알아본다.

34장에서 다루는 내용은 다음과 같다.

- Heroku를 위한 Node.js 애플리케이션 설정
- Node.js 애플리케이션 배포
- 원격 몽고DB 데이터베이스 설정

34.1 배포 준비

배포는 개발 환경으로부터 코드를 추출해 대중이 액세스할 수 있도록 인터넷상에 올려 배포하는 일련의 프로세스다. 지금까지는 로컬 환경에서 개발을 진행해왔다. 개발자들은 http://localhost:3000과 같은 개발 환경에서 애플리케이션을 실행했을 것이다.

먼저 할 일은 새로운 환경에 대한 설정이다. 여러분의 머신에서 애플리케이션을 실행할 수 있도록 한 시스템 세팅을 다시 만들어야 한다. 여기에서 머신은 Node.js가 설치됐고 다른 모든 외부 패키지 및 애플리케이션을 구동하기 위한 JavaScript 엔진을 설치할 수 있는 컴퓨터를 의미한다. 애플리케이션이 실제 하드웨어에 의존해 동작한다는 것은 피할 수 없는 사실이다. 이 때문에 프로덕션 환경으로 애플리케이션을 배포한다는 것은 어디에서라도 이를 온라인상에서 액세스할 수 있다는 의미이며 여기에는 애플리케이션을 실행시킬 수 있는 머신이나 서버가 필요하다.

애플리케이션 실행을 위한 컴퓨터를 준비하고 사용자들이 홈 네트워크의 외부 IP를 통해 애플리케이션에 액세스할 수 있도록 세팅할 수 있다. 하지만 이는 다소 복잡하며 홈 인터넷 네트워크에 보안적인 위협이 될 수도 있으며, 이 책의 범위를 벗어나기 때문에 다루지는 않을 것이다. 또한 이 세팅은 컴퓨터가 종료되면 사용자는 애플리케이션에 액세스가 불가능해진다.

가장 인기 있는 대안은 클라우드 서비스나 호스트 서비스를 이용하는 것이다. 이 서비스들은 비용적인 부분이 걸려 있다. 하지만 데모 목적이라면 Heroku 무료 계정 서비스를 통한 배포를 지원한다. Heroku는 클라우드 기반으로 물리적인 프로세싱과 메모리를 가진 서버를 제공해 애플리케이션을 구동할 수 있게 한다. 게다가 어떤 서버는 Node.js가 패키지로 설치돼 있어 초기 설정에 많은 수고를 들일 필요가 없다.

배포를 시작하기 위해 터미널(윈도우 경우는 윈도우 커맨드라인)에서 `heroku --version` 명령으로 Heroku 커맨드라인 인터페이스가 설치됐는지 확인한다. 또 `git --version` 명령을 통해 Git이 설치됐는지도 확인한다. 이 도구들의 버전 넘버가 출력되면 배포 작업을 계속 진행할 수 있다.

> **노트** 아직 Heroku 계정을 만들지 않았거나, 커맨드라인 인터페이스(CLI)를 세팅하지 않았거나 Git
> 을 설치하지 않았다면, 2부를 참조하기 바란다.

Heroku로 배포하기 전에 Heroku에서 제공하는 서비스에 적용하기 위해 애플리케이션 일부를 변경해야 한다. Heroku는 애플리케이션의 `PORT` 환경을 사용해 애플리케이션을 실행하기 때문에 다음 Listing에서 보는 바와 같이 애플리케이션이 양쪽 포트(기본 포트 및 할당된 포트)에 모두 수신 준비를 하고 있어야 한다. 이 코드에서는 상수 및 포트를 생성하고 이를 `PORT` 환경변수가 존재하면 여기에 할당한다. 존재하지 않는다면 포트 번호는 기본값인 `3000`이 할당된다. 이 기본 포트 번호는 앞의 장들과 동일하게 유지돼야 한다.

Listing 34.1 main.js에서 애플리케이션 포트의 변경

```
app.set("port", process.env.PORT || 3000);          ◀── port 상수에 할당
const server = app.listen(app.get("port"), () => {  ◀
  console.log(`Server running at http://localhost:
➡  ${app.get("port")}`);                              port에 할당된 포트로 수신
});
```

Heroku가 애플리케이션 포트를 특정하는 방식과 유사하게, 사용할 데이터베이스 역시 환경변수가 정의될 수 있다. main.js에서 데이터베이스 접속 코드인 `mongoose.connect` `(process.env.MONGODB_URI ||` `"mongodb://local-` `host:27017/recipe_db"`, `{useNewUrlParser: true})`를 변경한다. 이 코드는 Mongoose가 `MONGODB_URI`에서 정의된, 또는 로컬 `recipe_db` 데이터베이스 기본 위치로 접속하도록 한다(왜 이 환경변수들이 존재하는지 자세한 내용은 섹션 3을 참조하라).

마지막으로 애플리케이션 루트에 Procfile[1]이라는 파일을 생성한다. 이 파일은 확장자가 없으며 대소문자를 구분한다. Heroku는 이 파일을 참조해 어떻게 애플리케이션을 띄울지 알아낸다. `web: node main.js`를 이 파일에 추가한다. 이 한 줄은 Heroku에게 웹 연동을 위한 dyno라고 하는 새로운 서버를 생성하고, node main.js를 애플리케이션을 시작하는 데 사용한다.

이러한 변경을 통해 최종적으로 애플리케이션을 배포할 수 있다.

> **퀵 체크 34.1** 왜 프로젝트 폴더에 Procfile이 필요할까?

 ## 34.2 애플리케이션의 배포

적절히 설정돼 있다면 Git과 Heroku CLI로 애플리케이션을 배포할 수 있다. 이 책을 통틀어서, Git을 버전 관리자로 쓴 적은 없다. 개발 환경에서 코드 버저닝은 필수 사항은 아니었지만 이는 좋은 활동이며 배포의 경우에 있어서 Heroku상 프로덕션 환경에서는 필요하다. 만일 Git의 사용이 처음이라면 프로젝트의 루트 디렉터리를 터미널로 들어가 `git init` 명령을 통해 Git 프로젝트 초기화를 한다. 다음 단계로는 Git 리포지터리에 파일을 추가한다. 하지만 모든 파일을 이 리포지터리에 추가하기를 원하진 않을 것이다.

`npm install` 수행 시 생성되는 `node_modules` 폴더를 보자. 이 폴더는 사이즈가 상당히 커질 수 있어 이를 Git 리포지터리에 추가하는 것은 바람직하지 않다. 이 폴더를 건너뛰기 위해 .gitignore이라는 파일을 애플리케이션의 루트 디렉터리에 생성한다. 텍스트 에디터로 `/node_modules`를 이 파일에 추가하고 저장한다. 이 작업으로 Git은 이 폴더를 건너뛰고 리포지터리 추가 작업을 진행한다.

퀵 체크 34.1 정답   Heroku는 애플리케이션 시작 시 Procfile을 설정으로 사용한다.

---

1   https://devcenter.heroku.com/articles/procfile – 옮긴이

애플리케이션 코드를 특정 버전에 묶기 위해서는 나머지 애플리케이션 파일을 Git의 스테이징 레벨로 `git add .`(마침표 포함) 명령을 통해 추가한다. 그 후 `git commit -m "initial application commit"` 명령으로 이 버전을 저장하고 커밋한다. 그리고 피드백 메시지를 확인한다.

> **노트** 추가나 커밋이 안 된 변경 사항은 프로덕션 환경에 반영되지 않을 것이다.

버전 컨트롤 코드로 터미널에서 heroku 명령을 통해 배포를 위한 애플리케이션 초기화를 할 수 있다. 터미널 내에서 프로젝트 디렉터리로 이동해 heroku 명령을 실행하고 프로젝트를 위한 새로운 URL을 생성한다. Heroku 애플리케이션의 이름, URL 그리고 Git 리포지터리를 포함하는 응답 결과는 다음 Listing과 같을 것이다. 또한 이 코드는 코드를 위한 Heroku의 Git 리포지터리와 연결을 생성한다. `git remote -v` 명령을 통해 이 리포지터리로의 URL을 확인할 수 있다.

Listing 34.2 새로운 Heroku 앱 생성

```
Creating app... done,   crazy-lion-1990          ◀──── Heroku 앱 생성 결과 표시
https://crazy-lion-1990.herokuapp.com/ |
➡ https://git.heroku.com/crazy-lion-1990.git
```

다음으로 Heroku 리포지터리로 컴퓨터에 있는 최신 버전의 코드를 푸시한다. 코드를 퍼블리싱한다는 것은 코드를 인터넷상에서 호스팅할 서버에 업로드하는 것과 같다. 이는 `git push heroku master` 명령으로 수행할 수 있다. 이 단계는 프로세스에서 가장 중요한 단계다. Heroku 서비스 중 어디에 업로드되고 퍼블리싱되는지 결정되기 때문이다. 또한 이 단계에서 Heroku가 `npm install`을 실행해 모든 애플리케이션에서 사용하는 종속 패키지를 다운로드한다. 이 과정은 수 분이 걸릴 수 있는데 이는 독자의 인터넷 속도 환경에 달려 있다. 과정 중에 이슈나 에러가 발생하면 다시 시도하기 전에 로컬에서 애플리케이션이 정상적으로 동작하는지 확인하라.

애플리케이션의 데이터베이스를 사용하지 않는다면 heroku에서 제공된 URL로 바로 브라우저를 통해 접속할 수 있다. 애플리케이션의 `/courses` URL로 접속하려면 그림 34.1과

같이 에러 페이지가 뜰 것이다. 하지만 홈페이지는 특정 데이터에 의존하지 않으므로 이 페이지는 에러 없이 로딩돼야 한다.

> **노트** 아직 프로젝트에 bcrypt의 사용이 남아 있다면 여러분이 사용 중인 Node.js의 버전에 따라 heroku로의 배포 과정에서 issue가 뜰 수 있다. bcrypt를 제거하고 이를 userController.js의 bcrypt-nodejs로 대체하라. 터미널에서 npm uninstall bcrypt && npm i bcrypt-nodejs -S 명령을 사용한다.

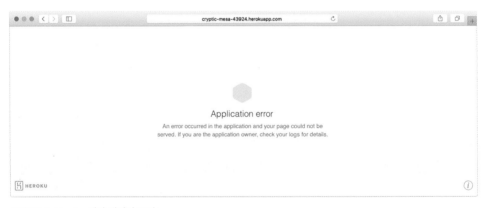

그림 34.1 Heroku 에러 페이지 표시

이 에러는 아직 여러분이 데이터베이스 설정을 하지 않아 발생하는 페이지일 것이다. 이를 터미널 윈도우에서 `heroku logs --tail` 명령으로 확인할 수 있다. 이 명령은 애플리케이션으로부터 온라인으로 로그를 실시간으로 제공한다. 여기에서 많은 메시지를 찾을 수 있다. 앞으로 애플리케이션 내에서 이슈를 만났을 때 제일 먼저 체크해야 할 곳이다. 예를 들어 데이터베이스 부재라고 에러 로그가 남겨졌다면 이는 몽고DB 데이터베이스로의 접속으로 해결할 수 있다.

> **노트** Heroku CLI 명령의 help가 필요하면 터미널상에서 heroku help를 입력하거나 브라우저에서 https://devcenter.heroku.com/articles/heroku-cli-commands를 방문한다.

34.3 프로덕션에서 데이터베이스 설정

프로덕션 애플리케이션이 구동되는 서버로 직접 액세스하는 방법이 없기 때문에 개발 환경처럼 같은 서버 내에서 몽고DB를 다운로드하고 설치하고 실행할 수 없다. 하지만 Heroku는 무료 플러그인을 제공해 소형 몽고DB 데이터베이스를 준비할 수 있다. 터미널에서 이 플러그인을 추가하려면 heroku addons:create mongolab[2] 명령을 수행한다. 이 명령은 MongoLab(mLab)에서 제공하는 샌드박스 데이터베이스를 제공한다.

아마존^{Amazon}이나 구글에서 제공하는 클라우드 서비스 덕분에 mLab은 URL을 통한 원격 접근 가능 몽고DB를 제공한다. URL은 애플리케이션 내 환경변수 MONGODB_URI에 추가된다. 이 변수를 통해 애플리케이션이 변수 MONGODB_URI에서 데이터베이스 URL을 얻을 수 있다.

> **주의** mLab에서 제공되는 URL은 애플리케이션 데이터에 직접 연결되는 링크다. Heroku상의 애플리케이션에서만 사용하라. 그렇지 않으면 데이터베이스 취약점 위험이 발생할 가능성이 있다.

앞에서 이미 이 변수를 사용해 애플리케이션을 설정했다. 변수 확인은 터미널에서 heroku config 명령을 통해 할 수 있다. heroku config 명령 결과는 애플리케이션에서 사용되는 설정 변수 목록을 보여주는데 지금 우리는 데이터베이스 변수밖에 없으므로 하나의 데이터베이스 환경변수만 보일 것이다.

퀵 체크 34.2 정답   heroku create는 Heroku 서비스상에 새로운 애플리케이션 이름과 코드 리포지터리를 만든다. 이는 또한 로컬 Git 리포지터리를 heroku라는 이름의 원격 리포지터리로 연결한다.

---

2 원문에는 heroku addons:create mongolab:sandbox로 돼 있지만 홈페이지에는 heroku addons:create mongolab으로 돼 있어 홈페이지를 따랐다. – 옮긴이

몇 분 뒤, 애플리케이션이 준비가 완료되면 웹 브라우저로 Heroku에서 제공된 URL로 접속하고 /course 경로로 이동해 그림 34.2처럼 빈 테이블을 확인한다. 이제 애플리케이션의 홈페이지를 보게 될 것이며 33장에서 생성했던 폼을 통해 새로운 사용자 계정과 구독자, 그룹을 생성한다.

이렇게 하나하나 폼에서 직접 입력하는 것보다 좀 더 쉬운 방법이 있지 않을까 하는 독자도 있을 것이다. 물론 있다. 이에 대한 테크닉은 35장에서 보여주겠다.

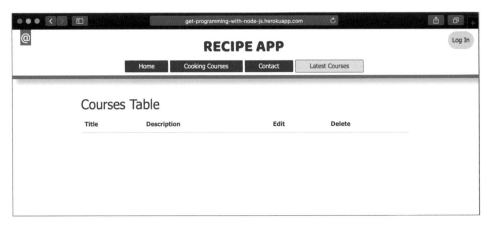

그림 34.2 Heroku상에서의 강좌 페이지

퀵 체크 34.3 Heroku 애플리케이션에서 환경변수를 어떻게 확인하고 설정하는가?

퀵 체크 34.3 정답 Heroku 애플리케이션에서 환경변수를 확인하려면 프로젝트 터미널 윈도우에서 heroku config 명령을 실행한다. 변수 설정은 heroku config:set 명령으로 한다.

34.4 요약

34장에서는 Heroku로 배포 및 프로덕션 준비를 위한 설정을 배워봤다. 먼저 Heroku dyno 처리 및 애플리케이션 구동을 위한 설정 변경을 했다. 다음으로 터미널에서 Heroku CLI를 사용해 애플리케이션을 배포했다. 마지막으로 원격 몽고DB 데이터베이스를 Heroku의 mLab 플러그인을 사용해 설치했다. 35장에서는 어떻게 프로덕션에서의 애플리케이션과 데이터를 관리하고 버그들을 디버깅하는지 살펴보겠다.

해보세요

Heroku상의 애플리케이션으로 모든 기능이 정상 작동하는지 체크하라. 처음에는 모든 기능이 의도대로 동작하는 것처럼 보인다. 하지만 환경이 달라졌기 때문에 생각지도 못한 곳에서 이슈가 발생할 수 있다. 터미널 윈도우를 열고 heroku logs —tail 명령을 프로덕션에 올라간 애플리케이션을 브라우저와 동시에 띄우고 Heroku가 내보내는 모든 로그를 확인하라.

프로덕션에서의 관리

애플리케이션이 결국 온라인에 배포됐다. 그리고 모든 기능이 온라인상에서 정상적으로 수행되기를 원한다. 35장에서는 애플리케이션 내의 폼을 사용하기 전에 어떻게 데이터를 애플리케이션에 반영할지 논의한다. 개발에서 사용된 데이터 일부를 추가해 애플리케이션이 이들 데이터로 온라인상에서 산뜻한 출발을 하게 하려고 한다. 강좌 데이터를 운영으로 가져간 애플리케이션에 반영한다면 독자 여러분의 사이트를 소개할 때도 시간을 훨씬 줄여줄 것이다. 그 후에는 코드 품질 개선 및 프로덕션상에서 크래시로 이어지는 실수를 하지 않도록 하는 방법을 논의한다. 마지막으로 프로덕션상 애플리케이션의 로그, 디버그, 모니터링으로 이상 상황 발생 시 어떻게 조사하는지 이야기한다.

35장에서 다루는 내용은 다음과 같다.

- 프로덕션상 애플리케이션에 시드 데이터 읽어들이기
- 코드 린팅을 위한 설정
- 애플리케이션 디버깅

35.1 시드 데이터 읽기

34장에서는 데이터베이스를 준비했지만 여기에 데이터를 미리 넣을 쉬운 방법이 있을지 이야기하겠다고 했다. Heroku상에서 데이터를 업로드할 수 있는 몇 가지 방법이 있다.

시드 데이터는 새로운 환경에 데이터베이스를 준비할 때 애플리케이션에 추가하는 데이터다. 다른 언어나 플랫폼은 각기 환경에서 시드 데이터를 읽어들이는 규칙을 갖고 있다. Node.js에서도 읽어들일 데이터를 포함하고 있는 JavaScript 파일을 생성할 수 있다.

예를 들어 사용자들이 가입하기 전에 미리 레시피 강좌를 애플리케이션에 준비하려고 할 수도 있다. 이를 위해 기존의 시드 파일을 사용할 수도 있고 애플리케이션 디렉터리에 seed.js라고 하는 새로운 파일을 생성할 수도 있다. 이 파일은 Mongoose 플러그인과 통신할 새로운 레코드를 정의하고 생성한다. 이를 위해 Listing 35.1과 같이 Mongoose 및 사용할 모델들을 요청해야 한다.

기존 시드 파일과의 충돌을 피하려면 파일명을 courseSeed.js로 생성한다. 이 예제에서는 Mongoose로 새로운 데이터 객체를 만드는 데 필요한 모듈들을 포함한다. 그 후 프로덕션 애플리케이션에서 보여줄 값들로 다중 레코드를 생성한다. 이 파일이 사용될 데이터를 포함하게 되면 Heroku 커맨드라인 인터페이스CLI를 사용해 이 파일에 있는 코드를 실행시킨다.

```
const mongoose = require("mongoose"),
  Course = require("./models/course");
```
시드 데이터를 위한
모델 요청

```
mongoose.Promise = global.Promise;
mongoose.connect(
  process.env.MONGODB_URI || "mongodb:// localhost:27017/recipe_db",
  { useNewUrlParser: true }
);
Course.remove({})
```
모든 기존 도큐먼트 제거

새로운 데이터베이스 도큐먼트
생성을 위한 코드 수행

```
  .then(() => {
    return Course.create({
      title: "Beets sitting at home",
      description: "Seasonal beets from the guy down
  the street.",
      zipCode: 12323,
      items: ["beets"]
    });
  })
  .then(course => console.log(course.title))
  .then(() => {
    return Course.create({
      title: "Barley even listening",
      description: "Organic wheats and barleys for bread,
  soup, and fun!",
      zipCode: 20325,
      items: ["barley", "rye", "wheat"]
    });
  })
  .then(course => console.log(course.title))
  .then(() => {
    return Course.create({
      title: "Peaching to the choir",
      description: "Get fresh peaches from the local farm.",
      zipCode: 10065,
      items: ["peaches", "plums"]
    });
  })
```

```
  .then(course => console.log(course.title))
  .catch(error => console.log(error.message))
  .then(() => {
    console.log("DONE");
    mongoose.connection.close();
});
```

> **팁** 추가적으로 mLab URL을 사용해 프로덕션 데이터베이스에 바로 데이터를 읽어들이게 할 수 있
> 다. 이 접근법은 빠르지만 프로덕션 데이터베이스의 보안 위험 때문에 추천하지는 않는다.

애플리케이션의 REPL을 띄우기 위한 두 가지 옵션이 있다. 모두 Heroku CLI 도구나 터미널 환경을 사용한다. REPL이 프로젝트 디렉터리의 파일과 폴더에 액세스할 권한이 있음을 기억할 것이다. 따라서 터미널에서 데이터를 추가하는 게 가장 좋은 방법이다. 첫번째 옵션은 heroku run node 명령을 프로젝트 터미널에서 사용하는 것이다. 이 REPL과 유사한 환경에서 courseSeed.js의 내용을 터미널에 복사 및 붙여넣기할 수 있다. 다른 옵션은 터미널 창에서 heroku run bash를 실행하는 것이다. 이 명령은 모든 콘텐츠를 직접 읽어들이기 위한 node courseSeed를 수행할 수 있는 환경을 만든다. 먼저 courseSeed.js 파일을 git으로 커밋하고 heroku로 푸시한다.

성공하면 각 강좌가 생성됐다는 로그 출력을 볼 수 있을 것이다. 또한 온라인 애플리케이션상의 /course 라우트에 바로 내용이 반영될 것이다(그림 35.1).

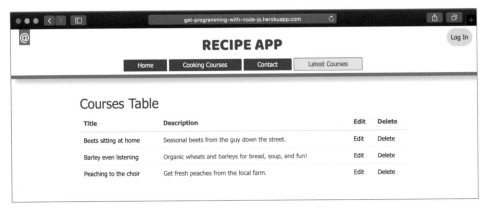

그림 35.1 강좌 페이지의 내용 반영

노트 새로운 변경을 프로젝트에 반영하려면 git add .를 수행하고 그 후 git commit -m "커밋 메시지"를 수행한다. 그리고 git push heroku master로 푸시한다.

다음 절에서는 코드의 통합과 유지 그리고 새로운 에러 방지 방법을 논의한다.

> **퀵 체크 35.1** heroku run node를 수행하면 어떤 일이 일어날까?

 ## 35.2 린팅

버그와 코딩상의 실수도 개발 과정의 한 부분이다. 프로덕션 애플리케이션을 정지시킬 수 있는 이런 실수를 막기 위해서는 뭘 해야 할까? 코드의 품질과 함께 특정 코딩 표준을 따르는지 체크하는 린팅Linting은 이런 실수와 오류를 줄여준다.

린팅은 프로그램을 실행시켜 코드를 읽어들여 여러분이 찾아내지 못하는 버그나 에러를 찾는 행위를 말한다. 독자가 놓쳤을 (그리고 브라우저가 무시하고 지나갔을) 개발 단계의 문법 에러Systax Error들은 다른 환경에서 어떻게 애플리케이션을 망쳐놓을지 모른다. 코드를 린팅하려면 eslint를 npm install -g eslint로 전역 설치한다. Eslint는 오픈소스로 돼 있는 코드 정적 분석 도구다. 이 분석을 통해 코드 스타일과 구조적인 문제를 검사할 수 있다. 다른 라이브러리로 JSLint와 JSHint도 사용할 수 있다. ESLint에 대한 자세한 내용은 https://eslint.org를 참조하라.

노트 전역 설치가 아닌 npm install eslint --save-dev로 여러분의 프로젝트에만 Eslint를 설치할 수 있다. --save-dev는 프로덕션 환경에는 설치될 필요가 없음을 의미하며 이는 package.json 파일에 명기된다. 설치 후 개발 종속 모듈로써 eslint를 사용하려면 ./node_modules/.bin/eslint에서 이를 엑세스해야 한다.

퀵 체크 35.1 정답   heroku run node는 새로운 REPL 윈도우를 프로덕션 애플리케이션에서 열어준다. 여기에서 JavaScript 명령 수행 및 프로덕션 데이터베이스 접근 권한을 가지면서 로컬에서 수행했던 특정 애플리케이션 모듈을 읽어들일 수 있다.

npm init으로 package.json 파일을 초기화한 것처럼 eslint --init를 터미널상에서 실행해 .eslintrc.js 파일을 초기화시킨다. Listing 35.2와 같이 터미널상에서 설정 파일을 위한 몇 가지 질문을 선택한다. ES6 문법을 애플리케이션 전반에 걸쳐 사용하므로 린터[Linter]도 이를 적용한다. 또한 서버와 클라이언트 모두 JavaScript를 사용하고 있으므로 모두 적용한다.

Listing 35.2 터미널에서 .eslintrc.js 파일 설정

```
? How would you like to configure ESLint? Answer questions about
  your style
? Are you using ECMAScript 6 features? Yes
? Are you using ES6 modules? Yes
? Where will your code run? Browser, Node
? Do you use CommonJS? No
? Do you use JSX? No
? What style of indentation do you use? Tabs
? What quotes do you use for strings? Double
? What line endings do you use? Unix
? Do you require semicolons? Yes
? What format do you want your config file to be in? JavaScript
```

린터의 설정을 위한 질문

Listing 35.3과 같은 .eslintrc.js 파일을 한번 살펴보자. 린터의 설정은 JSON이 아닌 JavaScript 형식으로 돼 있지만 package.json과 비슷하다. JavaScript 모듈에서와 마찬가지로 이 설정들도 module.export에 할당된다. 대부분 설정값은 이해하기 어렵지 않으며 환경에 맞춰 node, 웹 브라우저 그리고 ES6 문법에 특화돼 있다. 그 아래로는 eslint의 규칙이 있으며, 규칙을 어겼을 때의 경고에 대한 정의가 들어 있다. 이 경우는 탭 대신 스페이스가 사용된다든지, 문장 끝에 세미콜론이 없거나 텍스트에 작은따옴표[single quotation]가 둘러싸여 있든지 할 때 린터 에러가 발생한다. 이 설정은 상황에 맞게 변경이 가능하다.

Listing 35.3　.eslintrc.js 설정 파일 예제

```
module.exports = {
  "env": {                          ← 분석을 위한 환경 특정
    "browser": true,
    "es6": true,
    "node": true
  },
  "extends": "eslint:recommended",
  "parserOptions": {
    "sourceType": "module"
  },
  "rules": {                        ← eslint 룰의 정의
    "indent": [
      "error",
      "tab"
    ],
    "linebreak-style": [
      "error",
      "unix"
    ],
    "quotes": [
      "error",
      "double"
    ],
    "semi": [
      "error",
      "always"
    ]
  }
};
```

eslint main.js를 수행시켜 main.js의 린팅을 테스팅해보자. 일단 어떤 오류도 뜨지 않기를 바란다. 한번 세미콜론을 삭제하거나 사용하지 않을 변수를 정의해보라. 그리고 eslint가 출력하는 라인 위치와 에러 메시지를 확인하면 에러를 쉽게 수정할 수 있다. 클린 코드는 애플리케이션의 강건성과 가독성을 확보하는 데 도움을 준다.

노트 어떤 린터의 규칙은 다른 것보다 더 엄격한 것이 있음을 명심하라. 규칙은 코드의 일관성을 유지하기 위해 만들어졌다. 탭과 스페이스 관련 에러가 나왔다고 해서 독자 여러분의 코드가 완전히 잘못됐다는 이야기는 아니다. 단지 정리가 필요하다는 뜻이다.

터미널상에 출력되는 파일과 라인 숫자는 구문이나 코드 구조를 수정하기 위해 찾아봐야 할 파일과 위치를 의미한다.

> **퀵 체크 35.2** .eslintrc.js가 하는 역할은 무엇인가?

35.3 애플리케이션 디버깅

앞에서 애플리케이션 디버깅을 위한 몇 가지 방법을 봤다. console.log를 사용해 사용자 정의 메시지, 에러 메시지 그리고 요청/응답 데이터를 Express.js 미들웨어 함수에서 확인했다.

그 후 터미널 윈도우에서 어디를 수정해야 하는지 찾기 위해 로그를 사용한다. 데이터베이스 저장 중에 에러가 발생했다면 프라미스 체인에서 발생한 에러이며 이를 콘솔에 뿌렸을 것이다.

로깅은 올바로 쓰인다면 정말 도움이 된다. 로그는 애플리케이션과의 작업 및 트랜잭션의 기록을 제공한다. 애플리케이션이 문제없이 동작한다 해도 애플리케이션의 성능 확인을 위한 개발 로그도 필요할 경우가 있으며 프로덕션상에서 의심 가는 활동을 찾기 위한 로그도 필요할 경우가 있다.

로컬에서는 디버그 모드로 애플리케이션을 시작해 요청-응답 사이클에 대한 더 많은 정보를 볼 수 있다. 프로젝트 터미널 윈도우에서 DEBUG=* node main 명령으로 DEBUG 환경 변수를 설정하면 애플리케이션이 동작 시 모든 항목을 로그로 남길 수 있다.

퀵 체크 35.2 정답 package.json과 같이 .eslintrc.js는 eslint를 위한 설정을 저장해 터미널상에서 초기화 과정을 준비하게 한다. 이 파일은 린터가 정의한 코드 내에서 수정돼야 할 규칙을 포함하고 있다.

Express.js가 웹 서버의 론칭 전, 사전에 마련된 설정으로 라우트를 등록하기 위해 수행한 작업들을 반영하는 터미널 창에서의 로그 라인 개수에 바로 주목할 것이다(Listing 35.4). 지금은 로컬에 있는 애플리케이션 내 아무 페이지나 접속하면 디버그 로그들이 터미널에 표시된다. 친절하게도 Express.js는 각 동작들의 수행에 얼마의 시간이 걸렸는지까지 로그로 남겨준다. 개발 동안에 이 정보는 성능 부분의 문제 여부를 판단할 수 있는 정보를 주며 이를 통해 향후 조사를 더 깊게 할 수 있다.

Listing 35.4 **터미널에서의 Express.js를 통한 로그 메시지 예시**

```
express:router:route new "/new" +0ms
express:router:layer new "/new" +0ms          디버그 모드로 Express.js route
express:router:route get "/new" +0ms          등록 로깅
express:router:layer new "/" +0ms
express:router:route new "/create" +0ms
express:router:layer new "/create" +0ms
```

디버그 모드가 애플리케이션 구동에 도움이 된다고 생각한다면 시작 스크립트를 package.json에 추가해 매번 시작할 때마다 모든 명령의 입력을 피할 수 있다. "debug": "DEBUG=* node main"을 시작 스크립트 다음에 추가하라. 그 후 이 로그들을 보고 싶을 때 npm run debug 명령만 하면 된다.

이 로그들은 프로덕션 레벨에서도 상당히 가치가 있지만, 대부분은 프로덕션 레벨에서 디버그 모드로 실행시키려 하지 않는다. 대신 프로덕션에서 중요 데이터의 로깅 처리를 위해 다른 패키지를 설치한다. morgan이라는 패키지이며 이를 통해 Node.js 애플리케이션에 좀 더 나은 로그 메시지 콘솔 환경을 사용할 수 있다.

morgan 패키지는 npm i morgan -S 명령으로 설치한다. 그런 다음 main.js에서 const morgan = require("morgan")을 추가해 morgan 모듈을 요청한다. 이후 프로세스는 간단한데 Express.js 애플리케이션이 morgan을 사용하게 하고 여기에 몇 가지 포맷 옵션을 전달

하면 된다. 예를 들어 add app.use(morgan(":method :url :status * :response-time ms"))를 추가하면 요청 메소드, URL, 상태 코드 그리고 응답 시간에 대한 로그를 남길 수 있다.

이 명령의 결과는 Express.js가 디버그 모드에서 생성하는 로그와 비슷하다. npm start로 애플리케이션을 시작하고 만들어지는 각 요청에 대한 로그를 다음 Listing과 같이 관찰한다. 가급적 morgan("combined") 포맷을 추천한다. 로그에는 프로덕션 애플리케이션에서 요청-응답 사이클 모니터링에 필요한 많은 정보가 조합돼 있다.

Listing 35.5 morgan으로 생성한 로그 메시지 예제

```
GET / 200 * 20.887 ms
GET /js/jquery.min.js 304 * 2.504 ms        ← morgan으로 사용자 정의
GET /js/bootstrap.min.js 304 * 1.402 ms        메시지 로깅
GET /js/recipeApp.js 304 * 0.893 ms
GET /css/recipeApp.css 304 * 1.432 ms
```

로깅 설정과 함께, 디버깅에 가장 좋은 접근법은 이슈가 발생한 곳에서 애플리케이션을 멈추고 이 이슈를 둘러싼 코드를 분석하는 것이다. 이런 활동은 생각보다 어렵지만 문제 코드를 찾는 데 도움을 주는 몇몇 도구가 있다. Node.js에는 내장 디버그 도구가 있어 한 라인씩 수행해 디버깅할 수 있다. 코드의 각 라인 후에 변수와 데이터를 체크해 예상 결과와 일치하는지 비교할 수 있다.

내장 디버거를 실행시키려면 프로젝트 터미널 창에서 node inspect main.js를 실행시킨다. 명령을 실행한 후에 터미널 창에서 바로 main.js의 첫 번째 라인이 보일 것이다. 이 도구는 애플리케이션을 시작하자마자 일단 정지를 시키고 Break on start in main.js:1과 같이 출력한다. 이 행을 체크하고 n을 눌러 다음 라인으로 하나씩 넘어갈 수도 있고 c를 눌러 애플리케이션을 계속해 수행할 수도 있다. c를 눌렀다면 보통처럼 애플리케이션이 수행된다. 디버거는 코드 중에 어디가 동작을 적절히 하지 않는지 알고 있다면 상당히 유용하다. 예를 들어 사용자 보기 페이지에서 사용자 검색이 안 된다고 생각한다면 컨트롤러 액션 내 코드를 멈추고 확인할 수 있다. 특정 부분에서 멈추려면 Listing 35.6에서와 같이 코드 내 원하는 곳에 debugger를 추가한다.

추가 후 터미널에서 디버거를 다시 실행시키고 c를 눌러 애플리케이션을 실행시킨다. 뷰가 렌더링되기 전 show 액션에서 데이터베이스에 쿼리할 때 애플리케이션이 멈추도록 설정했다.

```
User.findById(userId)
  .then(user => {
    debugger;                        사용자가 데이터베이스에서 검색될 때
    res.render("users/show", {       breakpoint 디버거 추가
      user: user
    });
  });
```

사용자 뷰 페이지를 브라우저에서 접속할 때, 페이지는 멈추고 터미널 창은 debugger를 설정한 코드 부분을 출력한다. 여기서부터 이 코드 내에 있는 변수들을 REPL 환경에서 체크할 수 있다. 터미널 내 디버그 창에 repl을 입력하면 코드가 디버깅될 수 있는 환경의 REPL을 수행할 수 있다. 이 예제에서는 데이터베이스에서 검색된 사용자가 유효한 이메일 주소를 갖고 있는지 체크하려고 하며 console.log(user.email)을 수행한다. 만일 undefined 또는 다른 사람의 이메일 주소가 찍힌다면 이 이슈는 이메일과 상관 있을 것이며 이를 더 조사해볼 수 있다. 디버깅이 완료되면 c를 입력해 프로그램 수행을 계속하게 하고 Ctrl+D를 눌러 빠져나온다. 디버거에 대한 더 많은 정보는 https://nodejs.org/api/debugger.html를 참조하기 바란다.

내장 디버그 도구는 애플리케이션이 구동될 때 데이터를 분석하는 데 효과적인 도구가 될 수 있다. 하지만 이런 식으로 모든 코드를 디버깅하는 것은 조금 무리가 있다. 이런 경우 node-inspector와 같은 다른 디버깅 툴을 알아보는 것을 추천한다. node-inspector는 구글 크롬에서 동작하는 디버깅 툴이다. 또한 Atom에서 TernJS와 같은 개발 환경과 연동된 Node.js를 사용할 수도 있다. 이는 코드 편집과 동시에 디버깅할 수 있는 도구를 제공한다.

35.4   요약

35장에서는 Heroku 콘솔을 통해 프로덕션에 올라간 애플리케이션에 어떻게 데이터를 추가하는지 알아봤다. 그 후 코드 내에서 에러나 일관성 유지를 위해 애플리케이션을 린팅할 수 있는 eslint를 설치했다. 마지막으로 프로덕션상 에러를 찾아내고 어디를 수정해야 하는지 찾을 수 있는 몇 가지 디버깅 팁을 소개했다.

해보세요

애플리케이션에서 다른 값들을 체크하려면 Node.js에서 디버거를 사용해보라. 디버그 모드에서 애플리케이션을 실행하고 유입되는 요청 파라미터를 체크하기 위해 사용자의 create 액션 내에 브레이크포인트를 설정해보라.

LESSON

애플리케이션 테스팅

프로덕션 단계 애플리케이션을 지속적으로 유지 보수하는 데는 버그 수정이 따른다. 버그 수정은 새로운 코드 작성이 필요하다. 새로운 코드를 작성하면 기존 기능이 손상될 수 있다. 36장에서는 Node.js 애플리케이션의 테스트 수행을 통해 오류를 방지하는 몇 가지 단계를 살펴본다. Node.js에서의 테스트 작성은 다른 언어 및 플랫폼과 유사하다. 먼저 애플리케이션 내 함수를 위한 간단한 테스트를 어떻게 작성하는지 살펴본다. 그런 다음 컨트롤러 액션 및 모델에 대한 테스트 수행을 해 애플리케이션 코드들을 테스트한다. 36장이 끝나면 Node.js 애플리케이션 테스팅의 시작 시 필요한 기초 기술을 습득할 수 있을 것이다.

36장에서 다루는 내용은 다음과 같다.

- assertion 테스트 작성을 위한 코어 모듈 사용
- mocha와 chai를 이용한 Node.js 테스트 작성
- chai-http를 활용한 컨트롤러 액션의 테스트 구현과 실행
- API 테스트 실행

36.1 코어 모듈의 기본 테스팅

IT 업계에서 애플리케이션 테스팅은 표준 작업으로 자리 잡았다. 만일 명시적으로 기능 코드를 추가했다면 의도적으로 변경되지 않는 한, 기능 전체가 바뀌기를 원하지는 않을 것이다. 독자가 새롭게 구현하는 (또는 다른 개발자가 구현하는) 기능이나 변경에 의해 코드가 영향을 받지 않음을 보장하려면 테스트를 작성해야 한다. 테스트는 3가지 컴포넌트를 포함한다.

- 애플리케이션에서 받을 샘플 데이터를 의미하는 테스트 데이터
- 어떤 함수나 일련의 연산이 어떻게 될지에 대한 구체적인 예상, 테스트 데이터, 애플리케이션 코드에 대한 예상
- 테스트를 실행하기 위한 테스트 프레임워크와 정의된 예상 결과와 일치하는지를 확인

애플리케이션 테스트를 위한 외부 도구들을 알아보기 전에 Node.js에 포함된 자체 코어 모듈을 사용할 수 있다. assert 모듈은 두 개의 값이 동일한지를 확인하기 위한 기본 함수를 제공한다. 이 함수들은 조건절로 싸여 있는 테스팅 언어로 생각할 수 있다.

이 모듈은 simple_test라고 하는 새로운 프로젝트 폴더에 test.js라는 새로운 파일을 Listing 36.1에서의 코드로 생성해 사용할 수 있다. 이 예제에서는 assert 모듈을 요청한다. 그런 다음 assertion 테스트를 assert.equal.io를 사용해 첫 번째 값인 사용자 정의 add 함수의 결괏값이 두 번째 매개변수인 0과 같은지를 비교한다. 마지막으로 두 값을 받아 합을 구해주는 add 함수를 작성한다. 이 예에서는 5와 4의 합이 0이 나올 것을 기대하고 있다. 모두 알다시피 이 테스트는 실패할 것이다. 테스트가 실패하면 터미널에 최종 매개변수에서의 메시지가 나타날 것이다.

이 파일을 실행해 assertion 에러를 터미널에서 확인해보자. 이는 터미널에서 simple_test 프로젝트 디렉터리로 이동해 node test 명령으로 수행한다. 이 에러는 AssertionError [ERR_ASSERTION]: 5 plus 4 should equal 9로 출력될 것이다.

Listing 36.1　test.js에서의 간단한 assertion 테스트

```
const assert = require("assert");          ◀—— assert 모듈 요청

assert.equal(add(5, 4), 0, "5 plus 4 should equal 9");    ◀—— assertion 테스트 작성

let add = (x, y) = {          ◀——
  return x + y;                       테스트에서 수행할
};                                     함수 작성
```

이 테스트를 통과시키기 위해서는 0을 9로 바꿔야 한다. 그리고 여기에 다른 assertion 테스트를 추가해 나오지 말아야 할 값에 대해서도 테스트할 수 있다. 예를 들어 assert. notEqual(add(5,4),0)와 같이 된다. 이 함수가 여전히 실패한다면 add 함수가 뭔가 잘못됐다는 것을 알 수 있을 것이다. 이는 수정이 필요하다.

assert 모듈은 Node.js에서 테스트 작성을 시작하는 좋은 방법이다. 그러나 좀 더 정교하고 복잡한 기능들을 테스트하는 외부 패키지를 이용할 수도 있다. assert 모듈에 대한 더 자세한 정보는 https://nodejs.org/api/assert.html을 참조하라.

테스트 주도 개발

테스트 주도 개발(TDD, Test Driven Development)는 애플리케이션의 개발 전략이다. 코드의 예상 기능을 특정하는 테스트가 먼저 작성되며, 기능 구현이 이 초기 테스트를 통과하기 위해 작성된다.

독자라면 (유효 또는 비유효한 데이터가 제공됐을 때 애플리케이션이 어떻게 동작해야 하는지 테스트하는) 테스트 케이스들이 애플리케이션을 대부분 커버할지 확인하고 싶을 것이다. 하지만 애플리케이션 코드가 작성된 후에 테스트를 작성하면 테스트 스윗[1] 내에서 엣지 케이스를 놓치기 쉽다. 이런 이유로 TDD는 좀 더 유익한 개발 경험을 제공한다.

TDD는 다음 단계를 따른다.

1. 예상 결과 및 샘플 데이터로 테스트를 작성한다. 샘플 데이터는 나중에 작성될 메소드나 함수에서 사용할 것으로 준비한다.

2. 테스트를 실행한다. 이 시점에서 테스트는 당연히 실패할 것이다.

3. 테스트에서 정의한 기대 결과에 맞춰 동작하도록 코드를 구현한다.

4. 다시 테스트를 수행한다. 이 시점에서 모든 테스트는 통과해야 한다.

만일 애플리케이션 코드 작성 뒤에도 테스트가 통과하지 못하면 아직 코드가 완전하지 못하다는 것을 의미한다.

예를 들어 문자열 값을 입력받아 이를 역순으로 바꿔주는 reverse 함수를 TDD로 구현한다고 하면 다음과 같은 단계를 따를 것이다.

1. 먼저 reverse 함수를 위한 테스트를 작성한다. 이때 테스트 문자열인 var s = "Hello"를 사용하며 reverse(s)를 수행하면 "olleH"가 출력돼야 한다.

2. 테스트를 수행한다. 당연히 실패한다.

3. 문자열을 역순으로 바꿔주는 코드를 구현한다.

4. 테스트를 통과할 때까지 테스트를 반복한다.

---

1 테스트 묶음 – 옮긴이

36.2 mocha와 chai를 이용한 테스팅

애플리케이션 테스팅을 하려면 먼저 npm i mocha -g and npm i chai -S 명령으로 mocha와 chai 패키지를 레시피 애플리케이션 터미널 창에서 설치한다. mocha는 테스트 프레임워크다. mocha는 Express.js와 아주 비슷한 구조와 메소드를 제공하는데 이는 애플리케이션을 테스트하기 위해 결합 형태로 사용될 수 있다. mocha는 전역으로 설치한다. mocha 키워드를 터미널에서 사용해야 하며 다른 프로젝트에서도 테스트해야 하기 때문이다. chai는 개발 의존적으로 설치하는데 코드 테스트는 로컬에서만 수행할 것이기 때문이다. chai는 프로덕션에서는 필요 없다.

mocha 모듈을 사용하기 위해서는 터미널에서 프로젝트 디렉터리로 이동해 mocha를 수행한다. 이 명령은 mocha가 직접 프로젝트 폴더 안에서 test 폴더를 찾는다. 다른 모든 프레임워크와 마찬가지로 일반화된 디렉터리 구조를 사용해 테스트를 구성하고 다른 코드 파일과 분리한다. 이를 위해 test 폴더를 애플리케이션 루트 레벨에 만들어준다.

> **노트** mocha 프레임워크에 대해서는 https://mochajs.org를 방문해 설치부터 터미널에서의 사용까지 확인해보라.

mocha는 테스트를 작성하고 수행하게 하지만 코드의 수행 결과가 예상 결과와 동일한지 판단하는 도구까지는 제공하지 않는다. 이를 위해 assertion을 수행할 엔진이 필요하며 이 엔진은 코드의 출력값과 예상값을 비교하는 역할을 한다.

chai는 36장에서 사용할 assertion 엔진이다. chai를 사용하려면 먼저 실행 계획에 있는 각 테스트 파일에서 이를 요청해야 한다. 그런 다음 코어 모듈의 assert와 마찬가지

퀵 체크 36.1 정답   일부 샘플 데이터가 어떻게 변경되거나 동일한지 또는 다른 값과의 관련 예상치를 표현하기 위해 작성하는 코드다. 이 테스트는 함수 호출이나 일련의 연산 결과 데이터와의 비교, 또는 두 개의 원시 데이터의 비교 형태가 돼야 한다.

로 expect, should, assert와 같은 테스트에서 코드가 의도한 결과를 보여주는지 체크하는 함수들을 사용할 수 있다. 다음 예제에서는 expect 함수를 사용한다. chai 역시 설명하는 역할을 하는 함수가 있어 assertion 수행 전에 테스트에 대한 설명을 결과에 출력할 수 있다.

> **노트** describe 함수는 중첩(nested)될 수 있다.

실제 테스트 동안에 it 함수를 사용해 테스트에서 무엇이 일어나기를 기대하는지 설명한다. 의미론적으로 이 함수는 다음과 같이 테스트를 설명한다. "특정 모듈에서 특정 함수를 위해 이 코드는 어떤 특정 데이터가 주어졌을 때 특정 방식으로 동작해야 한다."

이 의미론적 구조는 다음 예제에서 자세히 알아본다.

이 패키지 사용의 마지막 단계는 테스트 파일 생성이다. 테스트 파일에서는 테스트를 하려는 모듈을 메소드와 함께 요청하며 테스트 내에서 샘플 데이터를 제공한다. mocha와 chai를 사용해 레시피 애플리케이션을 위한 간단한 테스트를 작성해보자. userControllerSpec.js라는 파일을 프로젝트 디렉터리 내 test 폴더에 생성한다. 개발 편의상 'Spec'이 붙은 파일은 테스트 스윗을 의미하기로 한다.

이 파일에서는 25장, '캡스톤 프로젝트'의 사용자 컨트롤러에서의 getUserParams라는 함수를 테스트한다. 테스트를 위해 Listing 36.2와 같이 getUserParams 함수를 userController.js에 추가한다.

> **노트** let newUser = new User(module.exports.getUser- Params(req.body))로 새로운 User 인스턴스를 생성해 create 액션에서 이 함수를 사용할 수 있다. getUserParams는 module.exports를 통해 참조할 수 있다.

함수를 익스포트하지 않으면 다른 모듈이 이 함수로 액세스할 방법은 없다.

Listing 36.2 getUserParams 함수의 익스포팅

```
getUserParams: (body) = {
  return {
```
usersController.js에서
getUserParams의 익스포트

```
    name: {
      first: body.first,
      last: body.last
    },
    email: body.email,
    password: body.password,
    zipCode: body.zipCode
  };
}
```

userControllerSpec.js에서 userController.js와 같이 chai를 요청한다. 테스트를 위한 코드는 Listing 36.3과 같다. expect 어서션 함수를 사용하기 때문에 이를 직접 chai 모듈에서 요청할 수 있다. chai는 이 용도 외에는 쓰이지 않는다. 그런 다음 첫 번째 describe 블록을 테스팅할 모듈을 기술해 정의한다. 중첩 describe에서 getUserParams와 연관된 다중 테스트를 수행할 수 있다. 이 경우에서는 샘플 요청 본문이 제공될 때 getUserParams가 name 속성을 포함하는 데이터의 반환 여부를 테스팅하고 있다. 두 번째 테스트는 비어 있는 요청 본문은 빈 객체로 결과를 반환하는 것을 확인한다. deep.include를 사용해 하나의 JavaScript 객체를 다른 객체와 비교한다. chai 어서션 메소드에 대한 자세한 정보는 http://chaijs.com/api/bdd/를 참조하기 바란다.

Listing 36.3 userControlSpec.js에서 getUserParams 함수의 익스포팅

```
const chai = require("chai"),
  { expect } = chai,            ◀─── expect 함수 요청
  usersController = require("../controllers/usersController");

describe("usersController", () = {
  describe("getUserParams", () = {          ◀ ─── describe 블록에서
    it("should convert request body to contain          테스트 포커스 정의
⇒ the name attributes of the user object", () = {   ◀
      var body = {                               테스트 기대 결과의 상세
        first: "Jon",
        last: "Wexler",
        email: "jon@jonwexler.com",
        password: 12345,
        zipCode: 10016
```

```
    };
    expect(usersController.getUserParams(body))        ← 간단한 입력 데이터 제공
      .to.deep.include({
        name: {
          first: "Jon",
          last: "Wexler"
        }
      });                           포함돼야 할 객체에
  });                              대한 expect

  it("should return an empty object with empty request
body input", () = {
    var emptyBody = {};
    expect(usersController.getUserParams(emptyBody))
      .to.deep.include({});
  });
  });
});
```

이 테스트를 실행하기 위해 프로젝트 터미널 창에서 mocha 명령을 입력한다. 그림 36.1과 같이 모두 통과됐다는 메시지가 표시돼야 한다. 에러가 발생하거나 테스트가 실패하면 모듈이 다른 모듈에서 액세스가 가능한지 그리고 Listing의 코드와 여러분의 것이 일치하는지 확인한다.

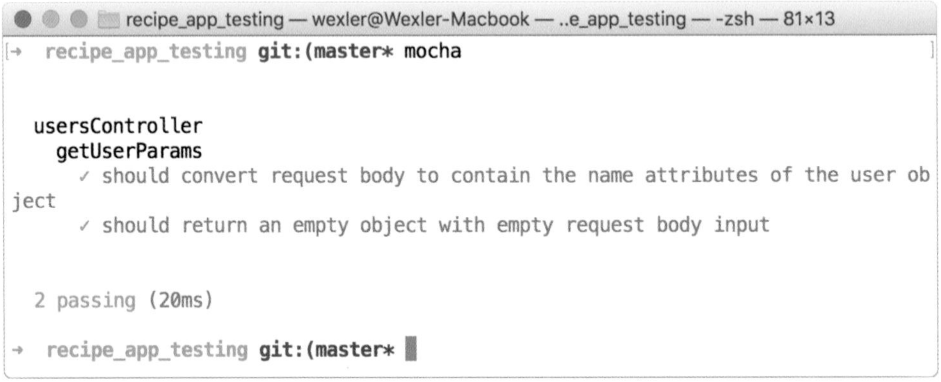

```
● ● ● 📁 recipe_app_testing — wexler@Wexler-Macbook — ..e_app_testing — -zsh — 81×13
[→  recipe_app_testing git:(master* mocha


  usersController
    getUserParams
       ✓ should convert request body to contain the name attributes of the user ob
ject
       ✓ should return an empty object with empty request body input


  2 passing (20ms)

→  recipe_app_testing git:(master* ▮
```

그림 36.1 터미널에서 테스트 통과 메시지

노트 mocha 테스트를 빠져나오려면 Ctrl+D를 입력한다.

다음 절에서는 1개 이상의 함수를 커버하는 테스트 수행을 알아본다.

퀵 체크 36.2 describe와 it의 차이는 무엇인가?

 36.3 데이터베이스 및 서버 테스팅

웹 프레임워크를 테스트하기 위해서는 샘플 데이터 및 테스트 대상 모듈에 대한 액세스 이상의 것이 필요하다. 이상적으로는 애플리케이션이 실행될 수 있는 환경을 다시 만들려 할 것이고, 이는 애플리케이션이 사용하는 웹 서버, 데이터베이스 및 모든 패키지를 다시 만든다는 것을 의미한다.

개발 환경 외에 다른 환경을 설정하려고 한다. process.env.NODE_ENV 환경변수를 통해 테스트 환경을 정의한다. 모든 테스트 파일 제일 상단에 process.env.NODE_ENV="test"를 추가해 Node.js에 테스팅 환경에서 애플리케이션을 수행한다는 것을 알린다. 이 식별은 데이터베이스와 서버 포트를 다르게 구분시킬 수 있다. 예를 들어 애플리케이션을 테스트 환경에서 동작시킨다면 애플리케이션이 recipe_test_db 데이터베이스를 포트번호 3001을 통해 사용하도록 할 수 있다. 이런 방식으로 개발 서버나 개발 데이터의 참조 없이 데이터베이스로부터 데이터 검색과 저장을 할 수 있다.

이제 다음 Listing에서와 같이 여러분의 애플리케이션은 테스트 환경에 있는 recipe_test_db 데이터베이스를 사용하도록 설정하고 그 외에서는 프로덕션 및 개발 데이터베이스를 사용하도록 한다. 이 예제에서는 db 변수를 코드에서 초기에 정의하고 이를 로컬 데이터베이스에 할당한다. 환경변수인 process.env.NODE_ENV가 테스트 환경을 가리킬 때에는 db 변수가 여러분의 테스트 데이터베이스 URL을 가리킨다.

퀵 체크 36.2 정답 describe는 각각의 모듈이나 함수에 관련된 테스트들을 래핑하고 있어 터미널에서 보이는 테스트 결과를 좀 더 쉽게 구분지어 보이게 한다. it 블록은 실제 독자가 작성하는 assertion 테스트가 들어 있는 곳이다.

Listing 36.4 main.js에서 데이터베이스 환경 분리

테스트 환경 동안에는
테스트 데이터베이스로 할당

```
if (process.env.NODE_ENV === "test") "mongoose.
    connect(mongodb://localhost:27017/recipe_test_db", {
    useNewUrlParser: true});
else mongoose.connect(process.env.MONGODB_URI ||
    "mongodb://localhost:27017/recipe_db",{ useNewUrlParser: true });
```

디폴트로는 프로덕션과
개발 데이터베이스를 할당

> **노트** 몽고DB는 앞서 소개한 테스트용 데이터베이스가 없다면 이를 자동으로 만들 것이다.

다음 Listing에서와 같이 동일한 로직을 서버 포트에도 적용한다. 여기서 테스트 환경일 때에는 3001번 포트를 쓴다. 그렇지 않으면 지금까지 써 왔던 보통 포트를 사용한다.

Listing 36.5 Setting up a test server port in main.js

```
if (process.env.NODE_ENV === "test")
    app.set("port", 3001);
else app.set("port", process.env.PORT || 3000);
```

테스트용으로는 3001번을,
프로덕션용으로는 3000번
포트를 할당한다.

그리고 main.js의 마지막 부분에 module.exports=app을 추가해 app에 포함된 애플리케이션을 익스포트해야 한다. 애플리케이션의 익스포트는 독자가 작성한 테스트 파일이 이 애플리케이션에서 액세스할 수 있게 한다. 또한 테스트 컨트롤러에서 서버로의 요청을 만들어 보내기 위해서는 다른 패키지의 도움이 필요하다. npm i chai-http -S 명령으로 chai-http 패키지를 개발 종속 모듈로써 설치한다.

이 변경으로 모델과 컨트롤러의 포괄적인 테스트를 작성할 수 있다. 다음 예제에서 사용자 컨트롤러 액션 및 User 모델을 테스트한다. 먼저 userSpec.js를 test 폴더에 생성하고 Listing 36.6의 코드를 추가해 User 모델을 테스트한다.

이 파일에서는 User 모델에 대해 여러 개의 테스트를 생성할 수 있다. 첫 번째 테스트는 사용자가 정상적으로 생성되고 데이터베이스에 저장되는지를 체크한다. 이때 User 모듈, mongoose 그리고 chai를 요청해야 한다. chai로부터 expect 함수를 자체 상수로 가져와 테스트의 가독성을 높인다.

다음으로 mocha가 제공하는 beforeEach 함수를 구현해 각 테스트를 수행하기 전에 테스트 데이터베이스를 정리한다. 이 함수는 파일 내 다른 테스트에 이 테스트가 영향을 끼치지 않도록 한다. describe 블록은 User 모델에 저장 기능을 테스트하고 있음을 나타낸다. it 블록은 데이터베이스에 단일 사용자를 성공적으로 저장했는지에 대한 두 개의 예상 결과를 포함하고 있다. 먼저 입력 데이터와 비슷한 샘플 데이터를 애플리케이션에 보낸다. 그런 다음 두 개의 프라미스를 데이터베이스에 사용자 저장 및 모든 사용자 검색을 위해 설정한다. 안쪽의 중첩 프라미스는 예상 결과를 수행하는 곳이다.

이제 결과로 프라미스를 돌려줄 두 개의 assertion 생성한다. 배열에서 두 번째 아이템은 데이터베이스로부터의 모든 사용자 검색 결과가 들어 있다. 단일 사용자를 생성했으므로 예상되는 결과 사용자 배열의 크기는 1이 된다. 비슷하게 _id 속성을 가지는 사용자 한 명이 있을 것이며 이는 방금 몽고DB에 저장된 것을 의미할 것이다. 테스트가 완료되면 done을 호출해 테스트가 종료되고 프라미스가 완료됐음을 나타낸다.

Listing 36.6　userSpec.js에서 Mongoose 사용자 저장 테스팅

```
process.env.NODE_ENV = "test";                   ◀──── 필요 모듈을 요청하고
                                                       테스트를 위한 환경 설정
const User = require("../models/user"),
  { expect } = require("chai");                   ◀──── chai.expect 함수에
                                                       변수 할당
require("../main");


beforeEach(done = {                               ◀──── 각 테스트를 수행하기 전
  User.remove({})                                      테스트 데이터베이스에서
    .then(() = {                                        모든 사용자 삭제
      done();
    });
});
```

```
describe("SAVE user", () = {                              사용자 저장을 위한
  it("it should save one user", (done) = {                테스트 기술
    let testUser = new User({                             단일 사용자 저장을 위한
      name: {                                             테스트 정의
        first: "Jon",
        last: "Wexler"
      },
      email: "Jon@jonwexler.com",
      password: 12345,
      zipCode: 10016
    });
    testUser.save()                          샘플 데이터로 사용자 저장을 하기 위한
      .then(() = {                           프라미스를 설정하고 그 후 모든 사용자를
        User.find({})                        데이터베이스로부터 검색
          .then(result = {
            expect(result.length)
              .to.eq(1);
            expect(result[0])                데이터베이스에는 ID를 가진
              .to.have.property("_id");      사용자가 한 명 있어야 한다.
            done();
          });
      });                        프라미스 테스트가
    });                          종료돼 done을 호출
  });
});
```

프로젝트 터미널 창에서 mocha 명령으로 테스트를 수행한다. 이 명령은 몽고DB 테스트 데이터베이스를 띄우고 테스트 사용자를 저장한다. 테스트가 통과되지 않으면 모듈들이 정확히 연결됐는지와 사용자들이 브라우저 내 애플리케이션에 저장이 됐는지 확인한다. 이 테스트는 사용자 모델이 정확히 동작하는지 체크하는 데 도움이 되며 이 파일에 몇 가지 테스트를 추가할 수 있다. 예를 들어 저장이 되지 말아야 할 경우로서 두 명의 사용자를 한 개의 이메일로 등록을 하려는 경우에는 여러분의 유효성 체크 로직에서 두 명 모두 저장이 안 되게 해야 한다.

다음으로 컨트롤러 액션을 테스트한다. 결국 컨트롤러 액션은 모델과 뷰를 연결하고 애플리케이션에서 사용자들이 경험하는 많은 기능을 제공하는 역할을 한다. 다음 예제에서는 인덱스 액션을 테스트하는데, 이 액션은 모든 사용자를 데이터베이스에서 읽어오며 응답 본문에서의 뷰 화면에 이 사용자들을 전달한다.

이 테스트 파일에서는 chaiHTTP = require ("chai-http")를 추가해 chat-http를 요청해야 하며 const app=require("../main") 추가로 메인 app도 요청해야 한다. 그런 다음 chai가 chai.use(chaiHTTP)로 chaiHTTP를 사용하게 하면 이제 서버로 요청을 보낼 준비가 된 것이다. 다음 예제에서는 서버와의 통신을 위해 chai.request(app)을 사용한다. index 액션을 테스트하기 위해 test 폴더 내 usersControllerSpec.js 파일에 Listing 36.7의 코드를 추가한다.

이 테스트가 usersController를 위한 것이라는 것을 명기하기 위해 describe 블록으로 테스트들을 감쌀 수 있다. 다른 describe 블록은 /users로의 GET 요청 테스트라는 것을 나타낸다.

> **노트** describe의 첫 번째 매개변수는 어떤 테스트가 테스팅되고 있는지를 나타내는 문자열 값이다. 예제와 같이 텍스트를 넣을 필요는 없다.

데이터베이스에서 모든 사용자를 보여주는 테스트는 애플리케이션과의 통신을 위해 chai.request를 사용하며, 애플리케이션은 3001포트에서 수행되는 웹서버를 설정한다. 그런 다음 /users 라우트에 도달하기 위해 chai 헬퍼 메소드로 get 요청을 연결한다. 애플리케이션에서 get 메소드는 사용자 컨트롤러의 인덱스 액션까지 도달해야 한다. 응답 코드는 200이 떨어져야 하며 에러는 없어야 한다.

Listing 36.7 사용자 index 액션 테스팅

사용자 인덱스 액션의
테스트 기술

```
describe("/users GET", () = {
  it("it should GET all the users", (done) = {      테스트 서버에 GET 요청 생성
    chai.request(app)
```

```
      .get("/users")
      .end((errors, res) = {
        expect(res).to.have.status(200);
        expect(errors).to.be.equal(null);
        done();
      });
    });
  });
});
```

expectation 수행을
위한 콜백 요청의 끝

응답 상태를 200으로
예상함

테스트에서 서버와의
통신 종료를 위해 done 호출

프로젝트 터미널 창에서 mocha를 입력해 이 테스트를 수행한다. 두 개의 테스트가 통과
돼야 한다. 테스트 스윗은 test 폴더 내 파일에 포함된 모든 테스트로 구성된다. users
ControllerSpec만 수행하려 한다면 mocha test/usersControllerSpec으로 수행한다.

퀵 체크 36.3 chai.request가 하는 일은 무엇인가?

36.4 요약

36장에서는 Node.js 애플리케이션 테스팅을 알아봤다. 코어 모듈인 assert 모듈을 먼저
보았으며 바로 chai, mocha 그리고 chai-http를 이용해 모델과 컨트롤러의 테스팅으로 건
너뛰었다. 이들 도구를 갖고 사용자들이 실제 애플리케이션과의 인터랙션 대부분을 다시
만들 수 있다. 만일 사용자들의 인터렉션이나 엣지 케이스들을 한발 앞서 알 수 있고 프
로덕션 레벨로 배포하기 전에 테스팅을 한다면 프로덕션 레벨에서의 문제는 훨씬 줄어들
것이다.

퀵 체크 36.3 정답   chai.request 는 Node.js 웹 서버 리소스로 테스트 환경에서 요청을 생성하는 역할을 한다.
이 요청은 프로덕션 레벨의 애플리케이션을 흉내 내며 코드를 좀 더 광범위하게 통합된 환경에서 테스트를 수행하게
한다.

해보세요

테스트 스윗 작성은 간단한 작업이 아니다. 테스트는 끝없이 작성할 수 있기 때문이다. 여러분은 아마 다양한 샘플 데이터를 활용해 더 많은 부분을 커버하는 테스트 시나리오를 원할 것이다.

애플리케이션의 각 컨트롤러 및 모델에 대한 테스트 모듈을 만들어라. 그 후 describe 블록을 만들고 각 액션을 테스트하라.

캡스톤 프로젝트: Confetti Cuisine의 배포

이제 애플리케이션을 프로덕션에 배포할 시간이다. 그동안 Confetti Cuisine 관계자와 같이 원래 요구 사항과 기능에 관해 의견을 나눠왔다. 그 결과가 바로 사용자들과 Confetti Cuisine 요리 학교를 이어주는 다양한 패키지와 몽고DB 그리고 Express.js로 구동되는 Node.js 애플리케이션이다. 그동안 애플리케이션을 의미 있는 데이터의 저장이나 데이터베이스 없이 배포할 기회는 있었지만 하지 않았다. 지금 코드를 정리하고 테스트를 작성하고 공개 버전인 Heroku에 있는 버전을 데모로 돌렸다.

비록 이 단계가 짧고 많은 코딩이 포함돼 있지 않지만, 배포 단계에서 실수하지 않도록 주의를 하고 싶다. 개발 단계에서의 문제 해결이 프로덕션 단계에서보다 훨씬 심플하다.

Heroku에 배포 준비를 하기 시작할 것이다. 그런 다음 터미널에서 Heroku 커맨드라인 인터페이스를 통해 새로운 Heroku 애플리케이션을 생성한다. Git을 사용해 로컬에서의 변경을 버저닝해 저장한 후, Heroku로 코드를 푸시한다.

다음으로 몽고DB 데이터베이스를 설정하고 애플리케이션 시작을 위한 시드 데이터를 추가할 것이다. 이 작업들이 완료되면 몇 가지 프로덕션 관리 도구를 사용해 애플리케이션 로그를 모니터링하고 의미 있는 사용자 데이터 및 등록을 위한 애플리케이션과의 작업을 준비한다.

37.1 린팅과 로깅

애플리케이션 배포 전에 버그와 비효율적인 부분들은 어느 정도 잡고 가려 한다. 비록 의식적으로 코드를 작성하려고 했지만 프로덕션 환경에서의 실수가 애플리케이션에 영향을 줄 가능성은 항상 열려 있다. 개발 과정에서의 잠재적 이슈를 방지하기 위해 npm install -g eslint 명령으로 eslint를 전역으로 설치한다.

코드 린팅 작업은 애플리케이션 코드에서 수정돼야 할 부분을 목록으로 제공한다. 목록은 미사용 변수의 제거부터 적절히 처리되지 못한 프라미스와 비동기 함수까지 커버한다. 일단 eslint를 프로젝트의 터미널 창에서 eslint --init 명령을 통해 초기화한다. 초기화 시 터미널에 선택할 옵션이 뜨는데, ES6 syntax와 서버 사이드 그리고 클라이언트 사이드 JavaScript를 선택한다. eslint를 터미널에서 실행하면 .eslintrc.js 설정 파일이 생성되며 코드 체킹에 사용된다. 전역 eslint 키워드를 프로젝트 터미널 창에서 실행해 코드 중 개선될 수 있는 부분들이 어디인지 확인한다.

또한 프로덕션으로 배포하기 전에 애플리케이션을 로깅하는 것이 좋을 것 같다. 요청 및 응답 정보를 로깅하기 위해 morgan을 사용하기로 한다. 먼저 로컬에서 npm i morgan -S 명령으로 종속 모듈로 설치한다. 그런 다음 const morgan=require("morgan")을 main.js에 추가해 morgan을 요청한다. 마지막으로 로그에서 요청 데이터중 의미 있는 것을 골라 조합하는 morgan의 특정 옵션을 설정한다. main.js에 app.hse(morgan("combined"))를 추가해 Express.js 애플리케이션이 combined 로깅 포맷으로 morgan을 사용한다는 것을 알린다.

코드 정리 작업 후 개발 단계에서 마지막으로 애플리케이션을 실행해 배포 시에 발생할 에러가 있는지 확인한다. 그런 다음 애플리케이션 배포를 위한 준비를 한다.

37.2 배포를 위한 준비

Confetti Cuisine은 프로덕션 플랫폼에 대한 선택권을 나에게 줬다. 나로서는 Heroku가 편했기 때문에 Heroku 서버에 배포 준비를 시작하기로 한다.

> **노트** 다음 단계는 Heroku를 위한 작업이지만, 다른 서비스를 사용하는 경우에도 거의 동일하다.

먼저 PC에 Heroku CLI와 Git이 설치돼 있는지 확인한다. 터미널에서 `heroku --version` 및 `git --version`을 통해 설치 여부 및 어떤 버전이 설치돼 있는지 확인한다. Heroku가 3000번 포트만이 아닌 프로덕션에서의 환경변수를 사용하기 위한 서버 포트를 허용해야 한다. main.js에 포트가 `app.set("port", process.env.PORT || 3000)`으로 돼 있는지 확인 한다. 포트 넘버는 `process.env.PORT`에 값이 있다면 초기에 할당돼 있다. 값이 없다면 기 본값은 3000번이다.

다음으로 `MONGO_URI` 환경변수에 값이 주어졌다면 이를 사용해 접속하도록 데이터베이스 를 수정한다. main.js에 `mongoose.connect(process.env.MONGODB_URI || "mongodb://local-host:27017/confetti_cuisine",{ useNewUrlParser: true })`를 main.js에 추가한다. 나중에 프로덕션 애플리케이션용 데이터베이스를 프로비저닝하면 `MONGODB_URI`가 데이터베이스 의 외부 URL로 설정된 애플리케이션 구성 변수 중 하나로 나타난다.

마지막 단계는 Procfile의 생성이다. 이 파일은 Heroku가 애플리케이션을 띄울 때 시작 포인트로 사용한다. Heroku는 몇 가지 인터넷 프로토콜로 동작할 수 있는데 여기서는 HTTP를 사용하도록 설정한다. 이에 Procfile에 web: node main.js를 추가한다. 이 코드 라인은 Heroku가 애플리케이션을 HTTP를 사용해 요청 및 응답을 처리하는 웹 서버로 서 동작시키라고 알려준다. 그리고 main.js로 애플리케이션을 시작하라고 Heroku에 설 정한다.

이제 거의 배포 준비가 끝났다. 변경 사항을 저장하고 프로덕션 배포를 위한 몇 가지 단 계만 더 거치면 된다.

37.3 Heroku로의 배포

일단 코드의 현재 상태는 만족스럽다. Git에 add 및 commit을 할 것이다. 먼저 Git으로 프로젝트를 초기화하기 위해 git init을 실행한다. 이미 한 번 git 초기화를 했다면 문제 없이 다시 프로젝트를 초기화하지만 앞에서 작업한 변경 사항에는 영향을 주지 않는 다. Git은 모든 코드를 하나로 묶기 때문에 패스워드 및 민감한 종류의 데이터와 node_modules 폴더 내용들은 여기에 포함시켜 인터넷으로 보내고 싶지는 않다. 이미 민감한 데이터들은 애플리케이션 밖으로 처리했기 때문에 node_modules 폴더만 프로덕션으로 이동하지 않게 하면 될 것이다. 이 폴더는 파일 수가 상당히 많아 배포 프로세스에 걸림 돌이 될 수 있기 때문이다. 또한 Heroku는 배포 시에 자동으로 npm install을 수행하기 때문에 필요 없을 것이다. .gitignore 파일을 생성해 여기에 node_modules를 추가한다.

다음으로 git add .로 모든 파일을 스테이징 영역으로 추가해 커밋이 될 준비를 한다. git status 명령으로 커밋될 파일들을 확인하고 git commit -m "first production deployment" 를 실행해 이 버전의 코드가 프로덕션으로 배포 전의 버전임을 명시한다.

코드가 저장되면 터미널에서 heroku 명령어를 사용해 애플리케이션을 Heroku에 등록한 다. 터미널의 프로젝트 디렉터리에서 heroku create confetti-cuisine을 실행한다.

> **주의** 만일 Heroku에서 confetti-cuisine이라는 이름이 쓰이고 있지 않다면 이 명령은 애플리케이 션에 액세스할 수 있는 URL을 생성한다. 지금 이 책을 따라 한다면 이 명령에서 다른 이름을 사용해 야 할 것이다.

URL은 https://confetti-cuisine.herokuapp.com이 됐다. 이 명령은 또한 원격 Git 리 포지터리를 Heroku상에 생성한다. 이 설정은 내 로컬 Git에서 이 주소로 전달할 수 있 게 해준다. 이로부터 Heroku는 애플리케이션을 설치하고 실행할 것이다. 이 URL은 git remote -v 명령으로 검사할 수 있다. 이 원격 리포지터리는 heroku라는 이름으로 참조돼 있어 업로드 준비가 됐을 때 heroku 이름으로 내 코드를 프로덕션에 푸시할 수 있다.

인터넷 연결을 확인하고 git push heroku master를 실행한다. master는 Git 내에서 코드를 포함하고 있는 컨테이너의 이름이며, 이 명령으로 코드를 이 컨테이너로부터 heroku와 연결돼 있는 이 URL의 유사한 이름의 컨테이너로 업로드한다. 이 명령의 실행은 Heroku가 애플리케이션을 설정하고 종속 패키지들의 설치를 수행하는 일련의 명령들을 수행하게 한다. 모든 프로세스는 1분 안쪽으로 진행된다. 프로세스가 완료되면 heroku open 명령으로 웹 브라우저에서 프로덕션 URL로 접근하게 할 수 있다.

당장은 애플리케이션이 정상 작동하지 않을 것이다(그림 37.1). 이는 아직 데이터베이스가 준비돼 있지 않기 때문이며 애플리케이션의 모든 페이지는 데이터베이스로부터 콘텐츠를 가져온다.

다음 절에서 프로덕션 애플리케이션을 위한 몽고DB를 설정할 것이다.

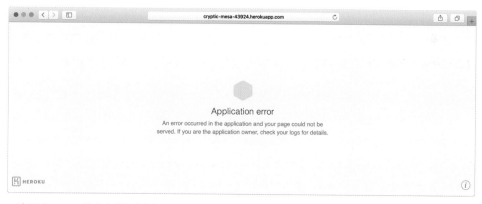

그림 37.1 Heroku상에서 애플리케이션이 로딩되지 않는 모습

 37.4 데이터베이스 설정

몽고DB를 데이터베이스로 사용하려는 이유는 몇 가지가 있다. 그중 하나는 프로덕션에서 설치하기 쉽다는 것이다. 개발 및 테스트용 데이터베이스 설정은 쉬운 작업이다. 이제 Heroku 플러그인을 추가해 데이터베이스 서비스와 연계해야 하며, 한 번의 작업만으로 애플리케이션이 동작하기 시작할 것이다.

프로젝트 터미널 창에서 heroku addons:create mongolab:sandbox의 실행으로 mLab 몽고 DB 데이터베이스를 생성한다. 로컬 프로젝트와 등록한 Heroku 애플리케이션과 연동을 시켰기 때문에 터미널에서 프로덕션상 애플리케이션의 관리를 위해 Heroku CLI를 계속 사용할 수 있다. 이 명령은 mLab에서 호스팅되는 free-tier 데이터베이스를 제공한다. 이 샌드박스 데이터베이스는 사이즈와 처리 능력에 제한이 있기 때문에 실제 서비스에서의 사용은 추천하지 않는다.

> **노트**　Confetti Cuisine이 Heroku상에서의 애플리케이션을 문제없어 한다면 mLab에서 제공하는 서비스를 비용을 들여 업그레이드해 설치할 수 있다. heroku addons:create mongolab: shared-cluster-1 명령을 통해 가능히다.

> **주의**　추가 영역을 필요로 할지 결정되기 전까지는 데이터베이스 계정을 업그레이드하지 않으려 한다. 터미널에서 업그레이드를 하는 작업은 Heroku 계정에 비용을 발생하게 한다.

참고로 외부에 있는 몽고DB 데이터베이스를 사용할 수도 있는데 MONGODB_URI 환경변수에 외부 데이터베이스 URL을 할당하면 된다.

heroku config:get MONGODB_URI 명령의 실행으로 Heroku에서 설정된 데이터베이스 URL을 체크한다. 이 명령은 데이터베이스 액세스에 필요한 보안 자격증명과 함께 mLab 데이터베이스 URL로 응답한다. 웹 브라우저에서 데이터베이스에 있는 콘텐츠들을 보려면 heroku addons:open mongolab을 실행해 Heroku를 통한 mLab 사이트에 있는 데이터베이스를 보여주는 새로운 웹 페이지를 볼 수 있다(그림 37.2).

그림 37.2 mLab 데이터베이스의 콘텐츠 표시

그림 37.3 로딩된 홈페이지

이제 https://confetti-cuisine.herokuapp.com/에 접속하면 홈페이지가 보일 것이다(그림 37.3).

프로덕션 애플리케이션에서 미리 몇 가지 데이터를 넣어서 처음 접속 시 좀 더 그럴듯하게 보여주고 싶다. 이런 용도의 시드 데이터를 추가하는 방법이 몇 가지가 있는데 mLab 데이터베이스에 연결해 시드 데이터를 밀어넣는 것도 그중 하나다. 그것보다는 먼저 프로덕션 REPL 환경으로 접속하기 위해 프로젝트 터미널 창에서 `heroku run node`를 실행할 것이다. 개발 환경에서의 REPL로 Node.js 애플리케이션과 접속하고 데이터베이스에 저장도 할 수 있다. 저장할 몇 개의 강좌 데이터를 준비했기 때문에 강좌가 생성될 부분의 코드들을 복사해 REPL 셸에 이를 붙여 넣는다. 먼저 필요 모듈을 요청하는 코드들을 복사한다. 필요 모듈이란 `mongoose`나 Course 모델들이다. Listing 37.1에 있는 코드들을 터미널 창에 입력하고 애플리케이션에 이 코드들이 반영되는지 관찰한다. 이 새로운 Listing을 보기 위해 강좌 Ajax 모달 창을 클릭할 수 있다.

> **노트** 터미널 창에 코드를 붙여 넣기 전에 텍스트 에디터에 코드를 붙여 넣어 포맷을 맞추는 것을 추천한다.

Listing 37.1 프로덕션 애플리케이션에 시드 데이터 추가

```
const mongoose = require("mongoose"),
  Course = require("./models/course");
```

REPL을 위한 데이터베이스
접속 및 필요 모듈 요청

```
mongoose.Promise = global.Promise;
mongoose.connect(
process.env.MONGODB_URI ||
  "mongodb:// localhost:27017/confetti_cuisine",
  { useNewUrlParser: true }
);
Course.remove({})
  .then(() = {
```

프로덕션 데이터베이스를
위한 새로운 강좌 생성

```
    return Course.create({
      title: "Chocolate World",
      description: "Dive into the divine world of sweet
  and bitter chocolate making.",
      cost: 22,
      maxStudents: 14
    });
  })
  .then(course = console.log(course.title))
  .then(() = {
    return Course.create({
      title: "Pasta Boat",
      description: "Swim through original recipes and
  paddle your way through linguine",
      cost: 43,
      maxStudents: 8
    });
  })
  .then(course = console.log(course.title))
  .then(() = {
    return Course.create({
      title: "Hot Potato",
      description: "Potatoes are back and they are hot!
  Learn 7 different ways you can make potatoes
  relevant again.",
      cost: 12,
```

```
      maxStudents: 28
  });
})
.then(course = console.log(course.title))
.catch(error = console.log(error.message))
.then(() = {
  console.log("DONE");
  mongoose.connection.close();
});
```

이 데이터를 읽어들임으로써 Confetti Cuisine에 완성된 애플리케이션을 보여줄 수 있게 됐다. 이후에는 운영 중인 애플리케이션에 어떤 새로운 사용자가 이슈를 만날지 여부를 로그를 관찰해야 한다.

 ## 37.5 프로덕션에서의 디버깅

내 역할은 이제 개발자에서 유지 보수와 버그 수정으로 바뀌었다. 이제 내가 만든 코드가 처음에 약속했던 기능들을 정상적으로 제공하는지 체크하고 정상적으로 동작하지 않으면 코드를 수정할 것이다.

코드는 더 이상 내 개인 PC에서 돌아가지 않기 때문에 프로젝트 터미널 창에서 `heroku logs --tail` 명령을 통해 Heroku로부터의 로그를 확인해야 한다. 이 명령은 Heroku로부터 실시간 로그 스트림을 얻어오게 한다. 이 로그를 통해 에러 발생 시간, 애플리케이션의 크래시 여부 그리고 모든 유입되는 요청과 나가는 응답에서 필요한 것들을 얻을 수 있다.

로그 메시지를 분석하면서 문제가 발생하면 컴퓨터에서 로컬로 복제를 시도할 수 있다. 프로젝트 터미널 창에서 `heroku local web` 명령으로 프로덕션에 있는 애플리케이션을 로컬로 내려받아 실행할 수 있다. 이 명령은 http://localhost:5000/으로 애플리케이션을 실행시킨다. 여기서의 테스팅으로 에러가 발견되면 수정하려면 필요한 것이 무엇인지 알 수 있을 것이다. 마지막으로 에러를 발생시키는 곳으로 의심이 되는 부분에 브레이크포인트를 걸어 Node.js의 디버그 도구를 실행시킬 수도 있다. 코드에 `debugger`를 추가해 애플리케이션의 단계별 실행 및 정지를 통해 특정 함수들의 값을 분석할 수도 있다.

나는 이 애플리케이션에는 이슈가 거의 없으며 Confetti Cuisine이 대중들과 소통하는 데 새로운 역할을 할 것이라 자신한다. 이제 나는 회사가 내 도움이 필요한 경우를 대비할 것이다. 업데이트를 배포할 때는 `git add .` , `git commit -m "<some message>"` 그리고 `git push heroku master`만 실행하면 된다.

37.6 요약

이 마지막 캡스톤 프로젝트에서는 애플리케이션에 대중들이 액세스할 수 있도록 배포를 했다. 정확한 설정과 Node.js 애플리케이션의 동작으로 프로덕션 서버에 애플리케이션을 업로드할 수 있었다. 이 서버에서 유입되는 요청들이 처리될 것이며 외부 데이터베이스로 쿼리를 만들어 전달할 것이다. 애플리케이션은 이제 더 많은 데이터와 인기를 얻으면 비용이 발생할 수 있는 다양한 리소스에 의존하게 됐다. 애플리케이션의 트래픽과 요청이 증가하면 더 많은 리소스가 요구되며, 증가되는 데이터베이스 용량과 트래픽을 서포트할 수 있는 곳으로 Node.js 애플리케이션을 호스팅하기 위한 비용을 고려해야 할 것이다. 확장성 및 고가용성 그리고 성능 개선은 다음 이터레이션의 주제가 될 것이며 Confetti Cuisine과 내가 향후 개선 작업을 수행할 때 기꺼이 같이 하기를 기대해본다.

APPENDIX

ES6에서 소개하는 JavaScript 문법

여기서는 .js에 적용된 ES6에서 소개하는 JavaScript 문법을 소개한다. 먼저 새로운 변수 정의 방법과 새로운 String 보간부터 시작한다.

A.1 ES6에서 새로운 점

2015년부터 ECMAScript6는 JavaScipt에 새로운 문법과 규칙을 제시해왔다. 이에 이 책에서는 몇 가지 ES6의 키워드 및 사용될 포맷을 살펴본다. 키워드는 JavaScript에서 예약된 의미의 용어이며 코드의 해석 및 문법에 제공되기 위해 사용된다.

A.1.1 let 키워드

아마 이전에는 var 키워드를 사용해 변수를 정의했을 것이다. ES6에서는 특정된 범위의 블록에서 정의될 변수로 let을 쓰는 게 더 적절하다. 단위 블록 코드 내에서 이 변수라 정의되지 않으면 여기에 액세스할 수 없다.

예를 들어 if 블록에서 정의된 let 변수는 이 블록 밖에서는 액세스할 수 없다. 반면 다음 Listing에서와 같이 var 변수는 정의가 선언된 함수 전체에서 액세스할 수 있다.

```
function sample() {
  var num = 60;
  if (num > 50){
    let num = 0;
  }
  console.log(num);
}
```

let 변수는 코드 블록에 한정돼 액세스할 수 있기 때문에 전체 애플리케이션이나 모듈에서 접근하려면 전역global으로 선언해야 한다. 이런 식으로 let은 변수 정의 시 var보다는 더 보안성을 강화했다.

> **노트** "use strict"를 사용하면 동일한 let 변수로 다시 정의할 수 없다. 반면 var는 가능하다.

A.1.2 const 변수

const 변수는 재할당될 수 없다. 보통은 코드 내에서 다시 복제될 일이 없는 let 변수들을 대신해 이 키워드를 사용한다. 이 가이드라인은 1부에서도 보았듯이, Node.js에서 라이브러리나 모듈들을 읽어들일 때도 적용될 수 있다. const 변수를 다시 할당하려 하면 Duplicate Declaration Error가 뜬다.

다음 Listing의 코드는 에러를 발생시킨다. 새로운 let 변수가 이미 상수로 존재하는 이름으로 다시 선언되려 했기 때문이다.

```
function applyDiscount(discountPrice) {
  const basePrice = 1000;
  let basePrice = basePrice - discountPrice;
  console.log(basePrice);
}
```

A.1.3 문자열 보간

ES6 이전까지는 문자열 내의 변수를 로깅하거나 출력하려면 다음 Listing에서 보여지는 것과 같이 변수 주위에 스트링을 추가해야 했다.

Listing A.3 문자열 붙이기 예시

```
var x = 45;
console.log("It is " + x + " degrees outside!");
```

ES6부터는 백틱(`)과 ${}를 사용해 다음 Listing과 같이 문자열 내에 변수들을 보간할 수 있다.

Listing A.4 백틱을 사용한 문자열 보간

```
var x = 45;
console.log(`It is ${x} degrees outside!`);
```

코드가 훨씬 깔끔하고 편집하기 좋게 됐다.

A.1.4 화살표 함수

화살표 함수는 ES6에서 코드를 간결하고 읽기 좋게 하기 위해 제공하는 방법 중 하나다. => 기존의 함수 문법으로는 여러 개 라인으로 구성된 함수를 화살표 문자를 이용해 하나의 라인으로 바꿀 수 있다. 다음 Listing 예제를 보자.

Listing A.5 function 키워드로 함수 정의

```
function printName(name) {
   console.log(`My name is ${name}`);
}
```

이를 다음 Listing과 같이 고쳐 쓸 수 있다.

```
let printName = name => console.log(`My name is ${name}`);
```

더 중요한 것은 ES6에서 화살표 함수는 다음 Listing에서와 같이 this를 외부 변수에서 유지했다는 것이다.

```
let dog = {
  name: "Sparky",
  printNameAfterTime: function() {
    setTimeout(function() {
      console.log(`My name is ${this.name}`);
    }, 1000);
  }
}
```

이 예제에서 dog.printNameAfterTime()은 My Name is undefined를 출력하는데 this가 dog 객체를 참조하고 있는 것 같아도 this.name이 setTimeout의 범위 밖에 있기 때문이다. 그러나 화살표 함수를 쓰면 this는 setTimeout 안에서도 다음 Listing에서와 같이 유지된다.

```
let dog = {
  name: "Sparky",
  printNameAfterTime() {
    setTimeout(() => {
      console.log(`My name is ${this.name}`);
    }, 1000);
  }
}
```

이제 정상적으로 My name is Sparky가 출력된다. 코드는 더 콤팩트해졌다. Node.js는 JavaScript 코어에 대한 충분한 지식 및 프로그래밍 콘셉트를 요구하기 때문에 부록에서는 시작하기 전에 알아야 할 것들을 리뷰해봤다. JavaScript에 대해 좀 더 알고 싶으면 『Secrets of the JavaScript Ninja, Second Edition』(John Resig, Bear Bibeault, Manning, 2016)을 추천한다.

A.2 REPL

Node.js가 설치되면 실행의 첫 번째 단계는 REPL이다. 이 상호 연동 환경은 크롬 웹 브라우저 내의 콘솔 창과 유사하다. REPL에서는 어떠한 JavaScript 코드도 실행할 수 있다. 또한 애플리케이션의 테스트 관점에서 Node.js 모듈을 요청할 수도 있다.

A.2.1 REPL에서 JavaScript 실행

REPL을 실행하려면 컴퓨터의 터미널 창에 들어가 node 명령을 입력한다. 이 명령은 즉시 (>) 프롬프트로 터미널을 바꿔주며 여기에 JavaScript문을 입력하면 된다. REPL을 명령을 즉시 보여주는 Node.js 애플리케이션으로 생각할 수도 있다. 이는 별도의 JavaScript 파일을 작성해 실행할 필요가 없다는 것을 의미하며 바로 REPL 터미널에 입력하면 된다. 각 JavaScirpt 구문을 입력하면 해당 결과가 즉시 출력된다. 변수 할당의 경우는 undefined 가 출력된다.

> **Listing A.9 REPL에서 변수 정의**

이제 이 변수들을 갖고 몇 가지 연산을 해본다. 다음 Listing에서와 같이 두 개의 변수를 하나로 연결할 수 있다.

```
> let x = 42;
undefined
> let sentence = "The meaning of life is ";
undefined
```

이제 이 변수들을 갖고 몇 가지 연산을 해본다. 다음 Listing에서와 같이 두 개의 변수를 하나로 연결할 수 있다.

```
> sentence + x;
The meaning of life is 42
```

이전에 사용했거나 봤던 JavaScript의 코드들을 이 REPL 환경에서 제한 없이 사용할 수 있다. 또한 tab 키를 자동 종료 변수autocomplete variable 또는 함수 이름으로 사용할 수 있고 객체 속성을 리스팅할 수도 있다. 예를 들어 변수명이 sentence라는 이름으로 문자열을 정의했다면, 이 문자열 객체에서 어떤 함수를 호출할 수 있는지 확실하지 않다. 이때 변수명 뒤에 점(.)을 찍고 tab 키를 누르면 변수에서 사용 가능한 함수들 및 속성들이 다음 Listing과 같이 보인다.

```
> sentence.
sentence.anchor              sentence.big
sentence.blink               sentence.bold
sentence.charAt              sentence.charCodeAt
sentence.codePointAt         sentence.concat
sentence.endsWith            sentence.fixed
sentence.fontcolor           sentence.fontsize
sentence.includes            sentence.indexOf
sentence.italics             sentence.lastIndexOf
```

이 외의 REPL 명령들은 1장에서 찾을 수 있다.

A.2.2 애플리케이션 개발에서 REPL의 사용

REPL을 사용하는 또 다른 방법은 Node.js 애플리케이션 코드 내에 repl 모듈을 사용하는 것이다. 프로젝트에서 사용자 정의 모듈을 점점 더 많이 빌드할수록 작성한 코드들의 기능을 테스트하기 위해 REPL로 모든 파일을 읽어들이는 것은 상당히 귀찮은 일이다. 만일 두 개의 숫자를 곱해주는 기능의 multifly.js(Listing A.12)을 호출하는 모듈을 작성했다면 REPL에서는 독자가 만든 다른 모듈과 더불어 require("./multifly")를 입력해 이 모듈을 요청해야 한다. 더욱이 이 라인들을 모든 REPL 세션에 입력해야 한다.

```
module.exports = {
  multiply: (x, y) => {
    return x * y;
  }
};
```

각 REPL 세션에서 모듈을 요청하는 대신, REPL을 여러분의 모델에 가져올 수 있다.
Listing A.13은 어떻게 repl 모듈을 프로젝트 안에서 사용하는지 보여준다. 프로젝트 디
렉터리에서 custonRepl.js라고 하는 모듈을 생성할 수 있으며 이는 동시에 테스트하려고
하는 모든 모듈을 요청한다. 이 파일은 repl 모듈이 요청되고 REPL 서버가 시작되는 것
을 보여준다. Node.js HTTP 서버처럼, 이 REPL 서버도 사용자 정의 변수를 내부에서 읽
어들일 수 있는 콘텍스트를 갖고 있다. REPL 서버가 시작된 후 name 변수 및 multiply 모
듈을 추가한다.

```
const repl = require("repl"),
  replServer = repl.start({
    prompt: "> ",
});

replServer.context.name = "Jon Wexler";
replServer.context.multiply = require("./multiply").multiply;
```

이제 터미널에서 프로젝트 디렉터리로 들어가 node customRepl을 입력한다. REPL 프롬프
트가 뜨며 이번에는 REPL에서의 콘텍스트에 테스트하려는 모든 모듈이 포함돼 있다. 이
기술은 데이터베이스 설정을 요청하기 위해 코드를 복사 및 붙여넣기를 할 필요 없이 데
이터베이스에서 레코드의 생성 및 수정을 테스트하려 할 때 매우 편리하다.

A.3 요약

주의해야 할 JavaScript 키워드와 문법을 살펴봤다. 개발 커뮤니티에서 널리 사용되는 ES6여서 최근 JavaScript의 변화에 맞춰 코드 작성을 시작하는 것은 중요하다. REPL 사용 및 JavaScript 명령에 더 친숙할수록 애플리케이션을 더 빨리 개발하게 될 것이다.

APPENDIX

B

로깅과 Node.js의 전역 객체의 사용

B.1 로깅

로깅은 어떤 미들웨어나 함수가 실행되고 있는지 이해하는 데 도움을 주며, 애플리케이션이 어떤 에러를 만들어내는지, 애플리케이션에서 무엇이 진행되는지 인사이트를 얻을 수 있다.

console 모듈은 코어 Node.js 모듈이며 전역 객체다. 이는 애플리케이션 코드 어디에서든지 console 키워드로 액세스가 가능하다는 의미다. console.log()를 실행하면 메시지를 텍스트 문자열로 전달해 출력은 터미널 창이나 파일에서 이뤄진다. 이 책에서는 애플리케이션 코드를 분해하기 위한 로깅 도구를 console 모듈이 제공한다. 2장에서의 로깅 팁과 더불어 몇 가지 로깅 명령은 중요하므로 기억해야 한다.

console 모듈은 표준과 에러 두 가지 유형의 출력을 제공한다. 두 가지 모두 터미널 창에서 결과가 보이지만, 브라우저 콘솔에서는 서로 다르게 동작한다. 다음 Listing에서는 console과 같이 사용할 수 있는 다른 로깅 함수를 보여준다.

```
console.log("Standard output log message");    ◄──── 콘솔에 로그 메시지 출력
console.error("Error output log message");
console.info("Standard output log message");       에러 아웃풋을 사용한
                                                    로그 메시지 출력
console.warn("Error output log message");
                                                console.log의 alias로서
                                                로그 메시지 출력
console.error의 alias로서
로그 메시지 출력
```

Node.js 애플리케이션에서 이 4개의 함수들은 서버에서 유사한 동작을 한다. 이들 로깅 함수들을 클라이언트 측 JavaScript에서 실행하면 브라우저 콘솔 창은 각 로그 메시지를 메시지 유형에 맞게 출력할 것이다. 예를 들어 주의^{Warning} 메시지는 주황색을 배경으로, 에러 메시지는 빨간색을 배경으로 출력될 것이다.

유용하게 사용할 수 있는 다른 두 개의 함수는 console.time과 console.timeEnd이다. 이 두 함수는 코드에서 특정 작업의 시작과 종료 사이의 시간을 기록하기 위해 사용될 수 있다. 이 함수들 내에서의 텍스트는 작업의 타이머와 일치해야 한다. 다음 Listing에서 함수 xyz는 1초 후에 메시지를 로깅하게 돼 있다. 실제 결과 시간은 1초를 약간 넘을 것이다.

```
console.time("function xyz");    ◄──── 콘솔 타이머 시작
(function xyz() {
                                     함수 오퍼레이션의 일부로써
  setTimeout(function() {             console.log 메시지 출력
    console.log("prints first");
    console.timeEnd("function xyz");  ◄──── 최종 시간 기록
  }, 1000);
})();
```

B.2 전역 객체

Node.js에서 전역 객체는 애플리케이션의 모든 부분에서 액세스가 가능하다. 다시 말하면 Node.js 애플리케이션의 어느 부분에서도 이를 사용할 수 있다는 얘기다. 이들은 애

플리케이션이나 파일시스템에 대한 정보가 들어 있을 수 있다. 다음 전역 객체는 Node.js 애플리케이션에서 자주 사용되는 것들이다.

- console은 애플리케이션이 실행되는 곳에서 콘솔 또는 표준 출력을 한다.
- __dirname은 다음과 같이 디렉터리의 절대경로를 돌려준다.

```
console.log(__dirname);
>> /Users/Jon/Desktop
```

- __filename 은 다음과 같이 파일의 절대경로를 돌려준다.

```
console.log(__filename);
>> /Users/Jon/Desktop/filename_example.js
```

- process는 실행 중인 애플리케이션에서의 프로세스(스레드)를 참조한다. 이 객체는 애플리케이션 자원의 메인 소스이며 파일시스템과 연결된다.

어떤 객체들은 Node.js 전역 객체와 비슷하게 보이지만 다른 라이브러리에서 제공되는 것들은 프로젝트에서 별도로 요청해야 한다. 하지만 이 객체 대부분은 Node.js 애플리케이션에서 사용 가능하다. 다음 객체들과 같이 작업을 하는 것을 배운다면 이 객체들의 사용 사례가 좀 더 명확해질 것이다.

- module은 작업 중인 현재 모듈(JavaScript 파일)을 참조하며 파일 내의 변수들을 액세스할 수 있게 한다.
- export는 다른 모듈 간에 공유를 위한 모듈의 함수나 객체 저장용 key/value 쌍을 참조한다. 이 객체의 사용은 module.exports 사용과 유사하다. 다음 예제에서 accessibleFunction은 다른 모듈에서 사용하게 하기 위해 익스포트된다.

```
exports.accessibleFunction = () => {
    console.log("hello!");
}
```

- require는 현재 모듈로 다른 모듈 코드를 임포트하게 하고 현재 작업 파일 외부에서 작성된 코드에 액세스하게 한다. require 키워드는 다음과 같이 사용된다.

```
const http = require("http");
```

찾아보기

NODE.JS로 프로그래밍 시작하기

발 행 | 2020년 1월 31일

지은이 | 조나단 웨슬러
옮긴이 | 김 성 준

펴낸이 | 권 성 준
편집장 | 황 영 주
편 집 | 조 유 나
디자인 | 박 주 란

에이콘출판주식회사
서울특별시 양천구 국회대로 287 (목동)
전화 02-2653-7600, 팩스 02-2653-0433
www.acornpub.co.kr / editor@acornpub.co.kr

한국어판 © 에이콘출판주식회사, 2020, Printed in Korea.
ISBN 979-11-6175-382-9
http://www.acornpub.co.kr/book/get-nodejs

이 도서의 국립중앙도서관 출판시도서목록(CIP)은 서지정보유통지원시스템 홈페이지(http://seoji.nl.go.kr)와
국가자료공동목록시스템(http://www.nl.go.kr/kolisnet)에서 이용하실 수 있습니다.(CIP제어번호: CIP2020002654)

책값은 뒤표지에 있습니다.

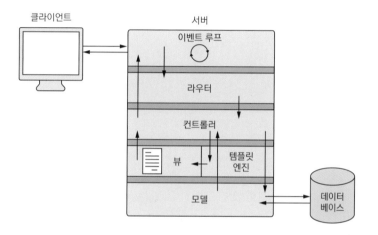

클라이언트

서버

이벤트 루프

라우터

컨트롤러

뷰

템플릿
엔진

모델

데이터
베이스